民族教育信息化教育部重点实验室

教育地理学/地理学博士点

云南省高等学校潘玉君名师工作室

国家自然科学基金项目

国家哲学社会科学基金项目

教 育 地 理 研 究 丛 书

教育地理区划研究

云南省义务教育地理区划实证与方案

潘玉君 张谦舵 肖翔 韩兴粉 等 著

科 学 出 版 社
北 京

内 容 简 介

本书遵循马克思主义理论，运用"从定性到定量综合集成法"、"人地关系地域系统理论"、"点-轴区域开发空间理论"和"地理研究综合范式理论"，以及地理区划理论、资源配置理论等理论和方法，首次提出了教育地理区划的研究理论与方法，并针对云南省义务教育发展的实际情况进行实证分析，以云南省县域区域分异、县域区域发展背景和状态特征等为客观基础，运用"自下而上的区域合并"区划方法，最终得出云南省义务教育地理区划方案。

本书是国内外第一部从地理学角度系统研究教育地理区划的学术著作，可供教育地理学、教育区域化发展等研究领域的专家学者和研究生参阅。

图书在版编目(CIP)数据

教育地理区划研究：云南省义务教育地理区划实证与方案／潘玉君等著.
—北京：科学出版社，2015.6
ISBN 978-7-03-044514-8

Ⅰ．①教… Ⅱ．①潘… Ⅲ．①义务教育-研究-云南省
Ⅳ．①G527.74

中国版本图书馆 CIP 数据核字（2015）第 120657 号

责任编辑：付 艳 宋开金／责任校对：胡小洁
责任印制：徐晓晨／封面设计：楠竹文化

科学出版社 出版
北京东黄城根北街 16 号
邮政编码：100717
http://www.sciencep.com

北京教圉印刷有限公司 印刷
科学出版社发行 各地新华书店经销
*
2015 年 6 月第 一 版 开本：720×1000（B5）
2015 年 6 月第一次印刷 印张：18 1/4
字数：344 000
定价：82.00 元
（如有印装质量问题，我社负责调换）

《教育地理区划研究》编委会

丛 书 序

　　正如社会分工协作促进了生产力的发展那样，学科的分化及交叉融合也不断丰富和完善着人类的知识体系。古今中外教育和地理等诸多领域形成了教育与地理环境相互联系、相互作用的思想。这一思想在 20 世纪中叶以来，凸显为教育地理思想，萌生了崭新的跨地理学和教育学的科学——教育地理学。全国科学技术名词审定委员会公布的《地理学名词》（第二版）中认为，"教育地理学是指有关教育设施和资源的供给、运作及产品的空间变化的地理学研究"。教育地理思想在地理学和教育学以及诸多学科均有不同层度、不同角度的认识和阐述，在学科发展上已逐步形成了地理学与教育学相交叉的研究领域。改革开放后，随着地理学科在国民经济和社会发展中的重要作用的不断发挥，地理学在教育发展条件分析、区位选择、区域均衡和空间规划等方面的作用逐渐凸现出来。这一社会需求，向地理学提出了理论和学科诉求——应该建立一门相对独立的交叉学科"教育地理学"。在此背景下，国家学位办批准设置教育地理学二级学科博士点，系统进行该学科的教学和研究工作，深入开展相关理论、方法和实证研究，对丰富地理学的学科内涵、拓展教育学的研究领域，对教育的协调发展以及区域经济社会发展规划的编制和优化施行，具有重要的理论价值和支撑作用。

　　教育地理主要研究教育地域综合体，包括：第一，各式各类教育（高等教育、中等教育、职业教育、基础教育、学前教育、老年教育等）；第二，各式各类教育进行中所依托的地理环境（自然地理环境、经济地理环境和人文地理环境以及综合自然地理环境）。具体研究分为两个研究层次：①教育发展及其所依托地理环境的历史过程、格局与趋势；②教育发展的规律、特征、教育与其所依托环境之间的关系。据此，"教育地理研究"丛书包括十部著作，其中，《教育地理学导论》、《教育地理科研方法》是关于教育地理学学科理论和方法的两部著作；《中国高等教育地理：时间序列》、《中国高等教育地理：空间结构》、《云南教育地理研究》、《省域高等教育合理性评价研究》是关于区域教育地理实证研究的著作；《教育地理区划研究》、《主体功能区视野下云南职业教育区划研究》是关于教育地理区划的方法和实证研究的著作；《高等教育区域协调发展研究》、《云南民族文化传承之区域教育路径研究》是关于区域教育资源的空间配置与发展的相关研究著作。

　　教育地理研究特别是我们所从事的教育地理研究，在理论层上可以完成对理论研究的检验，教育地理学理论研究和以之为基础的教育地理学博士生课程内容，均是自上而下地由地理学、教育学和其他学科的理论知识演绎而来，这些演绎得来的理论是否是教育地理学的真理论，需要教育地理研究的实践检验。在实践层上具有探索意义，教育地理研究遵循教育地理学研究范式，在教育地理学学科体系尚未完全成型阶段，教育地理的实证研究具有创新性和前瞻性意义，可以有效促进教育地理学理论的完善，最终达到理论与实证共进的效果。

　　教育地理学是一门具有应用价值的学科，对它的研究首先具有外衍价值。一是对国家和区域宏观教育战略方针制定的参考价值。在国家和区域教育宏观战略的制定过程中，教育的发展不是一个单一、独立的要素，需要系统论证教育及其格局变化对教育所依托环境的影响，除了完整意义上的教育地理研究，现阶段并无其他可参考的成果。二是对区域科学发展的促进作用。教育地理研究的决策建议成果主要包括两种类型或者两种类型的综合：①寻求制约区域教育科学发展的诸多因素，通过可控因素的调整规范或促进区域教育的科学发展；②寻求教育对其他社会发展要素的影响关系，通过教育的调整，对其他社会发展要素进行有效调控。这些决策建议成果主要通过区域政府职能部门的实施和调控来完成。三是对其他学者进行相关研究的借鉴作用。

　　对教育地理学的研究，又具有内生价值：①核心竞争力的形成。通过教育地理的基础研究、教育地理数据库的建立以及教育地理研究方法的系统和完善，可以形成有特色的核心竞争力，进而有可能承担第三方的教育测量、教育评价评估、教育布局规划等项目或工作。②优势学科的形成。通过教育地理研究所带来的学术影响力、社会影响力等，最终形成教育学、地理学下的教育地理优势学科。

伊继东

2015 年 4 月 8 日

前　言

　　人类社会很早就认识到教育的空间性质即教育与地理环境之间的辩证关系，在教育学、地理学、民族学、社会学、政治学和经济学等诸多学科形成了多元化的"教育—地理"思想。20世纪中、下叶以来，"教育—地理"思想得到发展，形成了具有一定系统性的思想或认识，即"教育地理"思想和理论以及教育地理学学科。就学科性质而言，教育地理学属于地理学与教育学之间的交叉学科，是地理学特别是人文地理学的分支学科之一，也是教育学特别是教育原理的分支学科之一，亟待科学发展。我们在教育地理学方面的理论探索和实证研究，属于地理学特别是人文地理学范畴。

　　自新千年以来，我们在多项国家自然科学基金项目、国家哲学社会科学基金项目和国家教育科学基金项目即全国教育科学规划国家级项目等资助下，开展教育地理学理论研究和实证研究，逐渐形成了教育地理学学科体系、理论体系和方法体系，特别是形成了"教育地理研究综合范式理论"，并将其综合运用于教育地理特别是义务教育地理实证研究。这些初步理论认识和实证研究成果，主要反映在我们发表在《光明日报》理论版的教育地理学学术论文和在北京大学出版社出版的四部实证研究学术著作中。在这一发展过程中，地理学和教育学等诸多学科的前辈学者和同辈学者给予我们很多关怀与指导。因此，如果说我们在教育地理学理论和实证研究上有所成就的话，那么这些成就也同时属于这些前辈学者和同辈学者。

　　多年以来，我们思考、探索和研究教育地理区划这一教育地理重要命题，逐渐形成了教育地理区划的概念、思想、原则和方法。在多年从事义务教育地理特别是云南省义务教育地理研究的基础上，我们完成了这部学术著作。拙著由潘玉君、张谦舵主编。各章的主要作者是：第一章潘玉君、张谦舵、李琳，第二章孙俊、潘玉君、高庆彦、杜莹、张谦舵，第三章肖翔、潘玉君、韩兴粉、高庆彦、张谦舵，第四章姚辉、潘玉君、华红莲、郭映泽、张谦舵，第五章赵健霞、潘玉君、尚海龙、常楠静、张谦舵，第六章王未、潘玉君、王胜德、潘建楠、张谦舵，第七章余祖亮、潘玉君、白帅、王凌、张谦舵，第八章霍冬梅、潘玉君、刘海琴、牛爱啟、张谦舵，第九章李振南、潘玉君、杜青、杜斌、张谦舵，第十章潘永平、潘玉君、杨静思、李春娟、张谦舵，第十一章肖翔、潘玉君、聂玉梅、杨磊、张谦舵，第十二章韩兴粉、潘玉君、张明军、张磊、张飞、张谦舵。青年学者肖翔和韩兴粉在全书的编撰及教育地理区划的研究过程中，作为常务副主编协助主编完成了大量的工作。

拙著是国内外第一部教育地理区划学术著作，也是云南省第一部义务教育区划方案，书中一定存在很多缺点和不足，敬请有关专家、学者和读者给予批评指正。

本书编委会
2015 年 4 月

目 录

第一章
教育地理区划的基本内涵

第一节　教育地理区划的基本概念

一、教育地理学及义务教育地理

　　古老而年轻的地理学随着人类社会的发展不断产生新的分支学科，教育地理学就是其中之一。由于教育地理学是地理学的分支学科之一，那么根据由一般到具体的演绎的逻辑原则，教育地理学的研究对象和研究核心是地理学研究对象和研究核心的具体化或特殊化，它比义务教育地理更具一般性和普遍性。这样，教育地理学的研究对象就是地球陆地表层的教育空间系统，具有包括尺度地域性和类型地域性在内的地域性特征；教育地理学的研究核心就是人地关系教育地域系统，是作为地理学研究核心的人地关系地域系统的具体化或特殊化。全国科学技术名词审定委员会颁布的《地理学名词（第二版）》（全国科学技术名词审定委员会，科学出版社，2006）从研究内容和研究视角角度给出了教育地理学的定义："是有关教育设施和资源的供给、运作及产品的空间变化的地理学。"除教育地理学的理论部分即理论教育地理学外，教育地理学的具体研究（即应用教育地理学）根据教育类型，可以划分为高等教育地理、职业教育地理和义务教育地理以及特殊教育地理等诸多分支领域。其中，义务教育地理就是从地理学视角、遵循地理研究范式和运用地理方法对义务教育进行研究的研究领域。它在我国是随着义务教育地理视角研究的不断深入而逐渐产生的研究领域。云南师范大学潘玉君教授及其团队主持的两项全国教育科学规划重点项目及国家哲学社会科学教育学项目以及多项其他项目，对义务教育地理进行了理论和实践的系统研究，奠定了义务教育地理学的重要基础——理论基础、方法基础和实证基础，逐渐创立了义务教育地理学。从学科交叉角度看，作为地理学重要分支学科的教育地理学也可以是教育学的分支学科，但与区域教育学是不同的概念。需要澄清的概念是教育地理学与地理教育学，地理教育学是运用教育学的理论和方法研究如何开展地理知识传授的教育学和教学论的分支学科。

二、教育地理学中的几个重要概念

概念，特别是科学概念是理性认识的重要知识单元。我们在义务教育地理研究实践的基础上，逐渐凝练出教育地理学——无论是义务教育地理学、高等教育地理学和职业教育地理学以及特殊教育地理学等——中的若干重要教育地理学概念：教育综合体、教育承载综合体和教育地域综合体。这三个概念在义务教育地理中具体化为义务教育综合体、义务教育承载综合体和义务教育地域综合体。从认识论、知识论和形式逻辑看，概念的认识、把握和运用有三个层次——定义式、含义式和枚举式。其中，最高级别是定义式，是学术发展的必然要求。这三个重要概念的形成和提出主要有两个基础：第一是理论基础，即杰出地理学家吴传钧院士的人地关系地域系统概念及其运用；第二是实践基础，即笔者所主持承担的两项国家哲学社会科学教育学基金项目支持下的教育地理实践及其归纳、总结和提升。对于教育综合体、教育承载综合体和教育地域综合体这三个概念，现在的认识为：第一，教育综合体。作为教育活动主体的"人"具有能动性，其类同于"人地关系"中的"人"，也即"教育综合体"。"教育综合体"在教育这一复杂巨系统中居于主动的地位，人们能够按照自己的意志与愿望去认识、利用、改造教育事业，因地制宜发展教育。换言之，"教育综合体"是起决定作用的，而"教育承载综合体"则是被认识、利用、改造、保护的对象。"教育综合体"兼有自然属性和社会属性，其自然属性是教育的基础，而教育的本质特征主要通过其社会属性来体现。第二，教育承载综合体。教育的生存与发展依赖着一定的物质基础与空间场所，以地理环境为基础和平台，我们称之为"教育承载综合体"，这是教育系统维持运转的客观前提与基石，相当于"人地关系"中的"地"，其地域性特征影响和制约着教育活动的开展，这种影响和制约随教育主体对教育自身的认识和改造能力的变化而变化。"教育承载综合体"主要通过物质生产活动、劳动和人口生产活动对教育施加影响，其承载能力是有限的。第三，教育地域综合体。"教育地域综合体"是指教育综合体及其所依赖（托）的地理环境的总和，其相似概念即为"人地关系地域系统"。"教育地域综合体"是由"教育承载综合体"和"教育综合体"两个子系统交错构成的复杂的开放的巨系统，内部具有一定的结构与功能机制。两个子系统间的交互作用是动态的，二者间以及各自内部存在着多种直接反馈作用，自始至终存在着物质循环与能量流动，由此构成了"教育地域综合体"发展变化的机制。

三、地理区划及义务教育地理区划

区域的研究有侧重于地域（或区域）系统和类型系统等研究角度。区域的地域系统研究最重要的工作是在区域分异研究及其所确定分异格局基础上的区划研究，其成果为区划方案。区划有很多类型，根据研究对象，区划可以包括自然地理区划、人文地理区划和综合地理区划。其中，人文地理区划包括人文地理要素区划和综合人文地理区划。在人文地理要素区划中包括教育区划、民族区划、文化区划以及政治区划等人文地理要素区划。教育地理区划是教育地理学和区域教育地理的重要研究内容。在教育地理区划中，根据教育类型可以划分为义务教育地理区划、高等教育地理区划、职业教育地理区划以及特殊教育地理区划等多种类型教育地理区划。这些区划在理论、方法和实践上都是富有挑战性的前沿领域，尚缺少系统研究，更鲜见系统成果。

义务教育地理区划根据区域尺度——区域范围尺度和区域解析尺度——划分为：①以国家为范围尺度的义务教育地理区划，诸如国家省域义务教育地理区划、国家市域义务教育地理区划、国家县域义务教育地理区划；②以省域为范围尺度的义务教育地理区划，诸如省域市域义务教育地理区划、省域县域义务教育地理区划、省域乡域义务教育地理区划、省域村域义务教育地理区划；③以市域为范围尺度的义务教育地理区划，诸如市域区域义务教育地理区划、市域乡域义务教育地理区划和市域村域义务教育地理区划；④以县域为范围尺度的义务教育地理区划，诸如县域乡域义务教育地理区划和县域村域义务教育地理区划。义务教育地理区划根据客体——义务教育综合体、义务教育承载综合体和义务教育地域综合体——划分为：义务教育综合体区划、义务教育承载综合体区划和义务教育地域综合体区划。义务教育地理区划根据区域尺度和客体种类，可以有更系统的划分。本书所研究和阐述的是以省域为区域范围尺度、以县域为区域解析尺度、以义务教育综合体为客体（包括分指数和综合指数）的义务教育地理区划及其方案。

第二节　教育地理区划的基本原则

由于教育的特殊性，义务教育区划除了遵循综合自然地理区划和经济地理区划的一般原则外，还特别要遵循均质性原则、完整性原则、可持续性原则、最优化原则、综合—主导性原则。

1. 均质性原则

均质性原则亦称同质性原则，义务教育区划必须遵循所谓"均质区域"的假设，即假设其所属区域内具有某些共性，如自然条件的一致性、发展水平的一致性等等。区域内各单元间基本质量指标大体相同或相近，以此原则来划分的区域不一定具备地理位置上的连续性，但必须具备发展意义上的联系性。在义务教育区区划中，必须确保某一个义务教育大区中的各个次级教育区之间有相对一致的发展能力，发展能力主要依据义务教育区所辖县（市、区）的背景、状态与差距来确定，次级教育区在发展能力上的差别要小于不同义务教育大区之间的差别。

2. 完整性原则

义务教育区划是在一定地域范围内开展和进行的，为使义务教育区区划服务于政府，协助其做出科学决策，义务教育区区划方案要确保行政区域的完整性。区划过程中应该把区划区作为一个整体加以考虑，不允许在完整的区划区地域上开"天窗"。在云南省义务教育区区划方案中，要力争确保县区级行政单元的完整性。

3. 可持续性原则

区划是对某一地区做比较长远的、全面的、整体的划分，这就要求云南省义务教育区划在制定过程中必须处理好现有的教育区划与未来的教育区划之间的关系问题，遵循教育区划的可持续性原则是义务教育发展的根本要求。义务教育区划首先应具有明确的目的性，明确方向，制定目标，并为实现某种目标或状态进行区划；其次应具备前瞻性，现有的区划格局能够在满足当下教育发展的前提下，在未来很长一段时间内都能满足区域内教育长远发展的需要；再次，从宏观角度来看，义务教育区划应当是一个动态的过程，区划方案要不断地根据实施过程中反馈的信息进行调整，区划决策过程本身就是不断对未来进行选择的过程。

4. 最优化原则

好的教育区域划分必须将一个相对完整的教育大区以合理有序、优化配置的原则分为若干部分，这些部分在结构和功能上最优，以使整体功能得到最大程度的发挥，反过来又促进各个部分的发展。就微观而言，无论是自上而下的区域划分还是自下而上的区域合并，都应遵循最优化原则，在教育资源有限的背景下，力求做到以最少的资源投入获得最大的教育产出。

5. 综合—主导性原则

由于义务教育区划的复杂性、多样性，在很多情况下，兼具复杂性与多样性的义务教育区划既要考虑各种综合因素的作用，又要考虑某些主导因素的特殊作用，将综合因素与主导因素统一起来。这里的综合—主导性主要体现在以下两个方面：其一，云南省义务教育区区划是以云南省省域主体功能区划为主导，综合考虑云南省所辖各县（市、区）的背景、状态和差距进行自下而上的合并。其二，其中"状态"这一大项中包含5个分指标和1个总指标，必须在综合考虑6个指标指数类别位序的同时，以总指标指数的类别位序为主导进行划分。

第三节　教育地理区划的重要意义

由于地区内各区域间经济、社会发展的不平衡性，制约着教育事业的发展，要处理好区域发展与区域教育二者间的相互关系，就必须在此地区内进行教育区域划分。实施义务教育区划，实则是合理部署教育格局，优化教育资源配置，实现教育发展的区域化、集群化、层次化，最大限度发挥义务教育的整体效能，促进各区义务教育发展。

1. 推动学科自身进步

义务教育区划及其研究是教育学领域具有革新意义的一次探索和尝试，旨在为义务教育区域划分提供理论上的支持以及操作上的可行性。区划及其研究成果既是学科成果，推动教育学科自身进步，同时也服务经济社会发展，这是义务教育区划的科学基础。

2. 促进区域全面发展

义务教育区划有利于区域教育的发展，区域教育的发展又将推动区域政治、经济、文化的进一步发展。根据区域发展实际，对义务教育区域进行合理地划分，使区域教育发展的水平、层次与区域经济社会发展相适应，使区域教育发展战略与区域经济发展战略相吻合，为区域发展提供强有力的人才与智力支撑。

3. 缩小地区经济差距

由于较发达、较先进的地区积聚、吸引资源的能力较强，因而在教育的绝对水平上升的同时，先进地区和欠发达地区、中心地区和边缘地区教育的相对差距将会越来越显著。义务教育区划推动区域教育的发展，将大幅度地提高欠发达地区、边缘地区人口的受教育程度，从而为逐步缩小地区经济、教育发展差距创造必要的条件；同时可使经济发达地区的教育加速发展，并为经济落后地区教育的发展带来一些实际利益。

4. 保障教育均衡发展

对义务教育进行区域划分，表面上看来因区划的异同拉大了各区义务教育发展的差距，使义务教育发展被赋予了非均衡性，实际上是以促进整个地区义务教育的均衡发展为最终目的的。由于各区域义务教育发展不均衡事实的客观存在，遵循逻辑与历史的统一进行具体问题具体分析，在一般法则的指导下分析各区的特殊性，实事求是地对各区义务教育的发展背景、状态加以聚类，构建出若干教育区域。义务教育区划，实质上是通过非均衡发展来促进均衡发展，推行义务教育在各教育区非均衡发展，是适应目前经济发展暂时不平衡而采取的一种手段。允许义务教育发展程度较高的地区先行发展，从而带动落后地区的共同进步，必将保障义务教育发展愈加均衡。

5. 统筹教育发展全局

统筹既是一种运用系统论的观点来分析事物的思想，也是一种注重整体效益，强调程序优化处理复杂事物的方法，更是统筹主体根据一定目标要求，对统筹对象进行通盘筹划而实施的调控行为。就统筹的范围而言，可分为三大层次：一是宏观层次，即对全国义务教育与经济协调发展进行统筹规划；二是中观层次，即对区域教育系统内的义务教育与其他教育譬如高等教育、职业教育、成人教育的改革与发展进行通盘考虑；三是微观层次，即对构成各类教育子系统的诸要素，如教育思想、教育目标、教育规模与教育结构等的相互关系进行探讨，以提出可行的指导方针。在市场对资源配置越来越发挥主导作用的情况下，地区之间发展的差距不会自然地缩小，而只会相对甚至绝对地扩大。义务教育区划在一定程度上对各地区教育发展进行宏观调控，有利于协调各地区平衡发展的关系，进而缩小差距，促进教育、经济协调发展。

第一节 省域义务教育区划指标体系逻辑结构

对云南省进行义务教育区划时，其总体的研究思路如下：以科学发展观为指导思想，以人地关系地域系统协调共生、点—轴区域开发空间理论、地理区划理论、义务教育区划理论、地理科学研究维度理论、教育公平理论、资源配置理论、中心地学说、地域系统理论等为方法论基础，以云南省义务教育区域分异及云南省义务教育区域发展阶段等为客观基础，运用"自下而上的区域合并"的区划方法最终得出基于"云南省层面"的"云南省义务教育区区划方案"，其研究的总体逻辑结构如图 2-1 所示。该方案的逻辑结构可以通过理论层面和实证层面来加以总体概括。

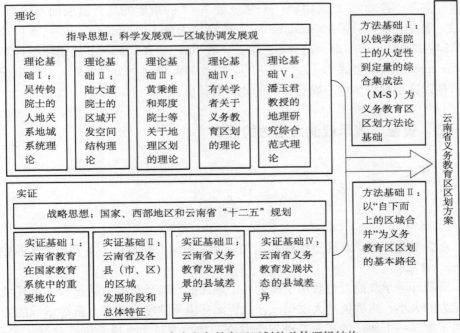

图 2-1 云南省义务教育区区划的总体逻辑结构

第二节　省域义务教育区划指标体系计算方法

一、地形起伏度指数的计算

1. 含义

地形起伏度是指在一个特定的区域内，最高点海拔与最低点海拔的差值。它是描述区域地形特征的一个宏观性的指标。从地形起伏度的定义可以看出，求地形起伏度的值，首先要求出一定范围内海拔的最大值和最小值，然后，对其求差值即可。地形起伏度最早源于前苏联科学院地理所提出的地形切割深度，地形起伏度现在成为划分地貌类型的一个重要指标。

2. 方法

在 ArcGIS 的 Spatial Analyst Tool 下，采用 Focal 函数分别计算 DEM 的最大高程值和最小高程值，再将最大高程值和最小高程值进行差值运算。第一，运用 ArcGIS 软件加载 Spatial Analysis 模块，激活 DEM 数据，在 Spatial Analysis 下使用栅格邻域计算工具 Neighborhood Statistics。设置 Statistic type 为最大值（maximum），邻域的类型为矩形（也可以为圆形），邻域的大小为 7×7（亦可根据实际需要作改动），则可得到一个邻域为 7×7 的矩形的最大值层面，记为 A；第二，重复上步，只需把 Statistic type 值设置为最小值（minimum），即可得到 DEM 数据的最小值层面，记为 B；第三，在 Spatial Analysis 下使用栅格计算器 raster calculator，公式为 [A] － [B]，由此即可得到一个新层面，其每个栅格的值是以这个栅格为中心确定邻域的地形起伏值。

二、资源环境承载能力指数的计算

1. 算式

$$A = \frac{1}{2}(A_1 + A_2)$$

2. 算符

A 为资源环境承载能力指数，A_1 为资源承载能力指数，A_2 为环境能力指数。

3. 含义

资源环境承载能力指数用于衡量一个地区的资源承载能力状况和生态环境承载能力的大小，指数值越大说明该区域资源环境承载能力越大。资源承载能力指数用于衡量一个地区的资源基础安全状态，指数值越大，说明资源状况越安全。

环境承载力指数用于衡量一个地区生态环境承载能力状况，指数值越大，说明该地区生态状况越好。

三、经济发展综合水平指数的计算

1. 算式

$$B = \frac{1}{8}(B_1 + B_2 + B_3 + B_4 + B_5 + B_6 + B_7 + B_8)$$

2. 算符

B 为经济发展综合水平指数，B_1 为经济水平指数，B_2 为经济发展变化指数，B_3 为城镇化指数，B_4 为工业化指数，B_5 为产值能耗指数，B_6 为人类发展指数，B_7 为产业结构演进指数，B_8 为交通指数。

3. 含义

经济发展综合水平指数是经济水平指数、经济发展变化指数、城镇化指数、工业化指数、产值能耗指数、人类发展指数与产业结构演进指数的和乘以它们的权重（1/8）所得的值，用于衡量一个地区开发强度的状况。指数值越高，说明该地区经济发展综合水平越高。

四、发展潜力综合水平指数的计算

1. 算式

$$C = \frac{1}{3}C_1 + \frac{2}{3}C_2$$

2. 算符

C 为发展潜力综合水平指数，C_1 为人地协调指数，C_2 为战略区位指数。

3. 含义

发展潜力综合水平指数用于衡量一个地区发展潜力状况，指数值越大，说明该地区的发展潜力越大。

五、区域发展综合水平指数的计算

1. 算式

$$D = \frac{4}{10}A + \frac{4}{10}B + \frac{2}{10}C$$

2. 算符

D 为区域发展综合水平指数，A 为资源环境承载能力指数，B 为经济发展综合水平指数，C 为发展潜力综合水平指数。

3. 含义

区域发展综合水平指数是资源环境承载能力指数、经济发展综合水平指数、发展潜力综合水平指数这三个指数分别乘以它们的权重再求和所得的值，用于衡量一个地区义务教育区发展能力状况。指数值越大，说明该地区义务教育区发展能力越强，反之则越弱。

六、人口受教育程度指数

1. 算式

$$E = E_1 + (E_2 + E_3) \times 1.4 + (E_4 + E_5 + E_6) \times 2$$

2. 算符

E 为人口受教育程度指数，E_1 为小学学生数，E_2 为初中学生数，E_3 为高中学生数，E_4 为大学专科学生数，E_5 为大学本科学生数，E_6 为研究生学生数。

3. 含义

人口受教育程度指数是指一个地区 6 岁以上人口中小学学生数、初中学生数、高中学生数、大学专科学生数、大学本科学生数、研究生学生数中所有受过小学教育人口的总数。指数值越大，说明该地区人口受教育程度越高。

七、民族构成系数指数

1. 算式

$$F = \frac{F_1}{F_2}$$

2. 算符

F 为民族构成系数指数，F_1 为某地区少数民族人口数，F_2 为某地区年末总人口数[①]。

3. 含义

民族构成系数指数是一个地区的少数民族人口数与该地区年末总人口数的比值。指数值越大，说明该地区民族构成系数越高。

八、义务教育机会指数

1. 算式

$$G = \frac{1}{2} \left[\frac{1}{2} (G_1 + G_2) + \frac{1}{2} (G_3 + G_4) \right]$$

---

① 年末总人口数：年度统计的年末人口数，指每年 12 月 31 日 24 时的人口数。（资料来源于《云南统计年鉴 2014》：417）

2. 算符

G 为义务教育机会指数，G_1 为小学毛入学率，G_2 为小学净入学率，G_3 为初中毛入学率，G_4 为初中净入学率。

3. 含义

教育机会有狭义和广义之分。狭义的教育机会是指进入各级正规学校学习的机会；广义的教育机会是指选择任何教育渠道接受教育并取得学业成功的机会，本书中主要是通过毛入学率和净入学率来反映区域义务教育的教育机会指数。

九、义务教育质量指数

1. 算式

$$H = \frac{1}{2}\left[\frac{1}{3}(H_1 + H_2 + H_3) + \frac{1}{3}(H_4 + H_5 + H_6)\right]$$

2. 算符

H 为义务教育质量指数，H_1 为小学巩固率，H_2 为小学辍学率，H_3 为小学升学率，H_4 为初中巩固率，H_5 为初中辍学率，H_6 为初中升学率。

3. 含义

义务教育质量指数是反映区域义务教育发展水平高低和效果优劣的程度指数，主要包括升学率指数、巩固率指数及辍学率指数。

十、义务教育办学条件指数

1. 算式

$$I = \frac{1}{2}(I_1 + I_2 + I_3 + I_4)$$

2. 算符

I 为义务教育办学条件指数，I_1 为学校藏书，I_2 为学校占地面积，I_3 为校舍建筑面积，I_4 为危房面积。

3. 含义

义务教育办学条件指数是指满足教学正常运行和学生学习生活所需的基础实施条件指数，包括学校藏书指数、学校占地面积指数、校舍建筑面积指数及危房面积指数。

十一、义务教育师资指数

1. 算式

$$J = \frac{1}{2}\left[\frac{1}{2}(J_1 + J_2) + \frac{1}{2}(J_3 + J_4)\right]$$

2. 算符

J 为义务教育师资指数，J_1 为小学生均教师数，J_2 为小学学历达标率，J_3 为初中生均教师数，J_4 为初中学率达标率。

3. 含义

义务教育师资指数是指从事教育教学工作的教师，包括专任教师、学历达标率等。

十二、义务教育多样性指数

1. 算式

$$K = \frac{1}{2}(K_1 + K_2)$$

2. 算符

K 为义务教育多样性指数，K_1 为民族学校数，K_2 为特殊学校数。

3. 含义

义务教育多样性指数是指云南省各市州义务教育的构成情况，包括民族学校及特殊学校的数量。

十三、义务教育发展总指数

1. 算式

$$L = \frac{1}{5}(G + H + I + J + K)$$

2. 算符

L 为义务教育发展总指数，G 为义务教育机会指数，H 为义务教育质量指数，I 为义务教育办学条件指数，J 为义务教育师资指数，K 为义务教育多样性指数。

3. 含义

义务教育发展总指数是指云南省层面义务教育发展的总体情况，是反映一个地区义务教育发展尺度的指数，它是由义务教育机会指数、质量指数、办学条件指数、师资指数、多样性指数共同决定的。

第三章
云南省义务教育区划的客观基础：县域差距

第一节　　县域差距Ⅰ：义务教育机会指数的县域差异

云南省各县（市、区）义务教育机会指数见表 3-1。由表可知如下几点：①各县（市、区）义务教育机会指数介于 0.890 30～1.119 83 之间，其平均值为 1.000 00；②高于平均水平的有 57 个县（市、区），低于平均水平的有 72 个县（市、区），义务教育机会指数排在前 5 位的是瑞丽市、呈贡区、官渡区、陇川县和古城区，排在后 5 位的是鲁甸县、景东县、贡山县、景谷县和香格里拉县。云南省各县区义务教育机会指数可聚为八类，其分布情况如图 3-1 所示。

表 3-1　云南省各县（市、区）义务教育机会指数（YCAI1）表

地区	瑞丽市	呈贡区	官渡区	陇川县	古城区	盘龙区	五华区	楚雄市	永仁县	禄丰县
YCAI1	1.119 83	1.097 57	1.088 96	1.087 85	1.086 84	1.086 46	1.079 31	1.073 89	1.070 09	1.068 67
地区	峨山县	大理市	石林县	元谋县	红塔区	大姚县	云龙县	鹤庆县	勐海县	牟定县
YCAI1	1.065 86	1.063 53	1.063 16	1.061 36	1.061 24	1.060 62	1.059 99	1.056 16	1.053 92	1.049 70
地区	马关县	江川县	双柏县	南华县	姚安县	澄江县	沾益县	禄劝县	水富县	梁河县
YCAI1	1.047 06	1.045 66	1.044 32	1.039 91	1.037 51	1.036 63	1.036 41	1.035 96	1.035 55	1.035 04
地区	巍山县	安宁市	玉龙县	通海县	寻甸县	罗平县	凤庆县	威信县	嵩明县	武定县
YCAI1	1.030 31	1.029 16	1.026 79	1.024 85	1.021 87	1.017 87	1.017 11	1.016 85	1.016 71	1.014 96
地区	马龙县	西山区	富民县	麒麟区	石屏县	开远市	会泽县	腾冲县	盈江县	晋宁县
YCAI1	1.013 55	1.012 97	1.012 46	1.012 40	1.012 35	1.011 21	1.010 97	1.009 56	1.006 19	1.005 83
地区	弥渡县	东川区	昭阳区	洱源县	临翔区	师宗县	泸西县	宾川县	文山县	剑川县
YCAI1	1.005 20	1.005 19	1.003 40	1.002 82	1.002 76	1.001 64	1.001 12	0.998 88	0.998 65	0.997 60
地区	蒙自县	建水县	宣威市	景洪市	华宁县	易门县	华坪县	富源县	祥云县	新平县
YCAI1	0.996 19	0.995 30	0.994 87	0.994 62	0.994 18	0.993 98	0.993 53	0.992 69	0.992 27	0.991 64
地区	弥勒县	宁洱县	南涧县	元江县	宜良县	思茅区	绿春县	个旧市	隆阳区	大关县
YCAI1	0.990 26	0.989 85	0.989 41	0.988 70	0.988 77	0.988 48	0.987 44	0.986 06	0.986 05	0.985 31
地区	绥江县	金平县	耿马县	红河县	砚山县	永平县	屏边县	永胜县	漾濞县	江城县
YCAI1	0.985 00	0.984 24	0.983 93	0.983 64	0.983 16	0.982 95	0.982 46	0.982 10	0.980 50	0.979 69
地区	墨江县	双江县	西畴县	富宁县	芒市	勐腊县	云县	镇康县	彝良县	镇沅县
YCAI1	0.979 39	0.978 39	0.976 41	0.975 69	0.974 80	0.973 40	0.972 04	0.971 01	0.970 49	0.969 99

续表

地区	陆良县	永德县	维西县	河口县	巧家县	镇雄县	盐津县	麻栗坡县	昌宁县	元阳县
YCAI1	0.966 97	0.966 61	0.966 11	0.965 99	0.963 17	0.962 30	0.958 38	0.957 69	0.957 45	0.956 32

地区	沧源县	施甸县	兰坪县	宁蒗县	广南县	泸水县	福贡县	澜沧县	孟连县	西盟县
YCAI1	0.952 43	0.950 73	0.950 69	0.950 55	0.948 01	0.945 75	0.943 94	0.943 20	0.941 19	0.940 16

地区	龙陵县	永善县	德钦县	丘北县	鲁甸县	景东县	贡山县	景谷县	香格里拉县
YCAI1	0.938 59	0.934 96	0.934 06	0.933 46	0.930 81	0.926 14	0.924 31	0.920 92	0.890 30

在义务教育机会指数层面上，云南省各县（市、区）之间存在较大差距，最高的瑞丽市与最低的香格里拉县之间极差达到0.229 53，类极差达到0.229 35，CV（即差异系数：Coefficient of Variation，下同）为0.039 68。瑞丽市指数为1.119 83，类别为第Ⅰ类，位序为第 1 位；呈贡区指数为1.097 57，类别为第Ⅱ类，位序为第 2 位；官渡区、陇川县、古城区、盘龙区 4 县（区）指数在1.088 96～1.086 46之间，类别为第Ⅲ类，位序在第3～6位之间；五华区指数为1.079 31，类别为第Ⅳ类，位序为第 7 位；楚雄市、永仁县、禄丰县、峨山县、大理市、石林县、元谋县、红塔区、大姚县、云龙县、鹤庆县、勐海县、牟定县、马关县、江川县、双柏县、南华县、姚安县、澄江县、沾益县、禄劝县、水富县、梁河县 23 个县（市、区）指数在1.073 89～1.035 04之间，类序为第Ⅴ

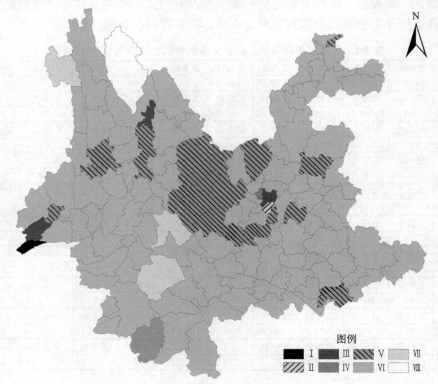

图例

	Ⅰ		Ⅲ		Ⅴ		Ⅶ
	Ⅱ		Ⅳ		Ⅵ		Ⅷ

图 3-1　云南省各县（市、区）义务教育机会指数格局

类，位序在第 8～30 位之间；巍山县、安宁市、玉龙县、通海县、寻甸县、罗平县、凤庆县、威信县、嵩明县、武定县、马龙县、西山区、富民县、麒麟区、石屏县、开远市、会泽县、腾冲县、盈江县、晋宁县、弥渡县、东川区、昭阳区、洱源县、临翔区、师宗县、泸西县、宾川县、文山县、剑川县、蒙自县、建水县、宣威市、景洪市、华宁县、易门县、华坪县、富源县、祥云县、新平县、弥勒县、宁洱县、南涧县、元江县、宜良县、思茅区、绿春县、个旧市、隆阳区、大关县、绥江县、金平县、耿马县、红河县、砚山县、永平县、屏边县、永胜县、漾濞县、江城县、墨江县、双江县、西畴县、富宁县、芒市、勐腊县、云县、镇康县、彝良县、镇沅县、陆良县、永德县、维西县、河口县、巧家县、镇雄县、盐津县、麻栗坡县、昌宁县、元阳县、沧源县、施甸县、兰坪县、宁蒗县、广南县、泸水县、福贡县、澜沧县、孟连县、西盟县、龙陵县、永善县、德钦县、丘北县、鲁甸县 95 个县（市、区）指数在1.030 31～0.930 81之间，类别为第Ⅵ类，位序在第 31～125 位之间；景东县、贡山县、景谷县 3 县指数在0.926 14～0.920 92之间，类别为第Ⅶ类，位序在第 126～128 位之间；香格里拉县指数为0.890 30，类别为Ⅷ类，位序为第 129 位。

第二节　县域差距Ⅱ：义务教育质量指数的县域差异

云南省各县（市、区）义务教育质量指数见表 3-2。由表可知如下几点：①各县（市、区）义务教育质量指数介于$-0.699\ 33$～$0.739\ 94$之间，其平均值为0.333 33；②高于平均水平的有 68 个县（市、区），低于平均水平的有 61 个县（市、区），义务教育质量指数排在前 5 位的是麒麟区、红塔区、官渡区、楚雄市和开远市，排在后 5 位的是呈贡区、马关县、西山区、勐腊县和盈江县。云南省各县（市、区）义务教育质量指数可聚为八类，其分布情况如图 3-2 所示。

表 3-2　云南省各县（市、区）义务教育质量指数（YCAI2）表

地区	麒麟区	红塔区	官渡区	楚雄市	开远市	大理市	腾冲县	临翔区	西畴县	蒙自县
YCAI2	0.739 94	0.725 60	0.718 70	0.650 53	0.640 56	0.633 67	0.610 34	0.608 22	0.598 40	0.597 47
地区	个旧市	马龙县	河口县	弥渡县	峨山县	宣威市	泸西县	鹤庆县	沾益县	易门县
YCAI2	0.589 57	0.587 84	0.580 77	0.579 54	0.579 15	0.577 74	0.575 93	0.565 41	0.557 26	0.557 25
地区	大姚县	龙陵县	水富县	昌宁县	文山县	石屏县	南华县	宜良县	澄江县	古城区
YCAI2	0.551 95	0.551 58	0.533 59	0.532 96	0.531 58	0.517 86	0.514 28	0.501 24	0.499 11	0.493 88
地区	红河县	永仁县	禄劝县	金平县	会泽县	隆阳区	砚山县	漾濞县	宾川县	双江县
YCAI2	0.490 50	0.489 88	0.480 91	0.474 36	0.471 63	0.463 38	0.453 34	0.453 03	0.453 02	0.450 20
地区	云县	屏边县	建水县	镇沅县	师宗县	祥云县	瑞丽市	云龙县	思茅区	香格里拉县
YCAI2	0.449 87	0.448 97	0.445 75	0.442 14	0.427 69	0.423 86	0.410 87	0.408 93	0.405 19	0.401 51
地区	江川县	禄丰县	罗平县	绿春县	牟定县	弥勒县	景谷县	元江县	永德县	元阳县
YCAI2	0.397 01	0.393 21	0.391 51	0.385 61	0.383 99	0.380 48	0.373 12	0.368 24	0.367 90	0.365 67

续表

地区	晋宁县	芒市	陆良县	富宁县	通海县	凤庆县	孟连县	富源县	麻栗坡县	盐津县
YCAI2	0.365 57	0.359 69	0.359 31	0.352 17	0.350 65	0.349 17	0.343 86	0.335 41	0.330 77	0.324 21

地区	施甸县	南涧县	宁洱县	兰坪县	双柏县	昭阳区	巍山县	富民县	华宁县	西盟县
YCAI2	0.322 72	0.321 56	0.309 43	0.307 20	0.302 69	0.298 89	0.296 71	0.295 68	0.293 95	0.293 88

地区	澜沧县	姚安县	盘龙区	沧源县	陇川县	耿马县	武定县	新平县	洱源县	福贡县
YCAI2	0.291 46	0.288 24	0.286 17	0.284 17	0.282 96	0.282 00	0.271 19	0.270 98	0.262 11	0.261 02

地区	嵩明县	镇雄县	永善县	巧家县	宁蒗县	剑川县	东川区	景洪市	绥江县	威信县
YCAI2	0.256 15	0.255 35	0.255 09	0.253 94	0.249 99	0.249 17	0.248 54	0.248 24	0.246 60	0.234 90

地区	镇康县	江城县	安宁市	梁河县	泸水县	元谋县	永平县	广南县	贡山县	景东县
YCAI2	0.232 41	0.232 01	0.229 41	0.225 71	0.224 67	0.219 04	0.210 84	0.206 52	0.194 93	0.189 71

地区	勐海县	彝良县	寻甸县	墨江县	德钦县	鲁甸县	永胜县	五华区	华坪县	大关县
YCAI2	0.169 54	0.169 54	0.160 66	0.145 25	0.105 67	0.063 38	0.035 34	0.033 93	0.033 12	0.029 46

地区	维西县	玉龙县	石林县	丘北县	呈贡区	马关县	西山区	勐腊县	盈江县	
YCAI2	−0.019 9	−0.088 2	−0.140 2	−0.142 9	−0.184 7	−0.205 2	−0.237 9	−0.274 4	−0.699 3	

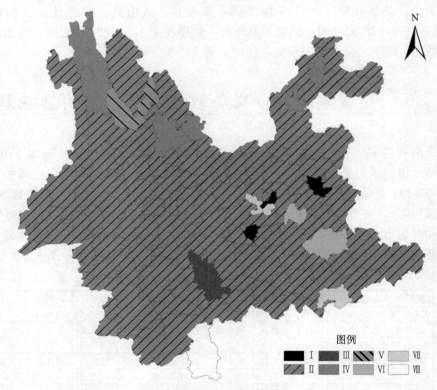

图 3-2　云南省各县（市、区）义务教育质量指数格局

　　在义务教育质量指数层面上，云南省各县（市、区）之间存在较大差距，最高的曲靖市麒麟区与最低的德宏州盈江县之间极差达到1.439 27，极差达到1.427 41，CV 为0.670 25。麒麟区、红塔区、官渡区 3 县（区）指数在0.739 94～0.718 70之

间，类别为第Ⅰ类，位序在第 1～3 位之间；楚雄市、开远市、大理市、腾冲县、临翔区、西畴县、蒙自县、个旧市、马龙县、河口县、弥渡县、峨山县、宣威市、泸西县、鹤庆县、沾益县、易门县、大姚县、龙陵县、水富县、昌宁县、文山县、石屏县、南华县、宜良县、澄江县、古城区、红河县、永仁县、禄劝县、金平县、会泽县、隆阳区、砚山县、漾濞县、宾川县、双江县、云县、屏边县、建水县、镇沅县、师宗县、祥云县、瑞丽市、云龙县、思茅区、香格里拉县、江川县、禄丰县、罗平县、绿春县、牟定县、弥勒县、景谷县、元江县、永德县、元阳县、晋宁县、芒市、陆良县、富宁县、通海县、凤庆县、孟连县、富源县、麻栗坡县、盐津县、施甸县、南涧县、宁洱县、兰坪县、双柏县、昭阳区、巍山县、富民县、华宁县、西盟县、澜沧县、姚安县、盘龙区、沧源县、陇川县、耿马县、武定县、新平县、洱源县、福贡县、嵩明县、镇雄县、永善县、巧家县、宁蒗县、剑川县、东川区、景洪市、绥江县、威信县、镇康县、江城县、安宁市、梁河县、泸水县、元谋县、永平县、广南县、贡山县、景东县、勐海县、彝良县、寻甸县 110 个县（市、区）指数在 0.650 53～0.145 25 之间，类别为第Ⅱ类，位序在第 4～113 位之间；墨江县指数为 0.105 67，类别为第Ⅲ类，位序为第 114 位；德钦县、鲁甸县、永胜县、五华区、华坪县、大关县、维西县 7 县（区）指数在 0.063 38～-0.019 91 之间，类别为第Ⅳ类，位序在第 115～121 位之间；玉龙县指数为-0.088 20，类别为第Ⅴ类，位序为第 122 位；石林县、丘北县 2 县指数在-0.140 24～-0.142 95 之间，类序为第Ⅵ类，位序在第 123～124 位之间；呈贡区、马关县、西山区、勐腊县 4县（区）指数在-0.184 78～-0.274 40 之间，类序为第Ⅶ类，位序在第 125～128位之间；盈江县指数为-0.699 33，类序为第Ⅷ类，位序为第 129 位。

第三节　县域差距Ⅲ：义务教育办学条件指数的县域差异

云南省各县（市、区）义务教育办学条件指数见表 3-3。由表可知如下几点：①各县（市、区）义务教育办学条件指数介于0.059 87～1.794 57之间，其平均值为0.509 39；②高于平均水平的有 54 个县（市、区），低于平均水平的有 75 个县（市、区），义务教育办学条件指数排在前 5 位的是宣威市、镇雄县、丘北县、隆阳区和麒麟区，排在后 5 位的是水富县、永仁县、德钦县、富民县和贡山县。云南省各县（市、区）义务教育办学条件指数可聚为八类，其分布情况如图 3-3 所示。

表 3-3　云南省各县（市、区）义务教育办学条件指数（YCAI3）表

地区	宣威市	镇雄县	丘北县	隆阳区	麒麟区	广南县	腾冲县	楚雄市	官渡区	陆良县
YCAI3	1.794 57	1.499 35	1.360 07	1.300 65	1.295 38	1.140 29	1.027 61	1.011 61	0.994 06	0.967 82
地区	五华区	会泽县	寻甸县	富源县	弥勒县	耿马县	大理市	盘龙区	昭阳区	禄劝县
YCAI3	0.962 25	0.959 29	0.944 94	0.942 85	0.917 68	0.882 79	0.772 63	0.763 91	0.752 48	0.750 77

续表

地区	永德县	砚山县	建水县	景洪市	师宗县	彝良县	云龙县	沾益县	泸西县	蒙自县
YCAI3	0.737 88	0.725 90	0.707 47	0.703 29	0.694 93	0.678 66	0.666 28	0.664 00	0.659 58	0.656 94
地区	巧家县	宜良县	云　县	永胜县	西山区	个旧市	澜沧县	文山县	凤庆县	马关县
YCAI3	0.655 97	0.649 44	0.647 82	0.644 04	0.639 16	0.634 66	0.605 52	0.594 10	0.592 26	0.590 33
地区	香格里拉县	罗平县	富宁县	勐海县	墨江县	景东县	嵩明县	永善县	昌宁县	红塔区
YCAI3	0.584 44	0.583 38	0.580 63	0.575 74	0.561 07	0.559 13	0.553 51	0.540 34	0.537 52	0.534 25
地区	盈江县	施甸县	思茅区	勐腊县	绿春县	盐津县	芒市	禄丰县	新平县	沧源县
YCAI3	0.527 9	0.518 28	0.517 99	0.512 39	0.493 46	0.488 41	0.487 97	0.480 49	0.470 96	0.459 30
地区	龙陵县	鹤庆县	武定县	金平县	弥渡县	景谷县	石林县	威信县	临翔区	宁蒗县
YCAI3	0.455 32	0.452 17	0.450 31	0.449 24	0.448 23	0.447 43	0.445 67	0.443 87	0.438 11	0.431 15
地区	瑞丽市	开远市	元阳县	鲁甸县	巍山县	晋宁县	石屏县	玉龙县	镇康县	宁洱县
YCAI3	0.426 72	0.421 28	0.420 36	0.411 20	0.408 23	0.402 19	0.400 76	0.400 17	0.398 89	0.389 84
地区	宾川县	大姚县	东川区	祥云县	双江县	洱源县	西畴县	陇川县	马龙县	红河县
YCAI3	0.384 89	0.364 36	0.361 38	0.353 19	0.348 23	0.347 75	0.343 48	0.335 83	0.329 99	0.325 49
地区	泸水县	安宁市	大关县	麻栗坡县	兰坪县	古城区	镇沅县	通海县	江城县	元谋县
YCAI3	0.324 92	0.324 57	0.310 36	0.307 08	0.303 73	0.293 25	0.287 91	0.280 12	0.274 87	0.273 42
地区	维西县	元江县	峨山县	牟定县	屏边县	永平县	孟连县	江川县	剑川县	姚安县
YCAI3	0.264 94	0.261 29	0.258 81	0.258 79	0.251 34	0.244 41	0.244 03	0.243 98	0.243 6	0.240 72
地区	南涧县	西盟县	南华县	易门县	华宁县	双柏县	梁河县	河口县	呈贡区	福贡县
YCAI3	0.233 14	0.232 1	0.230 68	0.218 73	0.217 23	0.211 37	0.205 67	0.204 64	0.201 26	0.186 46
地区	澄江县	绥江县	漾濞县	华坪县	水富县	永仁县	德钦县	富民县	贡山县	
YCAI3	0.186 17	0.168 01	0.158 97	0.155 02	0.150 09	0.143 15	0.139 03	0.125 07	0.059 87	

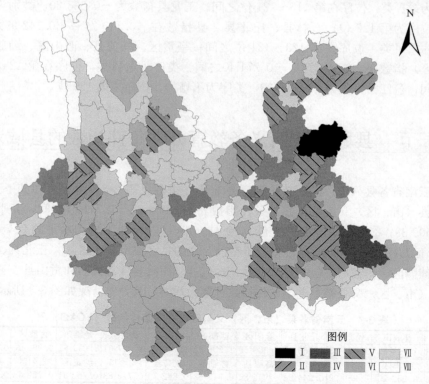

图例

■ I	▨ V	▦ VII
▨ II	▦ IV	▢ VIII
	■ III	▩ VI

图 3-3　云南省各县（市、区）义务教育办学条件指数格局

在义务教育办学条件指数层面上，云南省各县（市、区）之间存在较大差距，最高的宣威市与最低的贡山县之间极差达到 1.734 70，类极差达到 1.623 90，CV 为 0.867 08。宣威市指数为 1.794 57，类序为第 Ⅰ 类，位序为第 1 位；镇雄县、丘北县、隆阳区、麒麟区 4 县（区）指数在 1.499 35～1.295 38 之间，类序为第 Ⅱ 类，位序为第 2～5 位之间；广南县指数为 1.140 29，类序为第 Ⅲ 类，位序为第 6 位；腾冲县、楚雄市、官渡区、陆良县、五华区、会泽县、寻甸县、富源县、弥勒县、耿马县 10 县（区）指数在 1.027 61～0.882 79 之间，类序为第 Ⅳ 类，位序在第 7～16 位之间；大理市、盘龙区、昭阳区、禄劝县、永德县、砚山县、建水县、景洪市、师宗县、彝良县、云龙县、沾益县、泸西县、蒙自县、巧家县、宜良县、云县、永胜县、西山区、个旧市 20 个县（市、区）指数在 0.772 63～0.634 66 之间，类序为第 Ⅴ 类，位序在第 17～36 位之间；澜沧县、文山县、凤庆县、马关县、香格里拉县、罗平县、富宁县、勐海县、墨江县、景东县、嵩明县、永善县、昌宁县、红塔区、盈江县、施甸县、思茅区、勐腊县、绿春县、盐津县、芒市、禄丰县、新平县、沧源县、龙陵县、鹤庆县、武定县、金平县、弥渡县、景谷县、石林县、威信县、临翔区、宁蒗县、瑞丽市、开远市、元阳县 37 个县（市、区）指数在 0.605 52～0.420 36 之间，类序为第 Ⅵ 类，位序在第 37～73 位之间；鲁甸县、巍山县、晋宁县、石屏县、玉龙县、镇康县、宁洱县、宾川县、大姚县、东川区、祥云县、双江县、洱源县、西畴县、陇川县、马龙县、红河县、泸水县、安宁市、大关县、麻栗坡县、兰坪县、古城区、镇沅县、通海县、江城县、元谋县、维西县、元江县、峨山县、牟定县、屏边县、永平县、孟连县、江川县、剑川县、姚安县、南涧县、西盟县、南华县 40 个县（区）指数在 0.411 20～0.230 68 之间，类序为第 Ⅶ 类，位序在第 74～113 为之间；易门县、华宁县、双柏县、梁河县、河口县、呈贡区、福贡县、澄江县、绥江县、漾濞县、华坪县、水富县、永仁县、德钦县、富民县、贡山县 16 个县（市、区）指数在 0.218 73～0.059 87 之间，类序为第 Ⅷ 类，位序在第 114～129 位之间。

第四节　县域差距Ⅳ：义务教育师资指数的县域差异

云南省各县（市、区）义务教育师资指数见表 3-4。由表可知如下几点：①各县（市、区）义务教育师资指数介于 0.500 58～0.541 12 之间，其平均值为 0.520 42；②高于平均水平的有 71 个县（市、区），低于平均水平的有 58 个县（市、区），义务教育师资指数排在前 5 位的是宁洱县、双柏县、镇沅县、漾濞县和永仁县，排在后 5 位的是福贡县、南华县、红河县、元阳县和镇雄县。云南省各县（市、区）义务教育师资指数可聚为八类，其分布情况如图 3-4 所示。

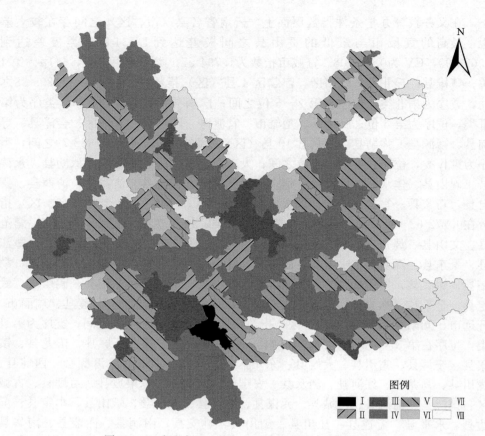

图 3-4　云南省各县（市、区）义务教育师资指数格局

表 3-4　云南省各县（市、区）义务教育师资指数（YCAI4）表

地区	宁洱县	双柏县	镇沅县	漾濞县	永仁县	贡山县	玉龙县	华坪县	元谋县	古城区
YCAI4	0.541 12	0.535 06	0.533 99	0.533 91	0.533 20	0.532 57	0.532 00	0.531 77	0.530 55	0.530 40
地区	河口县	禄丰县	临翔区	景谷县	西盟县	牟定县	安宁市	梁河县	呈贡县	石林县
YCAI4	0.530 40	0.530 04	0.529 61	0.529 44	0.528 72	0.528 51	0.527 94	0.527 94	0.527 19	0.527 17
地区	个旧市	勐腊县	泸水县	晋宁县	思茅区	景洪市	开远市	水富县	新平县	元江县
YCAI4	0.527 11	0.527 07	0.526 64	0.526 47	0.526 09	0.525 99	0.525 85	0.525 79	0.525 71	0.525 71
地区	华宁县	香格里拉县	楚雄市	芒市	大姚县	姚安县	红塔区	陇川县	建水县	施甸县
YCAI4	0.525 53	0.525 42	0.525 26	0.525 12	0.525 11	0.524 98	0.524 83	0.524 75	0.524 64	0.524 40
地区	景东县	文山县	永胜县	盈江县	西山区	盘龙区	沾益县	腾冲县	武定县	五华区
YCAI4	0.524 30	0.524 21	0.524 12	0.524 10	0.523 88	0.523 39	0.523 34	0.523 23	0.523 11	0.523 08
地区	易门县	勐海县	沧源县	官渡区	蒙自县	龙陵县	嵩明县	峨山县	凤庆县	陆良县
YCAI4	0.523 08	0.522 82	0.522 81	0.522 78	0.522 64	0.522 61	0.522 49	0.522 30	0.522 08	0.522 01
地区	屏边县	德钦县	剑川县	永平县	澄江县	兰坪县	宜良县	云县	会泽县	师宗县
YCAI4	0.521 91	0.521 57	0.521 56	0.521 41	0.521 31	0.521 28	0.521 01	0.520 96	0.520 77	0.520 62
地区	昌宁县	马龙县	西畴县	石屏县	孟连县	罗平县	麻栗坡县	大理市	瑞丽市	墨江县
YCAI4	0.520 55	0.520 28	0.519 86	0.519 82	0.519 74	0.519 72	0.519 54	0.519 42	0.519 02	0.518 95

续表

地区	丘北县	麒麟区	东川区	双江县	澜沧县	永善县	马关县	通海县	盐津县	宾川县
YCAI4	0.518 93	0.518 79	0.518 77	0.518 48	0.517 99	0.517 81	0.517 71	0.517 55	0.517 47	0.517 41
地区	江城县	隆阳区	宣威市	鲁甸县	弥渡县	永德县	弥勒县	鹤庆县	金平县	耿马县
YCAI4	0.517 10	0.516 97	0.516 81	0.516 77	0.516 61	0.516 60	0.516 51	0.516 35	0.516 16	0.515 72
地区	绥江县	富源县	维西县	寻甸县	南涧县	彝良县	砚山县	大关县	洱源县	江川县
YCAI4	0.515 64	0.515 59	0.515 24	0.514 70	0.514 55	0.513 95	0.512 68	0.512 62	0.512 56	0.512 10
地区	昭阳区	巍山县	禄劝县	巧家县	绿春县	镇康县	祥云县	泸西县	威信县	云龙县
YCAI4	0.511 86	0.511 68	0.511 58	0.510 04	0.509 48	0.509 02	0.508 43	0.508 26	0.508 13	0.507 65
地区	富民县	富宁县	广南县	宁蒗县	福贡县	南华县	红河县	元阳县	镇雄县	
YCAI4	0.507 36	0.507 36	0.506 95	0.506 27	0.506 04	0.505 41	0.503 69	0.502 17	0.500 58	

在义务教育师资指数层面上，云南省各县（市、区）之间存在较大差距，最高的镇雄县与最低的贡山县之间极差达到 0.040 54，类极差达到 0.038 97，CV为 0.568 69。宁洱县指数为 0.541 12，类序为第Ⅰ类，位序为第 1 位；双柏县、镇沅县、漾濞县、永仁县、贡山县、玉龙县、华坪县 7 县指数在 0.636 06 ~ 0.531 77 之间，类序为第Ⅱ类，位序在第 2~8 位之间；元谋县、古城区、河口县、禄丰县、临翔区、景谷县、西盟县、牟定县、安宁市、梁河县 10 个县（市、区）指数在 0.530 55 ~ 0.527 94 之间，类序为第Ⅲ类，位序在第 10~19 位之间；呈贡区、石林县、个旧市、勐腊县、泸水县、晋宁县、思茅区、景洪市、开远市、水富县、新平县、元江县、华宁县、香格里拉县、楚雄市、芒市、大姚县、姚安县、红塔区、陇川县、建水县、施甸县、景东县、文山县、永胜县、盈江县、西山区、盘龙区、沾益县、腾冲县、武定县、五华区、易门县、勐海县、沧源县、官渡区、蒙自县、龙陵县、嵩明县、峨山县、凤庆县、陆良县、屏边县、德钦县、剑川县、永平县、澄江县、兰坪县、宜良县、云县、会泽县、师宗县、昌宁县、马龙县 54 个县（市、区）指数在 0.527 19 ~ 0.520 28 之间，类序为第Ⅳ类，位序在第 20~73 位之间；西畴县、石屏县、孟连县、罗平县、麻栗坡县、大理市、瑞丽市、墨江县、丘北县、麒麟区、东川区、双江县、澜沧县、永善县、马关县、通海县、盐津县、宾川县、江城县、隆阳区、宣威市、鲁甸县、弥渡县、永德县、弥勒县、鹤庆县、金平县、耿马县、绥江县、富源县、维西县、寻甸县、南涧县、彝良县 34 个县（市、区）指数在 0.519 86 ~ 0.513 95 之间，类序为第Ⅴ类，位序在第 74~107 位之间；砚山县、大关县、洱源县、江川县、昭阳区、巍山县、禄劝县、巧家县、绿春县、镇康县 10 县（区）指数在 0.512 68 ~ 0.509 02 之间，类序为第Ⅵ类，位序在第 108~117 位之间；祥云县、泸西县、威信县、云龙县、富民县、富宁县、广南县、宁蒗县、福贡县、南华县 10 县指数在 0.508 43 ~ 0.505 41 之间，类序为第Ⅶ类，位序在第 118~126 位之间；红河县、元阳县、镇雄县 3 县指数在 0.503 69 ~ 0.500 58 之间，类序为第Ⅷ类，位序在第 127~129 位之间。

第五节　县域差距 V：义务教育多样性指数的县域差异

云南省各县（市、区）义务教育多样性指数见表 3-5。由表可知如下几点：①各县（市、区）义务教育多样性指数介于 0.000 00～4.311 81 之间，其平均值为 1.032 78；②高于平均水平的有 27 个县（市、区），低于平均水平的有 102 个县（市、区），义务教育多样性指数排在前 5 位的是泸水县、麒麟区、宣威市、红塔区、隆阳区，排在后 5 位的是漾濞县、巍山县、贡山县、兰坪县和维西县。云南省各县（市、区）义务教育多样性指数可聚为八类，其分布情况如图 3-5 所示。

表 3-5　云南省各县（市、区）义务教育多样性指数（YCAI5）表

地区	泸水县	麒麟区	宣威市	红塔区	隆阳区	昭阳区	镇雄县	古城区	思茅区	临翔区
YCAI5	4.311 81	4.311 80	4.311 80	4.311 80	4.311 80	4.311 80	4.311 80	4.311 80	4.311 80	4.311 80
地区	楚雄市	芒市	陇川县	五华区	盘龙区	西山区	建水县	文山县	石屏县	弥勒县
YCAI5	4.311 80	4.311 80	4.311 80	3.700 42	3.700 42	3.700 42	3.000 00	2.000 00	1.500 00	1.500 00
地区	元阳县	绿春县	砚山县	麻栗坡县	马关县	丘北县	富宁县	屏边县	金平县	河口县
YCAI5	1.500 00	1.500 00	1.500 00	1.500 00	1.500 00	1.500 00	1.500 00	1.000 00	1.000 00	1.000 00
地区	官渡区	宜良县	易门县	腾冲县	彝良县	威信县	永胜县	华坪县	云县	禄丰县
YCAI5	0.917 06	0.917 06	0.917 06	0.917 06	0.917 06	0.917 06	0.917 06	0.917 06	0.917 06	0.917 06
地区	景洪市	勐海县	勐腊县	大理市	云龙县	瑞丽市	梁河县	盈江县	福贡县	香格里拉县
YCAI5	0.917 06	0.917 06	0.917 06	0.917 06	0.917 06	0.917 06	0.917 06	0.917 06	0.917 06	0.917 06
地区	德钦县	宁蒗县	南涧县	石林县	禄劝县	寻甸县	峨山县	新平县	元江县	景东县
YCAI5	0.917 06	0.611 38	0.611 38	0.611 37	0.611 37	0.611 37	0.611 37	0.611 37	0.611 37	0.611 37
地区	景谷县	孟连县	澜沧县	耿马县	沧源县	开远市	蒙自县	泸西县	红河县	西畴县
YCAI5	0.611 37	0.611 37	0.611 37	0.611 37	0.611 37	0.500 00	0.500 00	0.500 00	0.500 00	0.500 00
地区	广南县	东川区	呈贡区	晋宁县	富民县	嵩明县	安宁市	马龙县	陆良县	师宗县
YCAI5	0.500 00	0.305 69	0.305 69	0.305 69	0.305 69	0.305 69	0.305 69	0.305 69	0.305 69	0.305 69
地区	罗平县	富源县	会泽县	沾益县	江川县	澄江县	通海县	华宁县	施甸县	龙陵县
YCAI5	0.305 69	0.305 69	0.305 69	0.305 69	0.305 69	0.305 69	0.305 69	0.305 69	0.305 69	0.305 69
地区	昌宁县	鲁甸县	巧家县	盐津县	大关县	永善县	绥江县	水富县	凤庆县	永德县
YCAI5	0.305 69	0.305 69	0.305 69	0.305 69	0.305 69	0.305 69	0.305 69	0.305 69	0.305 69	0.305 69
地区	镇康县	双柏县	牟定县	南华县	姚安县	大姚县	永仁县	元谋县	武定县	祥云县
YCAI5	0.305 69	0.305 69	0.305 69	0.305 69	0.305 69	0.305 69	0.305 69	0.305 69	0.305 69	0.305 69
地区	宾川县	弥渡县	永平县	洱源县	剑川县	鹤庆县	玉龙县	宁洱县	墨江县	镇沅县
YCAI5	0.305 69	0.305 69	0.305 69	0.305 69	0.305 69	0.305 69	0.000 00	0.000 00	0.000 00	0.000 00
地区	江城县	西盟县	双江县	个旧市	漾濞县	巍山县	贡山县	兰坪县	维西县	
YCAI5	0.000 00	0.000 00	0.000 00	0.000 00	0.000 00	0.000 00	0.000 00	0.000 00	0.000 00	

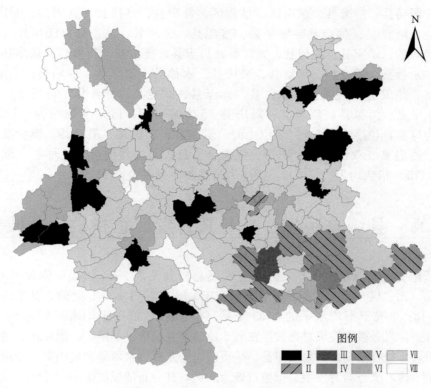

图 3-5 云南省各县（市、区）义务教育多样性指数格局

在义务教育多样性指数层面上，云南省各县（市、区）之间存在较大差距，最高的泸水县与最低的维西县之间极差达到4.311 81，类极差达到4.311 80，CV为1.566 30。泸水县、麒麟区、宣威市、红塔区、隆阳区、昭阳区、镇雄县、古城区、思茅区、临翔区、楚雄市、芒市、陇川县 13 个县（市、区）指数在4.311 81～4.311 80之间，类序为第Ⅰ类，位序在第 1～2 位之间；五华区、盘龙区、西山区 3 区指数均为3.700 42，类序为第Ⅱ类，位序为第 14 位；建水县指数为3.000 00，类序为第Ⅲ类，位序为第 17 位；文山县指数为2.000 00，类序为第Ⅳ类，位序为第 18 位；石屏县、弥勒县、元阳县、绿春县、砚山县、麻栗坡县、马关县、丘北县、富宁县 9 县指数均为1.500 00，类序为第Ⅴ类，位序为第 19 位；屏边县、金平县、河口县、官渡区、宜良县、易门县、腾冲县、彝良县、威信县、永胜县、华坪县、云县、禄丰县、景洪市、勐海县、勐腊县、大理市、云龙县、瑞丽市、梁河县、盈江县、福贡县、香格里拉县、德钦县 24 个县（市、区）指数在1.000 00～0.917 06之间，类序为第Ⅵ类，位序在第 28～31 位之间；宁蒗县、南涧县、石林县、禄劝县、寻甸县、峨山县、新平县、元江县、景东县、景谷县、孟连县、澜沧县、耿马县、沧源县、开远市、蒙自县、泸西县、红

河县、西畴县、广南县、东川区、呈贡区、晋宁县、富民县、嵩明县、安宁市、马龙县、陆良县、师宗县、罗平县、富源县、会泽县、沾益县、江川县、澄江县、通海县、华宁县、施甸县、龙陵县、昌宁县、鲁甸县、巧家县、盐津县、大关县、永善县、绥江县、水富县、凤庆县、永德县、镇康县、双柏县、牟定县、南华县、姚安县、大姚县、永仁县、元谋县、武定县、祥云县、宾川县、弥渡县、永平县、洱源县、剑川县、鹤庆县 65 个县（市、区）指数均为 0.305 69，类序为Ⅶ类，位序在第 52～72 位之间；玉龙县、宁洱县、墨江县、镇沅县、江城县、西盟县、双江县、个旧市、漾濞县、巍山县、贡山县、兰坪县、维西县 13 县（市）指数均为 0.000 00，类序为第Ⅷ类，位序为第 117 位。

第六节　县域差距Ⅵ：义务教育发展总指数的县域差异

云南省各县（市、区）义务教育发展总指数见表 3-6。由表可知如下几点：①各县（市、区）义务教育发展总指数介于 0.342 34～1.639 16 之间，其平均值为 0.679 18；②高于平均水平的有 33 个县（市、区），低于平均水平的有 96 个县（市、区），义务教育发展总指数排在前 5 位的是宣威市、麒麟区、隆阳区、楚雄市和镇雄县，排在后 5 位的是西盟县、呈贡区、玉龙县、维西县和贡山县。云南省各县（市、区）义务教育发展总指数可聚为八类，其分布情况如图 3-6 所示。

表 3-6　云南省各县（市、区）义务教育发展总指数（YCAI）表

地区	宣威市	麒麟区	隆阳区	楚雄市	镇雄县	红塔区	临翔区	昭阳区	思茅区	古城区
YCAI	1.639 16	1.575 66	1.515 64	1.514 62	1.505 88	1.431 54	1.378 10	1.375 69	1.349 91	1.343 23
地区	芒市	陇川县	盘龙区	泸水县	五华区	建水县	西山区	文山县	弥勒县	官渡区
YCAI	1.331 88	1.308 64	1.272 07	1.266 76	1.259 64	1.134 63	1.127 69	0.929 71	0.860 99	0.848 31
地区	砚山县	丘北县	腾冲县	石屏县	富宁县	大理市	绿春县	元阳县	麻栗坡县	宜良县
YCAI	0.835 02	0.833 90	0.817 56	0.790 16	0.783 17	0.781 26	0.775 20	0.748 90	0.723 02	0.715 50
地区	云龙县	云县	马关县	金平县	瑞丽市	禄劝县	禄丰县	景洪市	香格里拉县	广南县
YCAI	0.711 98	0.701 56	0.689 97	0.684 40	0.678 12	0.677 89	0.677 84	0.663 75	0.660 35	
地区	河口县	耿马县	蒙自县	会泽县	泸西县	彝良县	勐海县	寻甸县	易门县	屏边县
YCAI	0.656 36	0.655 16	0.654 65	0.653 67	0.648 98	0.648 16	0.647 82	0.647 63	0.642 02	0.640 94
地区	陆良县	威信县	永胜县	开远市	富源县	沾益县	峨山县	澜沧县	师宗县	西畴县
YCAI	0.624 36	0.624 16	0.620 25	0.619 78	0.618 65	0.617 34	0.607 50	0.593 91	0.590 11	0.587 63
地区	梁河县	鹤庆县	永德县	景谷县	新平县	弥渡县	昌宁县	沧源县	罗平县	福贡县
YCAI	0.582 28	0.579 16	0.578 94	0.576 46	0.574 13	0.571 05	0.570 83	0.566 02	0.563 63	0.562 90
地区	景东县	大姚县	红河县	凤庆县	龙陵县	马龙县	元江县	宁蒗县	个旧市	巧家县
YCAI	0.562 13	0.561 55	0.560 66	0.557 26	0.554 76	0.551 47	0.551 12	0.549 87	0.547 48	0.537 76
地区	南涧县	孟连县	宾川县	勐腊县	嵩明县	华坪县	施甸县	晋宁县	南华县	盐津县
YCAI	0.534 01	0.532 04	0.531 98	0.531 10	0.530 91	0.525 37	0.524 36	0.521 15	0.519 19	0.518 83
地区	祥云县	德钦县	武定县	永善县	水富县	澄江县	永仁县	牟定县	石林县	江川县
YCAI	0.516 69	0.515 02	0.513 05	0.510 78	0.510 14	0.509 78	0.508 40	0.505 34	0.501 43	0.500 89

续表

地区	通海县	东川区	洱源县	镇康县	安宁市	双柏县	姚安县	元谋县	华宁县	剑川县
YCAI	0.495 77	0.487 91	0.486 19	0.483 40	0.483 35	0.479 83	0.479 43	0.478 01	0.467 32	0.463 52
地区	双江县	盈江县	永平县	巍山县	富民县	镇沅县	宁洱县	绥江县	鲁甸县	墨江县
YCAI	0.459 06	0.455 18	0.453 06	0.449 39	0.449 25	0.446 81	0.446 05	0.444 19	0.439 96	0.433 02
地区	漾濞县	大关县	兰坪县	江城县	西盟县	呈贡区	玉龙县	维西县	贡山县	
YCAI	0.425 28	0.424 00	0.416 58	0.400 73	0.398 97	0.389 39	0.374 15	0.345 28	0.342 34	

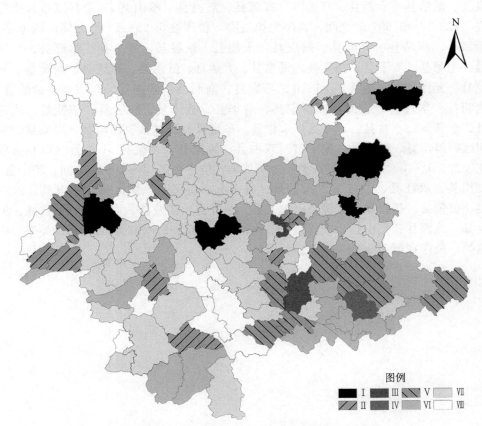

图 3-6 云南省各县（市、区）义务教育发展总指数格局

在义务教育发展总指数层面上，云南省各县（市、区）之间存在较大差距，最高的宣威市与最低的贡山县之间极差达到1.296 82，类极差达到1.125 26，CV为0.625 32。宣威市、麒麟区、隆阳区、楚雄市、镇雄县5个县（市、区）指数在1.639 16～1.505 88之间，类序为第Ⅰ类，位序在第1～5位之间；红塔区、临翔区、昭阳区、思茅区、古城区、芒市、陇川县、盘龙区、泸水县、五华区10县（区）指数在1.431 54～1.259 64之间，类序为第Ⅱ类，位序在第6～15位之间；建水县、西山区2县（区）指数在1.134 63～1.127 69之间，类序为第Ⅲ类，

位序在第 16～17 位之间；文山县指数为 0.929 71，类序为第 Ⅳ 类，位序为第 18 位；弥勒县、官渡区、砚山县、丘北县、腾冲县、石屏县、富宁县、大理市、绿春县、元阳县 10 个县（市、区）指数在 0.860 99～0.748 90 之间，类序为第 Ⅴ 类，位序在第 19～28 位之间；麻栗坡县、宜良县、云龙县、云县、马关县、金平县、瑞丽市、禄劝县、禄丰县、景洪市、香格里拉县、广南县、河口县、耿马县、蒙自县、会泽县、泸西县、彝良县、勐海县、寻甸县、易门县、屏边县、陆良县、威信县、永胜县、开远市、富源县、沾益县、峨山县 29 个县（市）指数在 0.723 02～0.607 50 之间，类序为第 Ⅵ 类，位序在第 29～57 位之间；澜沧县、师宗县、西畴县、梁河县、鹤庆县、永德县、景谷县、新平县、弥渡县、昌宁县、沧源县、罗平县、福贡县、景东县、大姚县、红河县、凤庆县、龙陵县、马龙县、元江县、宁蒗县、个旧市、巧家县、南涧县、孟连县、宾川县、勐腊县、嵩明县、华坪县、施甸县、晋宁县、南华县、盐津县、祥云县、德钦县、武定县、永善县、水富县、澄江县、永仁县、牟定县、石林县、江川县、通海县、东川区、洱源县、镇康县、安宁市、双柏县、姚安县、元谋县 51 个县（市）指数在 0.593 91～0.478 01 之间，类序为第 Ⅶ 类，位序在第 58～108 位之间；华宁县、剑川县、双江县、盈江县、永平县、巍山县、富民县、镇沅县、宁洱县、绥江县、鲁甸县、墨江县、漾濞县、大关县、兰坪县、江城县、西盟县、呈贡区、玉龙县、维西县、贡山县 21 个县（区）指数在 0.467 32～0.342 34 之间，类序为第 Ⅷ 类，位序在第 109～129 位之间。

第四章
云南省义务教育区划系统

第一节　云南省义务教育区划单位

　　教育区划即教育区域划分，是指按照一定的标准和依据，科学地划分教育区域。由于研究的目的和角度不同，教育区划的类型因其所遵循的依据和标准的不同而有所不同，但最终划分在同一教育区域的地区必须在某一方面或某几方面具有同质性。本书设定的义务教育区划单位分为二级，即：从高往低依次是义务教育大区——义务教育区。义务教育区是义务教育区划的下限（最低级）单位。

一、义务教育大区

　　义务教育大区是义务教育区划的最高级单位，由相邻的两个及以上具有共同属性的义务教育区合并而成。其中，属性的确定主要是依据各义务教育区的背景、特征和差距进行自下而上合并的。

二、义务教育区

　　义务教育区是义务教育区划的最低级单位，由义务教育区所辖县（市、区）自下而上合并而成，主要依据义务教育所辖县（市、区）的背景、特征和差距计算指数进行合并。根据云南省的行政区划，云南省共有市、县（区）一级的行政单位129个，因此，本书采用129个县（或县级市）、区作为聚类单元的基本区划单位，它们分别为五华区、盘龙区、官渡区、西山区、东川区、呈贡区、晋宁县、富民县、宜良县、石林县、嵩明县、禄劝县、寻甸县、安宁市、麒麟区、马龙县、陆良县、师宗县、罗平县、富源县、会泽县、沾益县、宣威市、红塔区、江川县、澄江县、通海县、华宁县、易门县、峨山县、新平县、元江县、隆阳区、施甸县、腾冲县、龙陵县、昌宁县、昭阳区、鲁甸县、巧家县、盐津县、大关县、永善县、绥江县、镇雄县、彝良县、威信县、水富县、古城区、玉龙县、永胜县、华坪县、宁蒗县、思茅区、宁洱县、墨江县、景东县、景谷县、镇沅县、江城县、孟连县、澜沧县、西盟县、临翔区、凤庆县、云县、永德县、镇康县、双江县、耿马县、沧源县、楚雄市、双柏县、牟定县、南华县、姚安县、大姚县、永仁县、元谋县、武定县、禄丰县、个旧市、开远市、蒙自县、屏边县、建水县、石屏县、弥勒县、泸西县、元阳县、红河县、金平县、绿春县、河口县、文山县、砚山县、西畴县、麻栗坡县、马关县、丘北县、广南县、富宁县、景洪市、勐海县、勐腊县、大理市、漾濞县、祥云县、宾川县、弥渡县、南涧县、巍山县、永平县、云龙县、洱源县、剑川县、鹤庆县、瑞丽市、潞西市、梁河县、盈江县、陇川县、泸水县、福贡县、贡山县、兰坪县、香格里拉县、德钦县、维西县。

第二节　教育区划的基本方案

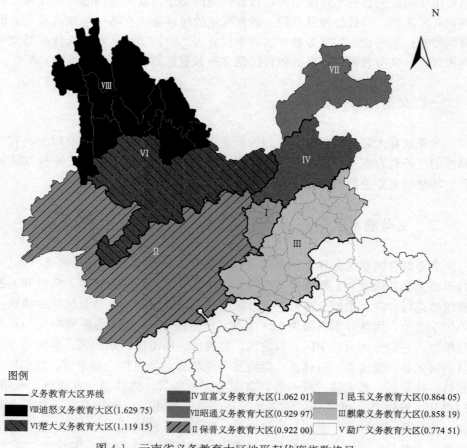

图例

―――― 义务教育大区界线

■ VIII迪怒义务教育大区(1.629 75)

▨ VI楚大义务教育大区(1.119 15)

■ IV宣富义务教育大区(1.062 01)

■ VII昭通义务教育大区(0.929 97)

▨ II保普义务教育大区(0.922 00)

■ I昆玉义务教育大区(0.864 05)

□ III麒蒙义务教育大区(0.858 19)

□ V勐广义务教育大区(0.774 51)

图 4-1　云南省义务教育大区地形起伏度指数格局

表 4-1 云南省义务教育区区划基本方案简表

符号	义务教育大区	符号	义务教育区	所辖县（市、区）
Ⅰ	昆玉义务教育大区	Ⅰa	昆明义务教育区	五华区、盘龙区、西山区、官渡区、呈贡县
		Ⅰb	玉溪义务教育区	红塔区
		Ⅰc	安晋义务教育区	安宁市、晋宁县
Ⅱ	保普义务教育大区	Ⅱa	孟西义务教育区	西盟县、孟连县
		Ⅱb	瑞禄义务教育区	瑞丽市、潞西市、梁河县、盈江县、陇川县、墨江县、景东县、景谷县、昌宁县、镇沅县、临翔区、云县、镇康县、双江县、耿马县、沧源县、双柏县、易门县、峨山县、新平县、施甸县、龙陵县、禄丰县
		Ⅱc	思普义务教育区	思茅区、宁洱县、澜沧县
		Ⅱd	腾隆义务教育区	隆阳区、腾冲县
		Ⅱe	楚雄义务教育区	楚雄市
Ⅲ	麒蒙义务教育大区	Ⅲa	红元义务教育区	红河县、元阳县、元江县
		Ⅲb	马建义务教育区	马龙县、师宗县、陆良县、宜良县、石林县、江川县、澄江县、通海县、华宁县、石屏县、泸西县、建水县
		Ⅲc	个弥义务教育区	个旧市、蒙自县、弥勒县、开远市
		Ⅲd	麒富义务教育区	麒麟区、罗平县、富源县
Ⅳ	宜富义务教育大区	Ⅳa	东会义务教育区	东川区、会泽县
		Ⅳb	宜嵩义务教育区	宣威市、沾益县、富民县、寻甸县、嵩明县
Ⅴ	勐广义务教育大区	Ⅴa	红河义务教育区	江城县、绿春县、金平县、屏边县、河口县
		Ⅴb	文山义务教育区	文山县、砚山县、西畴县、麻栗坡县、马关县、广南县、富宁县、丘北县
		Ⅴc	版纳义务教育区	景洪市、勐海县、勐腊县
Ⅵ	楚大义务教育大区	Ⅵa	洱川义务教育区	洱源县、云龙县、剑川县、鹤庆县、宾川县
		Ⅵb	永禄义务教育区	永平县、漾濞县、弥渡县、南涧县、巍山县、牟定县、南华县、姚安县、大姚县、永仁县、元谋县、武定县、凤庆县、永德县、禄劝县
		Ⅵc	大理义务教育区	大理市、祥云县
Ⅶ	昭通义务教育大区	Ⅶa	镇彝义务教育区	镇雄县、大关县、威信县、彝良县
		Ⅶb	鲁巧义务教育区	鲁甸县、巧家县
		Ⅶc	永水义务教育区	永善县、盐津县、绥江县、水富县
		Ⅶd	昭阳义务教育区	昭阳区
Ⅷ	迪怒义务教育大区	Ⅷa	怒江义务教育区	德钦县、维西县、泸水县、福贡县、贡山县
		Ⅷb	永华义务教育区	永胜县、宁蒗县、华坪县
		Ⅷc	古香义务教育区	古城区、玉龙县、香格里拉县、兰坪县

表 4-2 云南省义务教育区划系统各义务教育大区背景表

义务教育大区	地形起伏度		资源环境承载能力		经济发展综合水平		发展潜力综合水平		区域发展综合水平		人口受教育程度		民族构成系数	
	指数	类别/位序	指数	类别/位序	指数	类别/位序	指数	类别/位序	指数	类别/位序	指数	类别/位序	指数	类别/位序
I 昆玉义务教育大区	0.864 05	VI / 6	0.967 77	VIII / 8	1.368 06	I / 1	1.007 04	IV / 4	1.158 55	I / 1	2.056 67	I / 1	0.295 76	VI / 6
II 保普义务教育大区	0.922 00	V / 5	1.047 58	II / 2	0.998 65	V / 5	1.055 33	II / 2	1.025 00	V / 5	0.851 45	VI / 6	1.080 61	IV / 4
III 麒蒙义务教育大区	0.858 19	VII / 7	1.036 67	IV / 4	1.027 92	IV / 4	0.990 55	VII / 7	1.029 84	III / 3	1.096 21	IV / 4	0.797 40	V / 5
IV 宣富义务教育大区	1.062 01	III / 3	1.052 88	I / 1	1.069 97	II / 2	0.994 64	VI / 6	1.057 50	II / 2	1.455 17	II / 2	0.237 34	VII / 7
V 勐广义务教育大区	0.774 51	VIII / 8	1.025 63	V / 5	0.990 63	VII / 7	1.078 23	I / 1	1.012 25	VII / 7	0.908 04	V / 5	1.574 64	II / 2
VI 楚大义务教育大区	1.119 15	II / 2	0.977 16	VII / 7	0.989 23	VIII / 8	1.021 74	III / 3	0.985 47	VIII / 8	0.807 35	VII / 7	1.103 62	III / 3
VII 昭通义务教育大区	0.929 97	IV / 4	1.037 80	III / 3	0.992 72	VI / 6	0.977 40	VIII / 8	1.013 02	VI / 6	1.241 62	III / 3	0.220 81	VIII / 8
VIII 迪怒义务教育大区	1.629 75	I / 1	1.015 48	VI / 6	1.047 02	III / 3	1.001 11	V / 5	1.029 49	IV / 4	0.491 73	VIII / 8	1.835 66	I / 1

　　在科学认识云南省义务教育县域背景、县域特征和县域差距的基础上，本书根据均质性原则、完整性原则、综合—主导性原则，运用"自下而上的区域合并"的方法，对云南省进行了义务教育区的划分，得到"云南省义务教育区区划基本方案"（表4-1，图4-14）；并对云南省各义务教育大区、义务教育区所辖县（市、区）的地形起伏度、资源环境承载能力、经济发展综合水平、发展潜力综合水平、区域发展综合水平、教育背景基础、民族构成系数进行聚类（图4-1至图4-7）；对教育机会指数、教育质量指数、办学条件指数、师资指数、教育多样性指数、教育发展总指数进行聚类（图4-8至图4-13）。"云南省义务教育区区划基本方案"大体上有以下几个方面：

　　第一，云南省划分为8个义务教育大区，即：昆玉义务教育大区（Ⅰ）；保普义务教育大区（Ⅱ）；麒蒙义务教育大区（Ⅲ）；宣富主体功能大区（Ⅳ）；勐广义务教育大区（Ⅴ）；楚大义务教育大区（Ⅵ）；昭通义务教育大区（Ⅶ）；迪怒义务教育大区（Ⅷ）。

　　根据各义务教育大区所辖县（市、区）的地形起伏度、资源环境承载能力、经济发展综合水平、发展潜力综合水平、区域发展综合水平、教育背景基础、民族构成系数共7项指数进行算术平均，得出8个义务教育大区的均值，进而采用这8个义务教育大区中6项指数的均值分别对各义务教育大区进行排序分类（表4-2），结果表明：

　　（1）在地形起伏度指数层面上，迪怒义务教育大区指数为1.629 75，类别为第Ⅰ类，位序为第1位；楚大义务教育大区指数为1.119 15，类别为第Ⅱ类，位序为第2位；宣富义务教育大区指数为1.062 01，类别为第Ⅲ类，位序为第3位；昭通义务教育大区指数为0.929 97，类别为第Ⅳ类，位序为第4位；保普义务教育大区指数为0.922 00，类别为第Ⅴ类，位序为第5位；昆玉义务教育大区指数为0.864 05，类别为第Ⅵ类，位序为第6位；麒蒙义务教育大区指数为0.858 19，类别为第Ⅶ类，位序为第7位；勐广义务教育大区指数为0.774 51，类别为第Ⅷ类，位序为第8位。

　　（2）在资源环境承载能力指数层面上，宣富义务教育大区指数为1.052 88，类别为第Ⅰ类，位序为第1位；保普义务教育大区指数为1.047 58，类别为第Ⅱ类，位序为第2位；昭通义务教育大区指数为1.037 80，类别为第Ⅲ类，位序为第3位；麒蒙义务教育大区指数为1.036 67，类别为第Ⅳ类，位序为第4位；勐广义务教育大区指数为1.025 63，类别为第Ⅴ类，位序为第5位；迪怒义务教育大区指数为1.015 48，类别为第Ⅵ类，位序为第6位；楚大义务教育大区指数为0.977 16，类别为第Ⅶ类，位序为第7位；昆玉义务教育大区指数为0.967 77，类别为第Ⅷ类，位序为第8位。

　　（3）在经济发展综合水平指数层面上，昆玉义务教育大区指数为1.368 06，类别为第Ⅰ类，位序为第1位；宣富义务教育大区指数为1.069 97，类别为第Ⅱ

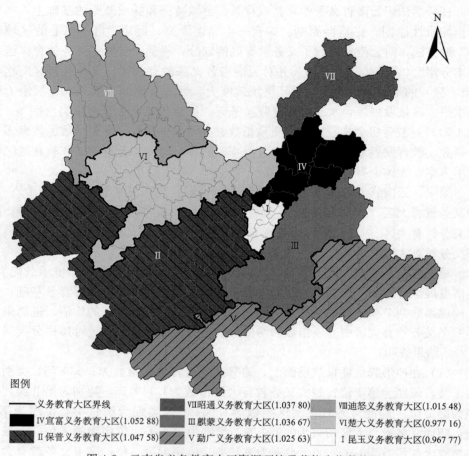

图 4-2　云南省义务教育大区资源环境承载能力指数格局

图例

———　义务教育大区界线　　　▨ Ⅶ昭通义务教育大区(1.037 80)　　　▨ Ⅷ迪怒义务教育大区(1.015 48)
■ Ⅳ宣富义务教育大区(1.052 88)　　　▨ Ⅲ麒蒙义务教育大区(1.036 67)　　　▨ Ⅵ楚大义务教育大区(0.977 16)
▨ Ⅱ保普义务教育大区(1.047 58)　　　▨ Ⅴ勐广义务教育大区(1.025 63)　　　□ Ⅰ昆玉义务教育大区(0.967 77)

类，位序为第 2 位；迪怒义务教育大区指数为1.047 02，类别为第Ⅲ类，位序为第 3 位；麒蒙义务教育大区指数为1.027 92，类别为第Ⅳ类，位序为第 4 位；保普义务教育大区指数为0.998 65，类别为第Ⅴ类，位序为第 5 位；昭通义务教育大区指数为0.992 72，类别为第Ⅵ类，位序为第 6 位；勐广义务教育大区指数为0.990 63，类别为第Ⅶ类，位序为第 7 位；楚大义务教育大区指数为0.989 23，类别为第Ⅷ类，位序为第 8 位。

（4）在发展潜力综合水平指数层面上，勐广义务教育大区指数为1.078 23，类别为第Ⅰ类，位序为第 1 位；保普义务教育大区指数为1.055 33，类别为第Ⅱ类，位序为第 2 位；楚大义务教育大区指数为1.021 74，类别为第Ⅲ类，位序为第 3 位；昆玉义务教育大区指数为1.007 04，类别为第Ⅳ类，位序为第 4 位；迪怒义务教育大区指数为1.001 11，类别为第Ⅴ类，位序为第 5 位；宣富义务教育大区指数为0.994 64，类别为第Ⅵ类，位序为第 6 位；麒蒙义务教育大区指数为

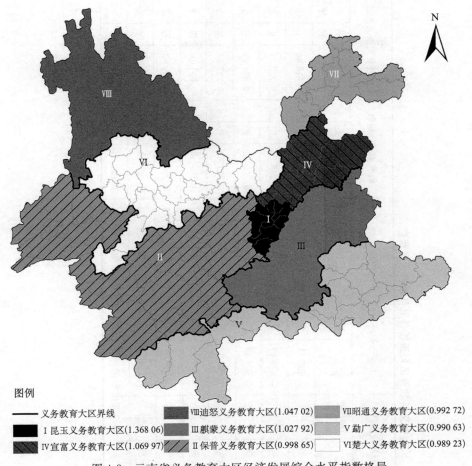

图 4-3　云南省义务教育大区经济发展综合水平指数格局

图例

―― 义务教育大区界线

Ⅰ昆玉义务教育大区(1.368 06)

Ⅳ宣富义务教育大区(1.069 97)

Ⅷ迪怒义务教育大区(1.047 02)

Ⅲ麒蒙义务教育大区(1.027 92)

Ⅱ保普义务教育大区(0.998 65)

Ⅶ昭通义务教育大区(0.992 72)

Ⅴ勐广义务教育大区(0.990 63)

Ⅵ楚大义务教育大区(0.989 23)

0.990 55，类别为第Ⅶ类，位序为第 7 位；昭通义务教育大区指数为0.977 40，类别为第Ⅷ类，位序为第 8 位。

（5）在区域发展综合水平指数层面上，昆玉义务教育大区指数为1.158 55，类别为第Ⅰ类，位序为第 1 位；宣富义务教育大区指数为1.057 50，类别为第Ⅱ类，位序为第 2 位；麒蒙义务教育大区指数为1.029 84，类别为第Ⅲ类，位序为第 3 位；迪怒义务教育大区指数为1.029 49，类别为第Ⅳ类，位序为第 4 位；保普义务教育大区指数为1.025 00，类别为第Ⅴ类，位序为第 5 位；昭通义务教育大区指数为1.013 02，类别为第Ⅵ类，位序为第 6 位；勐广义务教育大区指数为1.012 25，类别为第Ⅶ类，位序为第 7 位；楚大义务教育大区指数为0.985 47，类别为第Ⅷ类，位序为第 8 位。

表 4-3　云南省义务教育区划系统各义务教育大区状态表

义务教育大区 \ 指标	教育机会指数			教育质量指数			办学条件指数			师资指数			教育多样性指数			义务教育发展总指数		
	指数	类别	位序	指数	类别	位序	指数	类别	位序	指数	类别	位序	指数	类别	位序	指数	类别	位序
I 昆玉义务教育大区	1.057 69	I	1	0.241 98	VI	6	0.602 71	II	2	0.524 95	I	1	2.155 90	I	1	0.916 64	I	1
II 保普义务教育大区	0.992 38	V	5	0.350 84	IV	4	0.499 86	VI	6	0.524 10	II	2	1.248 70	II	2	0.723 17	II	2
III 麒蒙义务教育大区	1.003 63	IV	4	0.441 61	I	1	0.556 48	IV	4	0.519 00	V	5	0.850 13	VII	7	0.674 17	VI	6
IV 宣富义务教育大区	1.014 07	III	3	0.364 61	III	3	0.771 82	I	1	0.517 75	VII	7	0.921 66	VI	6	0.717 98	III	3
V 勐广义务教育大区	0.983 87	VI	6	0.274 36	V	5	0.569 18	III	3	0.518 64	VI	6	1.109 45	V	5	0.691 10	IV	4
VI 楚大义务教育大区	1.023 34	II	2	0.398 84	II	2	0.397 99	VII	7	0.519 21	IV	4	0.361 27	VIII	8	0.540 13	VIII	8
VII 昭通义务教育大区	0.976 93	VII	7	0.236 78	VII	7	0.554 43	V	5	0.513 70	VIII	8	1.145 23	IV	4	0.685 41	V	5
VIII 迪怒义务教育大区	0.966 25	VIII	8	0.179 32	VIII	8	0.315 59	VIII	8	0.522 78	III	3	1.151 69	III	3	0.627 12	VII	7

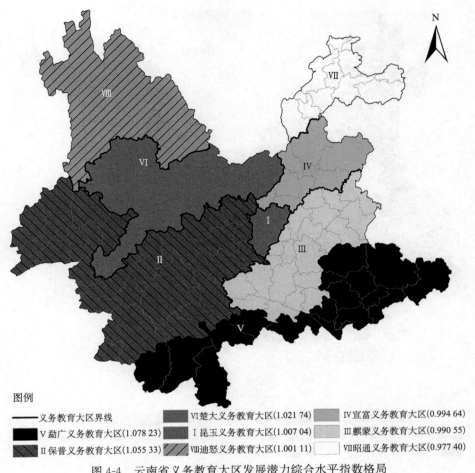

图 4-4 云南省义务教育大区发展潜力综合水平指数格局

（6）在人口受教育程度指数层面上，昆玉义务教育大区指数为2.056 67，类别为第Ⅰ类，位序为第 1 位；宜富义务教育大区指数为1.455 17，类别为第Ⅱ类，位序为第 2 位；昭通义务教育大区指数为1.241 62，类别为第Ⅲ类，位序为第 3 位；麒蒙义务教育大区指数为1.096 21，类别为第Ⅳ类，位序为第 4 位；勐广义务教育大区指数为0.908 04，类别为第Ⅴ类，位序为第 5 位；保普义务教育大区指数为0.851 45，类别为第Ⅵ类，位序为第 6 位；楚大义务教育大区指数为0.807 35，类别为第Ⅶ类，位序为第 7 位；迪怒义务教育大区指数为0.491 73，类别为第Ⅷ类，位序为第 8 位。

（7）在民族构成系数指数层面上，迪怒义务教育大区指数为1.835 66，类别为第Ⅰ类，位序为第 1 位；勐广义务教育大区指数为1.574 64，类别为第Ⅱ类，位序为第 2 位；楚大义务教育大区指数为1.103 62，类别为第Ⅲ类，位序为第 3

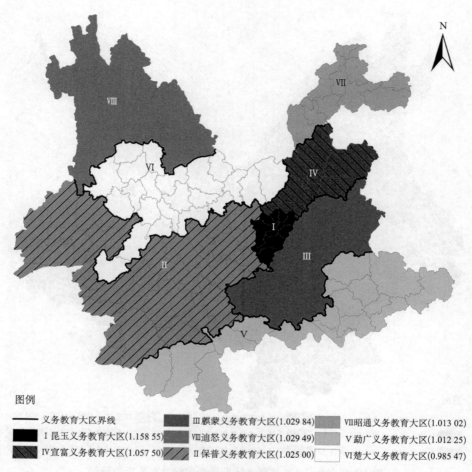

图例

——— 义务教育大区界线   ▨ Ⅲ麒蒙义务教育大区(1.029 84)   ▨ Ⅶ昭通义务教育大区(1.013 02)

■ Ⅰ昆玉义务教育大区(1.158 55)   ▨ Ⅷ迪怒义务教育大区(1.029 49)   ▨ Ⅴ勐广义务教育大区(1.012 25)

▨ Ⅳ宣富义务教育大区(1.057 50)   ▨ Ⅱ保普义务教育大区(1.025 00)   □ Ⅵ楚大义务教育大区(0.985 47)

图 4-5   云南省义务教育大区区域发展综合水平指数格局

位；保普义务教育大区指数为 1.080 61 类别为第Ⅳ类，位序为第 4 位；麒蒙义务教育大区指数为 0.797 40，类别为第Ⅴ类，位序为第 5 位；昆玉义务教育大区指数为 0.295 76，类别为第Ⅵ类，位序为第 6 位；宣富义务教育大区指数为 0.237 34，类别为第Ⅶ类，位序为第 7 位；昭通义务教育大区指数为 0.220 81，类别为第Ⅷ类，位序为第 8 位。

根据各义务教育大区所辖县（市、区）的教育机会指数、教育质量指数、办学条件指数、师资指数、教育多样性指数、义务教育发展总指数共 6 项指数进行算术平均，得出 8 个义务教育大区的均值，进而采用这 8 个义务教育大区中 6 项指数的均值分别对各义务教育大区进行排序分类（表 4-3），结果表明：

（1）在教育机会指数层面上，昆玉义务教育大区指数为 1.057 69，类别为第

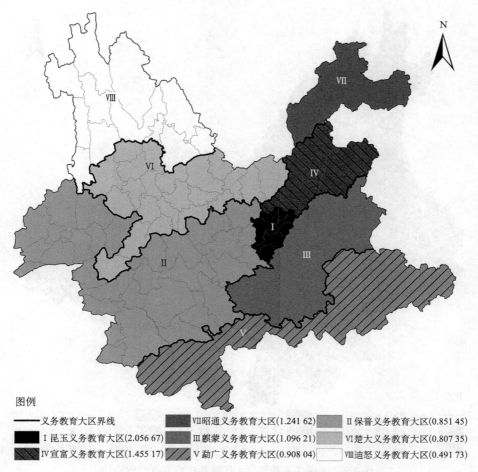

图例

— 义务教育大区界线

Ⅶ昭通义务教育大区(1.241 62)　Ⅱ保普义务教育大区(0.851 45)

Ⅰ昆玉义务教育大区(2.056 67)　Ⅲ麒蒙义务教育大区(1.096 21)　Ⅵ楚大义务教育大区(0.807 35)

Ⅳ宣富义务教育大区(1.455 17)　Ⅴ勐广义务教育大区(0.908 04)　Ⅷ迪怒义务教育大区(0.491 73)

图 4-6　云南省义务教育大区人口受教育程度指数格局

Ⅰ类，位序为第 1 位；楚大义务教育大区指数为1.023 34，类别为第Ⅱ类，位序为第 2 位；宣富义务教育大区指数为1.014 07，类别为第Ⅲ类，位序为第 3 位；麒蒙义务教育大区指数为1.003 63，类别为第Ⅳ类，位序为第 4 位；保普义务教育大区指数为0.992 38，类别为第Ⅴ类，位序为第 5 位；勐广义务教育大区指数为0.983 87，类别为第Ⅵ类，位序为第 6 位；昭通义务教育大区指数为0.976 93，类别为第Ⅶ类，位序为第 7 位；迪怒义务教育大区指数为0.966 25，类别为第Ⅷ类，位序为第 8 位。

（2）在教育质量指数层面上，麒蒙义务教育大区指数为0.441 61，类别为第Ⅰ类，位序为第 1 位；楚大义务教育大区指数为0.398 84，类别为第Ⅱ类，位序为第 2 位；宣富义务教育大区指数为0.364 61，类别为第Ⅲ类，位序为第 3 位；保普义务教育大区指数为0.350 84，类别为第Ⅳ类，位序为第 4 位；勐广义务教

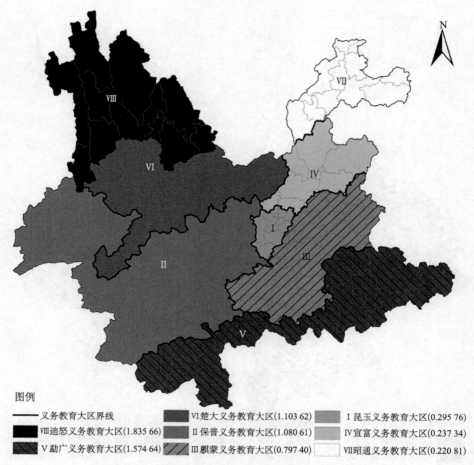

图例

— 义务教育大区界线　　█ Ⅵ楚大义务教育大区(1.103 62)　　█ Ⅰ昆玉义务教育大区(0.295 76)

█ Ⅷ迪怒义务教育大区(1.835 66)　　█ Ⅱ保普义务教育大区(1.080 61)　　█ Ⅳ宜富义务教育大区(0.237 34)

▨ Ⅴ勐广义务教育大区(1.574 64)　　▨ Ⅲ麒蒙义务教育大区(0.797 40)　　□ Ⅶ昭通义务教育大区(0.220 81)

图 4-7　云南省义务教育大区民族构成系数指数格局

育大区指数为 0.274 36，类别为第 Ⅴ 类，位序为第 5 位；昆玉义务教育大区指数
为 0.241 98，类别为第 Ⅵ 类，位序为第 6 位；昭通义务教育大区指数为 0.236 78，
类别为第 Ⅶ 类，位序为第 7 位；迪怒义务教育大区指数为 0.179 32，类别为第 Ⅷ
类，位序为第 8 位。

（3）在办学条件指数层面上，宜富义务教育大区指数为 0.771 82，类别为第
Ⅰ 类，位序为第 1 位；昆玉义务教育大区指数为 0.602 71，类别为第 Ⅱ 类，位序
为第 2 位；勐广义务教育大区指数为 0.569 18，类别为第 Ⅲ 类，位序为第 3 位；
麒蒙义务教育大区指数为 0.556 48，类别为第 Ⅳ 类，位序为第 4 位；昭通义务教
育大区指数为 0.554 43，类别为第 Ⅴ 类，位序为第 5 位；保普义务教育大区指数
为 0.499 86，类别为第 Ⅵ 类，位序为第 6 位；楚大义务教育大区指数为 0.397 99，
类别为第 Ⅶ 类，位序为第 7 位；迪怒义务教育大区指数为 0.315 59，类别为第 Ⅷ

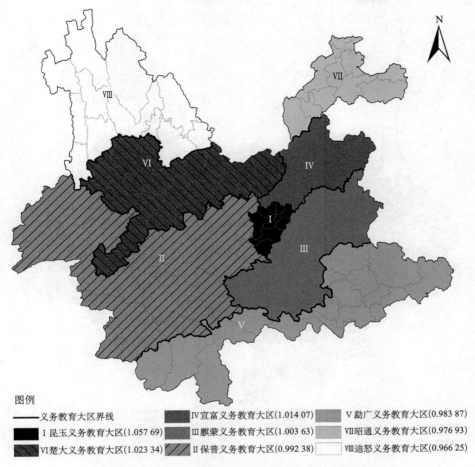

图例
—— 义务教育大区界线
■ I 昆玉义务教育大区(1.057 69)
▨ VI 楚大义务教育大区(1.023 34)
▨ IV宣富义务教育大区(1.014 07)
▨ III麒蒙义务教育大区(1.003 63)
▨ II 保普义务教育大区(0.992 38)
▨ V 勐广义务教育大区(0.983 87)
▨ VII昭通义务教育大区(0.976 93)
□ VIII迪怒义务教育大区(0.966 25)

图 4-8　云南省义务教育大区义务教育机会指数格局

类，位序为第 8 位。

　　（4）在师资指数层面上，昆玉义务教育大区指数为0.524 95，类别为第Ⅰ类，位序为第 1 位；保普义务教育大区指数为0.524 10，类别为第Ⅱ类，位序为第 2 位；迪怒义务教育大区指数为0.522 78，类别为第Ⅲ类，位序为第 3 位；楚大义务教育大区指数为0.519 21，类别为第Ⅳ类，位序为第 4 位；麒蒙义务教育大区指数为0.519 00，类别为第Ⅴ类，位序为第 5 位；勐广义务教育大区指数为0.518 64，类别为第Ⅵ类，位序为第 6 位；宣富义务教育大区指数为0.517 75，类别为第Ⅶ类，位序为第 7 位；昭通义务教育大区指数为0.513 70，类别为第Ⅷ类，位序为第 8 位。

　　（5）在教育多样性指数层面上，昆玉义务教育大区指数为2.155 90，类别为第Ⅰ类，位序为第 1 位；保普义务教育大区指数为1.248 70，类别为第Ⅱ类，位

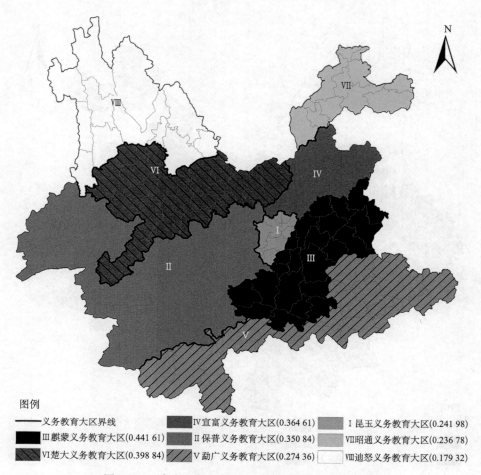

图例

———义务教育大区界线　　█ Ⅳ宣富义务教育大区(0.364 61)　　▨ Ⅰ昆玉义务教育大区(0.241 98)

█ Ⅲ麒蒙义务教育大区(0.441 61)　　▨ Ⅱ保普义务教育大区(0.350 84)　　▨ Ⅶ昭通义务教育大区(0.236 78)

▨ Ⅵ楚大义务教育大区(0.398 84)　　▨ Ⅴ勐广义务教育大区(0.274 36)　　□ Ⅷ迪怒义务教育大区(0.179 32)

图 4-9　云南省义务教育大区义务教育质量指数格局

序为第 2 位；迪怒义务教育大区指数为 1.151 69，类别为第 Ⅲ 类，位序为第 3 位；昭通义务教育大区指数为 1.145 23，类别为第 Ⅳ 类，位序为第 4 位；勐广义务教育大区指数为 1.109 45，类别为第 Ⅴ 类，位序为第 5 位；宣富义务教育大区指数为 0.921 66，类别为第 Ⅵ 类，位序为第 6 位；麒蒙义务教育大区指数为 0.850 13，类别为第 Ⅶ 类，位序为第 7 位；楚大义务教育大区指数为 0.361 27，类别为第 Ⅷ 类，位序为第 8 位。

（6）在义务教育发展总指数层面上，昆玉义务教育大区指数为 0.916 64，类别为第 Ⅰ 类，位序为第 1 位；保普义务教育大区指数为 0.723 17，类别为第 Ⅱ 类，位序为第 2 位；宣富义务教育大区指数为 0.717 98，类别为第 Ⅲ 类，位序为第 3 位；勐广义务教育大区指数为 0.691 10，类别为第 Ⅳ 类，位序为第 4 位；昭通义务教育大区指数为 0.685 41，类别为第 Ⅴ 类，位序为第 5 位；麒蒙义务教育

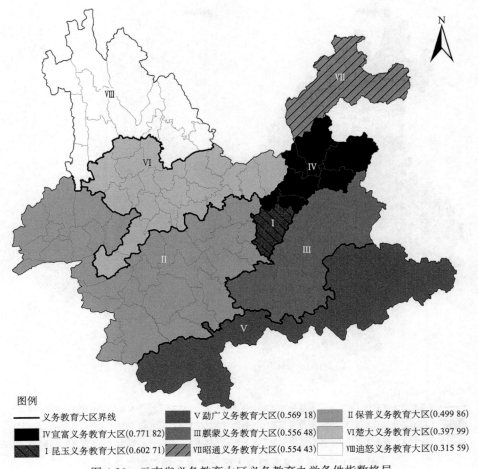

图4-10　云南省义务教育大区义务教育办学条件指数格局

大区指数为0.674 17，类别为第Ⅵ类，位序为第6位；迪怒义务教育大区指数为0.627 12，类别为第Ⅶ类，位序为第7位；楚大义务教育大区指数为0.540 13，类别为第Ⅷ类，位序为第8位。

　　第二，在某一个"义务教育大区"中划分为若干个"义务教育区"。其中，昆玉义务教育大区（Ⅰ）有3个区：昆明义务教育区（Ⅰa）、玉溪义务教育区（Ⅰb）、安晋义务教育区（Ⅰc）；保普义务教育大区（Ⅱ）有5个区：孟西义务教育区（Ⅱa）、瑞禄义务教育区（Ⅱb）、思普义务教育区（Ⅱc）、腾龙义务教育区（Ⅱd）、楚雄义务教育区（Ⅱe）；麒蒙义务教育大区（Ⅲ）有4个区：红元义务教育区（Ⅲa）、马建义务教育区（Ⅲb）、个弥义务教育区（Ⅲc）、麒富义务教育区（Ⅲd）；宣富义务教育大区（Ⅳ）有2个区：东会义务教育区（Ⅳa）和宣嵩义务教育区（Ⅳb）；勐广义务教育大区（Ⅴ）有3个区：红河义务教育区（Ⅴ

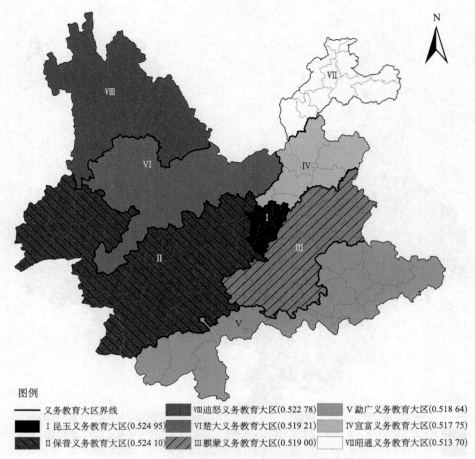

图 4-11　云南省义务教育大区义务教育师资指数格局

a)、文山义务教育区（Ⅴb）、版纳义务教育区（Ⅴc）；楚大义务教育大区（Ⅵ）
有 3 个区：洱川义务教育区（Ⅵa）、永禄义务教育区（Ⅵb）、大理义务教育区
（Ⅵc）；昭通义务教育大区（Ⅶ）有 4 个区：镇彝义务教育区（Ⅶa）、鲁巧义务
教育区（Ⅶb）、永水义务教育区（Ⅶc）、昭阳义务教育区（Ⅶd）；迪怒义务教育
大区（Ⅷ）有 3 个区：怒江义务教育区（Ⅷa）、永华义务教育区（Ⅷb）、古香义
务教育区（Ⅷc）。

第三，在某一个"义务教育区"中包含若干个县（市、区）。其中，①昆明
义务教育区（Ⅰa）所辖县（市、区）为昆明市区（五华区、盘龙区、西山区、
官渡区）、呈贡县；玉溪义务教育区（Ⅰb）所辖县（市、区）为红塔区；安晋义
务教育区（Ⅰc）所辖县（市、区）为安宁市、晋宁县。②孟西义务教育区
（Ⅱa）所辖县（市、区）为西盟县、孟连县；瑞禄义务教育区（Ⅱb）所辖县
（市、区）为瑞丽市、潞西市、梁河县、盈江县、陇川县、墨江县、景东县、景谷县、

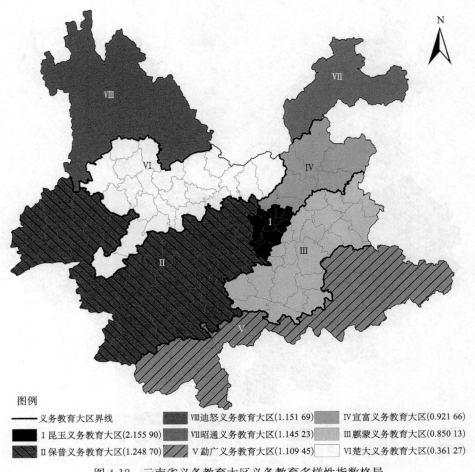

图例

—— 义务教育大区界线

■ I 昆玉义务教育大区(2.155 90)

▨ II 保普义务教育大区(1.248 70)

▨ VIII 迪怒义务教育大区(1.151 69)

▨ VII 昭通义务教育大区(1.145 23)

▨ V 勐广义务教育大区(1.109 45)

▨ IV 宣富义务教育大区(0.921 66)

▨ III 麒蒙义务教育大区(0.850 13)

□ VI 楚大义务教育大区(0.361 27)

图 4-12　云南省义务教育大区义务教育多样性指数格局

昌宁县、镇沅县、临翔区、云县、镇康县、双江县、耿马县、沧源县、双柏县、易门县、峨山县、新平县、施甸县、龙陵县、禄丰县；思普义务教育区（Ⅱc）所辖县（市、区）为思茅区、宁洱县、澜沧县；腾龙义务教育区（Ⅱd）所辖县（市、区）为隆阳区、腾冲县；楚雄义务教育区（Ⅱe）所辖县（市、区）为楚雄市。③红元义务教育区（Ⅲa）所辖县（市、区）为红河县、元阳县、元江县；马建义务教育区（Ⅲb）所辖县（市、区）为马龙县、师宗县、陆良县、宜良县、石林县、江川县、澄江县、通海县、华宁县、石屏县、泸西县、建水县；个弥义务教育区（Ⅲc）所辖县（市、区）为个旧市、蒙自县、弥勒县、开远市；麒富义务教育区（Ⅲd）所辖县（市、区）为麒麟区、罗平县、富源县。④东会义务教育区（Ⅳa）所辖县（市、区）为东川区、会泽县；宣嵩义务教育区（Ⅳb）所辖县（市、区）为宣威市、沾益县、富民县、寻甸县、嵩明县。⑤红河义务教育

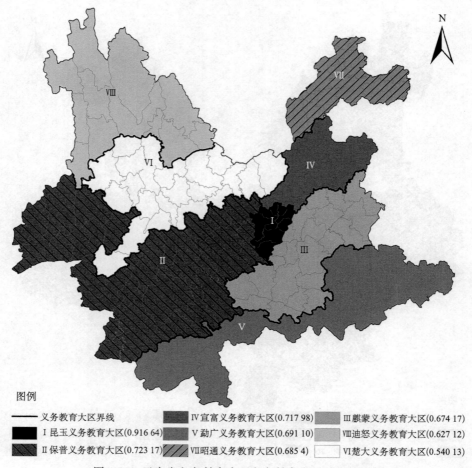

图 4-13　云南省义务教育大区义务教育发展总指数格局

区（Ⅴa）所辖县（市、区）为江城县、绿春县、金平县、屏边县、河口县；文
山义务教育区（Ⅴb）所辖县（市、区）为文山县、砚山县、西畴县、麻栗坡县、
马关县、广南县、富宁县、丘北县；版纳义务教育区（Ⅴc）所辖县（市、区）
为景洪市、勐海县、勐腊县。⑥洱川义务教育区（Ⅵa）所辖县（市、区）为洱
源县、云龙县、剑川县、鹤庆县、宾川县；永禄义务教育区（Ⅵb）所辖县（市、
区）为永平县、漾濞县、弥渡县、南涧县、巍山县、牟定县、南华县、姚安县、
大姚县、永仁县、元谋县、武定县、凤庆县、永德县、禄劝县；大理义务教育区
（Ⅵc）所辖县（市、区）为大理市、祥云县。⑦镇彝义务教育区（Ⅶa）所辖县
（市、区）为镇雄县、大关县、威信县、彝良县；鲁巧义务教育区（Ⅶb）所辖县
（市、区）为鲁甸县、巧家县；永水义务教育区（Ⅶc）所辖县（市、区）为永善
县、盐津县、绥江县、水富县；昭阳义务教育区（Ⅶd）所辖县（市、区）为昭

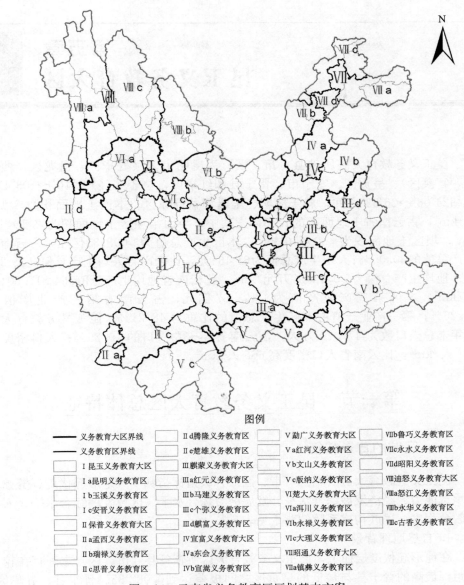

图例

——— 义务教育大区界线	Ⅱd腾隆义务教育区	Ⅴ勐广义务教育大区
——— 义务教育区界线	Ⅱe楚雄义务教育区	Ⅴa红河义务教育区
Ⅰ昆玉义务教育大区	Ⅲ麒蒙义务教育大区	Ⅴb文山义务教育区
Ⅰa昆明义务教育区	Ⅲa红元义务教育区	Ⅴc版纳义务教育区
Ⅰb玉溪义务教育区	Ⅲb马建义务教育区	Ⅵ楚大义务教育大区
Ⅰc安晋义务教育区	Ⅲc个弥义务教育区	Ⅵa洱川义务教育区
Ⅱ保普义务教育大区	Ⅲd麒富义务教育区	Ⅵb永禄义务教育区
Ⅱa孟西义务教育区	Ⅳ宣富义务教育大区	Ⅵc大理义务教育区
Ⅱb瑞禄义务教育区	Ⅳa东会义务教育区	Ⅶ昭通义务教育大区
Ⅱc思普义务教育区	Ⅳb宣嵩义务教育区	Ⅶa镇彝义务教育区

Ⅶb鲁巧义务教育区
Ⅶc永水义务教育区
Ⅶd昭阳义务教育区
Ⅷ迪怒义务教育大区
Ⅷa怒江义务教育区
Ⅷb永华义务教育区
Ⅷc古香义务教育区

图4-14　云南省义务教育区区划基本方案

阳区。⑧怒江义务教育区（Ⅷa）所辖县（市、区）为德钦县、维西县、泸水县、福贡县、贡山县；永华义务教育区（Ⅷb）所辖县（市、区）为永胜县、宁蒗县、华坪县；古香义务教育区（Ⅷc）所辖县（市、区）为古城区、玉龙县、香格里拉县、兰坪县。

第五章
昆玉义务教育大区

昆玉义务教育大区所辖县（市、区）为昆明市区（五华区、盘龙区、西山区、官渡区）、呈贡区、安宁市、晋宁县和红塔区，位于东经102°10′～103°41′、北纬24°08′～26°33′之间，属于昆明、玉溪湖盆高原区。本区土地面积为 $6.1 \times 10^3 km^2$，占云南省土地面积的1.55%。其中，半山半坝区土地面积为 $2.1 \times 10^3 km^2$；坝区土地面积为 $4.0 \times 10^3 km^2$。本区生产总值为3 098.31亿元，占云南省生产总值的30.05%；人均生产总值为61 461元，比云南省人均生产总值高39 266元；地均生产总值为5 079.197万元/ km^2，比云南省地均生产总值高4 817.601万元/ km^2。本区第三产业产值为1 493.67亿元，占云南省第三产业产值的35.26%；第三产业产值占本区生产总值的比重为48.21%。昆玉义务教育大区的年末总人口数为477.70万人，占云南省年末总人口的10.25%；人口密度为783人/ km^2，比云南省人口密度高665人/ km^2。

第一节 昆玉义务教育大区总体特征

一、区域的背景特征

昆玉义务教育大区所辖县（市、区）各级指标指数——地形起伏度、资源环境承载能力、经济发展综合水平、发展潜力综合水平、区域发展综合水平、人口受教育程度、民族构成系数的背景见表5-1。

1. 自然地理背景

在地形起伏度层面上，昆玉义务教育大区所辖各县（市、区）之间存在较小差距，最高的晋宁县与最低的呈贡区之间极差达到0.082 35。晋宁县、五华区、盘龙区、官渡区、西山区、安宁市、红塔区、呈贡8个县（市、区）指数在0.909 76～0.827 41之间，类别为第Ⅱ类，位序范围为第31～60位。

2. 经济地理背景

(1) 在资源环境承载能力层面上，昆玉义务教育大区所辖各县（市、区）之间存在较大差距，最高的昆明市区（五华区、盘龙区、西山区、官渡区）与最低的呈贡区之间极差达到0.120 42。五华区、盘龙区、西山区、官渡区4区指数为1.031 95，类别为第Ⅴ类，位序为第54位；安宁市指数为0.984 64，类别为第Ⅵ

表 5-1　昆玉义务教育大区所辖县（市、区）背景表

义务教育大区	县(市、区)	地形起伏度			资源环境承载能力			经济发展综合水平			发展潜力综合水平			区域发展综合水平			人口受教育程度			民族构成系数		
	指标	指数	类别	位序	指数	类别	位序	指数	类别	位序	指数	类别	位序	指数	类别	位序	指数	类别	位序	指数	类别	位序
昆玉义务教育大区	五华区	0.869 59	II	44	1.031 95	V	54	1.701 73	I	1	1.225 25	I	2	1.358 67	I	1	3.317 28	I	3	0.320 21	VII	99
	盘龙区	0.869 59	II	45													2.932 19	II	5	0.252 16	VII	103
	官渡区	0.869 59	II	46													2.941 20	II	4	0.250 91	VII	104
	西山区	0.869 59	II	47													2.713 47	II	7	0.317 58	VII	100
	呈贡区	0.827 41	II	31	0.911 53	VIII	125	1.144 29	IV	12	0.946 35	VII	114	1.023 16	VI	54	1.073 30	VI	39	0.248 17	VII	105
	红塔区	0.836 97	II	35	0.951 91	VII	110	1.630 06	I	2	0.897 75	VII	123	1.268 01	II	2	1.566 55	IV	17	0.394 64	VII	92
	安宁市	0.859 86	II	41	0.984 64	VI	87	1.268 58	II	3	0.989 39	VI	86	1.118 60	IV	6	1.070 42	VI	40	0.334 53	VII	95
	晋宁县	0.909 76	II	60	0.958 83	VII	104	1.095 66	IV	19	0.976 47	VI	98	1.024 30	VI	52	0.838 95	VI	64	0.247 91	VII	106
	H	0.082 35			0.120 42			0.606 07			0.327 50			0.335 51			2.478 33			0.146 73		

类，位序为第 87 位；晋宁县、红塔区 2 县（区）指数在 0.958 83～0.951 91 之间，类别为第Ⅶ类，位序范围为第 104～110 位；呈贡区指数为 0.911 53，类别为第Ⅷ类，位序为第 125 位。

（2）在经济发展综合水平层面上，昆玉义务教育大区所辖各县（市、区）之间存在较大差距，最高的昆明市区（五华区、盘龙区、西山区、官渡区）与最低的晋宁县之间极差达到 0.606 07。五华区、盘龙区、西山区、官渡区、红塔区 5 区指数在 1.701 73～1.630 06 之间，类别为第Ⅰ类，位序范围为第 1～2 位；安宁市指数为 1.268 58，类别为第Ⅱ类，位序为第 3 位；呈贡、晋宁县 2 县（区）指数在 1.144 29～1.095 66 之间，类别为第Ⅳ类，位序范围为第 12～19 位。

（3）在发展潜力综合水平层面上，昆玉义务教育大区所辖各县（市、区）之间存在较大差距，最高的昆明市区（五华区、盘龙区、西山区、官渡区）与最低的红塔区之间极差达到 0.327 50。五华区、盘龙区、西山区、官渡区 4 区指数为 1.225 25，类别为第Ⅰ类，位序为第 2 位；安宁市、晋宁县 2 县（市）指数在 0.989 39～0.976 47 之间，类别为第Ⅵ，位序范围为第 86～98 位；呈贡区、红塔区 2 区指数在 0.946 35～0.897 75 之间，类别为第Ⅶ类，位序范围为第 114～123 位。

（4）在区域发展综合水平层面上，昆玉义务教育大区所辖各县（市、区）之间存在较大差距，最高的昆明市区（五华区、盘龙区、西山区、官渡区）与最低的呈贡区之间的极差达到 0.335 51。五华区、盘龙区、西山区、官渡区 4 区指数为 1.358 67，类别为第Ⅰ类，位序为第 1 位；红塔区指数为 1.268 01，类别为第Ⅱ类，位序为第 2 位；安宁市指数为 1.118 60，类别为第Ⅳ类，位序为第 6 位；晋宁县、呈贡区 2 县（区）指数在 1.024 30～1.023 16 之间，类别为第Ⅵ类，位序范围为第 52～54 位。

3. 人文地理背景

（1）在人口受教育程度层面上，昆玉义务教育大区所辖各县（市、区）之间存在较大差距，最高的五华区与最低的晋宁县之间极差达 2.478 33。五华区指数为 3.317 28，类别为第 Ⅰ 类，位序为第 3 位；官渡区、盘龙区、西山区 3 区指数在 2.941 20～2.713 47 之间，类别为第Ⅱ类，位序范围为第 4～7 位；红塔区指数为 1.566 55，类别为第Ⅳ类，位序为第 17 位；呈贡区、安宁市、晋宁县 3 县（市、区）指数在 1.073 30～0.838 95 之间，类别为第Ⅵ类，位序范围为第 39～64 位。

（2）在民族构成系数层面上，昆玉义务教育大区所辖各县（市、区）之间存在较小差距，最高的红塔区与最低的晋宁县之间极差达到 0.146 73。红塔区、安宁市、五华区、西山区、盘龙区、官渡区、呈贡区、晋宁县 8 县（市、区）指数在 0.394 64～0.24 791 之间，类别为第Ⅶ类，位序范围为第 92～106 位。

二、区域的状态特征

昆玉义务教育大区所辖县（市、区）的义务教育各项指标指数——教育机会指数、教育质量指数、办学条件指数、师资指数、教育多样性指数、义务教育发展总指数见表 5-2。

表5-2　昆玉义务教育大区所辖县区状态表

义务教育大区	县(市、区)	教育机会指数			教育质量指数			办学条件指数			师资指数			教育多样性指数			义务教育发展总指数		
		指数	类别	位序	指数	类别	位序	指数	类别	位序	指数	类别	位序	指数	类别	位序	指数	类别	位序
昆玉义务教育大区	五华区	1.079 31	IV	7	0.033 12	IV	118	0.962 25	IV	11	0.523 08	IV	51	3.700 42	II	14	1.259 64	II	15
	盘龙区	1.086 46	III	6	0.286 17	II	83	0.763 91	V	18	0.523 39	IV	47	3.700 42	II	14	1.272 07	II	13
	官渡区	1.088 96	III	3	0.718 70	I	3	0.994 06	IV	9	0.522 78	IV	55	0.917 06	VI	31	0.848 31	V	20
	西山区	1.012 97	VI	42	−0.237 99	VII	127	0.639 16	V	35	0.523 88	IV	46	3.700 42	II	14	1.127 69	III	17
	呈贡区	1.097 57	II	2	−0.184 78	VII	125	0.201 26	VIII	119	0.527 19	IV	20	0.305 69	VII	72	0.389 39	VIII	126
	红塔区	1.061 24	V	15	0.725 60	I	2	0.534 25	VI	50	0.524 83	IV	38	4.311 80	I	2	1.431 54	II	6
	安宁市	1.029 16	VI	32	0.229 41	II	103	0.324 57	VII	92	0.527 94	III	18	0.305 69	VII	72	0.483 35	VII	105
	晋宁县	1.005 83	VI	50	0.365 57	II	61	0.402 19	VII	76	0.526 47	IV	25	0.305 69	VII	72	0.521 15	VII	88
	H	0.091 74			0.963 59			0.792 80			0.005 16			4.006 11			1.042 16		

1. 教育机会

在教育机会指标层面上，昆玉义务教育大区的小学毛入学率为106.57%，比云南省的小学毛入学率低0.31%；初中毛入学率为114.90%，比云南省的初中毛入学率高11.78%。本区小学净入学率为99.99%，比云南省小学净入学率高1.70%；初中净入学率为98.01%，比云南省初中净入学率高10.41%。

在教育机会指数层面上，昆玉义务教育大区所辖各县（市、区）之间存在较大差距，最高的呈贡区与最低的晋宁县之间极差达到0.091 74。呈贡区指数为1.097 57，类别为第Ⅱ类，位序为第2位；官渡区、盘龙区2区指数在1.088 96～1.086 46之间，类别为第Ⅲ类，位序范围为第3～6位；五华区指数为1.079 31，类别为第Ⅳ类，位序为第7位；红塔区指数为1.061 24，类别为第Ⅴ类，位序为第15位；安宁市、西山区、晋宁县3县（市、区）的指数在1.029 16～1.005 83之间，类别为第Ⅵ类，位序范围为第32～50位。

2. 教育质量

在教育质量指标层面上，昆玉义务教育大区的小学巩固率为99.06%，比云南省小学巩固率低0.26%；初中巩固率为97.80%，比云南省初中巩固率低0.29%。本区小学辍学率为1.56%，比云南省小学辍学率高0.80%；初中辍学率为2.03%，比云南省初中辍学率高0.06%。本区小学升学率为92.68%，比云南省小学升学率低2.76%；初中升学率为80.74%，比云南省初中升学率高8.00%。

在教育质量指数层面上，昆玉义务教育大区所辖各县（市、区）之间存在较大差距，最高的红塔区与最低的西山区之间极差达到0.963 59。红塔区、官渡区2区指数在0.725 60～0.718 70之间，类别为第Ⅰ类，位序范围为第2～3位；晋宁县、盘龙区、安宁市3县（市、区）指数在0.365 57～0.229 41之间，类别为第Ⅱ类，位序范围为第61～103位；五华区指数为0.033 12，类别为第Ⅳ类，位序为第118位；呈贡区、西山区2区指数在−0.184 78～−0.237 99之间，类别为第Ⅶ类，位序范围为第125～127位。

3. 办学条件

在办学条件指标层面上，昆玉义务教育大区的学校藏书为4 304 533册，占云南省学校藏书的10.00%；学校占地面积为3 545 889m²，占云南省学校占地面积的3.87%；校舍建筑面积为1 633 153m²，占云南省校舍建筑面积的6.39%；危房面积为1 134 068m²，占云南省危房面积的6.06%。

在办学条件指数层面上，昆玉义务教育大区所辖各县（市、区）之间存在较大差距，最高的官渡区与最低的呈贡区之间极差达到0.792 80。官渡区、五华区2区指数在0.994 06～0.962 25之间，类别为第Ⅳ类，位序范围为第9～11位；盘龙区、西山区2区指数在0.763 91～0.639 16之间，类别为第Ⅴ类，位序范围为第18～35位；红塔区指数为0.534 25，类别为第Ⅵ类，位序为第50位；晋宁县、安宁市 2 县（市）指数在 0.402 19～0.324 57 之间，类别为第Ⅶ类，位序为第 76～92 位；呈贡区指数为 0.201 26，类别为第Ⅷ类，位序为第 119 位。

4. 教育师资

在教育师资指标层面上，昆玉义务教育大区的小学任课教师数为 15 408 人，占云南省小学任课教师数的 6.59%；初中任课教师数为 8 489 人，占云南省初中任课教师数的 7.35%。小学学历达标率为 99.55%，比云南省小学学历达标率高 1.48%；初中学历达标率为 99.45%，比云南省初中学历达标率高 1.20%。

在教育师资指数层面上，昆玉义务教育大区所辖各县（市、区）之间存在较小差距，最高的安宁市与最低的官渡区之间极差达到 0.005 16。安宁市指数为 0.527 94，类别为第Ⅲ类，位序为第 18 位；呈贡区、晋宁县、红塔区、西山区、盘龙区、五华区、官渡区 7 县（区）指数在 0.527 19～0.522 78 之间，类别为第Ⅳ类，位序范围为第 20～55 位。

5. 教育多样性

在教育多样性指标层面上，昆玉义务教育大区的民族学校数为 4 个，占云南省民族学校数的 4.04%；特殊教育学校数为 4 个，占云南省特殊教育学校数的 16.00%。

在教育多样性指数层面上，昆玉义务教育大区所辖各县（市、区）之间存在较大差距，最高的红塔区与最低的晋宁县之间的极差达到 4.006 11。红塔区指数为 4.311 80，类别为第Ⅰ类，位序为第 2 位；五华区、盘龙区、西山区 3 区指数为 3.700 42，类别为第Ⅱ类，位序为第 14 位；官渡区指数为 0.917 06，类别为第Ⅵ类，位序为第 31 位；呈贡区、安宁市、晋宁县 3 县（市、区）指数为 0.305 69，类别为第Ⅶ类，位序为第 72 位。

6. 教育总指数

在义务教育发展总指数层面上，昆玉义务教育大区所辖各县（市、区）之间存在较大差距，最高的红塔区与最低的呈贡区之间极差达到 1.042 16。红塔区、盘龙区、五华区 3 区指数在 1.431 54～1.259 64 之间，类别为第Ⅱ类，位序范围为第 6～15 位；西山区指数为 1.127 69，类别为第Ⅲ类，位序为第 17 位；官渡区指数为 0.848 31，类别为第Ⅴ类，位序为第 20 位；晋宁县、安宁市 2 县（市）指数在 0.521 15～0.483 35 之间，类别为第Ⅶ类，位序范围为第 88～105 位；呈贡区指数为 0.389 39，类别为第Ⅷ类，位序为第 126 位。

第二节　昆玉义务教育大区区域差异

昆玉义务教育大区划分为 3 个义务教育区：昆明义务教育区、玉溪义务教育区、安晋义务教育区。

一、昆明义务教育区

昆明义务教育区所辖县（市、区）为昆明市区（五华区、盘龙区、西山区、官渡区）和呈贡区5县区，位于东经102°10′～103°41′、北纬24°24′～26°33′之间，属于昆明、玉溪湖盆高原区。本区土地面积为 $2.6×10^3 km^2$，占昆玉义务教育大区土地面积的 42.62%，其中，半山半坝区土地面积为 $1.1×10^3 km^2$；坝区土地面积为 $1.5×10^3 km^2$。本区生产总值为2 237.74亿元，占昆玉义务教育大区生产总值的 72.22%；人均生产总值为57 662元，比昆玉义务教育大区人均生产总值低3 798元；地均生产总值为8 606.692万元/km²，比昆玉义务教育大区地均生产总值高3 527.496万元/km²。本区第三产业产值为1 286.66亿元，占昆玉义务教育大区第三产业产值的 86.14%；第三产业产值占本区生产总值的比重为57.50%。昆玉义务教育大区的年末总人口数为363.40万人，占昆玉义务教育大区年末总人口的 76.07%；人口密度为1 398人/km²，比昆玉义务教育大区人口密度高 615 人/km²。

（一）区域的背景差异

昆明义务教育区所辖县（市、区）各级指标指数的背景见表5-3，笔者分别对分指标指数地形起伏度、资源环境承载能力、经济发展综合水平、发展潜力综合水平、区域发展综合水平、教育背景基础、民族构成系数进行聚类（图5-1至图5-7）。

（1）从自然地理背景差异来看，在地形起伏度指数（图5-1）层面上，最高的五华区、盘龙区、官渡区、西山区指数为0.869 59，类别为第Ⅱ类，位序范围为第47～44位；最低的呈贡区指数为0.827 41，类别为第Ⅱ类，位序为第31位；各县（市、区）的均值为0.861 15。

（2）从经济地理背景差异来看，在资源环境承载能力（图5-2）层面上，最高的五华区、盘龙区、官渡区、西山区指数为1.031 95，类别为第Ⅴ类，位序为第54位；最低的呈贡区指数为0.911 53，类别为第Ⅷ类，位序为第125位；各县（市、区）的均值为0.971 74。在经济发展综合水平层面上，最高的五华区、盘龙区、官渡区、西山区指数为1.701 73，类别为第Ⅰ类，位序为第1位；最低的呈贡区指数为1.144 29，类别为第Ⅳ类，位序为第12位；各县（市、区）的均值为1.423 01。在发展潜力综合水平层面上，最高的五华区、盘龙区、官渡区、西山区指数为1.225 25，类别为第Ⅰ类，位序为第2位；最低的呈贡区指数为0.946 35，类别为第Ⅶ类，位序为第114位；各县（市、区）的均值为1.085 80。在区域发展综合水平层面上，最高的五华区、盘龙区、官渡区、西山区指数为1.358 67，类别为第Ⅰ类，位序为第1位；最低的呈贡区指数为1.023 16，类别为第Ⅵ类，位序为第54位；各县（市、区）的均值为1.190 92。

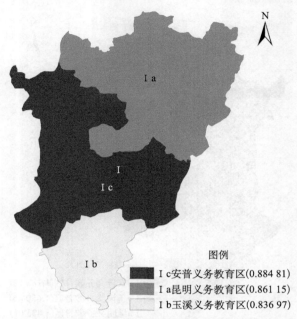

图 5-1　昆玉义务教育大区地形起伏度指数格局

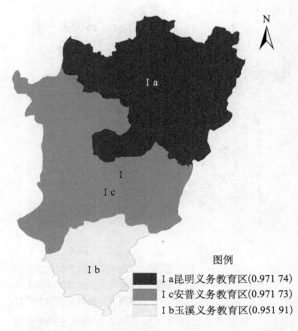

图 5-2　昆玉义务教育大区资源环境承载能力指数格局

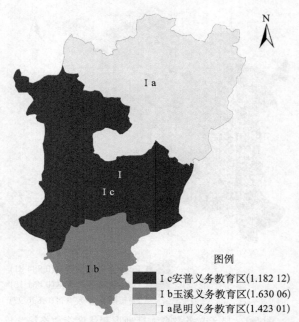

图 5-3　昆玉义务教育大区经济发展综合水平指数格局

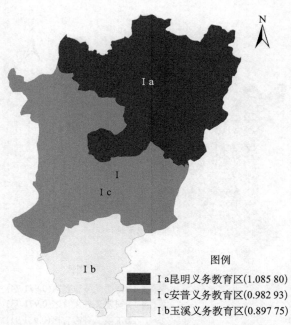

图 5-4　昆玉义务教育大区发展潜力综合水平指数格局

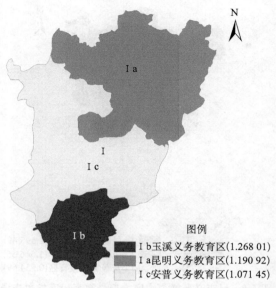

图 5-5 昆玉义务教育大区区域发展综合水平指数格局

（3）从人文地理背景差异来看，在人口受教育程度层面上，最高的五华区指数为3.317 28，类别为第Ⅰ类，位序为第3位；最低的呈贡区指数为1.073 30，类别为第Ⅵ类，位序为第39位；各县（市、区）的均值为2.595 49。在民族构成系数层面上，最高的五华区指数为0.320 21，类别为第Ⅶ类，位序为第99位；最低的呈贡区指数为0.248 17，类别为第Ⅶ类，位序为第105位；各县（市、区）的均值为0.277 81。

（二）区域的状态差异

昆明义务教育区所辖县（市、区）各级指标指数的义务教育各项指数见表5-4，笔者分别对5个分指标指数和1个总指标指数进行聚类（图5-8至图5-13）。

1. 教育机会

在教育机会指标层面上，昆明义务教育区的小学毛入学率为106.77%，比昆玉义务教育大区的小学毛入学率高0.20%；初中毛入学率为118.30%，比昆玉义务教育大区的初中毛入学率高3.40%。本区小学净入学率为99.99%，与昆玉义务教育大区小学净入学率持平；初中净入学率为98.73%，比昆玉义务教育大区初中净入学率高0.72%。

在教育机会指数层面上，最高的呈贡区指数为1.097 57，类别为第Ⅱ类，位序为第2位；最低的西山区指数为1.012 97，类别为第Ⅵ类，位序为第42位；各县（市、区）的均值为1.073 05。

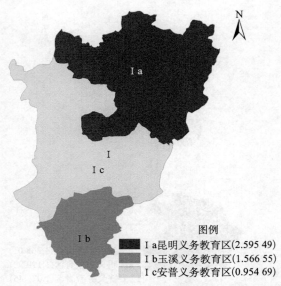

图 5-6   昆玉义务教育大区人口受教育程度指数格局

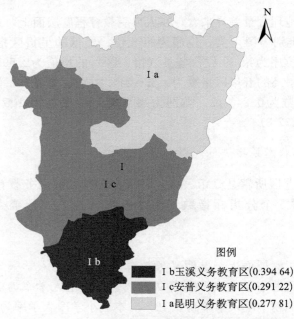

图 5-7   昆玉义务教育大区民族构成系数指数格局

2. 教育质量

在教育质量指标层面上，昆明义务教育区的小学巩固率为 98.41%，比昆玉义务教育大区小学巩固率低 0.65%；初中巩固率为 97.41%，比昆玉义务教育大区初中巩固率低 0.39%。本区小学辍学率为 1.91%，比昆玉义务教育大区小学辍学率高 0.35%；初中辍学率为 2.28%，比昆玉义务教育大区初中辍学率高 0.25%。本区小学升学率为 90.04%，比昆玉义务教育大区小学升学率低 2.64%；初中升学率为 86.59%，比昆玉义务教育大区初中升学率高 5.85%。

　　在教育质量指数层面上，最高的官渡区指数为0.718 70，类别为第Ⅰ类，位

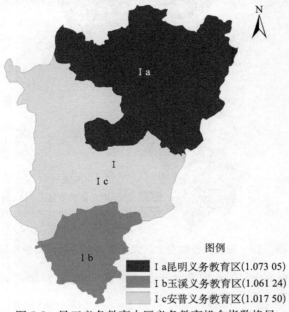

图例
- Ⅰa昆明义务教育区(1.073 05)
- Ⅰb玉溪义务教育区(1.061 24)
- Ⅰc安普义务教育区(1.017 50)

图 5-8　昆玉义务教育大区义务教育机会指数格局

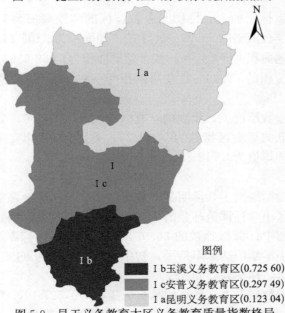

图例
- Ⅰb玉溪义务教育区(0.725 60)
- Ⅰc安普义务教育区(0.297 49)
- Ⅰa昆明义务教育区(0.123 04)

图 5-9　昆玉义务教育大区义务教育质量指数格局

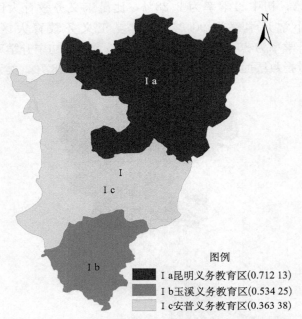

图 5-10   昆玉义务教育大区义务教育办学条件指数格局

序为第 3 位；最低的西山区指数为－0.237 99，类别为第Ⅶ类，位序为第 127 位；各县（市、区）的均值为 0.123 04。

3. 办学条件

在办学条件指标层面上，昆明义务教育区的学校藏书为 3 244 157 册，占昆玉义务教育大区学校藏书的 75.37％；学校占地面积为 2 106 265m²，占昆玉义务教育大区学校占地面积的 59.40％；校舍建筑面积为 1 082 685m²，占昆玉义务教育大区校舍建筑面积的 66.29％；危房面积为 708 075m²，占昆玉义务教育大区危房面积的 62.44％。

在办学条件指数层面上，最高的官渡区指数为 0.994 06，类别为第Ⅳ类，位序为第 9 位；最低的呈贡区指数为 0.201 26，类别为第Ⅷ类，位序为第 119 位；各县（市、区）的均值为 0.712 13。

4. 教育师资

在教育师资指标层面上，昆明义务教育区的小学任课教师数为 10 963 人，占昆玉义务教育大区小学任课教师数的 71.15％；初中任课教师数为 5 685 人，占昆玉义务教育大区初中任课教师数的 66.97％。小学学历达标率为 99.55％，与昆玉义务教育大区小学学历达标率持平；初中学历达标率为 99.51％，比昆玉义务教育大区初中学历达标率高 0.06％。

在教育师资指数层面上，最高的呈贡区指数为 0.527 19，类别为第Ⅳ类，位序为第 20 位；最低的官渡区指数为 0.522 78，类别为第Ⅳ类，位序为第 55 位；

各县（市、区）的均值为0.524 06。

5. 教育多样性

在教育多样性指标层面上，昆明义务教育区的民族学校数为2个，占昆玉义务教育大区民族学校数的50.00%；特殊教育学校数为3个，占昆玉义务教育大区特殊教育学校数的75.00%。

在教育多样性指数层面上，最高的五华区、盘龙区、西山区指数为3.700 42，类别为第Ⅱ类，位序为第14位；最低的呈贡区指数为0.305 69，类别为第Ⅶ类，位序为第72位。各县（市、区）的均值为2.464 80。

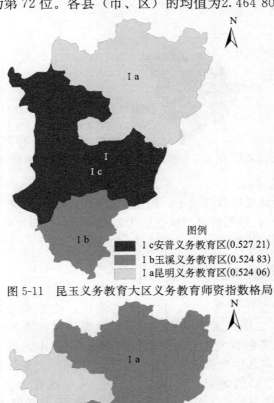

图 5-11 昆玉义务教育大区义务教育师资指数格局

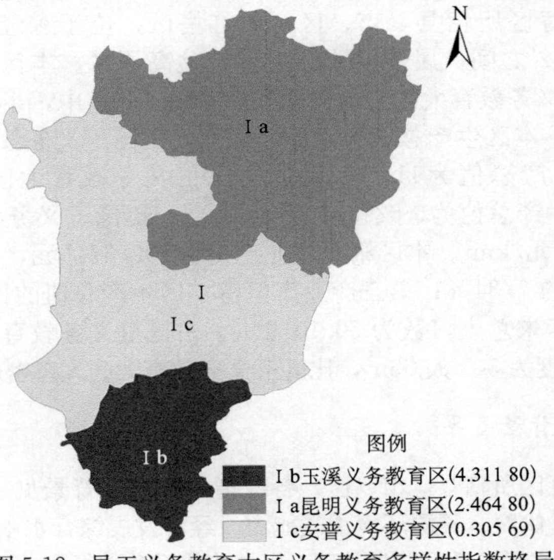

图 5-12 昆玉义务教育大区义务教育多样性指数格局

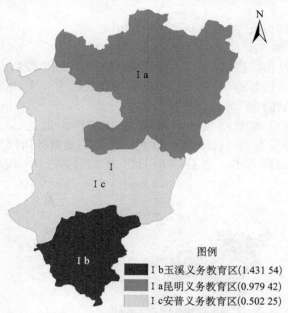

图例

■ I b玉溪义务教育区(1.431 54)
■ I a昆明义务教育区(0.979 42)
□ I c安普义务教育区(0.502 25)

图 5-13　昆玉义务教育大区义务教育发展总指数格局

6. 教育发展总指数

在义务教育发展总指数层面上，最高的盘龙区指数为1.272 07，类别为第Ⅱ类，位序为第 13 位；最低的呈贡区指数为0.389 39，类别为Ⅷ类，位序为第 126位。各县（市、区）的均值为0.979 42。

二、玉溪义务教育区

玉溪义务教育区所辖县（市、区）为红塔区，位于东经102°17′～102°41′、北纬24°08′～24°32′之间，属于昆明、玉溪湖盆高原区。本区土地面积为 1.0×10^3 km²，占昆玉义务教育大区土地面积的 16.39%，其中，半山半坝区土地面积为 1.0×10^3 km²。本区生产总值为562.95亿元，占昆玉义务教育大区生产总值的18.17%；人均生产总值为112 702元，比昆玉义务教育大区人均生产总值高51 241元；地均生产总值为5 629.500万元/km²，比昆玉义务教育大区地均生产总值高550.303万元/km²。本区第三产业产值为109.67亿元，占昆玉义务教育大区第三产业产值的 7.34%；第三产业产值占本区生产总值的比重为19.48%。玉溪义务教育区的年末总人口数为50.10万人，占昆玉义务教育大区年末总人口的10.49%；人口密度为 501 人/km²，比昆玉义务教育大区人口密度低 282 人/km²。

（一）区域的背景差异

玉溪义务教育区所辖县（市、区）各级指标指数的背景见表 5-3，笔者分别对分指标指数地形起伏度、资源环境承载能力、经济发展综合水平、发展潜力综合水平、区域发展综合水平、教育背景基础、民族构成系数进行聚类（图 5-1 至图 5-7）。

表 5-3　昆明、玉溪、安晋义务教育区所辖县（市、区）背景表

义务教育大区	义务教育区	县（市、区）	地形起伏度 指数	类别	位序	资源环境承载能力综合水平 指数	类别	位序	经济发展综合水平 指数	类别	位序	发展潜力综合水平 指数	类别	位序	区域发展综合水平 指数	类别	位序	人口受教育程度 指数	类别	位序	民族构成系数 指数	类别	位序
昆玉义务教育大区	昆明义务教育区	五华区	0.869 59	Ⅱ	44													3.317 28	Ⅰ	3	0.320 21	Ⅶ	99
		盘龙区	0.869 59	Ⅱ	45	1.031 95	Ⅴ	54	1.225 25	Ⅰ	1	1.701 73	Ⅰ	1	1.358 67	Ⅰ	1	2.932 19	Ⅱ	5	0.252 16	Ⅶ	103
		官渡区	0.869 59	Ⅱ	46													2.941 20	Ⅱ	4	0.250 91	Ⅶ	104
		西山区	0.869 59	Ⅱ	47													2.713 47	Ⅱ	7	0.317 58	Ⅶ	100
		呈贡区	0.827 41	Ⅱ	31	0.911 53	Ⅷ	125	0.946 35	Ⅶ	114	1.144 29	Ⅳ	12	1.023 16	Ⅵ	54	1.073 30	Ⅵ	39	0.248 17	Ⅶ	105
		均值	0.861 15			0.971 74			1.085 80			1.423 01			1.190 92			2.595 49			0.277 81		
	玉溪义务教育区	红塔区	0.836 97	Ⅱ	35	0.951 91	Ⅶ	110	0.897 75	Ⅶ	123	1.630 06	Ⅰ	2	1.268 01	Ⅱ	2	1.566 55	Ⅳ	17	0.394 64	Ⅶ	92
		均值	0.836 97			0.951 91			0.897 75			1.630 06			1.268 01			1.566 55			0.394 64		
	安晋义务教育区	安宁市	0.859 86	Ⅱ	41	0.984 64	Ⅵ	87	0.989 39	Ⅵ	86	1.268 58	Ⅱ	3	1.118 60	Ⅳ	6	1.070 42	Ⅵ	40	0.334 53	Ⅶ	95
		晋宁县	0.909 76	Ⅱ	60	0.958 83	Ⅶ	104	0.976 47	Ⅵ	98	1.095 66	Ⅳ	19	1.024 30	Ⅵ	52	0.838 95	Ⅵ	64	0.247 91	Ⅶ	106
		均值	0.884 81			0.971 74			0.982 93			1.182 12			1.071 45			0.954 69			0.291 22		

（1）从自然地理背景差异来看，在地形起伏度指数层面上，红塔区指数为0.836 97，类别为第Ⅱ类，位序为第35位。

（2）从经济地理背景差异来看，在资源环境承载能力层面上，红塔区指数为0.951 91，类别为第Ⅶ类，位序为第110位。在经济发展综合水平层面上，红塔区指数为1.630 06，类别为第Ⅰ类，位序为第2位。在发展潜力综合水平层面上，红塔区指数为0.897 75，类别为第Ⅶ类，位序为第123位。在区域发展综合水平层面上，红塔区指数为1.268 01，类别为第Ⅱ类，位序为第2位。

（3）从人文地理背景差异来看，在人口受教程度层面上，红塔区指数为1.566 55，类别为第Ⅳ类，位序为第17位。在民族构成系数层面上，红塔区指数为0.394 64，类别为第Ⅶ类，位序为第92位。

（二）区域的状态差异

玉溪义务教育区所辖县（市、区）各级指标指数的义务教育各项指数见表5-4，笔者分别对5个分指标指数和1个总指标指数进行聚类（图5-8至图5-13）。

1. 教育机会

在教育机会指标层面上，玉溪义务教育区的小学毛入学率为109.52%，比昆玉义务教育大区的小学毛入学率高2.95%；初中毛入学率为112.30%，比昆玉义务教育大区的初中毛入学率低2.60%。本区小学净入学率为99.99%，与昆玉义务教育大区小学净入学率持平；初中净入学率为99.12%，比昆玉义务教育大区初中净入学率高1.11%。在教育机会指数层面上，红塔区指数为1.061 24，类别为第Ⅴ类，位序为第15位。

2. 教育质量

在教育质量指标层面上，玉溪义务教育区的小学巩固率为102.13%，比昆玉义务教育大区小学巩固率高3.07%；初中巩固率为99.45%，比昆玉义务教育大区初中巩固率高1.65%。本区小学辍学率为0.04%，比昆玉义务教育大区小学辍学率低1.52%；初中辍学率为0.58%，比云南省初中辍学率低1.45%。本区小学升学率为101.53%，比昆玉义务教育大区小学升学率高8.85%；初中升学率为91.85%，比昆玉义务教育大区初中升学率高11.11%。在教育质量指数层面上，红塔区指数为0.725 60，类别为第Ⅰ类，位序范围为第2位。

3. 办学条件

在办学条件指标层面上，玉溪义务教育区的学校藏书为513 599册，占昆玉义务教育大区学校藏书的11.93%；学校占地面积为529 576m²，占昆玉义务教育大区学校占地面积的14.93%；校舍建筑面积为265 951m²，占昆玉义务教育大区校舍建筑面积的16.28%；危房面积为216 007m²，占昆玉义务教育大区危房面积的19.05%。在办学条件指数层面上，红塔区指数为0.534 25，类别为第Ⅵ类，位序范围为第50位。

表 5-4 昆明、玉溪、安晋义务教育区所辖县（市、区）状态表

义务教育大区	义务教育区	县（市、区）	教育机会指数			教育质量指数			办学条件指数			师资指数			教育多样性指数			义务教育发展总指数		
			指数	类别	位序	指数	类别	位序	指数	类别	位序	指数	类别	位序	指数	类别	位序	指数	类别	位序
昆玉义务教育大区	昆明义务教育区	五华区	1.079 31	IV	7	0.033 12	IV	118	0.962 25	IV	11	0.523 08	IV	52	3.700 42	II	14	1.259 64	II	15
		盘龙区	1.086 46	III	6	0.286 17	II	83	0.763 91	V	18	0.523 39	IV	47	3.700 42	II	14	1.272 07	II	13
		官渡区	1.088 96	III	3	0.718 70	I	3	0.994 06	IV	9	0.522 78	IV	56	0.917 06	VI	31	0.848 31	V	20
		西山区	1.012 97	VI	42	−0.237 99	VII	127	0.639 16	V	35	0.523 88	IV	46	3.700 42	II	14	1.127 69	III	17
		呈贡区	1.097 57	II	2	−0.184 78	VII	125	0.201 26	VIII	119	0.527 19	IV	21	0.305 69	VII	72	0.389 39	VIII	126
		均　值	1.073 05			0.123 04			0.712 13			0.524 06			2.464 80			0.979 42		
	玉溪义务教育区	红塔区	1.061 24	V	15	0.725 60	I	2	0.534 25	VI	50	0.524 83	IV	37	4.311 80	I	2	1.431 54	II	6
		均　值	1.061 24			0.725 60			0.534 25			0.524 83			4.311 80			1.431 54		
	安晋义务教育区	安宁市	1.029 16	VI	32	0.229 41	II	103	0.324 57	VII	92	0.527 94	III	18	0.305 69	VII	72	0.483 35	VII	105
		晋宁县	1.005 83	VI	50	0.365 57	II	61	0.402 19	VII	76	0.526 47	IV	25	0.305 69	VII	72	0.521 15	VII	88
		均　值	1.017 50			0.297 49			0.363 38			0.527 21			0.305 69			0.502 25		

4. 教育师资

在教育师资指标层面上，玉溪义务教育区的小学任课教师数为1 744人，占昆玉义务教育大区小学任课教师数的11.32%；初中任课教师数为1 260人，占昆玉义务教育大区初中任课教师数的14.84%。小学学历达标率为98.97%，比昆玉义务教育大区小学学历达标率低0.58%；初中学历达标率为99.52%，比昆玉义务教育大区初中学历达标率高0.07%。在教育师资指数层面上，红塔区指数为0.524 83，类别为第Ⅳ类，位序为第37位。

5. 教育多样性

在教育多样性指标层面上，玉溪义务教育区的民族学校数为2个，占昆玉义务教育大区民族学校数的50.00%；特殊教育学校数为1个，占昆玉义务教育大区特殊教育学校数的25.00%。在教育多样性指数层面上，红塔区指数为4.311 80，类别为第Ⅰ类，位序范围为第2位。

6. 教育总指数

在义务教育发展总指数层面上，红塔区指数为1.431 54，类别为第Ⅱ类，位序为第6位。

三、安晋义务教育区

安晋义务教育区所辖县（市、区）为安宁市、晋宁县2县（市），位于东经102°10′～102°52′、北纬24°24′～25°06′之间，属于昆明、玉溪湖盆高原区。本区土地面积为 $2.5 \times 10^3 km^2$，占昆玉义务教育大区土地面积的40.98%，其中，坝区土地面积为 $2.5 \times 10^3 km^2$。本区生产总值为297.62亿元，占昆玉义务教育大区生产总值的9.61%；人均生产总值为45 336元，比昆玉义务教育大区人均生产总值低16 125元；地均生产总值为1 190.480万元/km^2，比昆玉义务教育大区地均生产总值低3 888.717万元/km^2。本区第三产业产值为97.34亿元，占昆玉义务教育大区第三产业产值的6.52%；第三产业产值占本区生产总值的比重为32.71%。安晋义务教育区的年末总人口数为64.20万人，占昆玉义务教育大区年末总人口的13.44%；人口密度为257人/km^2，比昆玉义务教育大区人口密度低526人/km^2。

（一）区域的背景差异

安晋义务教育区所辖县（市、区）各级指标指数的背景见表5-3，笔者分别对分指标指数地形起伏度、资源环境承载能力、经济发展综合水平、发展潜力综合水平、区域发展综合水平、教育背景基础、民族构成系数进行聚类（图5-1至图5-7），结果表明：

（1）从自然地理背景差异来看，在地形起伏度指数层面上，最高的晋宁县指数为0.909 76，类别为第Ⅱ类，位序为第60位；最低的安宁市指数为0.859 86，类别为第Ⅱ类，位序为第 41 位；各县（市、区）的均值为 0.884 81。

（2）从经济地理背景差异来看，在资源环境承载能力层面上，最高的安宁市指数为 0.984 64，类别为第Ⅵ类，位序为第 87 位；最低的晋宁县指数为 0.958 83，类别为第Ⅶ类，位序为第 104 位；各县（市、区）的均值为 0.971 74。在经济发展综合水平层面上，最高的安宁市指数为 1.268 58，类别为第Ⅱ类，位序为第 3 位；最低的晋宁县指数为 1.095 66，类别为第Ⅳ类，位序为第 19 位；各县（市、区）的均值为 1.182 12。在发展潜力综合水平层面上，最高的安宁市指数为 0.989 39，类别为第Ⅵ类，位序为第 86 位；最低的呈贡区指数为 0.976 47，类别为第Ⅵ类，位序为第 98 位；各县（市、区）的均值为 0.982 93。在区域发展综合水平层面上，最高的安宁市指数为 1.118 60，类别为第Ⅳ类，位序为第 6 位；最低的晋宁县指数为 1.024 30，类别为第Ⅵ类，位序为第 52 位；各县（市、区）的均值为 1.071 45。

（3）从人文地理背景差异来看，在人口受教程度层面上，最高的安宁市指数为 1.070 42，类别为第Ⅵ类，位序为第 40 位；最低的晋宁县指数为 0.838 95，类别为第Ⅵ类，位序为第 64 位；各（市、区）区的均值为 0.954 69。在民族构成系数层面上，最高的安宁市指数为 0.334 53，类别为第Ⅶ类，位序为第 95 位；最低的晋宁县指数为 0.247 91，类别为第Ⅶ类，位序为第 106 位；各县（市、区）的均值为 0.291 22。

（二）区域的状态差异

安晋义务教育区所辖县（市、区）各级指标指数的义务教育各项指数见表 5-4，笔者分别对 5 个分指标指数和 1 个总指标指数进行聚类（图 5-8 至图 5-13），结果表明：

1. 教育机会

在教育机会指标层面上，安晋义务教育区的小学毛入学率为 103.52%，比昆玉义务教育大区的小学毛入学率低 3.05%；初中毛入学率为 104.89%，比昆玉义务教育大区的初中毛入学率低 10.01%。本区小学净入学率为 100.00%，比昆玉义务教育大区小学净入学率高 0.01%；初中净入学率为 94.71%，比昆玉义务教育大区初中净入学率低 3.30%。

在教育机会指数层面上，最高的安宁市指数为 1.029 16，类别为第Ⅵ类，位序为第 32 位；最低的晋宁县指数为 1.005 83，类别为第Ⅵ类，位序为第 50 位；各县（市、区）的均值为 1.017 50。

2. 教育质量

在教育质量指标层面上，安晋义务教育区的小学巩固率为 99.15%，比昆玉义务教育大区小学巩固率高 0.09%；初中巩固率为 97.96%，比昆玉义务教育大区初中巩固率高 0.15%。本区小学辍学率为 0.95%，比昆玉义务教育大区小学辍学率低 0.61%；初中辍学率为 2.18%，比云南省初中辍学率高 0.15%。本区小学升学率为 97.86%，比昆玉义务教育大区小学升学率高 5.18%；初中升学率为 52.06%，比昆玉义务教育大区初中升学率低 28.68%。

在教育质量指数层面上，最高的晋宁县指数为0.365 57，类别为第Ⅱ类，位序为第 61 位；最低的安宁市指数为0.229 41，类别为第Ⅱ类，位序为第 103 位；各县（市、区）的均值为0.297 49。

3. 办学条件

在办学条件指标层面上，安晋义务教育区的学校藏书为546 777册，占昆玉义务教育大区学校藏书的 12.70%；学校占地面积为910 048m²，占昆玉义务教育大区学校占地面积的 25.66%；校舍建筑面积为284 517m²，占昆玉义务教育大区校舍建筑面积的 17.42%；危房面积为209 986m²，占昆玉义务教育大区危房面积的 18.52%。

在办学条件指数层面上，最高的晋宁县指数为0.402 19，类别为第Ⅶ类，位序为第 76 位；最低的安宁市指数为0.324 57，类别为第Ⅶ类，位序为第 92 位；各县（市、区）的均值为0.363 38。

4. 教育师资

在教育师资指标层面上，安晋义务教育区的小学任课教师数为2 701人，占昆玉义务教育大区小学任课教师数的 17.53%；初中任课教师数为1 544人，占昆玉义务教育大区初中任课教师数的 18.19%。小学学历达标率为 99.93%，比昆玉义务教育大区小学学历达标率高 0.38%；初中学历达标率为 99.16%，比昆玉义务教育大区初中学历达标率低 0.29%。

在师资指数层面上，最高的安宁市指数为0.527 94，类别为第Ⅲ类，位序为第 18 位；最低的晋宁县指数为0.526 47，类别为第Ⅳ类，位序为第 25 位；各县（市、区）的均值为0.527 21。

5. 教育多样性

在教育多样性指标层面上，安晋义务教育区的民族学校数为 0 个；特殊教育学校数为 0 个。

在教育多样性指数层面上，安宁市、晋宁县的指数为0.305 69，类别为第Ⅶ类，位序为第 72 位；各县（市、区）的均值为0.305 69。

6. 教育总指数

在义务教育发展总指数层面上，最高的晋宁县指数为0.521 15，类别为第Ⅶ类，位序为第 88 位；最低的安宁市指数为0.483 35，类别为第Ⅶ类，位序为第 105 位。各县（市、区）的均值为0.502 25。

第三节　昆玉义务教育大区评价及对策

昆玉义务教育大区在云南省总体呈现出较好的发展态势，本区在教育机会指数、师资指数、教育多样性指数、教育发展总指数上位居八大区之首，在支撑义务教育发展的地域背景上有如下特点：

（1）位于滇中区，昆明市作为省会，是云南省的政治、经济、文化中心，而红塔区作为玉溪市的中心，共同奠定了本区地缘上的核心地位。本区开发现状较好，发展潜力较大。

（2）属于湖盆高原地带，多为平坦的坝区，交通条件好。

（3）经济发达，总产值占云南省三成，人均产值高，人口密集。

结合昆玉义务教育大区教育发展的总体特征（表5-1，表5-2），以及昆玉义务教育大区内昆明义务教育区、玉溪义务教育区、安晋义务教育区教育发展的现状（表5-3），我们可以推断出该大区所存在的主要问题。此外，直观反映昆玉义务教育大区义务教育发展状况的原始数据（图5-14，图5-15）也纳入评价体系，进而得出可能的对策建议。

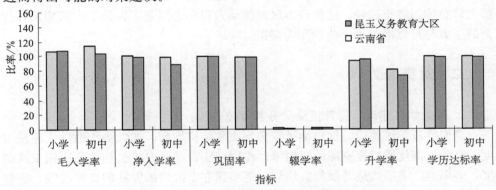

图 5-14 昆玉义务教育大区原始数据格局一

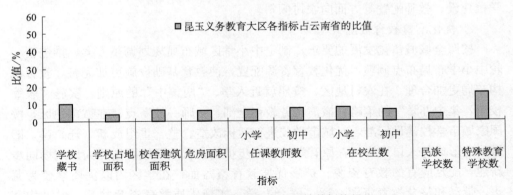

图 5-15 昆玉义务教育大区原始数据格局二

一、主要问题

1. 教育质量较为落后

从教育质量指数层面上看，最高的红塔区类别为第Ⅰ类，位序为第 2 位；最低的西山区类别为第Ⅶ类，位序为第 127 位。去除最高最低两个极值，本区其余 6 个县（市、区）中，类别为第Ⅰ类的有 1 个，第Ⅱ类的有 3 个，第Ⅳ类的有 1 个，第Ⅶ类的有 1 个，位序范围为第 3～125 位。其中，低于全省中值的县（市、区）有 5 个，占本区县（市、区）总数的 63％。结合原始数据分析，本区教育质量指数低主要是由于区内小学升学率在较大程度上低于全省平均水平。造成这一问题的直接原因是本区小学毕业生升入初中的上线率不高，这反映出本区教学质量的滞后以及教育资源的有限。

2. 教育资源总量不足

近年来，随着本区经济社会发展和城市化进程加快，大量流动人口和进城务工人员增加，小学适龄人口增幅较大，初中适龄人口波动不大，义务教育阶段适龄人口总体为增长趋势。这使得本区对流动人口和进城务工人员子女实施义务教育的压力与日俱增，小学阶段尤为突出。

二、对策建议

1. 推进学区建设，完善优质义务教育体系

全面推进学区建设，促进学区资源均衡和结构均衡。加大协作性学区建设力度，充分发挥优质教育资源的辐射带动作用，实行学区内校长和教师定期交流制度，多渠道、多形式地开展师资培训，逐步建立学区均衡发展的良性机制，完善区域内优质义务教育体系。建立全域城镇化的义务教育发展机制，在财政拨款、学校建设、教师配置等方面向农村倾斜。

2. 优化配置教育资源

按照全域城镇化发展的要求，制定中小学区域布局规划调整方案，推进新一轮中小学布局布点调整，优化教育资源配置，使教育基础设施更加完善，教育机构布局更加合理。在农村地区，按照就近入学、"两集中"的原则，实施"收缩校点，集中办学"的策略，撤消义务教育全部"一师一校"点；在城市地区，按国家城市学校建设标准，对城市学校进行达标改造、整合重组或新（迁）建；旧城改造形成的人口聚增区，原有学校要同步扩建，盲点区域要按照人口规模同步新建，配足应有的教育资源。扩展优质教育覆盖面，在学区内以优质学校为龙头，带动和整合教育资源，通过联合办学，实现优质教育资源共享，促进均衡发展。

保普义务教育大区所辖县（市、区）为西盟县、孟连县、墨江县、景东县、景谷县、昌宁县、镇沅县、临翔区、云县、镇康县、双江县、耿马县、沧源县、双柏县、瑞丽市、芒市、梁河县、盈江县、陇川县、禄丰县、易门县、峨山县、新平县、施甸县、龙陵县、思茅区、宁洱县、澜沧县、隆阳区、腾冲县、楚雄市，位于东经 $97°31'\sim102°37'$、北纬 $22°01'\sim25°52'$ 之间，属于西双版纳低中山盆谷区；临沧中山山原区；德宏，孟定中山宽谷区；梁河，龙陵中山山原区；思茅中山山原盆谷区；楚雄红岩高原区；腾冲中山盆谷区。本区土地面积为 $107.8\times10^{3}\ km^{2}$，占云南省土地面积的 27.35%，其中坝区面积为 $7.0\times10^{3}\ km^{2}$；半山半坝区面积为 $22.6\times10^{3}\ km^{2}$；山区面积为 $78.2\times10^{3}\ km^{2}$。本区生产总值为 1 718.45 亿元，占云南省生产总值的 16.67%；人均生产总值为 17 157 元，比云南省人均生产总值低 5 038 元；地均生产总值为 159.411 万元/km^{2}，比云南省的地均生产总值低 102.184 万元/km^{2}。本区第三产业产值为 584.03 亿元，占云南省第三产业产值的 13.79%；占本区生产总值的比重为 33.99%。保普义务教育大区的年末总人口数为 965.92 万人，占云南省年末总人口的 20.73%；人口密度为 90 人/km^{2}，比云南省人口密度低 29 人/km^{2}。

第一节　保普义务教育大区总体特征

一、区域的背景特征

保普义务教育大区所辖县（市、区）各级指标指数——地形起伏度、资源环境承载能力、经济发展综合水平、发展潜力综合水平、区域发展综合水平、人口受教育程度、民族构成系数的背景见表 6-1。

表6-1　保普义务教育大区所辖县（市、区）背景表

义务教育大区	县（市、区）	地形起伏度 指数	地形起伏度 类别	地形起伏度 位序	资源环境承载能力 指数	资源环境承载能力 类别	资源环境承载能力 位序	经济发展综合水平 指数	经济发展综合水平 类别	经济发展综合水平 位序	发展潜力综合水平 指数	发展潜力综合水平 类别	发展潜力综合水平 位序	区域发展综合水平 指数	区域发展综合水平 类别	区域发展综合水平 位序	人口受教育程度 指数	人口受教育程度 类别	人口受教育程度 位序	民族构成系数 指数	民族构成系数 类别	民族构成系数 位序
保普义务教育大区	西盟县	0.767 81	II	16	1.092 31	IV	19	0.909 34	VIII	120	1.066 67	IV	31	1.004 65	VII	71	0.226 22	VIII	126	2.247 09	I	5
	孟连县	0.794 87	II	21	1.040 70	V	50	0.938 05	VII	111	1.102 56	III	14	0.996 02	VII	84	0.319 10	VIII	122	1.931 88	II	18
	墨江县	0.826 49	II	30	1.120 78	III	8	0.936 68	VII	112	1.093 43	III	22	1.032 49	VI	45	0.934 32	VI	54	1.838 81	II	23
	景东县	1.070 73	III	98	1.097 93	IV	16	0.957 65	VI	100	1.029 16	V	55	1.027 84	VI	51	0.992 71	VI	49	1.167 26	IV	53
	景谷县	0.880 48	II	52	1.090 79	V	20	1.005 32	V	61	1.044 80	V	46	1.047 84	V	34	0.772 33	VII	72	1.126 76	IV	56
	昌宁县	0.971 81	II	76	1.043 16	IV	48	0.965 30	VI	92	1.030 18	V	54	1.005 74	VII	70	0.960 34	VI	52	0.277 61	VII	101
	镇沅县	1.002 61	III	84	1.067 18	IV	32	0.951 14	VI	103	1.042 16	V	47	1.011 09	VI	66	0.586 28	VIII	93	1.312 46	IV	45
	临翔区	1.107 9	III	102	1.048 39	V	44	1.040 21	V	38	1.035 30	V	49	1.043 77	VI	38	0.906 23	VI	56	0.458 65	VII	87
	云县	0.984 24	III	80	1.045 41	IV	47	1.046 62	V	36	1.020 45	V	63	1.044 52	VI	37	1.209 75	V	30	1.132 10	IV	55
	镇康县	0.958 48	III	70	1.083 27	IV	23	0.987 79	VI	72	1.064 25	IV	36	1.037 19	VI	41	0.402 10	VIII	118	0.650 96	VI	78
	双江县	1.024 34	III	89	1.021 21	IV	62	0.960 06	VI	97	1.012 08	V	68	0.991 88	VIII	89	0.451 13	VIII	111	1.030 94	V	59
	耿马县	0.930 18	II	66	1.103 56	IV	14	0.972 66	VI	89	1.128 68	III	8	1.043 41	VI	39	0.746 31	VII	75	1.238 91	IV	51
	沧源县	0.887 71	II	54	1.101 43	IV	15	0.966 80	VI	91	1.096 93	III	20	1.037 79	VI	40	0.447 16	VIII	113	2.161 58	I	8
	双柏县	1.012 67	III	87	0.942 95	VII	114	0.930 88	VII	115	1.020 99	V	62	0.941 87	VIII	122	0.459 26	VIII	110	1.185 35	IV	52
	瑞丽市	0.516 32	I	1	1.056 09	IV	37	1.029 78	V	45	1.108 23	III	12	1.046 76	V	35	0.520 7	VIII	99	1.035 87	V	58
	潞西市	0.822 58	II	28	1.068 82	IV	31	0.993 05	VI	68	1.055 00	IV	39	1.032 35	VI	46	1.061 12	VI	42	1.165 28	IV	54
	梁河县	0.787 07	II	20	1.035 19	IV	52	0.958 59	VI	70	0.872 62	VI	124	0.989 54	VII	91	0.427 94	VIII	114	0.808 61	VI	71
	盈江县	1.015 87	III	13	1.049 47	IV	43	0.988 24	VI	79	1.110 11	III	11	1.030 47	VI	48	0.817 75	VI	67	1.367 75	IV	41
	陇川县	0.719 22	II	62	1.019 22	IV	65	1.109 11	IV	16	1.050 08	IV	44	1.020 68	V	59	0.477 06	VIII	109	1.323 24	IV	44
	禄丰县	0.916 67	II	68	0.931 31	VIII	119	1.059 99	IV	30	0.996 15	VI	82	1.060 18	V	24	1.202 25	V	33	0.576 52	VII	79
	易门县	0.934 86	II	55	0.959 39	VIII	103	1.080 67	IV	23	1.007 12	V	74	0.996 36	VI	83	0.542 50	VIII	98	0.755 22	VI	73
	峨山县	0.896 66	III	68	1.019 54	VII	23	1.009 54	V	41	1.009 67	V	71	1.019 43	VI	61	0.485 89	VIII	107	1.604 29	III	31
	新平县	1.008 83	III	85	1.022 89	V	60	1.034 58	V	41	1.019 35	V	65	1.028 18	VI	50	0.741 72	VII	76	1.667 21	III	28

续表

义务教育大区	县(市、区)	地形起伏度			资源环境承载能力			经济发展综合水平			发展潜力综合水平			区域发展综合水平			人口受教育程度			民族构成系数		
	指标	指数	类别	位序	指数	类别	位序	指数	类别	位序	指数	类别	位序	指数	类别	位序	指数	类别	位序	指数	类别	位序
保普义务教育大区	施甸县	0.975 78	Ⅲ	78	0.983 7	Ⅵ	88	0.933 06	Ⅶ	113	1.229 69	Ⅰ	1	0.974 33	Ⅶ	106	0.817 52	Ⅵ	69	0.189 69	Ⅷ	113
	龙陵县	0.975 78	Ⅲ	79	1.009 18	Ⅵ	74	0.978 47	Ⅵ	82	1.077 4	Ⅳ	25	0.998 72	Ⅶ	78	0.749 37	Ⅶ	74	0.145 45	Ⅷ	122
	思茅区	0.714 34	Ⅱ	12	1.011 29	Ⅵ	72	1.107 53	Ⅳ	17	1.100 96	Ⅲ	17	1.061 87	Ⅴ	23	0.897 91	Ⅵ	58	0.895 20	Ⅴ	67
	宁洱县	0.914 22	Ⅱ	61	0.991 71	Ⅵ	84	0.998 91	Ⅶ	63	1.027 37	Ⅴ	56	0.997 18	Ⅶ	81	0.557 43	Ⅷ	97	1.285 25	Ⅳ	47
	澜沧县	0.873 79	Ⅱ	48	1.237 00	Ⅰ	1	0.941 88	Ⅶ	108	1.141 91	Ⅱ	7	1.092 45	Ⅴ	14	1.209 56	Ⅴ	32	1.858 51	Ⅱ	21
	隆阳区	1.112 93	Ⅲ	103	1.058 41	Ⅴ	36	1.040 21	Ⅴ	37	0.981 55	Ⅵ	90	1.045 31	Ⅴ	36	2.726 00	Ⅱ	6	0.340 16	Ⅶ	94
	腾冲县	1.143 55	Ⅲ	105	1.092 72	Ⅳ	18	1.008 61	Ⅴ	59	1.144 70	Ⅱ	6	1.056 18	Ⅴ	27	1.874 90	Ⅲ	14	0.184 92	Ⅷ	115
	楚雄市	1.033 25	Ⅲ	91	0.980 46	Ⅵ	89	1.145 17	Ⅳ	11	0.995 95	Ⅵ	83	1.058 93	Ⅴ	25	1.872 03	Ⅲ	15	0.535 32	Ⅶ	81
	极差	0.627 23			0.305 69			0.235 83			0.357 07			0.150 58			2.499 78			2.101 64		

（一）自然地理背景

在地形起伏度层面上，保普义务教育大区所辖各县（市、区）之间存在较大差距，最高的腾冲县与最低的瑞丽市之间极差达到0.627 23。瑞丽市指数为0.516 32，类别为第Ⅰ类，位序为第 1 位；思茅区、陇川县、西盟县、梁河县、孟连县、芒市、墨江县、澜沧县、景谷县、沧源县、峨山县、宁洱、禄丰县、耿马县、易门县 15 个县（市、区）指数0.714 34～0.934 86之间，类别为第Ⅱ类，位序范围为第 12～68 位；镇康县、昌宁县、龙陵县、施甸县、云县、镇沅县、新平县、双柏县、盈江县、双江县、楚雄市、景东县、临翔区、隆阳区、腾冲县 15 个县（市、区）指数在0.958 48～1.143 55之间，类别为第Ⅲ类，位序范围为第 70～105 位。

（二）经济地理背景

（1）在资源环境承载能力层面上，保普义务教育大区所辖各县（市、区）之间存在较大差距，最高的澜沧县与最低的易门县之间极差达到0.305 69。澜沧县指数为1.237 00，类别为第Ⅰ类，位序为第 1 位；墨江县指数为1.120 78，类别为第Ⅲ类，位序为第 8 位；耿马县、沧源县、景东县、腾冲县、西盟县、景谷县、镇康县、盈江县、芒市、镇沅县 10 个县（市）指数在1.103 56～1.067 18之间，类别为第Ⅳ类，位序范围为第 14～32 位；隆阳区、瑞丽市、陇川县、临翔区、云县、昌宁县、孟连县、梁河县、新平县、双江县、禄丰县 11 县（市、区）指数在1.058 41～1.019 22之间，类别为第Ⅴ类，位序范围为第 36～65 位；思茅区、龙陵县、宁洱县、施甸县、楚雄市 5 县（市、区）指数在1.011 29～0.980 46之间，类别为第Ⅵ类，位序范围为第 72～89 位；峨山县、双柏县 2 县指数在0.959 39～0.942 95之间，类别为第Ⅶ类，位序范围为第 103～114 位；易门县指数为0.931 31，类别为第Ⅷ类，位序为第 119 位。

（2）在经济发展综合水平层面上，保普义务教育大区所辖各县（市、区）之间存在较大差距，最高的楚雄市与最低的西盟县之间极差达到0.235 83。楚雄市、禄丰县、思茅区、峨山县 4 县（市、区）指数在1.145 17～1.080 67之间，类别为第Ⅳ类，位序范围为第 11～23 位；易门县、云县、临翔区、隆阳区、新平县、瑞丽市、腾冲县、景谷县 8 县（市、区）指数在1.059 99～1.005 32之间，类别为第Ⅴ类，位序范围为第 30～61 位；宁洱县、潞西市、陇川县、镇康县、盈江县、龙陵县、耿马县、沧源县、昌宁县、双江县、梁河县、景东县、镇沅县 13 县（市）指数在0.998 91～0.951 14之间，类别为第Ⅵ类，位序范围为第 63～103 位；澜沧县、孟连县、墨江县、施甸县、双柏县 5 县指数在0.941 88～0.930 88之间，类别为第Ⅶ类，位序范围为第 108～115 位；西盟县指数为

0.909 34，类别为第Ⅷ类，位序为第 120 位。

（3）发展潜力综合水平层面上，保普义务教育大区所辖各县（市、区）之间存在较大差距，最高的施甸县与最低的梁河县之间极差达到 0.357 07。施甸县指数为 1.229 69，类别为第Ⅰ类，位序为第 1 位；腾冲县、澜沧县 2 县指数在 1.144 70～1.141 91 之间，类别为第Ⅱ类，位序范围为第 6～7 位；耿马县、盈江县、瑞丽市、孟连县、思茅区、沧源县、墨江县 7 县（区）指数在 1.128 68～1.093 43 之间，类别为第Ⅲ类，位序范围为第 8～22 位；龙陵县、西盟县、镇康县、芒市、陇川县 5 县（市）指数在 1.077 40～1.050 08 之间，类别为第Ⅳ类，位序范围为第 25～44 位；景谷县、镇沅县、临翔区、昌宁县、景东县、宁洱县、双柏县、云县、新平县 9 县（区）指数在 1.044 80～1.019 35 之间，类别为第Ⅴ类，位序范围为第 46～65 位；双江县、峨山县、易门县、禄丰县、楚雄市、隆阳区 6 县（市、区）指数在 1.012 08～0.981 55 之间，类别为第Ⅵ类，位序范围为第 68～90 位；梁河县指数为 0.872 62，类别为第Ⅷ类，位序为第 124 位。

（4）在区域发展综合水平层面上，保普义务教育大区所辖各县（市、区）之间存在较大差距，最高的澜沧县与最低的双柏县之间的极差达到 0.150 58。澜沧县、思茅区、禄丰县、楚雄市、腾冲县、景谷县、瑞丽市、隆阳区、云县、临翔区、耿马县 11 县（市、区）指数在 1.092 45～1.043 41 之间，类别为第Ⅴ类，位序范围为第 14～39 位；沧源县、镇康县、墨江县、芒市、盈江县、新平县、景东县、陇川县、峨山县、镇沅县 10 县（市）指数在 1.037 79～1.011 09 之间，类别为第Ⅵ类，位序范围为第 40～66 位；昌宁县、西盟县、龙陵县、宁洱县、易门县、孟连县、双江县、梁河县、施甸县 9 县指数在 1.005 74～0.974 33 之间，类别为第Ⅶ类，位序范围为第 70～106 位；双柏县指数为 0.941 87，类别为第Ⅷ类，位序为第 122 位。

（三）人文地理背景

（1）在人口受教育程度层面上，保普义务教育大区所辖各县（市、区）之间存在较大差距，最高的隆阳区与最低的西盟县之间极差达 2.499 78。隆阳区指数为 2.726 00，类别为第Ⅱ类，位序为第 6 位；腾冲县、楚雄市 2 县（市）指数在 1.874 90～1.872 03 之间，类别为第Ⅲ类，位序范围为第 14～15 位；云县、澜沧县、禄丰县 3 县指数在 1.209 75～1.202 25 之间，类别为第Ⅴ类，位序范围为第 30～33 位；潞西市、景东县、昌宁县、墨江县、临翔区、思茅区、盈江县、施甸县 8 县（市、区）指数在 1.061 12～0.817 52 之间，类别为第Ⅵ类，位序范围为第 42～69 位；景谷县、龙陵县、耿马县、新平县 4 县指数在 0.772 33～0.741 72 之间，类别为第Ⅶ类，位序范围为第 72～76 位；镇沅县、宁洱县、易门县、瑞丽市、峨山县、陇川县、双柏县、双江县、沧源县、梁河县、镇康县、孟连县、西盟县 13 县（市）指数在 0.586 28～0.226 22 之间，类别为第Ⅷ类，位序范围为第 93～126 位。

（2）在民族构成系数层面上，保普义务教育大区所辖各县（市、区）之间存在较大差距，最高的西盟县与最低的龙陵县之间极差达到2.101 64。西盟县、沧源县 2 县指数在2.247 09～2.161 58之间，类别为第Ⅰ类，位序范围为第 5～8 位；孟连县、澜沧县、墨江县 3 县指数在1.931 88～1.838 81之间，类别为第Ⅱ类，位序范围为第 18～23 位；新平县、峨山县 2 县指数在1.667 21～1.604 29之间，类别为第Ⅲ类，位序范围为第 28～31 位之间；盈江县、陇川县、镇沅县、宁洱县、耿马县、双柏县、景东县、芒市、云县、景谷县 10 县（市）指数在1.367 75～1.126 76之间，类别为第Ⅳ类，位序范围为第 41～56 位；瑞丽市、双江县、思茅区 3 县（市、区）指数在1.035 87～0.895 20之间，类别为第Ⅴ类，位序范围为第 58～67 位；梁河县、易门县、镇康县 3 县指数在0.808 61～0.650 96之间，类别为第Ⅵ类，位序范围为第 71～78 位；禄丰县、楚雄市、临翔区、隆阳区、昌宁县 5 县（市、区）指数在0.576 52～0.277 61之间，类别为第Ⅶ类，位序范围为第 79～101 位；施甸县、腾冲县、龙陵县 3 县指数在0.189 69～0.145 45之间，类别为第Ⅷ类，位序范围为第 113～122 位。

二、区域的状态特征

保普义务教育大区所辖县（市、区）的义务教育各项指标指数——教育机会、教育质量、办学条件、教育师资、教育多样性、义务教育发展总指数见表6-2。

1. 教育机会

在教育机会指标层面上，保普义务教育大区的小学毛入学率为 107.54%，比云南省的小学毛入学率高 0.66%；初中毛入学率为 104.40%，比云南省的初中毛入学率高 1.28%。本区小学净入学率为 96.68%，比云南省小学净入学率低 1.61%；初中净入学率为 84.99%，比云南省初中净入学率低 2.61%。

在教育机会指数层面上，保普义务教育大区所辖各县（市、区）之间存在较大差距，最高的瑞丽市与最低的景谷县之间极差达到0.198 91。瑞丽市指数为1.119 83，类别为第Ⅰ类，位序为第 1 位；陇川县指数为1.087 85，类别为第Ⅲ类，位序为第 4 位；楚雄市、禄丰县、峨山县、双柏县、梁河县 5 县（市）指数在1.073 89～1.035 04之间，类别为第Ⅴ类，位序范围为第 8～30 位；腾冲县、盈江县、临翔区、易门县、新平县、宁洱县、思茅区、隆阳区、耿马县、墨江县、双江县、芒市、云县、镇康县、镇沅县、昌宁县、沧源县、施甸县、澜沧县、孟连县、西盟县、龙陵县 22 县（市、区）指数在1.009 56～0.938 59之间，类别为第Ⅵ类，位序范围为第 48～121 位；景东县、景谷县 2 县的指数在0.926 14～0.920 92之间，类别为第Ⅶ类，位序范围为第 126～128 位。

表6-2　保普义务教育大区所辖县(市、区)状态表

义务教育大区	县(市、区)	教育机会指数 指数	类别	位序	教育质量指数 指数	类别	位序	办学条件指数 指数	类别	位序	师资指数 指数	类别	位序	教育多样性指数 指数	类别	位序	义务教育发展总指数 指数	类别	位序
保普义务教育大区	西盟县	0.940 16	Ⅵ	120	0.293 88	Ⅱ	80	0.232 10	Ⅶ	112	0.528 72	Ⅲ	16	0.000 00	Ⅷ	117	0.398 97	Ⅷ	125
	孟连县	0.941 19	Ⅵ	119	0.343 86	Ⅱ	67	0.244 03	Ⅶ	107	0.519 74	Ⅴ	76	0.611 37	Ⅶ	54	0.532 04	Ⅶ	82
	墨江县	0.979 39	Ⅵ	91	0.105 67	Ⅲ	114	0.561 07	Ⅵ	45	0.518 95	Ⅴ	81	0.000 00	Ⅷ	117	0.433 02	Ⅷ	120
	景东县	0.926 14	Ⅶ	126	0.189 71	Ⅱ	110	0.559 13	Ⅵ	46	0.524 30	Ⅳ	42	0.611 37	Ⅶ	54	0.562 13	Ⅶ	71
	景谷县	0.920 92	Ⅶ	128	0.373 12	Ⅱ	57	0.447 43	Ⅵ	66	0.529 73	Ⅲ	15	0.611 37	Ⅶ	54	0.576 51	Ⅵ	64
	昌宁县	0.957 45	Ⅵ	109	0.532 96	Ⅱ	24	0.537 52	Ⅵ	49	0.520 55	Ⅴ	72	0.305 69	Ⅶ	72	0.570 83	Ⅶ	67
	镇沅县	0.969 99	Ⅵ	100	0.442 14	Ⅱ	44	0.287 91	Ⅶ	97	0.533 99	Ⅱ	3	0.000 00	Ⅷ	117	0.446 81	Ⅷ	116
	临翔区	1.002 76	Ⅵ	55	0.608 22	Ⅱ	8	0.438 11	Ⅵ	69	0.529 81	Ⅲ	14	4.311 80	Ⅰ	2	1.378 14	Ⅱ	7
	云县	0.972 04	Ⅵ	97	0.449 87	Ⅱ	41	0.647 82	Ⅵ	33	0.520 96	Ⅴ	69	0.917 06	Ⅵ	31	0.701 55	Ⅵ	32
	镇康县	0.971 01	Ⅵ	98	0.232 41	Ⅱ	101	0.398 89	Ⅶ	79	0.509 02	Ⅶ	117	0.305 69	Ⅶ	72	0.483 40	Ⅶ	104
	双江县	0.978 39	Ⅵ	92	0.450 20	Ⅱ	40	0.348 23	Ⅶ	85	0.518 48	Ⅴ	85	0.000 00	Ⅷ	117	0.459 06	Ⅷ	111
	耿马县	0.983 93	Ⅵ	83	0.282 00	Ⅱ	86	0.882 79	Ⅳ	16	0.515 72	Ⅳ	101	0.611 37	Ⅶ	54	0.655 16	Ⅵ	42
	沧源县	0.952 43	Ⅵ	111	0.284 17	Ⅱ	84	0.459 30	Ⅵ	60	0.522 81	Ⅳ	55	0.611 37	Ⅶ	54	0.566 02	Ⅶ	68
	双柏县	1.044 32	Ⅴ	23	0.302 69	Ⅱ	75	0.211 37	Ⅷ	116	0.535 06	Ⅱ	2	0.305 69	Ⅶ	72	0.479 83	Ⅶ	106
	瑞丽市	1.119 83	Ⅰ	2	0.410 87	Ⅱ	47	0.426 72	Ⅵ	57	0.519 02	Ⅳ	80	0.917 06	Ⅵ	31	0.678 70	Ⅵ	35
	潞西市	0.974 80	Ⅵ	95	0.359 69	Ⅱ	62	0.487 97	Ⅵ	47	0.525 12	Ⅳ	34	4.311 80	Ⅰ	2	1.331 88	Ⅱ	11
	梁河县	1.035 04	Ⅴ	30	0.225 71	Ⅱ	104	0.205 67	Ⅷ	117	0.527 94	Ⅲ	19	0.917 06	Ⅵ	31	0.582 28	Ⅶ	61
	盈江县	1.006 19	Ⅲ	49	-0.699 303	Ⅷ	129	0.527 90	Ⅵ	51	0.524 10	Ⅳ	45	0.917 06	Ⅵ	31	0.455 18	Ⅷ	112
	陇川县	1.087 85	Ⅴ	4	0.282 96	Ⅱ	85	0.335 83	Ⅶ	88	0.524 75	Ⅳ	38	4.311 80	Ⅰ	2	1.308 64	Ⅱ	12
	禄丰县	1.068 67	Ⅴ	10	0.393 21	Ⅱ	52	0.480 49	Ⅵ	58	0.530 04	Ⅲ	13	0.917 06	Ⅵ	31	0.677 89	Ⅵ	37
	易门县	0.993 98	Ⅵ	66	0.557 25	Ⅱ	20	0.218 73	Ⅷ	114	0.523 08	Ⅳ	51	0.917 06	Ⅵ	31	0.642 02	Ⅵ	49
	峨山县	1.065 86	Ⅴ	11	0.579 15	Ⅱ	15	0.258 81	Ⅶ	103	0.522 30	Ⅳ	59	0.611 37	Ⅶ	54	0.607 50	Ⅵ	57
	新平县	0.991 64	Ⅵ	70	0.270 98	Ⅱ	88	0.470 96	Ⅵ	59	0.525 71	Ⅳ	30	0.611 37	Ⅶ	54	0.574 13	Ⅶ	65

续表

义务教育大区	县(市、区)	教育机会指数			教育质量指数			办学条件指数			师资指数			教育多样性指数			义务教育发展总指数		
		指数	类别	位序	指数	类别	位序	指数	类别	位序	指数	类别	位序	指数	类别	位序	指数	类别	位序
保普义务教育大区	施甸县	0.950 73	VI	112	0.322 72	II	71	0.518 28	VI	52	0.524 40	IV	41	0.305 69	VII	72	0.524 36	VII	87
	龙陵县	0.938 59	VI	121	0.551 58	II	22	0.455 32	VI	61	0.522 61	IV	57	0.305 69	VII	72	0.554 76	VII	75
	思茅区	0.988 49	VI	76	0.405 19	II	49	0.517 99	VI	53	0.526 09	IV	26	4.311 80	I	2	1.349 91	II	9
	宁洱县	0.989 85	VI	72	0.309 43	II	73	0.389 84	VII	80	0.541 12	I	1	0.000 00	VIII	117	0.446 05	VIII	117
	澜沧县	0.943 20	VI	118	0.291 46	II	81	0.605 52	VI	37	0.518 04	VI	86	0.611 37	VII	54	0.593 92	VII	58
	隆阳区	0.985 41	VI	79	0.463 38	II	36	1.300 65	II	4	0.516 97	VI	93	4.311 80	I	2	1.515 64	I	3
	腾冲县	1.009 56	VI	48	0.610 34	II	7	1.027 61	IV	7	0.523 23	IV	49	0.917 06	VI	31	0.817 56	V	23
	楚雄市	1.073 89	V	8	0.650 53	II	4	1.011 61	IV	8	0.524 73	IV	39	4.311 80	I	2	1.514 51	I	4
	极差	0.198 91			1.349 86			1.094 98			0.032 10			4.311 80			1.116 67		

2. 教育质量

在教育质量指标层面上，保普义务教育大区的小学巩固率为 99.22%，比云南省小学巩固率低 0.10%；初中巩固率为 97.85%，比云南省初中巩固率低 0.24%。本区小学辍学率为 0.77%，比云南省小学辍学率高 0.01%；初中辍学率为 2.01%，比云南省初中辍学率高 0.04%。本区小学升学率为 98.05%，比云南省小学升学率高 2.61%；初中升学率为 63.26%，比云南省初中升学率低 9.48%。

在教育质量指数层面上，保普义务教育大区所辖各县（市、区）之间存在较大差距，最高的楚雄市与最低的盈江县之间极差达到 1.349 86。楚雄市、腾冲县、临翔区、峨山县、易门县、龙陵县、昌宁县、隆阳区、双江县、云县、镇沅县、瑞丽市、思茅区、禄丰县、景谷县、芒市、孟连县、施甸县、宁洱县、双柏县、西盟县、澜沧县、沧源县、陇川县、耿马县、新平县、镇康县、梁河县、景东县 29 县（市、区）指数在 0.650 53～0.189 71 之间，类别为第Ⅱ类，位序范围为第 4～110 位；墨江县指数为 0.105 67，类别为第Ⅲ类，位序为第 114 位；盈江县指数为－0.699 33，类别为第Ⅷ类，位序为第 129 位。

3. 办学条件

在办学条件指标层面上，保普义务教育大区的学校藏书为 8 893 815 册，占云南省学校藏书的 20.65%；学校占地面积为 24 265 313m²，占云南省学校占地面积的 26.48%；校舍建筑面积为 5 618 489 m²，占云南省校舍建筑面积的 21.97%；危房面积为 3 940 717m²，占云南省危房面积的 21.05%。

在办学条件指数层面上，保普义务教育大区所辖各县（市、区）之间存在较大差距，最高的隆阳区与最低的梁河县之间极差达到 1.094 98。隆阳区指数为 1.300 65，类别为第Ⅱ类，位序为第 4 位；腾冲县、楚雄市、耿马县 3 县（市）指数在 1.027 61～0.882 79 之间，类别为第Ⅳ类，位序范围为第 7～16 位；云县指数为 0.647 82，类别为第Ⅴ类，位序为第 33 位；澜沧县、墨江县、景东县、昌宁县、盈江县、施甸县、思茅区、芒市、禄丰县、新平县、沧源县、龙陵县、景谷县、临翔区、瑞丽市 15 县（市、区）指数在 0.605 52～0.426 72 之间，类别为第Ⅵ类，位序范围为第 37～71 位；镇康县、宁洱县、双江县、陇川县、镇沅县、峨山县、孟连县、西盟县 8 县指数在 0.398 89～0.232 10 之间，类别为第Ⅶ类，位序范围为第 79～112 位；易门县、双柏县、梁河县 3 县指数在 0.218 73～0.205 67 之间，类别为第Ⅷ类，位序范围为第 114～117 位。

4. 教育师资

在教育师资指标层面上，保普义务教育大区的小学任课教师数为 48 733 人，占云南省小学任课教师数的 20.84%；初中任课教师数为 23 556 人，占云南省初中任课教师数的 20.40%。小学学历达标率为 98.40%，比云南省小学学历达标率高 0.33%；初中学历达标率为 98.65%，比云南省初中学历达标率高 0.40%。

在教育师资指数层面上，保普义务教育大区所辖各县（市、区）之间存在较大差距，最高的宁洱县与最低的镇康县之间极差达到 0.032 10。宁洱县指数为 0.541 12，类别为第 I 类，位序为第 1 位；双柏县、镇沅县 2 县指数在 0.535 06～0.533 99 之间，类别为第 II 类，位序范围为第 2～3 位；禄丰县、临翔区、景谷县、西盟县、梁河县 5 县（区）指数在 0.530 04～0.527 94 之间，类别为第 III 类，位序范围为第 13～19 位；思茅区、新平县、楚雄市、芒市、陇川县、施甸县、景东县、盈江县、腾冲县、易门县、沧源县、龙陵县、峨山县、云县、昌宁县 15 县（市、区）指数在 0.526 09～0.520 55 之间，类别为第 IV 类，位序范围为第 26～72 位；孟连县、瑞丽市、墨江县、双江县、澜沧县、隆阳区、耿马县 7 县（市、区）指数在 0.519 74～0.515 72 之间，类别为第 V 类，位序范围为第 76～101 位；镇康县指数为 0.509 02，类别为第 VI 类，位序为第 117 位。

5. 教育多样性

在教育多样性指标层面上，保普义务教育大区的民族学校数为 47 个，占云南省民族学校数的 47.47%；特殊教育学校数为 11 个，占云南省特殊教育学校数的 44.00%。

在教育多样性指数层面上，保普义务教育大区所辖各县（市、区）之间存在较大差距，最高的临翔区与最低的宁洱县之间的极差达到 4.311 80。临翔区、潞西市、陇川县、思茅区、隆阳区、楚雄市 6 县（市、区）指数为 4.311 80，类别为第 I 类，位序为第 2 位；云县、瑞丽市、梁河县、盈江县、禄丰县、易门县、腾冲县 7 县（市）指数为 0.917 06，类别为第 VI 类，位序为第 31 位；孟连县、景东县、景谷县、耿马县、沧源县、峨山县、新平县、澜沧县、昌宁县、镇康县、双柏县、施甸县、龙陵县 13 县指数在 0.611 37～0.305 69 之间，类别为第 VII 类，位序范围为第 54～72 位；西盟县、墨江县、镇沅县、双江县、宁洱县 5 县指数为 0.000 00，类别为第 VIII 类，位序为第 117 位。

6. 教育总指数

在义务教育发展总指数层面上，保普义务教育大区所辖各县（市、区）之间存在较大差距，最高的隆阳区与最低的西盟县之间极差达到 1.116 67。隆阳区、楚雄市 2 区（市）指数在 1.515 64～1.514 62 之间，类别为第 I 类，位序范围为第 3～4 位；临翔区、思茅区、芒市、陇川县 4 县（市、区）指数在 1.378 10～1.308 64 之间，类别为第 II 类，位序范围为第 7～12 位；腾冲县指数为 0.817 56，类别为第 V 类，位序为第 23 位；云县、瑞丽市、禄丰县、耿马县、易门县、峨山县 6 县（市）指数在 0.701 55～0.607 50 之间，类别为第 VI 类，位序范围为第 32～57 位；澜沧县、梁河县、景谷县、新平县、昌宁县、沧源县、景东县、龙陵县、孟连县、施甸县、镇康县、双柏县 12 县指数在 0.593 91~0.479 83 之间,类别为第Ⅶ类,位序范围为第 58~106 位;双江县、盈江县、镇沅县、宁洱县、墨江县、西盟县 6 县指数在 0.459 06~0.398 97 之间,类别为第Ⅷ类,位序范围为第 111~125 位。

第二节 保普义务教育大区区域差异

保普义务教育大区划分为 5 个义务教育区:孟西义务教育区、瑞禄义务教育区、思普义务教育区、腾隆义务教育区、楚雄义务教育区。

一、孟西义务教育区

孟西义务教育区所辖县(市、区)为西盟县、孟连县 2 县,位于东经 99°09′~99°46′、北纬22°05′~22°57′之间,属于西双版纳低中山盆谷区;临沧中山山原区。本区土地面积为 3.2×10^3 km²,占保普义务教育大区土地面积的 2.97%,其中,山区面积为 3.2×10^3 km²。本区生产总值为 22.57 亿元,占保普义务教育大区生产总值的 1.31%;人均生产总值为9 366元,比保普义务教育大区人均生产总值低7 791元;地均生产总值为70.531万元/km²,比保普义务教育大区地均生产总值低88.880万元/km²。本区第三产业产值为 8.91 亿元,占保普义务教育大区第三产业产值的 1.53%;第三产业产值占本区生产总值的比重为 39.48%。孟西义务教育区的年末总人口数为 23.02 万人,占保普义务教育大区年末总人口的 2.38%;人口密度为 72 人/km²,比保普义务教育大区人口密度低 18 人/km²。

(一) 区域的背景差异

孟西义务教育区所辖县(市、区)各级指标指数的背景见表 6-3,笔者分别对分指标指数地形起伏度、资源环境承载能力、经济发展综合水平、发展潜力综合水平、区域发展综合水平、教育背景基础、民族构成系数进行聚类(图 6-1 至图 6-7)。

(1) 从自然地理背景差异来看,在地形起伏度指数层面上,最高的孟连县指数为0.794 87,类别为第Ⅱ类,位序为第 21 位;最低的西盟县指数为 0.767 81,类别为第Ⅱ类,位序为第 16 位;各县区的均值为0.781 34。

(2) 从经济地理背景差异来看,在资源环境承载能力层面上,最高的西盟县指数为 1.092 31,类别为第Ⅳ类,位序为第 19 位;最低的孟连县指数为 1.040 70,类别为第Ⅴ类,位序为第 50 位;各县(市、区)的均值为1.066 51。

表6-3　孟西、瑞禄、思普、腾隆、楚雄义务教育区所辖县（市、区）背景表

义务教育大区	义务教育区	县（市、区）	指标	地形起伏度 指数	类别	位序	资源环境承载能力 指数	类别	位序	经济发展综合水平 指数	类别	位序	发展潜力综合水平 指数	类别	位序	区域发展综合水平 指数	类别	位序	人口受教育程度 指数	类别	位序	民族构成系数 指数	类别	位序
保普义务教育大区	孟西义务教育区	西盟县		0.767 81	II	16	1.092 31	IV	19	0.909 34	VIII	120	1.066 67	IV	31	1.004 65	VII	71	0.226 22	VIII	126	2.247 09	I	5
		孟连县		0.794 87	II	21	1.040 70	V	50	0.938 05	VII	111	1.102 56	III	14	0.996 02	VII	84	0.319 10	VIII	122	1.931 88	II	18
		均　值		0.781 34			1.066 51			0.923 70			1.084 62			1.000 34			0.272 66			2.089 49		
		墨江县		0.826 49	II	30	1.120 78	III	8	0.936 68	VII	112	1.093 43	III	22	1.032 49	VI	45	0.934 32	VI	54	1.838 81	II	23
		景东县		1.070 73	III	98	1.097 93	IV	16	0.957 65	VI	100	1.029 16	V	55	1.027 84	VI	51	0.992 71	VI	49	1.167 26	IV	53
		景谷县		0.880 48	III	52	1.090 79	IV	20	1.005 32	V	61	1.044 80	V	46	1.047 84	V	34	0.772 33	VII	72	1.126 76	IV	56
		昌宁县		0.971 81	III	76	1.043 16	IV	48	0.965 30	VI	92	1.030 18	V	54	1.005 74	VII	70	0.960 34	VI	52	0.277 61	VII	101
		镇沅县		1.002 61	III	84	1.067 18	IV	32	0.951 14	VI	103	1.042 16	V	47	1.011 09	VI	66	0.586 28	VIII	93	1.312 46	IV	45
		临翔区		1.107 90	III	102	1.048 39	IV	44	1.040 21	V	38	1.035 30	V	49	1.043 77	V	38	0.906 23	VI	56	0.458 65	VII	87
		云县		0.984 24	III	80	1.045 41	IV	47	1.046 62	V	36	1.020 45	V	63	1.044 52	V	37	1.209 75	V	30	1.132 10	IV	55
		镇康县		0.958 48	III	70	1.083 27	IV	23	0.987 79	VI	72	1.064 25	V	36	1.037 19	VI	41	0.402 10	VIII	118	0.650 96	VI	78
		双江县		1.024 34	III	89	1.021 21	V	62	0.960 06	VI	97	1.012 08	VI	68	0.991 88	VII	89	0.451 13	VIII	111	1.030 94	V	59
		耿马县		0.930 18	II	66	1.103 56	III	14	0.972 66	VI	89	1.128 68	III	8	1.043 41	V	39	0.746 31	VII	75	1.238 91	IV	51
		沧源县		0.887 71	II	54	1.101 43	III	15	0.966 80	VI	91	1.096 93	III	20	1.037 79	VI	40	0.447 16	VIII	113	2.161 58	I	8
	瑞禄义务教育区	双柏县		1.012 67	III	87	0.942 95	VII	114	0.930 88	VII	115	1.020 99	V	62	0.941 87	VIII	122	0.459 26	VIII	110	1.185 35	IV	52
		瑞丽市		0.516 32	I	1	1.056 09	IV	37	1.029 78	V	45	1.108 23	III	12	1.046 76	V	35	0.520 70	VIII	99	1.035 87	V	58
		潞西市		0.822 58	II	28	1.068 82	IV	31	0.993 05	VI	68	1.055 00	V	39	1.032 35	VI	46	1.061 12	VI	42	1.165 28	IV	54
		梁河县		0.787 07	II	20	1.035 19	V	52	0.958 59	VI	98	0.872 62	VIII	124	0.989 54	VII	91	0.427 94	VIII	114	0.808 61	VI	71
		盈江县		1.015 87	III	88	1.069 19	IV	30	0.981 81	VI	79	1.110 11	III	11	1.030 47	VI	48	0.817 75	VII	67	1.367 75	IV	41
		陇川县		0.719 22	II	13	1.049 47	IV	43	0.988 24	VI	70	1.050 08	V	44	1.020 68	VI	59	0.477 06	VIII	109	1.323 24	IV	44
		禄丰县		0.916 67	II	62	1.019 22	V	65	1.109 11	IV	16	0.996 15	VI	82	1.060 18	V	24	1.202 25	V	33	0.576 52	VII	79
		易门县		0.934 86	II	68	0.931 31	VIII	119	1.059 99	V	30	1.007 12	VI	74	0.996 36	VII	83	0.542 50	VIII	98	0.755 22	VI	73
		峨山县		0.896 66	II	55	0.959 39	VII	103	1.080 67	V	23	1.009 54	VI	71	1.019 43	VI	61	0.485 89	VIII	107	1.604 29	III	31
		新平县		1.008 83	III	85	1.022 89	V	60	1.034 58	V	41	1.019 35	V	65	1.028 18	VI	50	0.741 72	VII	76	1.667 21	III	28
		施甸县		0.975 78	III	78	0.983 70	VI	88	0.933 06	VII	113	1.229 69	I	1	0.974 33	VII	106	0.817 52	VI	69	0.189 69	VIII	113

续表

义务教育大区	义务教育区	县(市、区)	地形起伏度 指数	类别	位序	资源环境承载能力 指数	类别	位序	经济发展综合水平 指数	类别	位序	发展潜力综合水平 指数	类别	位序	区域发展综合水平 指数	类别	位序	人口受教育程度 指数	类别	位序	民族构成系数 指数	类别	位序
保普义务教育大区	瑞禄义务教育区	龙陵县	0.975 78	Ⅲ	79	1.009 18	Ⅵ	74	0.978 47	Ⅵ	82	1.077 40	Ⅳ	25	0.998 72	Ⅶ	78	0.749 37	Ⅶ	74	0.145 45	Ⅷ	122
		均　值	0.922 93	Ⅱ		1.042 20			0.994 28			1.050 16			1.020 11			0.726 60			1.053 07		
	思普义务教育区	思茅区	0.714 34	Ⅱ	12	1.011 29	Ⅵ	72	1.107 53	Ⅳ	17	1.100 96	Ⅲ	17	1.061 87	Ⅴ	23	0.897 91	Ⅵ	58	0.895 20	Ⅴ	67
		宁洱县	0.914 22	Ⅱ	61	0.991 71	Ⅵ	84	0.998 91	Ⅵ	63	1.027 37	Ⅴ	56	0.997 18	Ⅶ	81	0.557 43	Ⅷ	97	1.285 25	Ⅳ	47
		澜沧县	0.873 79	Ⅱ	48	1.237 00	Ⅰ	1	0.941 88	Ⅷ	108	1.141 91	Ⅱ	7	1.092 45	Ⅴ	14	1.209 56	Ⅴ	32	1.858 51	Ⅱ	21
		均　值	0.834 12			1.080 00			1.016 11			1.090 08			1.050 50			0.888 30			1.346 32		
	腾隆义务教育区	隆阳区	1.112 93	Ⅲ	103	1.058 41	Ⅴ	36	1.040 21	Ⅴ	37	0.981 55	Ⅵ	90	1.045 31	Ⅴ	36	2.726 00	Ⅱ	6	0.340 16	Ⅶ	94
		腾冲县	1.143 55	Ⅲ	105	1.092 72	Ⅳ	18	1.008 61	Ⅴ	59	1.144 70	Ⅱ	6	1.056 18	Ⅴ	27	1.874 90	Ⅲ	14	0.184 92	Ⅷ	115
		均　值	1.128 24			1.075 57			1.024 41			1.063 13			1.050 75			2.300 45			0.262 54		
	楚雄义务教育区	楚雄市	1.033 25	Ⅲ	91	0.980 46	Ⅵ	89	1.145 17	Ⅳ	11	0.995 95	Ⅵ	83	1.058 93	Ⅴ	25	1.872 03	Ⅲ	15	0.535 32	Ⅶ	81
		均　值	1.033 25			0.980 46			1.145 17			0.995 95			1.058 93			1.872 03			0.535 32		

在经济发展综合水平层面上，最高的孟连县指数为0.938 05，类别为第Ⅶ类，位序为第 111 位；最低的西盟县指数为0.909 34，类别为第Ⅷ类，位序为第 120位；各县（市、区）的均值为0.923 70。在发展潜力综合水平层面上，最高的孟连县指数为1.102 56，类别为第Ⅲ类，位序为第 14 位；最低的西盟县指数为1.066 67，类别为第Ⅳ类，位序为第 31 位；各县区的均值为1.084 62。在区域发展综合水平层面上，最高的西盟县指数为1.004 65，类别为第Ⅶ类，位序为第 71位；最低的孟连县指数为0.996 02，类别为第Ⅶ类，位序为第 84 位；各县（市、区）的均值为1.000 34。

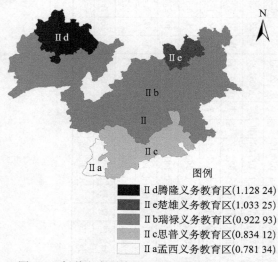

图 6-1　保普义务教育大区地形起伏度指数格局

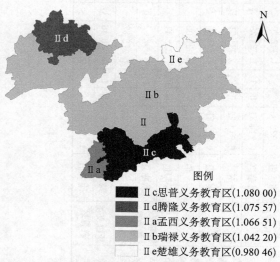

图 6-2　保普义务教育大区资源环境承载能力指数格局

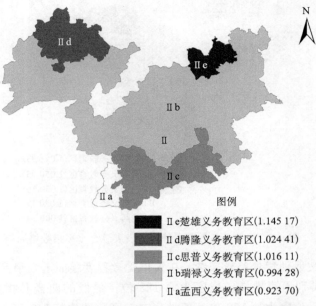

图 6-3　保普义务教育大区经济发展综合水平指数格局

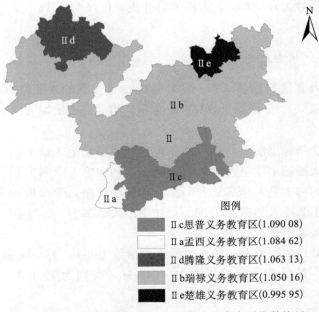

图 6-4　保普义务教育大区发展潜力综合水平指数格局

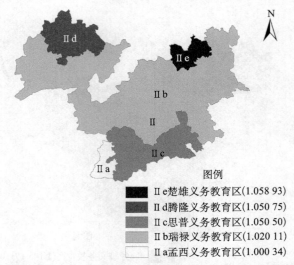

图例

■ Ⅱe楚雄义务教育区(1.058 93)
■ Ⅱd腾隆义务教育区(1.050 75)
▨ Ⅱc思普义务教育区(1.050 50)
▤ Ⅱb瑞禄义务教育区(1.020 11)
□ Ⅱa孟西义务教育区(1.000 34)

图6-5　保普义务教育大区区域发展综合水平指数格局

（3）从人文地理背景差异来看，在人口受教程度层面上，最高的孟连县指数为0.319 10，类别为第Ⅷ类，位序为第122位；最低的西盟县指数为0.226 22，类别为第Ⅷ类，位序为第126位；各县（市、区）的均值为0.272 66。在民族构成系数层面上，最高的西盟县指数为2.247 09，类别为第Ⅰ类，位序为第5位；最低的孟连县指数为1.931 88，类别为第Ⅱ类，位序为第18位；各县（市、区）的均值为2.089 49。

（二）区域的状态差异

孟西义务教育区所辖县（市、区）各级指标指数的义务教育各项指数见表6-4，笔者分别对5个分指标指数和1个总指标指数进行聚类（图6-8至图6-13）。

1. 教育机会

在教育机会指标层面上，孟西义务教育区的小学毛入学率为104.28％，比保普义务教育大区的小学毛入学率低3.26％；初中毛入学率为97.23％，比保普义务教育大区的初中毛入学率低7.17％。本区小学净入学率为94.45％，比保普义务教育大区小学净入学率低2.23％；初中净入学率为78.79％，比保普义务教育大区初中净入学率低6.20％。

在教育机会指数层面上，最高的孟连县指数为0.941 19，类别为第Ⅵ类，位序为第119位；最低的西盟县指数为0.940 16，类别为第Ⅵ类，位序为第120位；各县（市、区）的均值为0.940 68。

2. 教育质量

在教育质量指标层面上，孟西义务教育区的小学巩固率为99.41％，比保普义务教育大区小学巩固率高 0.18%；初中巩固率为 98.41%，比保普义务教育大区初中巩固率高 0.56%。本区小学辍学率为 0.93%，比保普义务教育大区小学辍学率高 0.16%；初中辍学率为 1.61%，比保普义务教育大区初中辍学率低 0.40%。本区小学升学率为 97.95%，比保普义务教育大区小学升学率低 0.10%；初中升学率为 44.78%，比保普义务教育大区初中升学率低 18.48%。

在教育质量指数层面上，最高的孟连县指数为 0.343 86，类别为第Ⅱ类，位序为第 67 位；最低的西盟县指数为 0.293 88，类别为第Ⅱ类，位序为第 80 位；各县（市、区）的均值为 0.318 87。

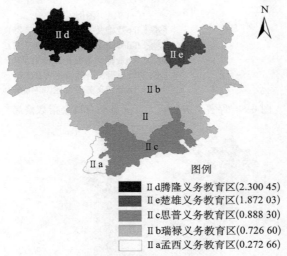

图 6-6　保普义务教育大区人口受教育程度指数格局

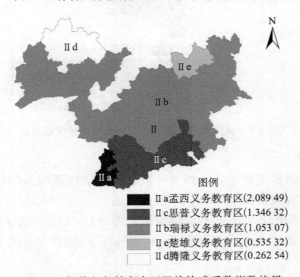

图 6-7　保普义务教育大区民族构成系数指数格局

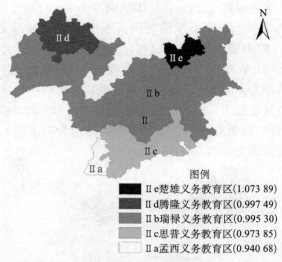

图 6-8 　保普义务教育大区义务教育机会指数格局

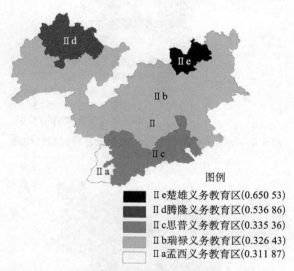

图 6-9 　保普义务教育大区义务教育质量指数格局

3. 办学条件

在办学条件指标层面上，孟西义务教育区的学校藏书为 254 316 册，占保普义务教育大区学校藏书的 2.86%；学校占地面积为 667 540m²，占保普义务教育大区学校占地面积的 2.75%；校舍建筑面积为 161 831m²，占保普义务教育大区校舍建筑面积的 2.88%；危房面积为 88 987m²，占保普义务教育大区危房面积的 2.26%。

在办学条件指数层面上，最高的孟连县指数为 0.244 03，类别为第Ⅶ类，位序为第 107 位；最低的西盟县指数为 0.232 10，类别为第 Ⅶ 类，位序为第 112 位；各县（市、区）的均值为 0.238 07。

4. 教育师资

在教育师资指标层面上，孟西义务教育区的小学任课教师数为 1 306 人，占保普义务教育大区小学任课教师数的 2.68%；初中任课教师数为 652 人，占保普义务教育大区初中任课教师数的 2.77%。小学学历达标率为 98.01%，比保普义务教育大区小学学历达标率低 0.39%；初中学历达标率为 99.08%，比保普义务教育大区初中学历达标率高 0.43%。

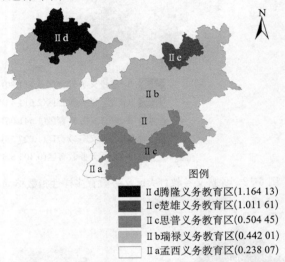

图 6-10　保普义务教育大区义务教育办学条件指数格局

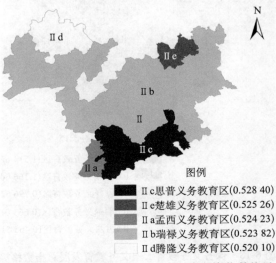

图 6-11　保普义务教育大区义务教育师资指数格局

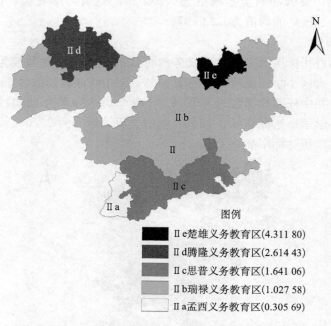

图例

■ IIe楚雄义务教育区(4.311 80)

■ IId腾隆义务教育区(2.614 43)

■ IIc思普义务教育区(1.641 06)

■ IIb瑞禄义务教育区(1.027 58)

□ IIa孟西义务教育区(0.305 69)

图 6-12   保普义务教育大区义务教育多样性指数格局

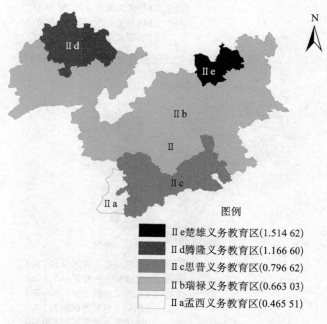

图例

■ IIe楚雄义务教育区(1.514 62)

■ IId腾隆义务教育区(1.166 60)

■ IIc思普义务教育区(0.796 62)

■ IIb瑞禄义务教育区(0.663 03)

□ IIa孟西义务教育区(0.465 51)

图 6-13   保普义务教育大区义务教育发展总指数格局

在师资指数层面上，最高的西盟县指数为0.528 72，类别为第Ⅲ类，位序为第16位；最低的孟连县指数为0.519 74，类别为第Ⅴ类，位序为第76位；各县（市、区）的均值为0.524 23。

5. 教育多样性

在教育多样性指标层面上，孟西义务教育区的民族学校数为1个，占保普义务教育大区民族学校数的2.04%；特殊教育学校数为0个。

在教育多样性指数层面上，最高的孟连县指数为0.611 37，类别为第Ⅶ类，位序为第54位；最低的西盟县指数为0.000 00，类别为第Ⅷ类，位序为第117位；各县（市、区）的均值为0.305 69。

6. 教育发展总指数

在义务教育发展总指数层面上，最高的孟连县指数为0.532 04，类别为第Ⅶ类，位序为第82位；最低的西盟县指数为0.398 97，类别为Ⅷ类，位序为第125位；各县（市、区）的均值为0.465 51。

二、瑞禄义务教育区

瑞禄义务教育区所辖县（市、县）为墨江县、景东县、景谷县、昌宁县、镇沅县、临翔区、云县、镇康县、双江县、耿马县、沧源县、双柏县、瑞丽市、芒市、梁河县、盈江县、陇川县、禄丰县、易门县、峨山县、新平县、施甸县、龙陵县23县区，位于东经97°31′～102°37′、北纬22°49′～25°30′之间，属于德宏、孟定中山宽谷区；梁河，龙陵中山山原区；临沧中山山原区；思茅中山山原盆谷区；楚雄红岩高原区。本区土地面积为 $73.3 \times 10^3 \, km^2$，占保普义务教育大区土地面积的68.00%，其中，坝区面积为 $7.0 \times 10^3 \, km^2$；半山半坝区面积为 $7.6 \times 10^3 \, km^2$；山区面积为 $58.7 \times 10^3 \, km^2$。本区生产总值为1 072.11亿元，占保普义务教育大区生产总值的62.39%；人均生产总值为17 117元，比保普义务教育大区人均生产总值低40元；地均生产总值为146.263万元/km^2，比保普义务教育大区地均生产总值低13.148万元/km^2。本区第三产业产值为343.39亿元，占保普义务教育大区第三产业产值的58.80%；第三产业产值占本区生产总值的比重为32.03%。瑞禄义务教育区的年末总人口数为624.27万人，占保普义务教育大区年末总人口的64.63%；人口密度为85人/km^2，比保普义务教育大区人口密度低4人/km^2。

（一）区域的背景差异

瑞禄义务教育区所辖县（市、区）各级指标指数的背景见表6-3，笔者分别对分指标指数地形起伏度、资源环境承载能力、经济发展综合水平、发展潜力综合水平、区域发展综合水平、教育背景基础、民族构成系数进行聚类（图6-1至

图 6-7)。

（1）从自然地理背景差异来看，在地形起伏度指数层面上，最高的临翔区指数为 1.107 90，类别为第Ⅲ类，位序为第 102 位；最低的瑞丽市指数为 0.516 32，类别为第Ⅰ类，位序为第 1 位；各县（市、区）的均值为 0.922 93。

（2）从经济地理背景差异来看，在资源环境承载能力层面上，最高的墨江县指数为 1.120 78，类别为第Ⅲ类，位序为第 8 位；最低的易门县指数为 0.931 31，类别为第Ⅷ类，位序为第 119 位；各县（市、区）的均值为 1.042 20。在经济发展综合水平层面上，最高的禄丰县指数为 1.109 11，类别为第Ⅳ类，位序为第 16 位；最低的双柏县指数为 0.930 88，类别为第Ⅶ类，位序为第 115 位；各县（市、区）的均值为 0.994 28。在发展潜力综合水平层面上，最高的施甸县指数为 1.229 69，类别为第Ⅰ类，位序为第 1 位；最低的梁河县指数为 0.872 62，类别为第Ⅷ类，位序为第 124 位；各县（市、区）的均值为 1.050 16。在区域发展综合水平层面上，最高的禄丰县指数为 1.060 18，类别为第Ⅴ类，位序为第 24 位；最低的双柏县指数为 0.941 87，类别为第Ⅷ类，位序为第 122 位；各县（市、区）的均值为 1.020 11。

（3）从人文地理背景差异来看，在人口受教程度层面上，最高的云县指数为 1.209 75，类别为第Ⅴ类，位序为第 30 位；最低的镇康县指数为 0.402 10，类别为第Ⅷ类，位序为第 118 位；各县（市、区）的均值为 0.726 60。在民族构成系数层面上，最高的沧源县指数为 2.161 58，类别为第Ⅰ类，位序为第 8 位；最低的龙陵县指数为 0.145 45，类别为第Ⅷ类，位序为第 122 位；各县（市、区）的均值为 1.053 07。

（二）区域的状态差异

瑞禄义务教育区所辖县（市、区）各级指标指数的义务教育各项指数见表 6-4，笔者分别对 5 个分指标指数和 1 个总指标指数进行聚类（图 6-8 至图 6-13）。

1. 教育机会

在教育机会指标层面上，瑞禄义务教育区的小学毛入学率为 108.09%，比保普义务教育大区的小学毛入学率高 0.55%；初中毛入学率为 103.47%，比保普义务教育大区的初中毛入学率低 0.93%。本区小学净入学率为 97.03%，比保普义务教育大区小学净入学率高 0.35%；初中净入学率为 84.09%，比保普义务教育大区初中净入学率低 0.90%。

在教育机会指数层面上，最高的瑞丽市指数为 1.119 83，类别为第Ⅰ类，位序为第 1 位；最低的景谷县指数为 0.920 92，类别为第Ⅶ类，位序为第 128 位；各县（市、区）的均值为 0.995 30。

表6-4 孟西、瑞禄、思普、腾隆、楚雄义务教育区所辖县(市、区)状态表

义务教育大区	义务教育区	县(市、区)	教育机会指数 指数	类别	位序	教育质量指数 指数	类别	位序	办学条件指数 指数	类别	位序	师资指数 指数	类别	位序	教育多样性指数 指数	类别	位序	义务教育发展总指数 指数	类别	位序
保普义务教育大区	孟西义务教育区	西盟县	0.940 16	VI	120	0.293 88	II	80	0.232 10	VII	112	0.528 72	III	16	0.000 00	VIII	117	0.398 97	VIII	125
		孟连县	0.941 19	VI	119	0.343 86	II	67	0.244 03	VIII	107	0.519 74	V	76	0.611 37	VII	54	0.532 04	VII	82
		均 值	0.940 68			0.318 87			0.238 07			0.524 23			0.305 69			0.465 51		
	瑞禄义务教育区	墨江县	0.979 39	VI	91	0.105 67	III	114	0.561 07	VI	45	0.518 95	V	81	0.000 00	VIII	117	0.433 02	VIII	120
		景东县	0.926 14	VII	126	0.189 71	II	110	0.559 13	VI	46	0.524 30	IV	42	0.611 37	VII	54	0.562 13	VII	71
		景谷县	0.920 92	VII	128	0.373 12	II	57	0.447 43	VI	66	0.529 44	III	15	0.611 37	VII	54	0.576 46	VII	64
		昌宁县	0.957 45	VI	109	0.532 96	III	24	0.537 52	VII	49	0.520 55	IV	72	0.305 69	VII	72	0.570 83	VII	67
		镇沅县	0.969 99	VI	100	0.442 14	II	44	0.287 91	VII	97	0.533 99	II	3	0.000 00	VIII	117	0.446 81	VIII	116
		临翔区	1.002 76	VI	55	0.608 22	II	8	0.438 11	VI	69	0.529 61	III	14	4.311 80	I	2	1.378 10	I	7
		云 县	0.972 04	VI	97	0.449 87	II	41	0.647 82	V	33	0.520 96	IV	69	0.917 06	VII	31	0.701 55	II	32
		镇康县	0.971 01	VI	98	0.232 41	II	101	0.398 89	VII	79	0.509 02	VI	117	0.305 69	VII	85	0.483 40	VII	104
		双江县	0.978 39	VI	92	0.450 20	II	40	0.348 23	VII	85	0.518 48	V	85	0.000 00	VIII	117	0.459 06	VII	111
		耿马县	0.983 93	VI	83	0.282 00	II	86	0.882 79	IV	16	0.515 72	V	101	0.611 37	VII	54	0.655 16	VI	42
		沧源县	0.952 43	V	111	0.284 17	II	84	0.459 30	VI	60	0.522 81	IV	54	0.611 37	VII	54	0.566 02	VII	68
		双柏县	1.044 32	I	23	0.302 69	II	75	0.211 37	VIII	116	0.535 06	II	2	0.305 69	VII	72	0.479 83	VII	106
		瑞丽市	1.119 83	I	1	0.410 87	II	47	0.426 72	VI	71	0.519 02	V	80	0.917 06	VI	31	0.678 70	VI	35
		潞西市	0.974 80	VI	95	0.359 69	II	62	0.487 97	VI	57	0.525 12	IV	35	4.311 80	I	2	1.331 88	II	11
		梁河县	1.035 04	V	30	0.225 71	II	104	0.205 67	VIII	117	0.527 94	III	19	0.917 06	VI	31	0.582 28	VII	61

续表

义务教育大区	义务教育区	县(市、区)	教育机会指数			教育质量指数			办学条件指数			师资指数			教育多样性指数			义务教育发展总指数		
			指数	类别	位序	指数	类别	位序	指数	类别	位序	指数	类别	位序	指数	类别	位序	指数	类别	位序
保普义务教育大区	瑞禄义务教育区	盈江县	1.006 19	VI	49	−0.699 33	VIII	129	0.527 90	VI	51	0.524 10	IV	45	0.917 06	VI	31	0.455 18	VIII	112
		陇川县	1.087 85	III	4	0.282 96	II	85	0.335 83	VII	88	0.524 75	IV	39	4.311 80	I	2	1.308 64	II	12
		禄丰县	1.068 67	V	10	0.393 21	II	52	0.480 49	VI	58	0.530 04	III	13	0.917 06	VI	31	0.677 89	VI	37
		易门县	0.993 98	VI	66	0.557 25	II	20	0.218 73	VIII	114	0.523 08	IV	52	0.917 06	VI	31	0.642 02	VI	49
		峨山县	1.065 86	V	11	0.579 15	II	15	0.258 81	VII	103	0.522 30	IV	59	0.611 37	VII	54	0.607 50	VI	57
		新平县	0.991 64	VI	70	0.270 98	II	88	0.470 96	VI	59	0.525 71	IV	30	0.611 37	VII	54	0.574 13	VII	65
		施甸县	0.950 73	VI	112	0.322 72	II	71	0.518 28	VI	52	0.524 40	IV	41	0.305 69	VII	72	0.524 36	VII	87
		龙陵县	0.938 59	VI	121	0.551 58	II	22	0.455 32	VI	61	0.522 61	IV	57	0.305 69	VII	72	0.554 76	VII	75
		均　值	0.995 30			0.326 43			0.442 01			0.523 82			1.027 58			0.663 03		
	思普义务教育区	思茅区	0.988 49	VI	76	0.405 19	II	49	0.517 99	VI	53	0.526 09	IV	26	4.311 80	I	2	1.349 91	II	9
		宁洱县	0.989 85	VI	72	0.309 43	II	73	0.389 84	VII	80	0.541 12	I	1	0.000 00	VIII	117	0.446 05	VIII	117
		澜沧县	0.943 20	VI	118	0.291 46	II	81	0.605 52	VI	37	0.517 99	V	86	0.611 37	VII	54	0.593 91	VII	58
		均　值	0.973 85			0.335 36			0.504 45			0.528 40			1.641 06			0.796 62		
	腾隆义务教育区	隆阳区	0.985 41	VI	79	0.463 38	II	36	1.300 65	II	4	0.516 97	V	93	4.311 80	I	2	1.515 64	I	3
		腾冲县	1.009 56	VI	48	0.610 34	II	7	1.027 61	IV	7	0.523 23	IV	49	0.917 06	VI	31	0.817 56	V	23
		均　值	0.997 49			0.536 86			1.164 13			0.520 10			2.614 43			1.166 60		
	楚雄义务教育区	楚雄市	1.073 89	V	8	0.650 53	II	4	1.011 61	IV	8	0.525 26	IV	34	4.311 80	I	2	1.514 62	I	4
		均　值	1.073 89			0.650 53			1.011 61			0.525 26			4.311 80			1.514 62		

2. 教育质量

在教育质量指标层面上，瑞禄义务教育区的小学巩固率为99.13％，比保普义务教育大区小学巩固率低0.09％；初中巩固率为97.66％，比保普义务教育大区初中巩固率低0.18％。本区小学辍学率为0.89％，比保普义务教育大区小学辍学率高0.12％；初中辍学率为2.41％，比保普义务教育大区初中辍学率高0.40％。本区小学升学率为96.88％，比保普义务教育大区小学升学率低1.17％；初中升学率为61.72％，比保普义务教育大区初中升学率低1.54％。

在教育质量指数层面上，最高的临翔区指数为0.608 22，类别为第Ⅱ类，位序为第8位；最低的盈江县指数为－0.699 33，类别为第Ⅷ类，位序为第129位；各县（市、区）的均值为0.326 43。

3. 办学条件

在办学条件指标层面上，瑞禄义务教育区的学校藏书为5 689 164册，占保普义务教育大区学校藏书的63.97％；学校占地面积为16 889 417m²，占保普义务教育大区学校占地面积的69.60％；校舍建筑面积为3 682 740m²，占保普义务教育大区校舍建筑面积的65.55％；危房面积为2 717 547m²，占保普义务教育大区危房面积的68.96％。

在办学条件指数层面上，最高的耿马县指数为0.882 79，类别为第Ⅳ类，位序为第16位；最低的梁河县指数为0.205 67，类别为第Ⅷ类，位序为第117位；各县（市、区）的均值为0.442 01。

4. 教育师资

在教育师资指标层面上，瑞禄义务教育区的小学任课教师数为33 166人，占保普义务教育大区小学任课教师数的68.06％；初中任课教师数为15 195人，占保普义务教育大区初中任课教师数的64.51％。小学学历达标率为98.30％，比保普义务教育大区小学学历达标率低0.10％；初中学历达标率为98.51％，比保普义务教育大区初中学历达标率低0.14％。

在教育师资指数层面上，最高的双柏县指数为0.535 06，类别为第Ⅱ类，位序为第2位；最低的镇康县指数为0.509 02，类别为第Ⅵ类，位序为第117位；各县（市、区）的均值为0.523 82。

5. 教育多样性

在教育多样性指标层面上，瑞禄义务教育区的民族学校数为40个，占保普义务教育大区民族学校数的85.11％；特殊教育学校数为7个，占保普义务教育大区特殊教育学校数的63.64％。

在教育多样性指数层面上，最高的临翔区、芒市、陇川县指数为4.311 80，类别为第Ⅰ类，位序为第2位；最低的墨江县、镇沅县、双江县指数为0.000 00，类别为第Ⅷ类，位序为第117位；各县（市、区）的均值为1.027 58。

6. 教育发展总指数

在义务教育发展总指数层面上，最高的临翔区指数为1.378 10，类别为第Ⅱ类，位序为第7位；最低的墨江县指数为0.433 02，类别为Ⅷ类，位序为第120位；各县（市、区）的均值为0.663 03。

三、思普义务教育区

思普义务教育区所辖县（市、区）为思茅区、宁洱县、澜沧县3县（区），位于东经99°29′～101°37′、北纬22°01′～23°26′之间，属于临沧中山山原区；思茅中山山原盆谷区。本区土地面积为 16.3×10^3 km²，占保普义务教育大区土地面积的15.12%，其中，山区面积为 16.3×10^3 km²。本区生产总值为148.70亿元，占保普义务教育大区生产总值的8.65%；人均生产总值为16 751元，比保普义务教育大区人均生产总值低406元；地均生产总值为91.227万元/km²，比保普义务教育大区地均生产总值低68.184万元/km²。本区第三产业产值为58.67亿元，占保普义务教育大区第三产业产值的10.05%；第三产业产值占本区生产总值的比重为39.46%。思普义务教育区的年末总人口数为99.10万人，占保普义务教育大区年末总人口的10.26%；人口密度为61人/km²，比保普义务教育大区人口密度低29人/km²。

（一）区域的背景差异

思普义务教育区所辖县（市、区）各级指标指数的背景见表6-3，笔者分别对分指标指数地形起伏度、资源环境承载能力、经济发展综合水平、发展潜力综合水平、区域发展综合水平、教育背景基础、民族构成系数进行聚类（图6-1至图6-7）。

（1）从自然地理背景差异来看，在地形起伏度指数层面上，最高的宁洱县指数为0.914 22，类别为第Ⅱ类，位序为第61位；最低的思茅区指数为0.714 34，类别为第Ⅱ类，位序为第12位；各县（市、区）的均值为0.834 12。

（2）从经济地理背景差异来看，在资源环境承载能力层面上，最高的澜沧县指数为1.237 00，类别为第Ⅰ类，位序为第1位；最低的宁洱县指数为0.991 71，类别为第Ⅵ类，位序为第84位；各县（市、区）的均值为1.080 00。在经济发展综合水平层面上，最高的思茅区指数为1.107 53，类别为第Ⅳ类，位序为第17位；最低的澜沧县指数为0.941 88，类别为第Ⅶ类，位序为第108位；各县（市、区）的均值为1.016 11。在发展潜力综合水平层面上，最高的澜沧县指数为1.141 91，类别为第Ⅱ类，位序为第7位；最低的宁洱县指数为1.027 37，类别为第Ⅴ类，位序为第56位；各县（市、区）的均值为1.090 08。在区域发展综合水平层面上，最高的澜沧县指数为1.092 45，类别为第Ⅴ类，位序为第 14 位；最低的宁洱县指数为0.997 18，类别为第Ⅶ类，位序为第 81 位；各县（市、区）的均值为1.050 50。

（3）从人文地理背景差异来看，在人口受教程度层面上，最高的澜沧县指数为1.209 56，类别为第Ⅴ类，位序为第 32 位；最低的宁洱县指数为0.557 43，类别为第Ⅷ类，位序为第 97 位；各县（市、区）的均值为0.888 30。在民族构成系数层面上，最高的澜沧县指数为1.858 51，类别为第Ⅱ类，位序为第 21 位；最低的思茅区指数为0.895 20，类别为第Ⅴ类，位序为第 67 位；各县（市、区）的均值为1.346 32。

（二）区域的状态差异

思普义务教育区所辖县（市、区）各级指标指数的义务教育各项指数见表6-4，笔者分别对 5 个分指标指数和 1 个总指标指数进行聚类（图 6-8 至图 6-13）。

1. 教育机会

在教育机会指标层面上，思普义务教育区的小学毛入学率为 113.44 ％，比保普义务教育大区的小学毛入学率高 5.90％；初中毛入学率为 99.55％，比保普义务教育大区的初中毛入学率低 4.85％。本区小学净入学率为 96.97％，比保普义务教育大区小学净入学率高 0.29％；初中净入学率为 75.64％，比保普义务教育大区初中净入学率低 9.35％。

在教育机会指数层面上，最高的宁洱县指数为0.989 85，类别为第Ⅵ类，位序为第 72 位；最低的澜沧县指数为0.943 20，类别为第Ⅵ类，位序为第 118 位；各县（市、区）的均值为0.973 85。

2. 教育质量

在教育质量指标层面上，思普义务教育区的小学巩固率为 99.04％，比保普义务教育大区小学巩固率低 0.18％；初中巩固率为 97.79％，比保普义务教育大区初中巩固率低 0.06％。本区小学辍学率为 0.98％，比保普义务教育大区小学辍学率高 0.21％；初中辍学率为 2.00％，比保普义务教育大区初中辍学率低 0.01％。本区小学升学率为 100.45％，比保普义务教育大区小学升学率高 2.40％；初中升学率为 63.25％，比保普义务教育大区初中升学率低 0.01％。

在教育质量指数层面上，最高的思茅区指数为0.405 19，类别为第Ⅱ类，位序为第 49 位；最低的澜沧县指数为0.291 46，类别为第Ⅱ类，位序为第 81 位；各县（市、区）的均值为0.335 36。

3. 办学条件

在办学条件指标层面上，思普义务教育区的学校藏书为901 271册，占保普义务教育大区学校藏书的 10.13％；学校占地面积为 2 258 685m²，占保普义务教育大区学校占地面积的 9.31％；校舍建筑面积为 480 520m²，占保普义务教育大区校舍建筑面积的 8.55％；危房面积为 326 443m²，占保普义务教育大区危房面积的 8.28％。

在办学条件指数层面上，最高的澜沧县指数为 0.605 52，类别为第 Ⅵ 类，位序为第 37 位；最低的宁洱县指数为 0.389 84，类别为第 Ⅶ 类，位序为第 80 位；各县（市、区）的均值为 0.504 45。

4. 教育师资

在教育师资指标层面上，思普义务教育区的小学任课教师数为 4 780 人，占保普义务教育大区小学任课教师数的 9.81％；初中任课教师数为 2 164 人，占保普义务教育大区初中任课教师数的 9.19％。小学学历达标率为 98.81％，比保普义务教育大区小学学历达标率高 0.41％；初中学历达标率为 98.66％，比保普义务教育大区初中学历达标率高 0.01％。

在教育师资指数层面上，最高的宁洱县指数为 0.541 12，类别为第 Ⅰ 类，位序为第 1 位；最低的澜沧县指数为 0.517 99，类别为第 Ⅴ 类，位序为第 86 位；各县（市、区）的均值为 0.528 40。

5. 教育多样性

在教育多样性指标层面上，思普义务教育区的民族学校数为 2 个，占保普义务教育大区民族学校数的 4.26％；特殊教育学校数为 1 个，占保普义务教育大区特殊教育学校数的 9.09％。

在教育多样性指数层面上，最高的思茅区指数为 4.311 80，类别为第 Ⅰ 类，位序为第 2 位；最低的宁洱县指数为 0.000 00，类别为第 Ⅷ 类，位序为第 117 位；各县（市、区）的均值为 1.641 06。

6. 教育总指数

在义务教育发展总指数层面上，最高的思茅区指数为 1.349 91，类别为第 Ⅱ 类，位序为第 9 位；最低的宁洱县指数为 0.446 05，类别为第 Ⅷ 类，位序为第 117 位；各县（市、区）的均值为 0.796 62。

四、腾隆义务教育区

腾隆义务教育区所辖县（市、区）为隆阳区、腾冲县 2 县（区），位于东经 98°05′～99°30′、北纬 24°38′～25°52′之间，属于腾冲中山盆谷区。本区土地面积为 10.6×10³ km²，占保普义务教育大区土地面积的 9.83％，其中，半山半坝区面积为 10.6×10³ km²。本区生产总值为 254.18 亿元，占保普义务教育大区生产总值的 14.79％；人均生产总值为 15 950 元，比保普义务教育大区人均生产总值低1 207元；地均生产总值为239.792万元/km²，比保普义务教育大区地均生产总值高80.382万元/km²。本区第三产业产值为102.37亿元，占保普义务教育大区第三产业产值的17.53%；第三产业产值占本区生产总值的比重为40.27%。腾隆义务教育区的年末总人口数为160.15万人，占保普义务教育大区年末总人口的16.58%；人口密度为151人/km²，比保普义务教育大区人口密度高61人/km²。

（一）区域的背景差异

腾隆义务教育区所辖县（市、区）各级指标指数的背景见表6-3，笔者分别对分指标指数地形起伏度、资源环境承载能力、经济发展综合水平、发展潜力综合水平、区域发展综合水平、教育背景基础、民族构成系数进行聚类（图6-1至图6-7），结果表明：

（1）从自然地理背景差异来看，在地形起伏度指数层面上，最高的腾冲县指数为1.143 55，类别为第Ⅲ类，位序为第105位；最低的隆阳区指数为1.112 93，类别为第Ⅲ类，位序为第103位；各县（市、区）的均值为1.128 24。

（2）从经济地理背景差异来看，在资源环境承载能力层面上，最高的腾冲县指数为1.092 72，类别为第Ⅳ类，位序为第18位；最低的隆阳区指数为1.058 41，类别为第Ⅴ类，位序为第36位；各县（市、区）的均值为1.075 57。在经济发展综合水平层面上，最高的隆阳区指数为1.040 21，类别为第Ⅴ类，位序为第37位；最低的腾冲县指数为1.008 61，类别为第Ⅴ类，位序为第59位；各县（市、区）的均值为1.024 41。在发展潜力综合水平层面上，最高的腾冲县指数为1.144 70，类别为第Ⅱ类，位序为第6位；最低的隆阳区指数为0.981 55，类别为第Ⅵ类，位序为第90位；各县（市、区）的均值为1.063 13。在区域发展综合水平层面上，最高的腾冲县指数为1.056 18，类别为第Ⅴ类，位序为第27位；最低的隆阳区指数为1.045 31，类别为第Ⅴ类，位序为第36位；各县（市、区）的均值为1.050 75。

（3）从人文地理背景差异来看，在人口受教程度层面上，最高的隆阳区指数为2.726 00，类别为第Ⅱ类，位序为第6位；最低的腾冲县指数为1.874 90，类别为第Ⅲ类，位序为第14位；各县（市、区）的均值为2.300 45。在民族构成系数层面上，最高的隆阳区指数为0.340 16，类别为第Ⅶ类，位序为第94位；最低的腾冲县指数为0.184 92，类别为第Ⅷ类，位序为第115位；各县（市、区）的均值为0.262 54。

（二）区域的状态差异

腾隆义务教育区所辖县区各级指标指数的义务教育各项指数见表6-4，笔者分别对5个分指标指数和1个总指标指数进行聚类（图6-8至图6-13），结果表明：

1. 教育机会

在教育机会指标层面上，腾隆义务教育区的小学毛入学率为102.86％，比保普义务教育大区的小学毛入学率低4.68％；初中毛入学率为107.93％，比保普义务教育大区的初中毛入学率高3.53％。本区小学净入学率为94.68％，比保普义务教育大区小学净入学率低2.00％；初中净入学率为89.92％，比保普义务教育大区初中净入学率高4.93％。

在教育机会指数层面上，最高的腾冲县指数为1.009 56，类别为第Ⅵ类，位序为第48位；最低的隆阳区指数为0.985 41，类别为第Ⅵ类，位序为第79位；各县（市、区）的均值为0.997 49。

2. 教育质量

在教育质量指标层面上，腾隆义务教育区的小学巩固率为99.64％，比保普义务教育大区小学巩固率高0.42％；初中巩固率为99.08％，比保普义务教育大区初中巩固率高1.23％。本区小学辍学率为0.42％，比保普义务教育大区小学辍学率低0.35％；初中辍学率为0.98％，比保普义务教育大区初中辍学率低1.03％。本区小学升学率为99.71％，比保普义务教育大区小学升学率高1.66％；初中升学率为62.64％，比保普义务教育大区初中升学率低0.62％。

在教育质量指数层面上，最高的腾冲县指数为0.610 34，类别为第Ⅱ类，位序为第7位；最低的隆阳区指数为0.463 38，类别为第Ⅱ类，位序为第36位；各县（市、区）的均值为0.536 86。

3. 办学条件

在办学条件指标层面上，腾隆义务教育区的学校藏书为1 457 682册，占保普义务教育大区学校藏书的16.39％；学校占地面积为3 480 699m²，占保普义务教育大区学校占地面积的14.34％；校舍建筑面积为998 015m²，占保普义务教育大区校舍建筑面积的17.76％；危房面积为723 712m²，占保普义务教育大区危房面积的18.36％。

在办学条件指数层面上，最高的隆阳区指数为1.300 65，类别为第Ⅱ类，位序为第4位；最低的腾冲县指数为1.027 61，类别为第Ⅳ类，位序为第7位；各县（市、区）的均值为1.164 13。

4. 教育师资

在教育师资指标层面上，腾隆义务教育区的小学任课教师数为7 249人，占保普义务教育大区小学任课教师数的14.87％；初中任课教师数为4 144人，占保普义务教育大区初中任课教师数的17.59％。小学学历达标率为98.51％，比保普义务教育大区小学学历达标率高0.11％；初中学历达标率为98.84％，比保普义务教育大区初中学历达标率高0.19％。

在教育师资指数层面上，最高的腾冲县指数为0.523 23，类别为第Ⅳ类，位序为第 49 位；最低的隆阳区指数为0.516 97，类别为第Ⅵ类，位序为第 93 位；各县（市、区）的均值为0.520 10。

5. 教育多样性

在教育多样性指标层面上，腾隆义务教育区的民族学校数为 2 个，占保普义务教育大区民族学校数的 4.26%；特殊教育学校数为 2 个，占保普义务教育大区特殊教育学校数的 18.18%。

在教育多样性指数层面上，最高的隆阳区指数为4.311 80，类别为第Ⅰ类，位序为第 2 位；最低的腾冲县指数为0.917 06，类别为第Ⅵ类，位序为第 31 位；各县（市、区）的均值为2.614 43。

6. 教育总指数

在义务教育发展总指数层面上，最高的隆阳区指数为1.515 64，类别为第Ⅰ类，位序为第 3 位；最低的腾冲县指数为0.817 56，类别为第Ⅴ类，位序为第 23 位；各县（市、区）的均值为1.166 60。

五、楚雄义务教育区

楚雄义务教育区所辖县区为楚雄市，位于东经$100°53'\sim101°49'$、北纬$24°29'\sim25°14'$之间，属于楚雄红岩高原区。本区土地面积为 4.4×10^3 km²，占保普义务教育大区土地面积的 4.08%，其中，半山半坝区面积为4.4×10^3 km²。本区生产总值为220.89亿元，占保普义务教育大区生产总值的 12.85%；人均生产总值为37 294元，比保普义务教育大区人均生产总值高 20 137 元；地均生产总值为502.023万元/km²，比保普义务教育大区地均生产总值高342.612万元/km²。本区第三产业产值为 70.69 亿元，占保普义务教育大区第三产业产值的 12.10%；第三产业产值占本区生产总值的比重为 32.00%。楚雄义务教育区的年末总人口数为 59.38 万人，占保普义务教育大区年末总人口的 6.15%；人口密度为 135 人/km²，比保普义务教育大区人口密度高 45 人/km²。

（一）区域的背景差异

楚雄义务教育区所辖县（市、区）各级指标指数的背景见表 6-3，笔者分别对分指标指数地形起伏度、资源环境承载能力、经济发展综合水平、发展潜力综合水平、区域发展综合水平、教育背景基础、民族构成系数进行聚类（图 6-1 至图 6-7），结果表明：

（1）从自然地理背景差异来看，在地形起伏度指数层面上，楚雄市指数为1.033 25，类别为第Ⅲ类，位序为第 91 位。

（2）从经济地理背景差异来看，在资源环境承载能力层面上，最高的楚雄市指数为0.980 46，类别为第Ⅵ类，位序为第 89 位。在经济发展综合水平层面上，楚雄市指数为 1.145 17，类别为第Ⅳ类，位序为第 11 位。在发展潜力综合水平层面上楚雄市指数为 0.995 95，类别为第Ⅵ类，位序为第 83 位。在区域发展综合水平层面上，楚雄市指数为 1.058 93，类别为第Ⅴ类，位序为第 25 位。

（3）从人文地理背景差异来看，在人口受教程度层面上，楚雄市指数为 1.872 03，类别为第Ⅲ类，位序为第 15 位。在民族构成系数层面上，楚雄市指数为 0.535 32，类别为第Ⅶ类，位序为第 81 位。

（二）区域的状态差异

楚雄义务教育区所辖县（市、区）各级指标指数的义务教育各项指数见表 6-4，笔者分别对 5 个分指标指数和 1 个总指标指数进行聚类（图 6-8 至图 6-13），结果表明：

1. 教育机会

在教育机会指标层面上，楚雄义务教育区的小学毛入学率为 109.28%，比保普义务教育大区的小学毛入学率高 1.74%；初中毛入学率为 116.78%，比保普义务教育大区的初中毛入学率高 12.38%。本区小学净入学率为 99.99%，比保普义务教育大区小学净入学率高 3.11%；初中净入学率为 99.98%，比保普义务教育大区初中净入学率高 14.99%。在教育机会指数层面上，楚雄市指数为 1.073 89，类别为第Ⅴ类，位序为第 8 位。

2. 教育质量

在教育质量指标层面上，楚雄义务教育区的小学巩固率为 100.68%，比保普义务教育大区小学巩固率高 1.46%；初中巩固率为 98.64%，比保普义务教育大区初中巩固率高 0.79%。本区小学辍学率为 0.05%，比保普义务教育大区小学辍学率低 0.72%；初中辍学率为 1.38%，比保普义务教育大区初中辍学率低 0.63%。本区小学升学率为 102.39%，比保普义务教育大区小学升学率高 4.34%；初中升学率为 89.47%，比保普义务教育大区初中升学率高 26.21%。在教育质量指数层面上，楚雄市指数为 0.650 53，类别为第Ⅱ类，位序为第 4 位。

3. 办学条件

在办学条件指标层面上，楚雄义务教育区的学校藏书为 591 382 册，占保普义务教育大区学校藏书的 6.65%；学校占地面积为 968 972m²，占保普义务教育大区学校占地面积的 3.99%；校舍建筑面积为 295 383m²，占保普义务教育大区校舍建筑面积的 5.26%；危房面积为 84 028m²，占保普义务教育大区危房面积的 2.13%。在办学条件指数层面上，楚雄市指数为 1.011 61，类别为第Ⅳ类，位序为第 8 位。

4. 教育师资

在教育师资指标层面上，楚雄义务教育区的小学任课教师数为 2 232 人，占保普义务教育大区小学任课教师数的 4.58%；初中任课教师数为1 401人，占保普义务教育大区初中任课教师数的 5.95%。小学学历达标率为99.01%，比保普义务教育大区小学学历达标率高 0.61%；初中学历达标率为99.36%，比保普义务教育大区初中学历达标率高 0.71%。

在教育师资指数层面上，楚雄市指数为0.525 26，类别为第Ⅳ类，位序为第34 位。

5. 教育多样性

在教育多样性指标层面上，楚雄义务教育区的民族学校数为 2 个，占保普义务教育大区民族学校数的 4.26%；特殊教育学校数为 1 个，占保普义务教育大区特殊教育学校数的 9.09%。

在教育多样性指数层面上，楚雄市指数为4.311 80，类别为第Ⅰ类，位序为第 2 位。

6. 教育总指数

在义务教育发展总指数层面上，楚雄市指数为1.514 62，类别为第Ⅰ类，位序为第 4 位。

第三节　保普义务教育大区评价及对策

保普义务教育大区在云南省总体呈现出较好的发展态势，本区师资指数、教育多样性指数、教育发展总指数在八大区位居第二，在支撑义务教育发展的地域背景上有如下特点：

（1）所辖范围由滇中区绵延至滇西南区域，土地面积将近云南省的三成，人口则超过了云南省的 1/5，地域辽阔，人口众多。本区资源环境较好，开发现状较差。

（2）地貌复杂多样，主要在中山地带分布着众多谷地，山区面积广，制约着交通的通达性。

（3）经济发展相对滞后，人均 GDP 远远低于全省平均水平。

结合保普义务教育大区教育发展的总体特征（表 6-1，表 6-2），以及保普义务教育大区内孟西义务教育区、瑞禄义务教育区、思普义务教育区、腾隆义务教育区、楚雄义务教育区教育发展的现状（表 6-3），我们可以推断出该大区所存在的主要问题。此外，直观反映保普义务教育大区义务教育发展状况的原始数据（图 6-14，图 6-15）也纳入评价体系，进而得出可能的对策建议。

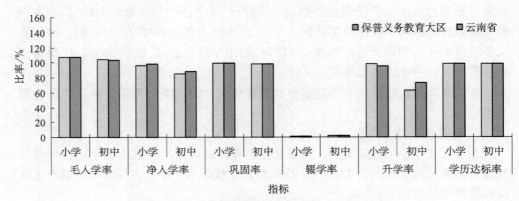

图 6-14 保普义务教育大区原始数据格局一

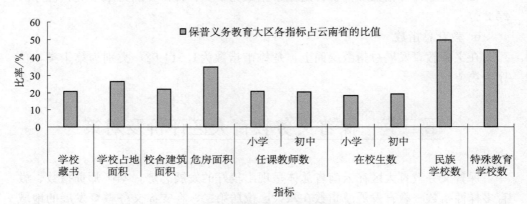

图 6-15 保普义务教育大区原始数据格局二

一、主要问题

1. 学生教育机会偏低

从教育机会指数层面看，最高的瑞丽市指数为1.119 83，类别为第Ⅰ类，位序为第 1 位；最低的景谷县指数为0.920 92，类别为第Ⅶ类，位序为第 128 位。去除最高最低两个极值，本区其余 29 个县区类别为第Ⅲ类的有 1 个，第Ⅴ类的县区有 5 个，第Ⅵ类的有 22 个，第Ⅶ类的有 1 个，位序范围为第 4～126 位。其中，低于全省中值的县（市、区）有 21 个，占本区县（市、区）总数的 68％。结合原始数据分析，本区教育机会指数低主要是由于区内小学、初中净入学率在较大程度上低于全省平均水平。造成这一问题的直接原因是本区小学及初中的学龄人口入学较少，未能及时按学龄入学补充在校生数，在入学人口数量上存在较大缺口。

2. 办学条件较为落后

从办学条件指数层面看，最高的隆阳区指数为1.300 65，类别为第Ⅱ

类，位序为第 4 位；最低的梁河县指数为0.205 67，类别为第Ⅷ类，位序为第 117 位。去除最高最低两个极值，本区其余 29 个县（市、区）类别为第Ⅳ类的有 3 个，第Ⅴ类的县区有 1 个，第Ⅵ类的有 15 个，第Ⅶ类的有 8 个，第Ⅷ类的有 2 个，位序范围为第 7～116 位。其中，低于全省中值的县（市、区）有 14 个，占本区（市、区）区总数的 45％。结合原始数据分析，本区办学条件指数低主要是由于本区学校藏书仅为云南省的两成，而危房面积则超过了云南省的三成。

二、对策建议

1. 发展县域经济，增加教育机会

县域经济越发达，教育的投入及其发展水平也越高，而经济的快速可持续发展又需教育的强力支撑。发展县域经济，应针对地方特色，同当地的地理环境特点相结合，发展优势特色产业，不能片面地追求大而全，这极易造成资源的浪费，使本就短缺的资源不能发挥其应有的作用。而经济的发展一方面会带动财政收入的提高，从而有能力加大对教育的投入；另一方面，经济的发展需要人力资源的支撑，从而引导财政向教育倾斜。经济和教育两者相辅相成，形成密不可分的整体，相互促进，共同发展，进而缩小乃至消除基础教育的县域差异，提高学龄人口的教育机会。

2. 加大教育投入，改善办学条件

根据保普义务教育大区经济发展滞后、贫困面大的实际，增加教育投入主要有 3 个渠道：①必须加大中央、省级财政的经费投入。国家实施西部大开发战略，是经济社会均衡发展的客观要求，教育作为西部大开发的重要内容，中央、省级政府也应当考虑教育均衡发展的实际，加大对贫困地区义务教育的投入，加大对基础教育的投入比例；②地县党委、政府要进一步强化科教兴国的战略思想，按照"三个增长"的要求，在本级财政预算中，加大对教育投入的比例；③强化全民教育的意识，以社会力量及个人捐资集资为补充。地方政府和教育行政部门，要按照基础教育的改革发展规划，加强教育投资的可行性研究，加强资金管理，促使教育经费投入产生最大的效益。

麒蒙义务教育大区所辖县（市、区）为元阳县、红河县、元江县、师宗县、马龙县、陆良县、宜良县、石林县、江川县、澄江县、通海县、华宁县、建水县、石屏县、泸西县、个旧市、蒙自县、弥勒县、开远市、麒麟区、罗平县、富源县，位于东经$101°39'\sim104°49'$、北纬$22°49'\sim25°58'$，属于蒙自、元江高原盆地峡谷区；曲靖岩溶高原区；丘北，广南岩溶山原区。本区土地面积为$46.1\times10^3\ km^2$，占云南省土地面积的11.70%，其中，坝区面积为$9.3\times10^3\ km^2$；半山半坝区面积为$22.0\times10^3\ km^2$；山区面积为$14.8\times10^3\ km^2$。本区生产总值为2 201.03亿元，占云南省生产总值的21.35%；人均生产总值为23 218元，比云南省人均生产总值高1023元；地均生产总值为477.447万元/km^2，比云南省的地均生产总值高215.852万元/km^2。本区第三产业产值为699.79亿元，占云南省第三产业产值的16.52%；第三产业产值占本区生产总值的比重为31.79%。麒蒙义务教育大区的年末总人口数为884.50万人，占云南省年末总人口的18.98%；人口密度为192人/km^2，比云南省人口密度高74人/km^2。

第一节　麒蒙义务教育大区总体特征

一、区域的背景特征

麒蒙义务教育大区所辖县（市、区）各级指标指数——地形起伏度、资源环境承载能力、经济发展综合水平、发展潜力综合水平、区域发展综合水平、人口受教育程度、民族构成系数的背景见表7-1，结果表明：

（一）自然地理背景

在地形起伏度层面上，麒蒙义务教育大区所辖各县（市、区）之间存在较大差距，最高的元阳县与最低的石林县之间极差达到0.198 87。石林县、弥勒县、麒麟区、陆良县、江川县、师宗县、马龙县、罗平县、通海县、宜良县、泸西县、开远市、澄江县、蒙自县、建水县、华宁县、元江县、富源县、个旧市19县

表7-1 麒蒙义务教育大区所辖县（市、区）背景表

义务教育大区	县（市、区）	地形起伏度			资源环境承载能力			经济发展综合水平			发展潜力综合水平			区域发展综合水平			人口受教育程度			民族构成系数		
		指数	类别	位序	指数	类别	位序	指数	类别	位序	指数	类别	位序	指数	类别	位序	指数	类别	位序	指数	类别	位序
麒蒙义务教育大区	元阳县	0.972 46	III	77	1.053 04	V	40	0.868 15	VIII	126	0.968 84	VI	102	0.961 03	VIII	115	0.905 19	VI	57	2.142 67	I	10
	红河县	0.962 69	III	73	1.000 59	VI	80	0.877 71	VIII	124	0.869 35	VIII	125	0.935 00	VIII	124	0.661 73	VII	86	2.337 89	I	3
	元江县	0.881 49	II	53	0.972 98	VI	95	0.982 57	VI	78	0.975 80	VI	99	0.977 66	VII	103	0.564 24	VIII	96	1.911 74	II	19
	师宗县	0.817 90	II	25	1.062 26	IV	35	0.983 28	VI	77	1.008 35	VI	73	1.021 91	VI	58	1.008 87	VI	47	0.420 62	VII	89
	马龙县	0.820 89	II	27	0.960 74	VII	102	0.997 06	VI	65	0.997 46	VI	81	0.980 00	VII	100	0.491 51	VIII	106	0.187 43	VIII	114
	陆良县	0.796 65	II	23	1.065 62	IV	33	1.011 11	V	55	0.954 14	VII	109	1.033 38	VI	43	1.730 17	IV	16	0.040 99	VIII	128
	宜良县	0.837 12	II	36	1.020 76	V	64	1.054 64	V	31	0.954 97	VII	108	1.032 83	VI	44	1.224 20	V	29	0.209 69	VIII	108
	石林县	0.773 59	II	18	1.072 29	IV	27	1.038 75	V	39	1.012 35	VI	67	1.052 98	V	31	0.719 65	VIII	78	0.820 51	VI	69
	江川县	0.797 38	II	24	1.006 00	VI	78	1.046 98	V	35	0.980 36	VI	93	1.023 79	VI	53	0.840 33	VI	63	0.158 61	VIII	118
	澄江县	0.858 90	II	40	0.947 34	VII	112	1.064 16	IV	27	0.964 8	VII	104	1.003 38	VII	72	0.494 44	VIII	103	0.151 31	VIII	120
	通海县	0.830 39	II	33	1.005 55	VI	79	1.076 39	IV	24	0.916 38	VIII	122	1.033 65	VI	42	0.844 23	VI	62	0.403 3	VII	91
	华宁县	0.880 24	II	51	0.995 91	VI	81	1.031 67	V	43	0.995 07	VI	84	1.012 70	VI	65	0.614 62	VII	90	0.665 79	VI	76
	建水县	0.875 19	II	49	1.006 67	VI	77	0.985 39	VI	76	1.045 68	V	45	0.998 97	VII	77	1.504 27	IV	19	0.945 29	V	65
	石屏县	0.955 81	III	69	0.958 81	VII	105	0.940 41	VII	110	1.020 31	VI	64	0.953 78	VIII	117	0.821 56	VI	65	1.447 20	III	40
	泸西县	0.842 46	II	37	1.082 27	IV	24	0.950 36	VI	104	0.973 22	VI	101	1.013 74	VI	63	1.078 14	VI	38	0.324 23	VII	98
	个旧市	0.932 00	III	67	1.008 93	VI	75	1.187 25	III	8	0.999 55	VI	78	1.092 33	V	15	1.370 60	V	22	1.000 82	V	64
	蒙自县	0.863 32	II	42	1.131 69	III	7	1.051 94	IV	32	1.068 67	V	29	1.090 43	V	16	1.230 80	V	28	1.346 75	IV	43
	弥勒县	0.777 81	II	19	1.073 84	IV	26	1.087 28	IV	21	1.009 23	VI	72	1.076 38	V	18	1.543 87	IV	18	1.024 80	V	62
	开远市	0.849 00	II	39	1.014 81	V	69	1.097 09	IV	18	0.980 83	VI	92	1.051 55	V	33	0.939 42	VI	53	1.348 44	IV	42
	麒麟区	0.795 94	II	22	1.144 78	III	5	1.226 72	III	5	0.944 16	VII	115	1.171 55	III	3	2.282 25	III	8	0.122 28	VIII	123
	罗平县	0.830 25	II	32	1.049 84	V	42	1.007 06	V	60	1.055 38	V	38	1.030 03	VI	49	1.357 02	V	24	0.326 38	VII	97
	富源县	0.928 66	II	65	1.171 92	II	3	1.048 36	V	33	1.097 30	III	19	1.109 35	IV	9	1.889 44	III	13	0.206 11	VIII	110
	极差	0.198 87			0.224 58			0.358 57			0.227 95			0.236 55			1.790 74			2.296 90		

（市）指数在 0.773 59～0.932 00 之间，类别为第Ⅱ类，位序范围为第 18～67 位；石屏县、红河县、元阳县 3 县指数在 0.955 81～0.972 46 之间，类别为第Ⅲ类，位序范围为第 69～77 位。

（二）经济地理背景

（1）在资源环境承载能力层面上，麒蒙义务教育大区所辖各县（市、区）之间存在较大差距，最高的富源县与最低的澄江县之间极差达到 0.224 58。富源县指数为 1.171 92，类别为第Ⅱ类，位序为第 3 位；麒麟区、蒙自县 2 县（区）指数在 1.144 78～1.131 69 之间，类别为第Ⅲ类，位序范围为第 5～7 位；泸西县、弥勒县、石林县、陆良县、师宗县 5 县指数在 1.082 27～1.062 26 之间，类别为第Ⅳ类，位序范围为第 24～35 位；元阳县、罗平县、宜良县 3 县指数在 1.053 04～1.020 76 之间，类别为第Ⅴ类，位序范围为第 40～64 位；开远市、个旧市、建水县、江川县、通海县、红河县、华宁县、元江县 8 县（市）指数在 1.014 81～0.972 98 之间，类别为第Ⅵ类，位序范围为第 69～95 位；马龙县、石屏县、澄江县 3 县指数在 0.960 74～0.947 34 之间，类别为第Ⅶ类，位序范围为第 102～112 位。

（2）在经济发展综合水平层面上，麒蒙义务教育大区所辖各县（市、区）之间存在较大差距，最高的麒麟区与最低的元阳县之间极差达到 0.358 57。麒麟区、个旧市 2 区（市）指数在 1.226 72～1.187 25 之间，类别为第Ⅲ类，位序范围为第 5～8 位；开远市、弥勒县、通海县 3 县（市）指数在 1.097 09～1.076 39 之间，类别为第Ⅳ类，位序范围为第 18～24 位；澄江县、宜良县、蒙自县、富源县、江川县、石林县、华宁县、陆良县、罗平县 9 县指数在 1.064 16～1.007 06 之间，类别为第Ⅴ类，位序范围为第 27～60 位；马龙县、建水县、师宗县、元江县、泸西县 5 县指数在 0.997 06～0.950 36 之间，类别为第Ⅵ类，位序范围为第 65～104 位；石屏县指数为 0.940 41，类别为第Ⅶ类，位序为第 110 位；红河县、元阳县 2 县指数在 0.877 71～0.868 15 之间，类别为第Ⅷ类，位序范围为第 124～126 位。

（3）发展潜力综合水平层面上，麒蒙义务教育大区所辖各县（市、区）之间存在较大差距，最高的富源县与最低的红河县之间极差达到 0.227 95。富源县指数为 1.097 30，类别为第Ⅲ类，位序为第 19 位；蒙自县、罗平县 2 县指数在 1.068 67～1.055 38 之间，类别为第Ⅳ类，位序范围为第 29～38 位；建水县、石屏县 2 县指数在 1.045 68～1.020 31 之间，类别为第Ⅴ类，位序范围为第 45～64 位；石林县、弥勒县、师宗县、个旧市、马龙县、华宁县、开远市、江川县、元江县、泸西县、元阳县、澄江县 12 县（市）指数在 1.012 35～0.964 80 之间，类别为第Ⅵ类，位序范围为第 67～104 位；宜良县、陆良县、麒麟区、通海县 4 县（区）指数在 0.954 97～0.916 38 之间，类别为第Ⅶ类，位序范围为第 108～122

位；红河县指数为0.869 35，类别为第Ⅷ类，位序为第125位。

（4）在区域发展综合水平层面上，麒蒙义务教育大区所辖各县（市、区）之间存在较大差距，最高的麒麟区与最低的红河县之间的极差达到0.236 55。麒麟区指数为1.171 55，类别为第Ⅲ类，位序为第3位；富源县指数为1.109 35，类别为第Ⅳ类，位序为第9位；个旧市、蒙自县、弥勒县、石林县、开远市5县（市）指数在1.092 33~1.051 55之间，类别为第Ⅴ类，位序范围为第15~33位；通海县、陆良县、宜良县、罗平县、江川县、师宗县、泸西县、华宁县8县指数在1.033 65~1.012 70之间，类别为第Ⅵ类，位序范围为第42~65位；澄江县、建水县、马龙县、元江县4县指数在1.003 38~0.977 66之间，类别为第Ⅶ类，位序范围为第72~103位；元阳县、石屏县、红河县3县指数在0.961 03~0.935 00之间，类别为第Ⅷ类，位序范围为第115~124位。

（三）人文地理背景

（1）在人口受教育程度层面上，麒蒙义务教育大区所辖各县（市、区）之间存在较大差距，最高的麒麟区与最低的马龙县之间极差达1.790 74。麒麟区、富源县2县（区）指数在2.282 25~1.889 44之间，类别为第Ⅲ类，位序范围为第8~13位；陆良县、弥勒县、建水县3县指数在1.730 17~1.504 27之间，类别为第Ⅳ类，位序范围为第16~19位；个旧市、罗平县、蒙自县、宜良县4县（市）指数在1.370 60~1.224 20之间，类别为第Ⅴ类，位序范围为第22~29位；泸西县、师宗县、开远市、元阳县、通海县、江川县、石屏县7县（市）指数在1.078 14~0.821 56之间，类别为第Ⅵ类，位序范围为第38~65位；石林县、红河县、华宁县3县指数在0.719 65~0.614 62之间，类别为第Ⅶ类，位序范围为第78~90位；元江县、澄江县、马龙县3县指数在0.564 24~0.491 51之间，类别为第Ⅷ类，位序范围为第96~106位。

（2）在民族构成系数层面上，麒蒙义务教育大区所辖各县（市、区）之间存在较大差距，最高的红河县与最低的陆良县之间极差达到2.296 90。红河县、元阳县2县指数在2.337 89~2.142 67之间，类别为第Ⅰ类，位序范围为第3~10位；元江县指数为1.911 74，类别为第Ⅱ类，位序为第19位；石屏县指数为1.447 20，类别为第Ⅲ类，位序为第40位；开远市、蒙自县2县（市）指数在1.348 44~1.346 75之间，类别为第Ⅳ类，位序范围为第42~43位；弥勒县、个旧市、建水县3县（市）指数在1.024 80~0.945 29之间，类别为第Ⅴ类，位序范围为第62~65位；石林县、华宁县2县指数在0.820 51~0.665 79之间，类别为第Ⅵ类，位序范围为第69~76位；师宗县、通海县、罗平县、泸西县4县指数在0.420 62~0.324 23之间，类别为第Ⅶ类，位序范围为第89~98位；宜良县、富源县、马龙县、江川县、澄江县、麒麟区、陆良县7县

（区）指数在0.209 69～0.040 99之间，类别为第Ⅷ类，位序范围位第108～128位。

二、区域的状态特征

麒蒙义务教育大区所辖县（市、区）的义务教育各项指标指数——教育机会、教育质量、办学条件、教育师资、教育多样性、教育发展总指数见表7-2，结果表明：

1. 教育机会

在教育机会指标层面上，麒蒙义务教育大区的小学毛入学率为103.97%，比云南省的小学毛入学率低2.91%；初中毛入学率为101.80%，比云南省的初中毛入学率低1.32%。本区小学净入学率为98.79%，比云南省小学净入学率高0.50%；初中净入学率为91.41%，比云南省初中净入学率高3.81%。

在教育机会指数层面上，麒蒙义务教育大区所辖各县（市、区）之间存在较大差距，最高的石林县与最低的元阳县之间极差达到0.106 84。石林县、江川县、澄江县3县指数在1.063 16～1.036 63之间，类别为第Ⅴ类，位序范围为第13～26位；通海县、罗平县、马龙县、麒麟区、石屏县、开远市、师宗县、泸西县、蒙自县、建水县、华宁县、富源县、弥勒县、元江县、宜良县、个旧市、红河县、陆良县、元阳县19县（市、区）的指数在1.024 85～0.956 32之间，类别为第Ⅵ类，位序范围为第34～110位。

2. 教育质量

在教育质量指标层面上，麒蒙义务教育大区的小学巩固率为99.57%，比云南省小学巩固率高0.25%；初中巩固率为98.56%，比云南省初中巩固率高0.47%。本区小学辍学率为0.59%，比云南省小学辍学低0.17%；初中辍学率为1.52%，比云南省初中辍学率低0.45%。本区小学升学率为94.65%，比云南省小学升学率低0.79%；初中升学率为65.82%，比云南省初中升学率低6.92%。

在教育质量指数层面上，麒蒙义务教育大区所辖各县（市、区）之间存在较大差距，最高的麒麟区与最低的石林县之间极差达到0.880 18。麒麟区指数为0.739 94，类别为第Ⅰ类，位序为第1位；开远市、蒙自县、个旧市、马龙县、泸西县、石屏县、宜良县、澄江县、红河县、建水县、师宗县、江川县、罗平县、弥勒县、元江县、元阳县、陆良县、通海县、富源县、华宁县20县（市）指数在0.640 56～0.293 95之间，类别为第Ⅱ类，位序范围为第5～79位；石林县指数为－0.140 24，类别为第Ⅵ类，位序为第123位。

表 7-2 麒蒙义务教育大区所辖县区状态表

义务教育大区	县(市、区)	教育机会指数			教育质量指数			办学条件指数			师资指数			教育多样性指数			义务教育发展总指数		
		指数	类别	位序	指数	类别	位序	指数	类别	位序	指数	类别	位序	指数	类别	位序	指数	类别	位序
麒蒙义务教育大区	元阳县	0.956 32	VI	110	0.365 67	II	60	0.420 36	VI	73	0.502 17	VIII	128	1.500 00	V	19	0.748 90	V	28
	红河县	0.983 64	VI	84	0.490 50	II	31	0.325 49	VII	90	0.503 69	VIII	127	0.500 00	VII	66	0.560 66	VII	73
	元江县	0.988 97	VI	74	0.368 24	II	58	0.261 29	VII	102	0.525 71	IV	31	0.611 37	VII	54	0.551 12	VII	77
	师宗县	1.001 64	VI	56	0.427 69	II	45	0.694 93	V	25	0.520 62	IV	71	0.305 69	VII	72	0.590 11	VII	59
	马龙县	1.013 55	VI	41	0.587 84	II	12	0.329 99	VII	89	0.520 28	IV	73	0.305 69	VII	72	0.551 47	VII	76
	陆良县	0.966 97	VI	101	0.359 31	II	63	0.967 82	IV	10	0.522 01	IV	61	0.305 69	VI	72	0.624 36	VI	51
	宜良县	0.988 77	VI	75	0.501 24	II	28	0.649 44	V	32	0.521 01	IV	68	0.917 06	VI	31	0.715 50	VI	30
	石林县	1.063 16	V	13	-0.140 24	VI	123	0.445 67	VI	67	0.527 17	VI	21	0.611 37	VII	54	0.501 43	VII	99
	江川县	1.045 66	V	22	0.397 01	II	51	0.243 98	VII	108	0.512 10	IV	111	0.305 69	VII	72	0.500 89	VII	100
	澄江县	1.036 63	V	26	0.499 11	II	29	0.186 17	VIII	121	0.521 31	IV	66	0.305 69	VII	72	0.509 78	VII	96
	通海县	1.024 85	V	34	0.350 65	II	65	0.280 12	VII	98	0.517 55	V	89	0.305 69	VII	72	0.495 77	VII	101
	华宁县	0.994 18	VI	65	0.293 95	II	79	0.217 23	VIII	115	0.525 53	IV	32	0.305 69	VII	72	0.467 32	VIII	109
	建水县	0.995 30	VI	62	0.445 75	II	43	0.707 47	V	23	0.524 64	IV	40	3.000 00	III	17	1.134 63	III	16
	石屏县	1.012 35	VI	45	0.517 86	II	26	0.400 76	VII	77	0.519 82	V	75	1.500 00	V	19	0.790 16	V	24
	泸西县	1.001 12	VI	57	0.575 93	II	17	0.659 58	V	29	0.508 26	VII	119	0.500 00	VI	66	0.648 98	VI	45
	个旧市	0.986 06	VI	78	0.589 57	II	11	0.634 66	V	36	0.527 11	IV	22	0.000 00	VIII	117	0.547 48	VII	79
	蒙自县	0.996 19	VI	61	0.597 47	II	10	0.656 94	V	30	0.522 64	IV	56	0.500 00	VII	66	0.654 65	V	43
	弥勒县	0.990 26	VI	71	0.380 48	II	56	0.917 68	IV	15	0.516 51	IV	98	1.500 00	V	19	0.860 99	V	19
	开远市	1.011 21	VI	46	0.640 56	II	5	0.421 28	VI	72	0.525 85	IV	28	0.500 00	VII	66	0.619 78	VI	54
	麒麟区	1.012 40	VI	44	0.739 94	I	1	1.295 38	II	5	0.518 79	IV	83	4.311 80	I	2	1.575 66	I	2
	罗平县	1.017 87	VI	36	0.391 51	II	53	0.583 38	VI	42	0.519 72	IV	77	0.305 69	VII	72	0.563 63	VII	69
	富源县	0.992 69	VI	68	0.335 41	II	68	0.942 85	IV	14	0.515 59	V	103	0.305 69	VII	72	0.618 45	VI	55
	极差	0.106 84			0.880 18			1.109 21			0.025 00			4.311 80			1.108 35		

3. 办学条件

在办学条件指标层面上，麒蒙义务教育大区的学校藏书为 8 714 329 册，占云南省学校藏书的 20.24％；学校占地面积为 16 474 746m²，占云南省学校占地面积的 17.98％；校舍建筑面积为 5 543 382 m²，占云南省校舍建筑面积的 21.68％；危房面积为 4 104 814m²，占云南省危房面积的 21.93％。

在办学条件指数层面上，麒蒙义务教育大区所辖各县（市、区）之间存在较大差距，最高的麒麟区与最低的澄江县之间极差达到 1.109 21。麒麟区指数为 1.295 38，类别为第 II 类，位序为第 5 位；陆良县、富源县、弥勒县 3 县指数在 0.967 82～0.917 68 之间，类别为第 IV 类，位序范围为第 10～15 位；建水县、师宗县、泸西县、蒙自县、宜良县、个旧市 6 县（市）指数在 0.707 47～0.634 66 之间，类别为第 V 类，位序范围为第 23～36 位；罗平县、石林县、开远市、元阳县 4 县（市）指数在 0.583 38～0.420 36 之间，类别为第 VI 类，位序范围为第 42～73 位；石屏县、马龙县、红河县、通海县、元江县、江川县 6 县指数在 0.400 76～0.243 98 之间，类别为第 VII 类，位序范围为第 77～108 位；华宁县、澄江县 2 县指数在 0.217 23～0.186 17 之间，类别为第 VIII 类，位序范围为第 115～121 位。

4. 教育师资

在教育师资指标层面上，麒蒙义务教育大区的小学任课教师数为 46 084 人，占云南省小学任课教师数的 19.71％；初中任课教师数为 22 867 人，占云南省初中任课教师数的 19.80％。小学学历达标率为 98.26％，比云南省小学学历达标率高 0.19％；初中学历达标率为 98.39％，比云南省初中学历达标率高 0.14％。

在教育师资指数层面上，麒蒙义务教育大区所辖各县（市、区）之间存在较大差距，最高的石林县与最低的元阳县之间极差达到 0.025 00。石林县、个旧市、开远市、元江县、华宁县、建水县、蒙自县、陆良县、澄江县、宜良县、师宗县、马龙县 12 县（市）指数在 0.527 17～0.520 28 之间，类别为第 IV 类，位序范围为第 21～73 位；石屏县、罗平县、麒麟区、通海县、弥勒县、富源县 6 县（区）指数在 0.519 82～0.515 59，类别为第 V 类，位序范围为 75～103 位；江川县指数为 0.512 10，类别为第 VI 类，位序范围为 111 位；泸西县指数为 0.508 26，类别为第 VII 类，位序为第 119 位；红河县、元阳县 2 县指数在 0.503 69～0.502 17 之间，类别为第 VIII 类，位序范围为第 127～128 位。

5. 教育多样性

在教育多样性指标层面上，麒蒙义务教育大区的民族学校数为 12 个，占云南省民族学校数的 12.12％；特殊教育学校数为 3 个，占云南省特殊教育学校数的 12.00％。

在教育多样性指数层面上，麒蒙义务教育大区所辖各县（市、区）之间存在较大差距，最高的麒麟区与最低的个旧市之间的极差达到 4.311 80。麒麟区指数为4.311 80，类别为第Ⅰ类，位序为第 2 位；建水县指数为3.000 00，类别为第Ⅲ类，位序为第 17 位；元阳县、石屏县、弥勒县 3 县指数为1.500 00，类别为第Ⅴ类，位序为第 19 位；宜良县指数为0.917 06，类别为第Ⅵ类，位序为第 31 位；元江县、石林县、红河县、泸西县、蒙自县、开远市、师宗县、马龙县、陆良县、江川县、澄江县、通海县、华宁县、罗平县、富源县 15 县（市）指数在0.611 37～0.305 69之间，类别为第Ⅶ类，位序范围为第 54～72 位；个旧市指数为0.000 00，类别为第Ⅷ类，位序为第 117 位。

6. 教育总指数

在义务教育发展总指数层面上，麒蒙义务教育大区所辖各县（市、区）之间存在较大差距，最高的麒麟区与最低的华宁县之间极差达到1.108 34。麒麟区指数为1.575 66，类别为第Ⅰ类，位序为第 2 位；建水县指数为1.134 63，类别为第Ⅲ类，位序为第 16 位；弥勒县、石屏县、元阳县 3 县指数在0.860 99～0.748 90之间，类别为第Ⅴ类，位序范围为第 19～28 位；宜良县、蒙自县、泸西县、陆良县、开远市、富源县 6 县（市）指数在0.715 50～0.618 45之间，类别为第Ⅵ类，位序范围为第 30～55 位；师宗县、罗平县、红河县、马龙县、元江县、个旧市、澄江县、石林县、江川县、通海县 10 县（市）指数在0.590 11～0.495 77之间，类别为第Ⅶ类，位序范围为第 59～101 位；华宁县指数为0.467 32，类别为第Ⅷ类，位序为第 109 位。

第二节　麒蒙义务教育大区区域差异

麒蒙义务教育大区划分为 4 个义务教育区：红元义务教育区、马建义务教育区、麒蒙义务教育区、麒富义务教育区。

一、红元义务教育区

红元义务教育区所辖县（市、区）为元阳县、红河县、元江县 3 县，位于东经101°39′～103°13′、北纬22°49′～23°55′之间，属于蒙自、元江高原盆地峡谷区。本区土地面积为 $6.9×10^3 km^2$，占麒蒙义务教育大区土地面积的 14.97%，其中，山区面积为 $6.9×10^3 km^2$。本区生产总值为 91.43 亿元，占麒蒙义务教育大区生产总值的 4.15%；人均生产总值为11 102元，比麒蒙义务教育大区人均生产总值低12 116元；地均生产总值为132.507万元/km^2，比麒蒙义务教育大区地均生产总值低344.940万元/km^2。本区第三产业产值为 37.05 亿元，占麒蒙义务教育大区第三产业产值的 5.29%；第三产业产值占本区生产总值的比重为 40.52%。红元义务教育大区的年末总人口数为 92.45 万人，占麒蒙义务教育大区年末总人口的

10.45%；人口密度为 134 人/km²，比麒蒙义务教育大区人口密度低 58 人/km²。

（一）区域的背景差异

红元义务教育区所辖县（市、区）各级指标指数的背景见表 7-3，笔者分别对分指标指数地形起伏度、资源环境承载能力、经济发展综合水平、发展潜力综合水平、区域发展综合水平、教育背景基础、民族构成系数进行聚类（图 7-1 至图 7-7），结果表明：

（1）从自然地理背景差异来看，在地形起伏度指数层面上，最高的元阳县指数为 0.972 46，类别为第Ⅲ类，位序为第 77 位；最低的师宗县指数为 0.817 90，类别为第Ⅱ类，位序为第 25 位；各县（市、区）的均值为 0.908 64。

（2）从经济地理背景差异来看，在资源环境承载能力层面上，最高的师宗县指数为 1.062 26，类别为第Ⅳ类，位序为第 35 位；最低的元江县指数为 0.972 98，类别为第Ⅵ类，位序为第 95 位；各县（市、区）的均值为 1.022 22。在经济发展综合水平层面上，最高的师宗县指数为 0.983 28，类别为第Ⅵ类，位序为第 77 位；最低的元阳县指数为 0.868 15，类别为第Ⅷ类，位序为第 126 位；各县（市、区）的均值为 0.927 93。在发展潜力综合水平层面上，最高的师宗县指数为 1.008 35，类别为第Ⅵ类，位序为第 73 位；最低的红河县指数为 0.869 35，类别为第Ⅷ类，位序为第 125 位；各县（市、区）的均值为 0.955 59。在区域发展综合水平层面上，最高的师宗县指数为 1.021 91，类别为第Ⅵ类，位序为第 58 位；最低的红河县指数为 0.935 00，类别为第Ⅷ类，位序为第 124 位；各县（市、区）的均值为 0.973 90。

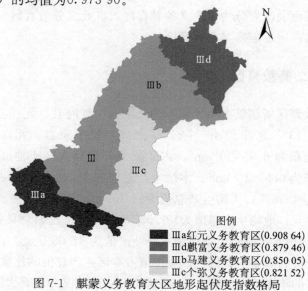

图例
■ Ⅲa红元义务教育区(0.908 64)
■ Ⅲd麒富义务教育区(0.879 46)
■ Ⅲb马建义务教育区(0.850 05)
□ Ⅲc个弥义务教育区(0.821 52)

图 7-1　麒蒙义务教育大区地形起伏度指数格局

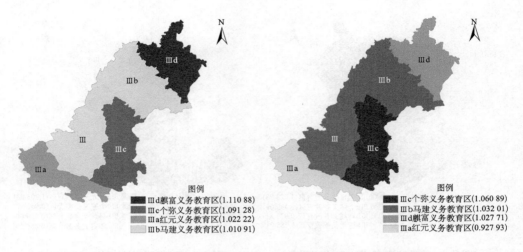

图 7-2　麒蒙义务教育大区资源环境
　　　　承载能力指数格局

图 7-3　麒蒙义务教育大区经济发展
　　　　综合水平指数格局

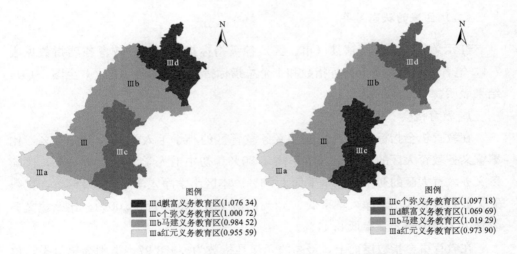

图 7-4　麒蒙义务教育大区发展潜力
　　　　综合水平指数格局

图 7-5　麒蒙义务教育大区区域发展
　　　　综合水平指数格局

　　（3）从人文地理背景差异来看，在人口受教程度层面上，最高的师宗县指数
为1.008 87，类别为第Ⅵ类，位序为第 47 位；最低的元江县指数为0.564 24，类
别为第Ⅷ类，位序为第 96 位；各县（市、区）的均值为0.785 01。在民族构成
系数层面上，最高的红河县指数为2.337 89，类别为第Ⅰ类，位序为第 3 位；最
低的师宗县指数为0.420 62，类别为第Ⅶ类，位序为第 89 位；各县（市、区）
的均值为1.703 23。

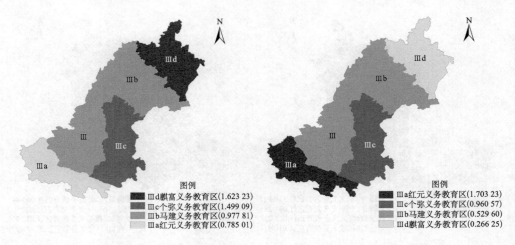

图 7-6   麒蒙义务教育大区人口受教
　　　　 育程度指数格局

图 7-7   麒蒙义务教育大区民族构成
　　　　 系数指数格局

（二）区域的状态差异

红元义务教育区所辖县（市、区）各级指标指数的义务教育各项指数见表
7-4，笔者分别对 5 个分指标指数和 1 个总指标指数进行聚类（图 7-8 至图 7-13），
结果表明：

1. 教育机会

在教育机会指标层面上，红元义务教育区的小学毛入学率为 105.77％，比
麒蒙义务教育大区的小学毛入学率高 1.80％；初中毛入学率为 100.74％，比麒
蒙义务教育大区的初中毛入学率低 1.06％。本区小学净入学率为 97.67％，比麒
蒙义务教育大区小学净入学率低 1.12％；初中净入学率为 83.00％，比麒蒙义务
教育大区初中净入学率低 8.41％。

在教育机会指数层面上，最高的元江县指数为 0.988 97，类别为第Ⅵ类，位
序为第 74 位；最低的元阳县指数为 0.956 32，类别为第Ⅵ类，位序为第 110 位；
各县（市、区）的均值为 0.976 31。

2. 教育质量

在教育质量指标层面上，红元义务教育区的小学巩固率为 100.02％，比麒
蒙义务教育大区小学巩固率高 0.45％；初中巩固率为 98.89 ％，比麒蒙义务
教育大区初中巩固率高 0.33％。本区小学辍学率为 0.45％，比麒蒙义务教育
大区小学辍学率低 0.14％；初中辍学率为 1.42％，比麒蒙义务教育大区初中
辍学率低 0.10％。本区小学升学率为 98.94％，比麒蒙义务教育大区小学升学

率高 4.29%；初中升学率为 37.90%，比麒蒙义务教育大区初中升学率低 27.92%。

在教育质量指数层面上，最高的红河县指数为0.490 50，类别为第Ⅱ类，位序为第 31 位；最低的元阳县指数为0.365 67，类别为第Ⅱ类，位序为第 60 位；各县（市、区）的均值为0.408 14。

3. 办学条件

在办学条件指标层面上，红元义务教育区的学校藏书为854 455册，占麒蒙义务教育大区学校藏书的 9.81%；学校占地面积为1 407 176m²，占麒蒙义务教育大区学校占地面积的 8.54%；校舍建筑面积为524 168m²，占麒蒙义务教育大区校舍建筑面积的 9.46%；危房面积为457 957m²，占麒蒙义务教育大区危房面积的 11.16%。

在办学条件指数层面上，最高的元阳县指数为0.420 36，类别为第Ⅵ类，位序为第 73 位；最低的元江县指数为0.261 29，类别为第Ⅶ类，位序为第 102 位；各县（市、区）的均值为0.335 71。

4. 教育师资

在教育师资指标层面上，红元义务教育区的小学任课教师数为5 285人，占麒蒙义务教育大区小学任课教师数的 11.47%；初中任课教师数为2296人，占麒蒙义务教育大区初中任课教师数的 10.04%。小学学历达标率为 96.58%，比麒蒙义务教育大区小学学历达标率低 1.68%；初中学历达标率为 95.99%，比麒蒙义务教育大区初中学历达标率低 2.40%。

在教育师资指数层面上，最高的元江县指数为0.525 71，类别为第Ⅳ类，位序为第 31 位；最低的元阳县指数为0.502 17，类别为第Ⅷ，位序为第 128 位；各县（市、区）的均值为0.510 52。

5. 教育多样性

在教育多样性指标层面上，红元义务教育区的民族学校数为 2 个，占麒蒙义务教育大区民族学校数的 16.67%%；特殊教育学校数为 0 个。

在教育多样性指数层面上，最高的元阳县指数为1.500 00，类别为第Ⅴ类，位序为第 19 位；最低的红河县指数为0.500 00，类别为第Ⅶ类，位序为第 66 位；各县（市、区）的均值为0.870 46。

6. 教育总指数

在义务教育发展总指数层面上，最高的元阳县指数为0.748 90，类别为第Ⅴ类，位序为第 28 位；最低的元江县指数为0.551 12，类别为第Ⅶ类，位序为第 77 位；各县（市、区）的均值为0.620 23。

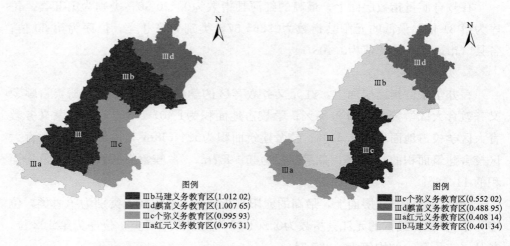

图 7-8 麒蒙义务教育大区义务教育机会指数格局

图 7-9 麒蒙义务教育大区义务教育质量指数格局

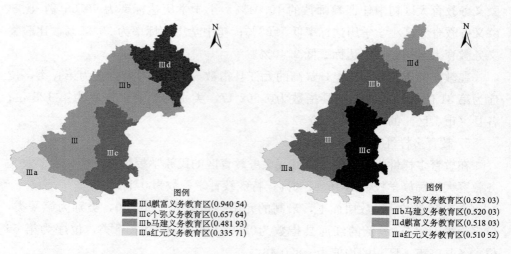

图 7-10 麒蒙义务教育大区义务教育办学条件指数格局

图 7-11 麒蒙义务教育大区义务教育师资指数格局

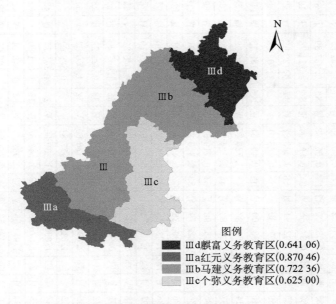

图例
- ■ Ⅲd麒富义务教育区(0.641 06)
- ■ Ⅲa红元义务教育区(0.870 46)
- ■ Ⅲb马建义务教育区(0.722 36)
- □ Ⅲc个弥义务教育区(0.625 00)

图 7-12　麒蒙义务教育大区义务
教育多样性指数格局

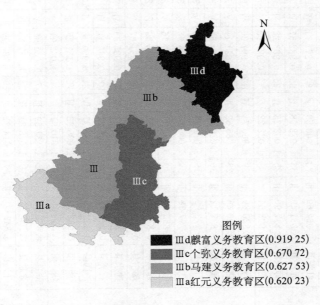

图例
- ■ Ⅲd麒富义务教育区(0.919 25)
- ■ Ⅲc个弥义务教育区(0.670 72)
- ■ Ⅲb马建义务教育区(0.627 53)
- □ Ⅲa红元义务教育区(0.620 23)

图 7-13　麒蒙义务教育大区义务
教育发展总指数格局

表 7-3　红元、马建、个弥、麒富义务教育区所辖县（市、区）背景表

义务教育大区	义务教育区	县（市区）	地形起伏度 指数	类别	位序	资源环境承载能力 指数	类别	位序	经济发展综合水平 指数	类别	位序	发展潜力综合水平 指数	类别	位序	区域发展综合水平 指数	类别	位序	人口受教育程度 指数	类别	位序	民族构成系数 指数	类别	位序
麒蒙义务教育大区	红元义务教育区	元阳县	0.972 46	III	77	1.053 04	V	40	0.868 15	VIII	126	0.968 84	VI	102	0.961 03	VIII	115	0.905 19	VI	57	2.142 67	I	10
		红河县	0.962 69	III	73	1.000 59	VI	80	0.877 71	VIII	124	0.869 35	VIII	125	0.935 00	VIII	124	0.661 73	VII	86	2.337 89	I	3
		元江县	0.881 49	II	53	0.972 98	VI	95	0.982 57	VI	78	0.975 80	VI	99	0.977 66	VII	103	0.564 24	VIII	96	1.911 74	II	19
		师宗县	0.817 90	II	25	1.062 26	IV	35	0.983 28	VI	77	1.008 35	VI	73	1.021 91	VI	58	1.008 87	VI	47	0.420 62	VII	89
		均值	0.908 64			1.022 22			0.927 93			0.955 59			0.973 90			0.785 01			1.703 23		
	马建义务教育区	马龙县	0.820 89	II	27	0.960 74	VII	102	0.997 06	VI	65	0.997 46	VI	81	0.980 00	VII	100	0.491 51	VIII	106	0.187 43	VIII	114
		陆良县	0.796 65	II	23	1.065 62	IV	33	1.011 11	V	55	0.954 14	VII	109	1.033 38	VI	43	1.730 17	IV	16	0.040 99	VIII	128
		宜良县	0.837 12	II	36	1.020 76	IV	64	1.054 64	V	31	0.954 97	VI	108	1.032 83	VI	44	1.224 20	V	29	0.209 69	VIII	108
		石林县	0.773 59	II	18	1.072 29	IV	27	1.038 75	V	39	1.012 35	VI	67	1.052 98	V	31	0.719 65	VII	78	0.820 51	VI	69
		江川县	0.797 38	II	24	1.006 00	IV	78	1.046 98	V	35	0.980 36	VI	93	1.023 79	VI	53	0.840 33	VII	63	0.158 61	VIII	118
		澄江县	0.858 90	II	40	0.947 34	VII	112	1.064 16	IV	27	0.964 80	VI	104	1.003 38	VI	72	0.494 44	VII	103	0.151 31	VIII	120
		通海县	0.830 39	II	33	1.005 55	VI	79	1.076 39	IV	24	0.916 38	VII	122	1.033 65	VI	42	0.844 23	VI	62	0.403 30	VII	91
		华宁县	0.880 24	II	51	0.995 91	VI	81	1.031 67	IV	43	0.995 07	VI	84	1.012 70	VI	65	0.614 62	VII	90	0.665 79	VI	76
		建水县	0.875 19	II	49	1.006 67	VI	77	0.985 39	VI	76	1.045 68	V	45	0.998 97	VII	77	1.504 27	IV	19	0.945 29	V	65
		石屏县	0.955 81	II	69	0.958 81	VII	105	0.940 41	VII	110	1.020 31	VI	64	0.953 78	VIII	117	0.821 56	V	65	1.447 20	III	40
		泸西县	0.842 46	II	37	1.082 27	VI	24	0.950 36	VI	104	0.973 22	VI	101	1.013 74	VI	63	1.078 14	IV	38	0.324 23	VII	98
		个旧市	0.932 00	II	67	1.008 93	VI	75	1.187 25	III	8	0.999 55	VI	78	1.092 33	VI	15	1.370 60	V	22	1.000 82	V	64
		均值	0.850 05			1.010 91			1.032 01			0.984 52			1.019 29			0.977 81			0.529 60		
	个弥义务教育区	蒙自县	0.863 32	III	42	1.131 69	III	7	1.051 94	V	32	1.068 67	IV	29	1.090 43	V	16	1.230 80	V	28	1.346 75	IV	43
		弥勒县	0.777 81	II	19	1.073 84	IV	26	1.087 28	IV	21	1.009 23	VI	72	1.076 38	VI	18	1.543 87	IV	18	1.024 80	V	62
		开远市	0.849 00	II	39	1.014 81	VI	69	1.097 09	IV	18	0.980 83	VI	92	1.051 55	V	33	0.939 42	VI	53	1.348 44	IV	42
		麒麟区	0.795 94	II	22	1.144 78	III	5	1.226 72	III	5	0.944 16	VII	115	1.171 55	III	3	2.282 25	III	8	0.122 28	VIII	123
		均值	0.821 52			1.091 28			1.115 76			1.000 72			1.097 48			1.499 09			0.960 57		
	麒富义务教育区	罗平县	0.830 25	III	32	1.049 84	V	42	1.007 06	V	60	1.055 38	IV	38	1.030 03	VI	49	1.357 02	V	24	0.326 38	VII	97
		富源县	0.928 66	II	65	1.171 92	II	3	1.048 36	V	33	1.097 30	III	19	1.109 35	IV	9	1.889 44	III	13	0.206 11	VIII	110
		均值	0.879 46			1.110 88			1.027 71			1.076 34			1.069 69			1.623 23			0.266 25		

二、马建义务教育区

马建义务教育区所辖县（市、区）为师宗县、马龙县、陆良县、宜良县、石林县、江川县、澄江县、通海县、华宁县、建水县、石屏县、泸西县 12 县，位于东经$102°08'\sim104°34'$、北纬$23°12'\sim25°37'$之间，属于蒙自、元江高原盆地峡谷区；曲靖岩溶高原区。本区土地面积为 $21.8\times10^3 km^2$，占麒蒙义务教育大区土地面积的 47.29%，其中，坝区面积为 $7.7\times10^3 km^2$；半山半坝面积为 $1.3\times10^3 km^2$；山区面积为 $1.2\times10^3 km^2$。本区生产总值为822.06亿元，占麒蒙义务教育大区生产总值的37.35%；人均生产总值为20 317元，比麒蒙义务教育大区人均生产总值高2901元；地均生产总值为377.092万元/km^2，比麒蒙义务教育大区地均生产总值低100.355万元/km^2。本区第三产业产值为291.23亿元，占麒蒙义务教育大区第三产业产值的 41.62%；第三产业产值占本区生产总值的比重为 35.43%。马建义务教育区的年末总人口数为411.85万人，占麒蒙义务教育大区年末总人口的46.56%；人口密度为 189 人/km^2，比麒蒙义务教育大区人口密度低 3 人/km^2。

（一）区域的背景差异

马建义务教育区所辖县（市、区）各级指标指数的背景见表 7-3，笔者分别对分指标指数地形起伏度、资源环境承载能力、经济发展综合水平、发展潜力综合水平、区域发展综合水平、教育背景基础、民族构成系数进行聚类（图 7-1 至图 7-7），结果表明：

（1）从自然地理背景差异来看，在地形起伏度指数层面上，最高的石屏县指数为0.955 81，类别为第Ⅲ类，位序为第 69 位；最低的石林县指数为0.773 59，类别为第Ⅱ类，位序为第 18 位；各县（市、区）的均值为0.850 05。

（2）从经济地理背景差异来看，在资源环境承载能力层面上，最高的泸西县县指数为1.082 27，类别为第Ⅳ类，位序为第 24 位；最低的澄江县指数为0.947 34，类别为第Ⅶ类，位序为第 112 位；各县（市、区）的均值为1.010 91。在经济发展综合水平层面上，最高的个旧市指数为1.187 25，类别为第Ⅲ类，位序为第 8 位；最低的石屏县指数为0.940 41，类别为第Ⅶ类，位序为第 110 位；各县（市、区）的均值为1.032 01。在发展潜力综合水平层面上，最高的建水县指数为1.045 68，类别为第Ⅴ类，位序为第 45 位；最低的通海县指数为0.916 38，类别为第Ⅶ类，位序为第 122 位；各县（市、区）的均值为0.984 52。在区域发展综合水平层面上，最高的个旧市指数为1.092 33，类别为第Ⅴ类，位序为第 15 位；最低的石屏县指数为0.953 78，类别为第Ⅷ类，位序为第 117 位；各县（市、区）的均值为1.019 29。

（3）从人文地理背景差异来看，在人口受教程度层面上，最高的陆良县指数为1.730 17，类别为第Ⅳ类，位序为第 16 位；最低的马龙县指数为0.491 51，类别为第Ⅷ类，位序为第 106 位；各县（市、区）的均值为0.977 81。在民族构成系数层面上，最高的石屏县指数为1.447 20，类别为第Ⅲ类，位序为第 40 位；最低的陆良县指数为0.040 99，类别为第Ⅷ类，位序为第 128 位；各县（市、区）的均值为0.529 60。

（二）区域的状态差异

马建义务教育区所辖县（市、区）各级指标指数的义务教育各项指数见表 7-4，笔者分别对 5 个分指标指数和 1 个总指标指数进行聚类（图 7-8 至图 7-13），结果表明：

1. 教育机会

在教育机会指标层面上，马建义务教育区的小学毛入学率为 106.10%，比麒蒙义务教育大区的小学毛入学率高 2.13%；初中毛入学率为 102.41%，比麒蒙义务教育大区的初中毛入学率高 0.61%。本区小学净入学率为 99.32%，比麒蒙义务教育大区小学净入学率高 0.53%；初中净入学率为 89.83%，比麒蒙义务教育大区初中净入学率低 1.58%。

在教育机会指数层面上，最高的石林县指数为1.063 16，类别为第Ⅴ类，位序为第 13 位；最低的陆良县指数为0.966 97，类别为第Ⅵ类，位序为第 101 位；各县（市、区）的均值为1.012 02。

2. 教育质量

在教育质量指标层面上，马建义务教育区的小学巩固率为 99.48%，比麒蒙义务教育大区小学巩固率低 0.09%；初中巩固率为 98.38 %，比麒蒙义务教育大区初中巩固率低 0.18%。本区小学辍学率为 0.63%，比麒蒙义务教育大区小学辍学率高 0.04%；初中辍学率为 1.70%，比麒蒙义务教育大区初中辍学率高 0.18%。本区小学升学率为 95.14%，比麒蒙义务教育大区小学升学率高 0.49%；初中升学率为 60.29%，比麒蒙义务教育大区初中升学率高低 5.53%。

在教育质量指数层面上，最高的马龙县指数为0.587 84，类别为第Ⅱ类，位序为第 12 位；最低的石林县指数为一0.140 24，类别为第Ⅵ类，位序为第 123 位；各县（市、区）的均值为0.401 34。

3. 办学条件

在办学条件指标层面上，马建义务教育区的学校藏书为4 209 719册，占麒蒙义务教育大区学校藏书的 48.31%；学校占地面积为8 087 865m²，占麒蒙义务教育大区学校占地面积的 49.09%；校舍建筑面积为2 720 609m²，占麒蒙义务教育大区校舍建筑面积的 49.08%；危房面积为2 116 614m²，占麒蒙义务教育大区危房面积的 51.56%。

在办学条件指数层面上，最高的陆良县指数为0.967 82，类别为第Ⅳ类，位序为第 10 位；最低的澄江县指数为0.186 17，类别为第Ⅷ类，位序为第 121 位；各县（市、区）的均值为0.481 93。

表7-4　红元、马建、个弥、麒富义务教育区所辖县（市、区）状态表

义务教育大区	义务教育区	县(市、区)	教育机会指数 指数	类别	位序	教育质量指数 指数	类别	位序	办学条件指数 指数	类别	位序	师资指数 指数	类别	位序	教育多样性指数 指数	类别	位序	义务教育发展总指数 指数	类别	位序
麒蒙义务教育大区	红元义务教育区	元阳县	0.956 32	VI	110	0.365 67	II	60	0.420 36	VI	73	0.502 17	VIII	128	1.500 00	V	19	0.748 90	V	28
		红河县	0.983 64	VI	84	0.490 50	II	31	0.325 49	VII	90	0.503 69	VIII	127	0.500 00	VII	66	0.560 66	VII	73
		元江县	0.988 97	VI	74	0.368 24	II	58	0.261 29	VII	102	0.525 71	IV	31	0.611 37	VII	54	0.551 12	VII	77
		均　值	0.976 31			0.408 14			0.335 71			0.510 52			0.870 46			0.620 23		
	马建义务教育区	师宗县	1.001 64	VI	56	0.427 69	II	45	0.694 93	V	25	0.520 62	IV	71	0.305 69	VII	72	0.590 11	VII	59
		马龙县	1.013 55	VI	41	0.587 84	II	12	0.329 99	VII	89	0.520 28	IV	73	0.305 69	VII	72	0.551 47	VII	76
		陆良县	0.966 97	VI	101	0.359 31	II	63	0.967 82	IV	10	0.522 01	IV	61	0.305 69	VII	72	0.624 36	VI	51
		宜良县	0.988 77	VI	75	0.501 24	II	28	0.649 44	V	32	0.521 01	IV	68	0.917 06	III	31	0.715 50	VI	30
		石林县	1.063 16	V	13	−0.140 24	VI	123	0.445 67	VI	67	0.527 17	IV	21	0.611 37	III	54	0.501 43	VII	99
		江川县	1.045 66	V	22	0.397 01	II	51	0.243 98	VII	108	0.512 10	VI	111	0.305 69	VII	72	0.500 89	VII	100
		澄江县	1.036 63	V	26	0.499 11	II	29	0.186 17	VIII	121	0.521 31	IV	66	0.305 69	VII	72	0.509 78	VII	96
		通海县	1.024 85	VI	34	0.350 65	II	65	0.280 12	VII	98	0.517 55	V	89	0.305 69	VII	72	0.495 77	VII	101
		华宁县	0.994 18	VI	65	0.293 95	II	79	0.217 23	VIII	115	0.525 53	IV	32	0.305 69	VII	72	0.467 32	VIII	109
		建水县	0.995 30	VI	62	0.445 75	II	43	0.707 47	V	23	0.524 64	IV	40	3.000 00	III	17	1.134 63	III	16
		石屏县	1.012 35	VI	45	0.517 86	II	26	0.400 76	VII	77	0.519 82	V	75	1.500 00	V	19	0.790 16	V	24
		泸西县	1.001 12	VI	57	0.575 93	II	17	0.659 58	V	29	0.508 26	VII	119	0.500 00	VII	66	0.648 98	VI	45
		均　值	1.012 02			0.401 34			0.481 93			0.520 03			0.722 36			0.627 53		
	个弥义务教育区	个旧市	0.986 06	VI	78	0.589 57	II	78	0.634 66	V	36	0.527 11	IV	22	0.000 00	VIII	117	0.547 48	VII	79
		蒙自县	0.996 19	VI	61	0.597 47	II	61	0.656 94	V	30	0.522 64	IV	56	0.500 00	VII	66	0.654 65	VI	43
		弥勒县	0.990 26	VI	71	0.380 48	II	56	0.917 68	II	15	0.516 51	IV	98	1.500 00	V	19	0.860 99	V	19
		开远市	1.011 21	VI	46	0.640 56	II	5	0.421 28	VI	72	0.525 85	IV	28	0.500 00	VII	66	0.619 78	VI	54
		均　值	0.995 93			0.552 02			0.657 64			0.523 03			0.625 00			0.670 72		
	麒富义务教育区	麒麟区	1.012 40	VI	44	0.739 94	I	1	1.295 38	II	5	0.518 79	V	83	4.311 80	I	2	1.575 66	I	2
		罗平县	1.017 87	VI	36	0.391 51	II	53	0.583 38	VI	42	0.519 72	V	77	0.305 69	VII	72	0.563 63	VI	69
		富源县	0.992 69	VI	68	0.335 41	II	68	0.942 85	IV	14	0.515 59	V	103	0.305 69	VII	72	0.618 45	VI	55
		均　值	1.007 65			0.488 95			0.940 54			0.518 03			1.641 06			0.919 25		

4. 教育师资

在教育师资指标层面上，马建义务教育区的小学任课教师数为21 950人，占麒蒙义务教育大区小学任课教师数的47.63%；初中任课教师数为10 738人，占麒蒙义务教育大区初中任课教师数的46.96%。小学学历达标率为98.18%，比麒蒙义务教育大区小学学历达标率低0.08%；初中学历达标率为98.79%，比麒蒙义务教育大区初中学历达标率高0.40%。

在教育师资指数层面上，最高的石林县指数为0.527 17，类别为第Ⅳ类，位序为第21位；最低的泸西县指数为0.508 26，类别为第Ⅶ类，位序为第119位；各县（市、区）的均值为0.520 25。

5. 教育多样性

在教育多样性指标层面上，马建义务教育区的民族学校数为8个，占麒蒙义务教育大区民族学校数的66.67%；特殊教育学校数为1个，占麒蒙义务教育大区特殊教育学校数的33.33%。

在教育多样性指数层面上，最高的建水县指数为3.000 00，类别为第Ⅲ类，位序为第17位；最低的师宗县、马龙县、陆良县、江川县、澄江县、通海县、华宁县指数为0.305 69，类别为第Ⅶ类，位序为第72位；各县（市、区）的均值为0.722 36。

6. 教育总指数

在义务教育发展总指数层面上，最高的建水县指数为1.134 63，类别为第Ⅲ类，位序为第16位；最低的华宁县指数为0.467 32，类别为第Ⅷ类，位序为第109位；各县（市、区）的均值为0.627 53。

三、个弥义务教育区

个弥义务教育区所辖县（市、区）为个旧市、蒙自县、弥勒县、开远市4县（市），位于东经102°54′～103°49′、北纬23°01′～24°39′之间，属于蒙自、元江高原盆地峡谷区；丘北，广南岩溶山原区。本区土地面积为$9.6×10^3 km^2$，占麒蒙义务教育大区土地面积的20.82%，其中，半山半坝区面积为$6.1×10^3 km^2$；山区面积为$3.5×10^3 km^2$。本区生产总值为595.84亿元，占麒蒙义务教育大区生产总值的27.07%；人均生产总值为33 905元，比麒蒙义务教育大区人均生产总值高10 688元；地均生产总值为620.667万元/km^2，比麒蒙义务教育大区地均生产总值高143.220万元/km^2。本区第三产业产值为152.80亿元，占麒蒙义务教育大区第三产业产值的21.84%；第三产业产值占本区生产总值的比重为25.64%。个弥义务教育大区的年末总人口数为176.05万人，占麒蒙义务教育大区年末总人口的19.90%；人口密度为183人/km^2，比麒蒙义务教育大区人口密度低8人/km^2。

（一）区域的背景差异

个弥义务教育区所辖县（市、区）各级指标指数的背景见表 7-3，笔者分别对分指标指数地形起伏度、资源环境承载能力、经济发展综合水平、发展潜力综合水平、区域发展综合水平、教育背景基础、民族构成系数进行聚类（图 7-1 至图 7-7），结果表明：

（1）从自然地理背景差异来看，在地形起伏度指数层面上，最高的蒙自县指数为 0.863 32，类别为第Ⅱ类，位序为第 42 位；最低的弥勒县指数为 0.777 81，类别为第Ⅱ类，位序为第 19 位；各县（市、区）的均值为 0.821 52。

（2）从经济地理背景差异来看，在资源环境承载能力层面上，最高的麒麟区指数为 1.144 78，类别为第Ⅲ类，位序为第 5 位；最低的开远市指数为 1.014 81，类别为第Ⅵ类，位序为第 69 位；各县（市、区）的均值为 1.091 28。在经济发展综合水平层面上，最高的麒麟区指数为 1.226 72，类别为第Ⅲ类，位序为第 5 位；最低的蒙自县指数为 1.051 94，类别为第Ⅴ类，位序为第 32 位；各县（市、区）的均值为 1.115 76。在发展潜力综合水平层面上，最高的蒙自县指数为 1.068 67，类别为第Ⅳ类，位序为第 29 位；最低的麒麟区指数为 0.944 16，类别为第Ⅶ类，位序为第 115 位；各县（市、区）的均值为 1.000 72。在区域发展综合水平层面上，最高的麒麟区指数为 1.171 55，类别为第Ⅲ类，位序为第 3 位；最低的开远市指数为 1.051 55，类别为第Ⅴ类，位序为第 33 位；各县（市、区）的均值为 1.097 48。

（3）从人文地理背景差异来看，在人口受教程度层面上，最高的麒麟区指数为 2.282 25，类别为第Ⅲ类，位序为第 8 位；最低的开远市指数为 0.939 42，类别为第Ⅵ类，位序为第 53 位；各县（市、区）的均值为 1.499 09。在民族构成系数层面上，最高的开远市指数为 1.348 44，类别为第Ⅳ类，位序为第 42 位；最低的麒麟区指数为 0.122 28，类别为第Ⅷ类，位序为第 123 位；各县（市、区）的均值为 0.960 57。

（二）区域的状态差异

个弥义务教育区所辖县（市、区）各级指标指数的义务教育各项指数见表 7-4，笔者分别对 5 个分指标指数和 1 个总指标指数进行聚类（图 7-8 至图 7-13），结果表明：

1. 教育机会

在教育机会指标层面上，个弥义务教育区的小学毛入学率为 102.01%，比麒蒙义务教育大区的小学毛入学率低 1.96%；初中毛入学率为 100.81%，比麒蒙义务教育大区的初中毛入学率低 0.99%。本区小学净入学率为 98.56%，比麒蒙义务教育大区小学净入学率低 0.23%；初中净入学率为 92.73%，比麒蒙义务教育大区初中净入学率高 1.32%。

在教育机会指数层面上，最高的开远市指数为 1.011 21，类别为第Ⅵ类，位序为第 46 位；最低的个旧市指数为 0.986 06，类别为第Ⅵ类，位序为第 78 位；各县（市、区）的均值为 0.995 93。

2. 教育质量

在教育质量指标层面上，个弥义务教育区的小学巩固率为 99.68%，比麒蒙义务教育大区小学巩固率高 0.10%；初中巩固率为 98.67%，比麒蒙义务教育大区初中巩固率高 0.11%。本区小学辍学率为 0.40%，比麒蒙义务教育大区小学辍学率低 0.19%；初中辍学率为 1.37%，比麒蒙义务教育大区初中辍学率低 0.15%。本区小学升学率为 95.28%，比麒蒙义务教育大区小学升学率高 0.63%；初中升学率为 77.18%，比麒蒙义务教育大区初中升学率高 11.36%。

在教育质量指数层面上，最高的开远市指数为 0.640 56，类别为第Ⅱ类，位序为第 5 位；最低的弥勒县指数为 0.380 48，类别为第Ⅱ类，位序为第 56 位；各县（市、区）的均值为 0.552 02。

3. 办学条件

在办学条件指标层面上，个弥义务教育区的学校藏书为 1 698 172 册，占麒蒙义务教育大区学校藏书的 19.49%；学校占地面积为 3 030 877m²，占麒蒙义务教育大区学校占地面积的 18.40%；校舍建筑面积为 870 224m²，占麒蒙义务教育大区校舍建筑面积的 15.70%；危房面积为 467 377m²，占麒蒙义务教育大区危房面积的 11.39%。

在办学条件指数层面上，最高的弥勒县指数为 0.917 68，类别为第Ⅳ类，位序为第 15 位；最低的开远市指数为 0.421 28，类别为第Ⅵ类，位序为第 72 位；各县（市、区）的均值为 0.657 64。

4. 教育师资

在教育师资指标层面上，个弥义务教育区的小学任课教师数为 7949 人，占麒蒙义务教育大区小学任课教师数的 17.25%；初中任课教师数为 3 798 人，占麒蒙义务教育大区初中任课教师数的 16.61%。小学学历达标率为 98.13%，比麒蒙义务教育大区小学学历达标率低 0.13%；初中学历达标率为 99.42%，比麒蒙义务教育大区初中学历达标率高 1.03%。

在教育师资指数层面上，最高的个旧市指数为 0.527 11，类别为第Ⅳ类，位序为第 22 位；最低的弥勒县指数为 0.516 51，类别为第Ⅴ类，位序为第 98 位；各县（市、区）的均值为 0.523 03。

5. 教育多样性

在教育多样性指标层面上，个弥义务教育区的民族学校数为 1 个，占麒蒙义务教育大区民族学校数的 8.33%；特殊教育学校数为 0 个。

在教育多样性指数层面上，最高的弥勒县指数为 1.500 00，类别为第Ⅴ类，位序为第 19 位；最低的个旧市指数为0.000 00，类别为第Ⅷ类，位序为第 117 位；各县（市、区）的均值为0.625 00。

6. 教育总指数

在义务教育发展总指数层面上，最高的弥勒县指数为0.860 99，类别为第Ⅴ类，位序为第 19 位；最低的个旧市指数为0.547 54，类别为第Ⅶ类，位序为第 79 位；各县（市、区）的均值为0.670 72。

四、麒富义务教育区

麒富义务教育区所辖县（市、区）为麒麟区、罗平县、富源县 3 县（区），位于东经103°39′～104°49′、北纬24°31′～25°58′之间，属于曲靖岩溶高原区。本区土地面积为 $7.8×10^3 km^2$，占麒蒙义务教育大区土地面积的 16.92%，其中，坝区面积为 $1.6×10^3 km^2$；半山半坝面积为 $3.0×10^3 km^2$；山区面积为 $3.2×10^3 km^2$。本区生产总值为691.70亿元，占麒蒙义务教育大区生产总值的 31.43%；人均生产总值为32 686元，比麒蒙义务教育大区人均生产总值高9468元；地均生产总值为886.795万元/km^2，比麒蒙义务教育大区地均生产总值高409.348万元/km^2。本区第三产业产值为218.71亿元，占麒蒙义务教育大区第三产业产值的 31.25%；第三产业产值占本区生产总值的比重为 31.62%。麒富义务教育区的年末总人口数为204.15万人，占麒蒙义务教育大区年末总人口的 23.08%；人口密度为 262 人/km^2，比麒蒙义务教育大区人口密度高 70 人/km^2。

（一）区域的背景差异

麒富义务教育区所辖县（市、区）各级指标指数的背景见表 7-3，笔者分别对分指标指数地形起伏度、资源环境承载能力、经济发展综合水平、发展潜力综合水平、区域发展综合水平、教育背景基础、民族构成系数进行聚类（图 7-1 至图 7-7），结果表明：

（1）从自然地理背景差异来看，在地形起伏度指数层面上，最高的富源县指数为0.928 66，类别为第Ⅱ类，位序为第 65 位；最低的罗平县指数为0.830 25，类别为第Ⅱ类，位序为第 32 位；各县（市、区）的均值为0.879 46。

（2）从经济地理背景差异来看，在资源环境承载能力层面上，最高的富源县指数为 1.171 92，类别为第Ⅱ类，位序为第 3 位；最低的罗平县指数为 1.049 84，类别为第Ⅴ类，位序为第 42 位；各县（市、区）的均值为1.110 88。在经济发展综合水平层面上，最高的富源指数为1.048 36，类别为第Ⅴ类，位序为第 33 位；最低的罗平县指数为1.007 06，类别为第Ⅴ类，位序为第 60 位；各县（市、区）的均值为1.027 71。在发展潜力综合水平层面上，最高的富源县指数为1.097 30，类别为第Ⅲ类，位序为第 19 位；最低的罗平县指数为1.055 38，类别为第Ⅳ类，位序为第 38 位；各县（市、区）的均值为1.076 34。在区域发展综合水平层面上，最高的富源县指数为1.109 35，类别为第Ⅳ类，位序为第 9 位；最低的罗平县指数为1.030 03，类别为第Ⅵ类，位序为第 49 位；各县（市、区）的均值为1.069 69。

（3）从人文地理背景差异来看，在人口受教程度层面上，最高的富源县指数为1.889 44，类别为第Ⅲ类，位序为第 13 位；最低的罗平县指数为1.357 02，类别为第Ⅴ类，位序为第 24 位；各县（市、区）的均值为1.623 23。在民族构成系数层面上，最高的罗平县指数为0.326 38，类别为第Ⅶ类，位序为第 97 位；最低的富源县指数为0.206 11，类别为第Ⅷ类，位序为第 110 位；各县（市、区）的均值为0.266 25。

（二）区域的状态差异

麒富义务教育区所辖县（市、区）各级指标指数的义务教育各项指数见表 7-4，笔者分别对 5 个分指标指数和 1 个总指标指数进行聚类（图 7-8 至图 7-13），结果表明：

1. 教育机会

在教育机会指标层面上，麒富义务教育区的小学毛入学率为 101.09%，比麒蒙义务教育大区的小学毛入学率低 2.88%；初中毛入学率为 101.75%，比麒蒙义务教育大区的初中毛入学率低 0.05%。本区小学净入学率为 98.54%，比麒蒙义务教育大区小学净入学率低 0.25%；初中净入学率为 96.75%，比麒蒙义务教育大区初中净入学率高 5.34%。

在教育机会指数层面上，最高的罗平县指数为1.017 87，类别为第Ⅵ类，位序为第 36 位；最低的富源县指数为0.992 69，类别为第Ⅵ类，位序为第 68 位；各县（市、区）的均值为1.007 65。

2. 教育质量

在教育质量指标层面上，麒富义务教育区的小学巩固率为 99.36%，比麒蒙义务教育大区小学巩固率低 0.21%；初中巩固率为 98.81%，比麒蒙义务教育大区初中巩固率高 0.25%。本区小学辍学率为 0.68%，比麒蒙义务教育大区小学辍学率高 0.09 %；初中辍学率为 1.34%，比麒蒙义务教育大区初中辍学率低 0.18%。本区小学升学率为 91.76%，比麒蒙义务教育大区小学升学率低 2.89%；初中升学率为 79.54%，比麒蒙义务教育大区初中升学率高 13.72%。

在教育质量指数层面上，最高的麒麟区指数为0.739 94，类别为第Ⅰ类，位序为第 1 位；最低的富源县指数为0.335 41，类别为第Ⅱ类，位序为第 68 位；各县（市、区）的均值为0.488 95。

3. 办学条件

在办学条件指标层面上，麒富义务教育区的学校藏书为 1 951 983 册，占麒蒙义务教育大区学校藏书的 22.40％；学校占地面积为 3 948 828m²，占麒蒙义务教育大区学校占地面积的 23.97％；校舍建筑面积为 1 428 381m²，占麒蒙义务教育大区校舍建筑面积的 25.77％；危房面积为 1 062 866m²，占麒蒙义务教育大区危房面积的 25.89％。

在办学条件指数层面上，最高的麒麟区指数为 1.295 38，类别为第 Ⅱ 类，位序为第 5 位；最低的罗平县指数为 0.583 38，类别为第 Ⅵ 类，位序为第 42 位；各县（市、区）的均值为 0.940 54。

4. 教育师资

在教育师资指标层面上，麒富义务教育区的小学任课教师数为 10 900 人，占麒蒙义务教育大区小学任课教师数的 23.65％；初中任课教师数为 6035 人，占麒蒙义务教育大区初中任课教师数的 26.39％。小学学历达标率为 99.33％，比麒蒙义务教育大区小学学历达标率高 1.07％；初中学历达标率为 97.95％，比麒蒙义务教育大区初中学历达标率低 0.44％。

在师资指数层面上，最高的罗平县指数为 0.519 72，类别为第 Ⅴ 类，位序为第 77 位；最低的富源县指数为 0.515 59，类别为第 Ⅴ 类，位序为第 103 位；各县（市、区）的均值为 0.518 03。

5. 教育多样性

在教育多样性指标层面上，麒富义务教育区的民族学校数为 1 个，占麒蒙义务教育大区民族学校数的 8.33％；特殊教育学校数为 2 个，占麒蒙义务教育大区特殊教育学校数的 66.67％。

在教育多样性指数层面上，最高的麒麟区指数为 4.311 80，类别为第 Ⅰ 类，位序为第 2 位；最低的罗平县、富源县指数为 0.305 69，类别为第 Ⅶ 类，位序为第 72 位；各县（市、区）的均值为 1.641 06。

6. 教育总指数

在义务教育发展总指数层面上，最高的麒麟区指数为 1.575 66，类别为第 Ⅰ 类，位序为第 2 位；最低的罗平县指数为 0.563 63，类别为第 Ⅶ 类，位序为第 69 位；各县（市、区）的均值为 0.919 25。

第三节　麒蒙义务教育大区评价及对策

麒蒙义务教育大区在云南省总体发展态势较为落后，本区在教育质量指数上位居八大区之首，而教育机会指数、办学条件指数则居中，在支撑义务教育发展的地域背景上有如下特点：

（1）所辖范围主要为滇东区域，土地面积狭小，约为云南省 1/10，人口将近云南省的两成，地少人多。本区资源环境较好，发展潜力较差。

　　（2）多属于高原地带，半山半坝区面积广，但地形起伏相对较小。

　　（3）生产总值超过云南省的两成，人均 GDP 较高，经济发展水平相对较好。

　　结合麒蒙义务教育大区教育发展的总体特征（表 7-1，表 7-2），以及麒蒙义务教育大区内红元义务教育区、马建义务教育区、麒蒙义务教育区、麒富义务教育区教育发展的现状（表 7-3），我们可以推断出该大区所存在的主要问题。此外，直观反映麒蒙义务教育大区义务教育发展状况的原始数据（图 7-14，图 7-15）也纳入评价体系，进而得出可能的对策建议。

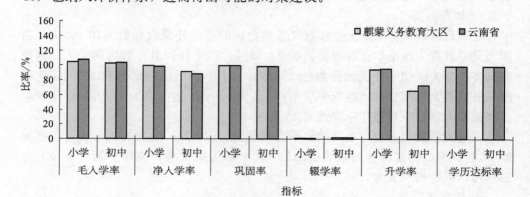

图 7-14　麒蒙义务教育大区原始数据格局一

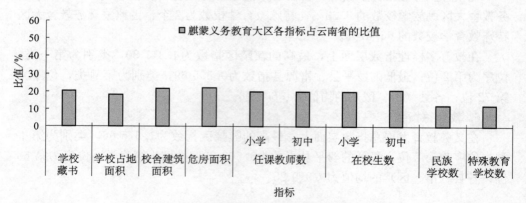

图 7-15　麒蒙义务教育大区原始数据格局二

一、主要问题

1. 师资力量严重不足

　　从师资指数层面看，最高的石林县指数为 0.527 17，类别为第Ⅳ类，位序为第 21 位；最低的元阳县指数为 0.502 17，类别为第Ⅷ类，位序为第 128 位。去除最高最低两个极值，本区其余 20 个县（市、区）类别为第Ⅳ类的有 11 个，第

Ⅴ类的有 6 个，第Ⅵ类的有 1 个，第Ⅶ类的有 1 个，第Ⅷ类的有 1 个，位序范围为第 22～127 位。其中，低于全省中值的县（市、区）有 14 个，占本区县（市、区）总数的 64％。结合原始数据分析，本区师资指数第主要是由于区内专任教师数与在校学生数的比例不合理，生均教师数偏低造成的。

2. 义务教育机会较低

从教育机会指数层面看，最高的石林县指数为 1.063 16，类别为第Ⅴ类，位序为第 13 位；最低的元阳县指数为 0.956 32，类别为第Ⅵ类，位序为第 110 位。去除最高最低两个极值，本区其余 20 个县（市、区）类别为第Ⅴ类的有 2 个，第Ⅵ类的有 18 个，位序范围为第 22～101 位。其中，低于全省中值的县（市、区）有 9 个，占本区县（市、区）总数的 41％。结合原始数据分析，本区教育机会指数低主要是由于区内小学、初中毛入学率在较大程度上低于全省平均水平。造成这一问题的直接原因是本区小学及初中的小学在校生数与小学学龄人口总数、初中在校学生数与 12～14 岁年龄组人口数的比值偏低，在校生数在数量上仍需大力扩充。

二、对策建议

1. 帮扶政策是保障教育机会均衡的主要因素

对于教育的帮扶问题一直是教育工作的中心，麒蒙义务教育大区各县（市、区）要对城乡经济困难家庭子女、下岗职工子女、失地失居农民子女等落实贫困学生救助政策。必须健全控制与防止学生辍学和动员辍学学生复学制度。同样的，应贯彻落实国家对留守儿童的"关爱工程"，以政府主导、社会参与共同关注农村留守儿童并建立关爱服务体系和动态监测机制。加快建设农村寄宿学校建设，优先满足留守儿童教育基础设施建设、优先改善留守儿童营养状况、优先保障留守儿童交通需要。

2. 加强师资力量建设，提高师资水平

师资力量成为教育系统中最重要的资源之一，促进师资的合理有序流动，对于促进义务教育均衡发展具有十分重要的影响。积极引进区外优秀教师，积极鼓励优秀教师到偏远地区、薄弱学校开展支教工作，进一步优化教师队伍结构，建立起科学合理、层次分明、稳定有序的优质教师队伍，均衡配置教师资源。进一步完善教师培训制度，加强学校教师队伍师德师风建设，不断完善推动教师教育教学工作的激励措施等。

第八章
宣富义务教育大区

宣富义务教育大区所辖县（市、区）为东川区、会泽县、富民县、嵩明县、寻甸县、沾益县、宣威市，位于东经$102°21'\sim104°41'$、北纬$25°05'\sim27°04'$之间，属于曲靖岩溶高原区；昭通，宣威山地高原区；昆明，玉溪湖盆高原区。本区土地面积为$22.6\times10^3\,km^2$，占云南省土地面积的5.73%，其中坝区面积为$4.1\times10^3\,km^2$；半山半坝区面积为$9.7\times10^3\,km^2$；山区面积为$8.8\times10^3\,km^2$。本区生产总值为704.29亿元，占云南省生产总值的6.83%；人均生产总值为21 310元，比云南省人均生产总值低 885 元；地均生产总值为311.633万元/km^2，比云南省的地均生产总值高50.037万元/km^2。本区第三产业产值为198.14亿元，占云南省第三产业产值的4.68%；第三产业产值占本区生产总值的比重为28.13%。宣富义务教育大区的年末总人口数为385.78万人，占云南省年末总人口的8.28%；人口密度为 171 人/km^2，比云南省人口密度高 52 人/km^2。

第一节　宣富义务教育大区总体特征

一、区域的背景特征

宣富义务教育大区所辖县（市、区）各级指标指数——地形起伏度、资源环境承载能力、经济发展综合水平、发展潜力综合水平、区域发展综合水平、人口受教育程度、民族构成系数的背景见表 8-1，结果表明：

（一）自然地理背景

在地形起伏度层面上，宣富义务教育大区所辖各县（市、区）之间存在较大差距，最高的东川区与最低的沾益县之间极差达到0.580 21。沾益县、嵩明县、富民县 3 县指数在0.833 61～0.926 66之间，类别为第Ⅱ类，位序范围为第 34～63 位；宣威市、寻甸县 2 县（市）指数在1.012 28～1.068 51之间，类别为第Ⅲ类，位序范围为第 86～97 位；会泽县指数为1.302 85，类别为第Ⅳ类，位序 114 位；东川区指数为1.413 82，类别为第Ⅴ类，位序 119 位。

表8-1 宣富义务教育大区所辖县（市、区）背景表

义务教育大区	县（市区）	地形起伏度			资源环境承载能力			经济发展综合水平			发展潜力综合水平			区域发展综合水平			人口受教育程度			民族构成系数		
		指数	类别	位序	指数	类别	位序	指数	类别	位序	指数	类别	位序	指数	类别	位序	指数	类别	位序	指数	类别	位序
宣富义务教育大区	东川区	1.413 82	V	119	0.968 78	VI	98	1.262 43	II	4	0.950 68	VII	112	1.105 97	IV	12	0.706 65	VII	82	0.161 03	VII	117
	会泽县	1.302 85	IV	114	1.119 63	III	9	1.015 82	V	52	1.064 76	IV	35	1.067 53	V	21	2.2492	III	9	0.105 45	VIII	125
	富民县	0.926 66	II	63	1.070 34	IV	29	1.072 76	IV	25	1.022 62	V	59	1.068 67	V	20	0.414 07	VIII	116	0.348 40	VI	93
	嵩明县	0.876 35	II	50	0.978 25	VI	92	1.072 48	IV	26	0.939 27	VII	117	1.020 32	VI	60	0.873 71	VI	61	0.208 09	VIII	109
	寻甸县	1.068 51	III	97	1.097 29	IV	17	1.018 13	V	48	0.984 05	VI	89	1.053 36	V	30	1.196 47	V	36	0.533 51	VII	82
	沾益县	0.833 61	II	34	1.026 02	V	57	1.038 47	V	40	1.022 32	V	60	1.031 67	VI	47	1.201 07	V	34	0.146 40	VIII	121
	宣威市	1.012 28	III	86	1.109 84	IV	11	1.009 72	V	56	0.978 79	VI	95	1.055 00	V	28	3.545 05	I	1	0.158 51	VIII	119
	极差	0.580 21			0.150 85			0.252 71			0.125 49			0.085 65			3.130 98			0.428 06		

（二）经济地理背景

（1）在资源环境承载能力层面上，宣富义务教育大区所辖各县（市、区）之间存在较大差距，最高的会泽县与最低的东川区之间极差达到0.150 85。会泽县指数为1.119 63，类别为第Ⅲ类，位序为第 9 位；宣威市、寻甸县、富民县 3 县（市）指数在1.109 84～1.070 34之间，类别为第Ⅳ类，位序范围为第 11～29 位；沾益县指数为1.026 02，类别为第Ⅴ类，位序在第 57 位；嵩明县、东川区 2 县（区）指数在0.978 25～0.968 78，类别为第Ⅵ类，位序范围为第 92～98 位。

（2）在经济发展综合水平层面上，宣富义务教育大区所辖各县（市）之间存在较大差距，最高的东川区与最低的宣威市之间极差达到0.252 71。东川区指数为1.262 43，类别为第Ⅱ类，位序为第 4 位；富民县、嵩明县 2 县指数在1.072 76～1.072 48之间，类别为第Ⅳ类，位序范围为第 25～26 位；沾益县、寻甸县、会泽县、宣威市 4 县（市）指数在1.038 47～1.009 72之间，类别为第Ⅴ类，位序范围为第 40～56 位。

（3）发展潜力综合水平层面上，宣富义务教育大区所辖各县（市、区）之间存在较大差距，最高的会泽县与最低的嵩明县之间极差达到0.125 49。会泽县指数为1.064 76，类别为第Ⅳ类，位序为第 35 位；富民县、沾益县 2 县指数在1.022 62～1.022 32之间，类别为第Ⅴ类，位序范围为第 59～60 位；寻甸县、宣威市 2 县（市）指数在0.984 05～0.978 79之间，类别为第Ⅵ类，位序范围为第 89～95 位；东川区、嵩明县 2 县（区）指数在0.950 68～0.939 27之间，类别为第Ⅶ类，位序范围为第 112～117 位。

（4）在区域发展综合水平层面上，宣富义务教育大区所辖各县（市、区）之间存在较大差距，最高的东川区与最低的嵩明县之间的极差达到0.085 65。东川区指数为1.105 97，类别为第Ⅳ类，位序为第 12 位；富民县、会泽县、宣威市、寻甸县 4 县（市）指数在1.068 67～1.053 36之间，类别为第Ⅴ类，位序范围为第 20～30 位；沾益县、嵩明县 2 县指数在1.031 67～1.020 32之间，类别为第Ⅵ类，位序范围为第 47～60 位。

（三）人文地理背景

（1）在人口受教育程度层面上，宣富义务教育大区所辖各县（市、区）之间存在较大差距，最高的宣威市与最低的富民县之间极差达3.130 98。宣威市指数为3.545 05，类别为第Ⅰ类，位序为第 1 位；会泽县指数为2.249 20，类别为第Ⅲ类，位序为第 9 位；沾益县、寻甸县 2 县指数在1.201 07～1.196 47之间，类别为第Ⅴ类，位序范围为第 34～36 位；嵩明县指数为0.873 71，类别为第Ⅵ类，位序为第 61 位；东川区指数为0.706 65，类别为第Ⅶ类，位序位第 82 位；富民县指数为0.414 07，类别为第Ⅷ类，位序为第 116 位。

（2）在民族构成系数层面上，宣富义务教育大区所辖各县（市、区）之间存在较大差距，最高的寻甸县与最低的会泽县之间极差达到 0.428 06。寻甸县、富民县 2 县指数在 0.533 51～0.348 40 之间，类别为第 Ⅶ 类，位序范围为第 82～93 位；嵩明县、东川区、宣威市、沾益县、会泽县 5 县（市、区）指数在 0.208 09～0.105 45 之间，类别为第 Ⅷ 类，位序范围为第 109～125 位。

二、区域的状态特征

宣富义务教育大区所辖县（市、区）的义务教育各项指标指数——教育机会、教育质量、办学条件、教育师资、教育多样性、教育发展总指数见表 8-2，结果表明：

1. 教育机会

在教育机会指标层面上，宣富义务教育大区的小学毛入学率为 102.32%，比云南省的小学毛入学率低 4.56%；初中毛入学率为 103.61%，比云南省的初中毛入学率高 0.49%。本区小学净入学率为 98.49%，比云南省小学净入学率高 0.20%；初中净入学率为 95.23%，比云南省初中净入学率高 7.63%。

在教育机会指数层面上，宣富义务教育大区所辖各县（市、区）之间存在较大差距，最高的沾益县与最低的宣威市之间极差达到 0.041 54。沾益县指数为 1.036 41，类别为第 Ⅴ 类，位序为第 27 位；寻甸县、嵩明县、富民县、会泽县、东川区、宣威市 6 县（市、区）指数在 1.021 87～0.994 87 之间，类别为第 Ⅵ 类，位序范围为第 35～63 位。

2. 教育质量

在教育质量指标层面上，宣富义务教育大区的小学巩固率为 99.42%，比云南省小学巩固率高 0.10%；初中巩固率为 97.68%，比云南省初中巩固率低 0.41%。本区小学辍学率为 0.57%，比云南省小学辍学率低 0.19%；初中辍学率为 2.11%，比云南省初中辍学率高 0.14%。本区小学升学率为 99.97%，比云南省小学升学率高 4.53%；初中升学率为 75.76%，比云南省初中升学率高 3.02%。

在教育质量指数层面上，宣富义务教育大区所辖各县（市、区）之间存在较小差距，最高的宣威市与最低的寻甸县之间极差达到 0.432 49。宣威市、沾益县、会泽县、富民县、嵩明县、东川区、寻甸县 7 县（市、区）指数在 0.577 74～0.145 25 之间，类别为第 Ⅱ 类，位序范围为第 16～113 位。

3. 办学条件

在办学条件指标层面上，宣富义务教育大区的学校藏书为 3 310 761 册，占云南省学校藏书的 7.69%；学校占地面积为 7 610 209 m²，占云南省学校占地面

表 8-2　宣富义务教育大区所辖县（市、区）状态表

义务教育大区	县（市区）	教育机会指数			教育质量指数			办学条件指数			师资指数			教育多样性指数			义务教育发展总指数		
		指数	类别	位序	指数	类别	位序	指数	类别	位序	指数	类别	位序	指数	类别	位序	指数	类别	位序
宣富义务教育大区	东川区	1.005 19	VI	52	0.248 54	II	97	0.361 38	VII	83	0.518 77	V	84	0.305 69	VII	72	0.487 91	VII	102
	会泽县	1.010 97	VI	47	0.471 63	II	35	0.959 29	IV	12	0.520 77	IV	70	0.305 69	VII	72	0.653 67	VI	44
	富民县	1.012 46	VI	43	0.295 68	II	78	0.125 07	VIII	128	0.507 36	VII	122	0.305 69	VII	72	0.449 25	VIII	115
	嵩明县	1.016 71	VI	39	0.256 15	II	91	0.553 51	VI	47	0.522 49	IV	58	0.305 69	VII	72	0.530 91	VII	85
	寻甸县	1.021 87	V	35	0.145 25	II	113	0.944 94	IV	13	0.514 70	V	105	0.611 37	VII	54	0.647 63	VI	48
	沾益县	1.036 41	VI	27	0.557 26	II	19	0.664 00	V	28	0.523 34	IV	48	0.305 69	VII	72	0.617 34	VI	56
	宣威市	0.994 87		63	0.577 74	II	16	1.794 57	I	1	0.516 81	V	94	4.311 80	I	2	1.639 16	I	1
	极差	0.041 54			0.432 49			1.669 50			0.015 98			4.006 11			1.189 91		

积的 8.30%；校舍建筑面积为 2 501 567m²，占云南省校舍建筑面积的 9.78%；危房面积为 1 688 731m²，占云南省危房面积的 9.02%。

在办学条件指数层面上，宣富义务教育大区所辖各县（市、区）之间存在较大差距，最高的宣威市与最低的富民县之间极差达到 1.669 50。宣威市指数为 1.794 57，类别为第 I 类，位序为第 1 位；会泽县、寻甸县 2 县指数在 0.959 29～0.944 94 之间，类别为第 Ⅳ 类，位序范围为第 12～13 位；沾益县指数为 0.664 00，类别为第 Ⅴ 类，位序为第 28 位；嵩明县指数为 0.553 51，类别为第 Ⅵ 类，位序为第 47 位；东川区指数为 0.361 38，类别为第 Ⅶ 类，位序为第 83 位；富民县指数为 0.125 07，类别为第 Ⅷ 类，位序为第 128 位。

4. 教育师资

在教育师资指标层面上，宣富义务教育大区的小学任课教师数为 20 198 人，占云南省小学任课教师数的 8.64%；初中任课教师数为 10 622 人，占云南省初中任课教师数的 9.20%。小学学历达标率为 98.51%，比云南省小学学历达标率高 0.44%；初中学历达标率为 98.79%，比云南省初中学历达标率高 0.54%。

在师资指数层面上，宣富义务教育大区所辖各县（市、区）之间存在较大差距，最高的沾益县与最低的富民县之间极差达到 0.015 98。沾益县指数为 0.523 34，类别为第 Ⅳ 类，位序为第 48 位；嵩明县、会泽县 2 县指数在 0.522 49～0.520 77 之间，类别为第 Ⅳ 类，位序范围为第 58～70 位；东川区、宣威市、寻甸县 3 县（市、区）指数在 0.518 77～0.514 70 之间，类别为第 Ⅴ 类，位序范围为第 84～105 位；宣富民县区指数为 0.507 36，类别为第 Ⅶ 类，位序为第 122 位。

5. 教育多样性

在教育多样性指标层面上，宣富义务教育大区的民族学校数为 2，占云南省民族学校数的 2.02%；特殊教育学校数为 1，占云南省特殊教育学校数的 4.00%。

在教育多样性指数层面上，宣富义务教育大区所辖各县（市、区）之间存在较大差距，最高的宣威市与最低的沾益县之间的极差达到 4.006 11。宣威市指数为 4.311 80，类别为第 I 类，位序为第 2 位；寻甸县、东川区、会泽县、富民县、嵩明县、沾益县 6 县（区）指数在 0.611 37～0.305 69 之间，类别为第 Ⅶ 类，位序范围为第 54～72 位。

6. 教育总指数

在义务教育发展总指数层面上，宣富义务教育大区所辖各县（市、区）之间存在较大差距，最高的宣威市与最低的富民县之间极差达到 1.189 91。宣威市指数为 1.639 16，类别为第 I 类，位序为第 1 位；会泽县、寻甸县、沾益县 3 县指数在 0.653 67～0.617 34 之间，类别为第 Ⅵ 类，位序范围为第 44～56 位；嵩明县、东川区 2 县（区）指数在 0.530 91～0.487 91 之间，类别为第 Ⅶ 类，位序范围为第85～102位；富民县指数为0.449 25，类别为第Ⅷ类，位序为第115位。

第二节　宣富义务教育大区区域差异

宣富义务教育大区划分为2个义务教育区：东会义务教育区、宣嵩义务教育区。

一、东会义务教育区

东会义务教育区所辖县区为东川区和会泽县2县区，位于东经102°51′～103°55′、北纬25°47′～27°04′之间，属于曲靖岩溶高原区；昭通，宣威山地高原区。本区土地面积为7.8×10³km²，占宣富义务教育大区土地面积的34.51%，其中，山区面积为7.8×10³km²。本区生产总值为201.08亿元，占宣富义务教育大区生产总值的28.55%；人均生产总值为198 86元，比宣富义务教育大区人均生产总值低1424元；地均生产总值为257.795万元/km²，比宣富义务教育大区地均生产总值低53.838万元/km²。本区第三产业产值为45.76亿元，占宣富义务教育大区第三产业产值的23.09%；第三产业产值占本区生产总值的比重为22.76%。东会义务教育区的年末总人口数为119.58万人，占宣富义务教育大区年末总人口的31.00%；人口密度为153人/km²，比宣富义务教育大区人口密度低17人/km²。

（一）区域的背景差异

东会义务教育区所辖县（市、区）各级指标指数的背景见表8-3，笔者分别对分指标指数地形起伏度、资源环境承载能力、经济发展综合水平、发展潜力综合水平、区域发展综合水平、教育背景基础、民族构成系数进行聚类（图8-1至图8-7），结果表明：

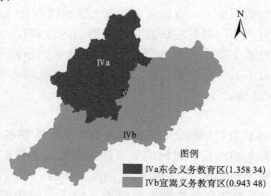

图8-1　宣富义务教育大区地形起伏度指数格局

表 8-3 东会、宣嵩义务教育区所辖县（市、区）背景表

义务教育大区	义务教育区	县(市区)	地形起伏度			资源环境承载能力			经济发展综合水平			发展潜力综合水平			区域发展综合水平			人口受教育程度			民族构成系数		
			指数	类别	位序	指数	类别	位序	指数	类别	位序	指数	类别	位序	指数	类别	位序	指数	类别	位序	指数	类别	位序
宣富义务教育大区	东会义务教育区	东川区	1.413 82	V	119	0.968 78	VI	98	1.262 43	II	4	0.950 68	VII	112	1.105 97	IV	12	0.706 65	VII	82	0.161 03	VIII	117
		会泽县	1.302 85	IV	114	1.119 63	III	9	1.015 82	V	52	1.064 76	IV	35	1.067 53	V	21	2.249 20	III	9	0.105 45	VIII	125
		均值	1.358 34			1.044 21			1.139 13			1.007 72			1.086 75			1.477 93			0.133 24		
	宣嵩义务教育区	富民县	0.926 66	II	63	1.070 34	IV	29	1.072 76	IV	25	1.022 62	V	59	1.068 67	V	20	0.414 07	VIII	116	0.348 40	VII	93
		嵩明县	0.876 35	II	50	0.978 25	VI	92	1.072 48	IV	26	0.939 27	VII	117	1.020 32	VI	60	0.873 71	VI	61	0.208 09	VIII	109
		寻甸县	1.068 51	III	97	1.097 29	V	17	1.018 13	V	48	0.984 05	VI	89	1.053 36	V	30	1.196 47	V	36	0.533 51	VII	82
		沾益县	0.833 61	II	34	1.026 02	IV	57	1.038 47	V	40	1.022 32	V	60	1.031 67	VI	47	1.201 07	V	34	0.146 40	VIII	121
		宣威市	1.012 28	III	86	1.109 84	IV	11	1.009 72	V	56	0.978 79	VI	95	1.055 00	V	28	3.545 05	I	1	0.158 51	VIII	119
		均值	0.943 48			1.056 35			1.042 31			0.989 41			1.045 80			1.446 07			0.278 98		

（1）从自然地理背景差异来看，在地形起伏度指数层面上，最高的东川区指数为1.413 82，类别为第Ⅴ类，位序为第119位；最低的会泽县指数为1.302 85，类别为第Ⅳ类，位序为第114位；各县（市、区）的均值为1.358 34。

（2）从经济地理背景差异来看，在资源环境承载能力层面上，最高的会泽县指数为1.119 63，类别为第Ⅲ类，位序为第9位；最低的东川区指数为0.968 78，类别为第Ⅵ类，位序为第98位；各县（市、区）的均值为1.044 21。在经济发展综合水平层面上，最高的东川区指数为1.262 43，类别为第Ⅱ类，位序为第4位；最低的会泽县指数为1.015 82，类别为第Ⅴ类，位序为第52位；各县（市、区）的均值为1.139 13。在发展潜力综合水平层面上，最高的会泽县指数为1.064 76，类别为第Ⅳ类，位序为第35位；最低的东川指数为0.950 68，类别为第Ⅶ类，位序为第112位；各县（市、区）的均值为1.007 72。在区域发展综合水平层面上，最高的东川区指数为1.105 97，类别为第Ⅳ类，位序为第12位；最低的会泽县指数为1.067 53，类别为第Ⅴ类，位序为第21位；各县（市、区）的均值为1.086 75。

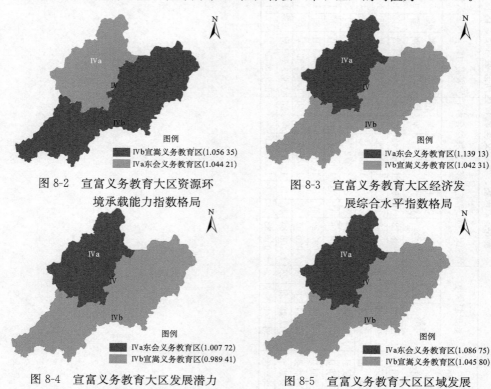

图 8-2　宣富义务教育大区资源环
境承载能力指数格局

图例
■ IVb宣嵩义务教育区(1.056 35)
■ IVa东会义务教育区(1.044 21)

图 8-3　宣富义务教育大区经济发
展综合水平指数格局

图例
■ IVa东会义务教育区(1.139 13)
■ IVb宣嵩义务教育区(1.042 31)

图 8-4　宣富义务教育大区发展潜力
综合水平指数格局

图例
■ IVa东会义务教育区(1.007 72)
■ IVb宣嵩义务教育区(0.989 41)

图 8-5　宣富义务教育大区区域发展
综合水平指数格局

图例
■ IVa东会义务教育区(1.086 75)
■ IVb宣嵩义务教育区(1.045 80)

（3）从人文地理背景差异来看，在人口受教程度层面上，最高的会泽县指数为2.249 20，类别为第Ⅲ类，位序为第9位；最低的东川指数为0.706 65，类别为第Ⅶ类，位序为第82位，各县（市、区）的均值为1.477 93。在民族构成系数层面上，最高的东川区指数为0.161 03，类别为第Ⅷ类，位序为第117位；最低的会泽县指数为0.105 45，类别为第Ⅷ类，位序为第125位；各县（市、区）的均值为0.133 24。

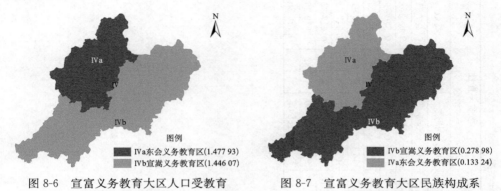

图 8-6　宣富义务教育大区人口受教育　　图 8-7　宣富义务教育大区民族构成系
　　　　　程度指数格局　　　　　　　　　　　　　　　数指数格局

（二）区域的状态差异

东会义务教育区所辖县（市、区）各级指标指数的义务教育各项指数见表8-4，笔者分别对5个分指标指数和1个总指标指数进行聚类（图8-8至图8-13），结果表明：

1. 教育机会

在教育机会指标层面上，东会义务教育区的小学毛入学率为101.32%，比宣富义务教育大区的小学毛入学率低1.00%；初中毛入学率为100.55%，比宣富义务教育大区的初中毛入学率低3.06%。本区小学净入学率为99.54%，比宣富义务教育大区小学净入学率高1.05%；初中净入学率为97.98%，比宣富义务教育大区初中净入学率高2.75%。

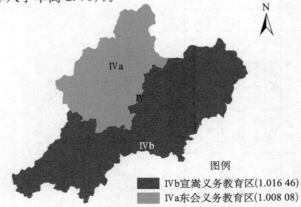

图 8-8　宣富义务教育大区义务教育机会指数格局

表 8-4 东会、宣高义务教育区所辖县（市、区）状态表

义务教育大区	义务教育区	县(市区)	教育机会指数			教育质量指数			办学条件指数			师资指数			教育多样性指数			义务教育发展总指数		
			指数	类别	位序	指数	类别	位序	指数	类别	位序	指数	类别	位序	指数	类别	位序	指数	类别	位序
东会义务教育大区	东会义务教育区	东川区	1.005 19	VI	52	0.248 54	II	97	0.361 38	VII	83	0.518 77	V	84	0.305 69	VII	72	0.487 91	VII	102
		会泽县	1.010 97	VI	47	0.471 63	II	35	0.959 29	IV	12	0.520 77	IV	70	0.305 69	VII	72	0.653 67	VI	44
		均 值	1.008 08			0.360 09			0.660 34			0.519 77			0.305 69			0.570 79		
宣富义务教育大区	宣高义务教育区	富民县	1.012 46	VI	43	0.295 68	II	78	0.125 07	VIII	128	0.507 36	VII	122	0.305 69	VII	72	0.449 25	VIII	115
		嵩明县	1.016 71	VI	39	0.256 15	II	91	0.553 51	VI	47	0.522 49	IV	58	0.305 69	VII	72	0.530 91	VII	85
		寻甸县	1.021 87	VI	35	0.145 25	II	113	0.944 94	IV	13	0.514 70	V	105	0.611 37	VI	54	0.647 63	VI	48
		沾益县	1.036 41	V	27	0.557 26	II	19	0.664 00	V	28	0.523 34	IV	48	0.305 69	VII	72	0.617 34	VI	56
		宣威市	0.994 87	VI	63	0.577 74	II	16	1.794 57	I	1	0.516 81	V	94	4.311 80	I	2	1.639 16	I	1
		均 值	1.016 46			0.366 42			0.816 42			0.516 94			1.168 05			0.776 86		

在教育机会指数层面上，最高的会泽县指数为1.010 97，类别为第Ⅵ类，位序为第 47 位；最低的东川区指数为1.005 19，类别为第Ⅵ类，位序为第 52 位；各县（市、区）的均值为1.008 08。

2. 教育质量

在教育质量指标层面上，东会义务教育区的小学巩固率为 99.17%，比宣富义务教育大区小学巩固率低 0.25%；初中巩固率为 98.20%，比宣富义务教育大区初中巩固率高 0.52%。本区小学辍学率为 0.78%，比宣富义务教育大区小学辍学率高 0.21%；初中辍学率为 1.50%，比宣富义务教育大区初中辍学率低 0.61%。本区小学升学率为 98.06%，比宣富义务教育大区小学升学率低 1.91%；初中升学率为 65.56%，比宣富义务教育大区初中升学率低 10.20%。

在教育质量指数层面上，最高的会泽县指数为 0.471 63，类别为第Ⅱ类，位序为第 35 位；最低的东川区指数为0.248 54，类别为第Ⅱ类，位序为第 97 位；各县（市、区）的均值为0.360 09。

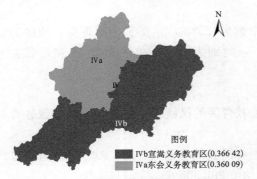

图 8-9　宣富义务教育大区义务教育
质量指数格局

图 8-10　宣富义务教育大区义务教育
办学条件指数格局

3. 办学条件

在办学条件指标层面上，东会义务教育区的学校藏书为 1 029 817 册，占宣富义务教育大区学校藏书的 31.11%；学校占地面积为 1 844 240m²，占宣富义务教育大区学校占地面积的 24.23%；校舍建筑面积为685 391m²，占宣富义务教育大区校舍建筑面积的 27.40%；危房面积为559 488m²，占宣富义务教育大区危房面积的 33.13%。

在办学条件指数层面上，最高的会泽县指数为0.959 29，类别为第Ⅳ类，位序为第 12 位；最低的东川区指数为0.361 38，类别为第Ⅶ类，位序为第 83 位；各县（市、区）的均值为0.660 34。

4. 教育师资

在教育师资指标层面上，东会义务教育区的小学任课教师数为6364人，占宣富义务教育大区小学任课教师数的 31.51%；初中任课教师数为2867人，占宣富

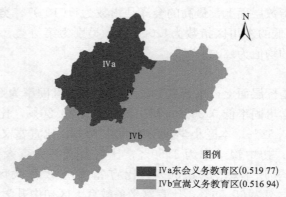

图 8-11   宜富义务教育大区义务教育师资指数格局

义务教育大区初中任课教师数的 26.99％。小学学历达标率为 98.38％，比宣富义务教育大区小学学历达标率低 0.13％；初中学历达标率为 98.95％，比宣富义务教育大区初中学历达标率高 0.16％。

在师资指数层面上，最高的会泽县指数为 0.520 77，类别为第Ⅳ类，位序为第 70 位；最低的东川区指数为 0.518 77，类别为第Ⅴ，位序为第 84 位；各县（市、区）的均值为 0.519 77。

5. 教育多样性

在教育多样性指标层面上，东会义务教育区的民族学校数为 0 个；特殊教育学校数为 0 个。

在教育多样性指数层面上，东川区、会泽县的指数为 0.305 69，类别为第Ⅶ类，位序为第 72 位；各县（市、区）的均值为 0.305 69。

图 8-12   宜富义务教育大区义务教育
多样性格局

图 8-13   宜富义务教育大区义务教育
发展总指数格局

6. 教育总指数

在义务教育发展总指数层面上，最高的会泽县指数为 0.653 67，类别为第Ⅵ类，位序为第 44 位；最低的东川区指数为 0.487 91，类别为Ⅶ类，位序为第 102

位；各县（市、区）的均值为0.570 79。

二、宣嵩义务教育区

宣嵩义务教育区所辖县（市、区）为富民县、嵩明县、寻甸县、沾益县、宣威市5县（市），位于东经102°21′～104°41′、北纬25°05′～26°44′之间，属于昆明，玉溪湖盆高原区；曲靖岩溶高原区；昭通，宣威山地高原区。本区土地面积为 $14.8 \times 10^3 \, km^2$，占宣富义务教育大区土地面积的65.49%，其中，坝区面积为 $4.1 \times 10^3 \, km^2$；半山半坝区面积为 $9.7 \times 10^3 \, km^2$；山区面积为 $1.0 \times 10^3 \, km^2$。本区生产总值为503.21亿元，占宣富义务教育大区生产总值的71.45%；人均生产总值为218 80元，比宣富义务教育大区人均生产总值高570元；地均生产总值为340.007万元/ km^2，比宣富义务教育大区地均生产总值高28.374万元/ km^2。本区第三产业产值为152.38亿元，占宣富义务教育大区第三产业产值的76.91%；第三产业产值占本区生产总值的比重为30.28%。宣嵩义务教育区的年末总人口数为266.20万人，占宣富义务教育大区年末总人口的69.00%；人口密度为180人/ km^2，比宣富义务教育大区人口密度高9人/ km^2。

（一）区域的背景差异

宣嵩义务教育区所辖县（市、区）各级指标指数的背景见表8-3，笔者分别对分指标指数地形起伏度、资源环境承载能力、经济发展综合水平、发展潜力综合水平、区域发展综合水平、教育背景基础、民族构成系数进行聚类（图8-1至图8-7），结果表明：

（1）从自然地理背景差异来看，在地形起伏度指数层面上，最高的沾益县指数为0.833 61，类别为第Ⅱ类，位序为第34位；最低的寻甸县指数为1.068 51，类别为第Ⅲ类，位序为第97位；各县（市、区）的均值为0.943 48。

（2）从经济地理背景差异来看，在资源环境承载能力层面上，最高的宣威市指数为1.109 84，类别为第Ⅳ类，位序为第11位；最低的嵩明县指数为0.978 25，类别为第Ⅵ类，位序为第92位；各县（市、区）的均值为1.056 35。在经济发展综合水平层面上，最高的富民县指数为1.072 76，类别为第Ⅳ类，位序为第25位；最低的宣威市指数为1.009 72，类别为第Ⅴ类，位序为第56位；各县（市、区）的均值为1.042 31。在发展潜力综合水平层面上，最高的富民县指数为1.022 62，类别为第Ⅴ类，位序为第59位；最低的嵩明县指数为0.939 27，类别为第Ⅶ类，位序为第117位；各县（市、区）的均值为0.989 41。在区域发展综合水平层面上，最高的富民县指数为1.068 67，类别为第Ⅴ类，位序为第20位；最低的嵩明县指数为1.020 32，类别为第Ⅵ类，位序为第60位；各县（市、区）的均值为1.045 80。

（3）从人文地理背景差异来看，在人口受教程度层面上，最高的宣威市指数为3.545 05，类别为第Ⅰ类，位序为第1位；最低的富民县指数为0.414 07，类别为第Ⅷ类，位序为第116位；各县（市、区）的均值为1.446 07。在民族构成系数层面上，最高的寻甸县指数为0.533 51，类别为第Ⅶ类，位序为第82位；最低的沾益县指数为0.146 40，类别为第Ⅷ类，位序为第121位；各县（市、区）的均值为0.278 98。

（二）区域的状态差异

宣嵩义务教育区所辖县区各级指标指数的义务教育各项指数见表8-4，笔者分别对5个分指标指数和1个总指标指数进行聚类（图8-8至图8-13），结果表明：

1. 教育机会

在教育机会指标层面上，宣嵩义务教育区的小学毛入学率为102.76%，比宣富义务教育大区的小学毛入学率高0.44%；初中毛入学率为104.74%，比宣富义务教育大区的初中毛入学率高1.13%。本区小学净入学率为98.03%，比宣富义务教育大区小学净入学率低0.46%；初中净入学率为94.21%，比宣富义务教育大区初中净入学率低1.02%。

在教育机会指数层面上，最高的沾益县指数为1.036 41，类别为第Ⅴ类，位序为第27位；最低的宣威市指数为0.994 87，类别为第Ⅵ类，位序为第63位；各县（市、区）的均值为1.016 46。

2. 教育质量

在教育质量指标层面上，宣嵩义务教育区的小学巩固率为99.51%，比宣富义务教育大区小学巩固率高0.10%；初中巩固率为97.47%，比宣富义务教育大区初中巩固率低0.21%。本区小学辍学率为0.49%，比宣富义务教育大区小学辍学率低0.08%；初中辍学率为2.31%，比宣富义务教育大区初中辍学率高0.20%。本区小学升学率为100.71%，比宣富义务教育大区小学升学率高0.74%；初中升学率为79.26%，比宣富义务教育大区初中升学率高3.50%。

在教育质量指数层面上，最高的宣威市指数为0.577 74，类别为第Ⅱ类，位序为第16位；最低的寻甸县指数为0.145 25，类别为第Ⅱ类，位序为第113位；各县（市、区）的均值为0.366 42。

3. 办学条件

在办学条件指标层面上，宣嵩义务教育区的学校藏书为2 280 944册，占宣富义务教育大区学校藏书的68.89%；学校占地面积为5 765 969m²，占宣富义务教育大区学校占地面积的75.77%；校舍建筑面积为1 816 176m²，占宣富义务教育大区校舍建筑面积的72.60%；危房面积为1 939 461m²，占宣富义务教育大区危房面积的65.59%。

在办学条件指数层面上，最高的宣威市指数为1.794 57，类别为第Ⅰ类，位序为第 1 位；最低的富民县指数为 0.125 07，类别为第 VIII 类，位序为第 128 位；各县（市、区）的均值为 0.816 42。

4. 教育师资

在教育师资指标层面上，宣嵩义务教育区的小学任课教师数为 13 834 人，占宣富义务教育大区小学任课教师数的 68.49%；初中任课教师数为 7755 人，占宣富义务教育大区初中任课教师数的 73.01%。小学学历达标率为 98.57%，比宣富义务教育大区小学学历达标率高 0.06%；初中学历达标率为 98.72%，比宣富义务教育大区初中学历达标率低 0.07%。

在教育师资指数层面上，最高的沾益县指数为 0.523 34，类别为第 IV 类，位序为第 48 位；最低的富民县指数为 0.507 36，类别为第 VII 类，位序为第 122 位；各县（市、区）的均值为 0.516 94。

5. 教育多样性

在教育多样性指标层面上，宣嵩义务教育区的民族学校数为 2 个，占宣富义务教育大区民族学校数的 100%；特殊教育学校数为 1 个，占宣富义务教育大区特殊教育学校数的 100%。

在教育多样性指数层面上，最高的宣威市指数为 4.311 80，类别为第 I 类，位序为第 2 位；最低的沾益县、富民县、嵩明县指数为 0.305 69，类别为第 VII 类，位序为第 72 位；各县（市、区）的均值为 1.168 05。

6. 教育总指数

在义务教育发展总指数层面上，最高的宣威市指数为 1.639 16，类别为第 I 类，位序为第 1 位；最低的富民县指数为 0.449 25，类别为第 VIII 类，位序为第 115 位；各县（市、区）的均值为 0.776 86。

第三节 宣富义务教育大区评价及对策

宣富义务教育大区在云南省总体发展态势较好，本区在办学条件指数上位居八大区之首，而教育机会指数、教育质量指数则位居第三，在支撑义务教育发展的地域背景上有如下特点：

（1）所辖范围主要为滇东北区域的一小部分，土地面积极小，约为云南省的 1/20，人口不足云南省的一成。本区开发现状较好，发展潜力较差。

（2）属于高原地带，以半山半坝区和山区为主，地形起伏较大。

（3）生产总值不足云南省的一成，人均 GDP 相对较低，经济发展水平相对落后。

结合宣富义务教育大区教育发展的总体特征（表 8-1，表 8-2），以及宣富义务教育大区内东会义务教育区、宣嵩义务教育区教育发展的现状（表 8-3），此外，直观反映宣富义务教育大区义务教育发展状况的原始数据（图 8-14，图 8-15）也纳入评价体系。

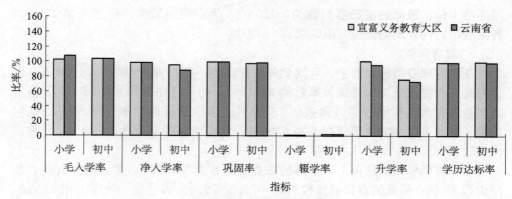

图 8-14　宣富义务教育大区原始数据格局一

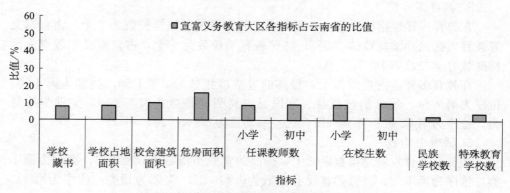

图 8-15　宣富义务教育大区原始数据格局二

一、主要问题

1. 师资力量相对不足

从师资指数层面看，最高的沾益县指数为 0.523 34，类别为第Ⅳ类，位序为第 48 位；最低的富民县指数为 0.507 36，类别为第Ⅶ类，位序为第 122 位。去除最高最低两个极值，本区其余 5 个县（市、区）类别为第Ⅳ类的有 2 个，第Ⅴ类的有 3 个，位序范围为第 58～105 位。其中，低于全省中值的县（市、区）有 5 个，占本区县（市、区）总数的 71%。结合原始数据分析，本区师资指数低主要是由于区内专任教师数与在校学生数的比例不合理，生均教师数在八大区中偏低。

2. 教育多样性发展不均

从教育多样性指数层面看，最高的宣威市指数为 4.311 80，类别为第Ⅰ类，位序为第 2 位；最低的沾益县指数为 0.305 69，类别为第Ⅶ类，位序为第 72 位。

去除最高最低两个极值，本区其余 5 个县（市、区）类别为第Ⅶ类的有 5 个，位序范围为第 54～72 位。其中，低于全省中值的县（市、区）有 5 个，占本区县（市、区）总数的 71％。结合原始数据分析，本区教育多样性指数低主要是由于民族学校和特殊学校较为缺乏，制约着教育多样性的均衡发展。

二、对策建议

1. 增加义务教育的资金投入，提供合理的财政保障

各级党政要真正落实义务教育经费的分担、管理和使用机制。着力资金调控，建立资金流失、浪费追究制度，实行资金收支报批制度。确保各项政策措施得到贯彻落实，特别是各级财政投入的落实和及时到位。可建立薄弱学校优先拨款制度来进行扶助，将财政经费向薄弱学校倾斜。特别是对于农村学校规模小、布点分散、基础设施薄弱等问题，需要拿出切实可行的办法予以解决。

2. 重视民族地区教育，充分发挥多民族地区的优势

在多民族的地区充分发挥民族特色，传承民族特色文化。国家给予一定的教育优惠政策，创造具有民族特色的课堂气氛，允许实行双语教学；对多民族地区的教师进行一定的倾斜政策；优秀民族文化进课堂，提高学生的学习效果；完善对民族地区的教育监控。让民族地区的教育水平不断发展并持续稳定前进。

勐广义务教育大区所辖县（市、区）为江城县、绿春县、金平县、屏边县、河口县、文山县、砚山县、西畴县、麻栗坡县、马关县、广南县、富宁县、丘北县、景洪市、勐海县、勐腊县，位于东经 $99°56'\sim106°12'$、北纬 $21°08'\sim24°28'$ 之间，属于西双版纳低中山盆谷区；河口中山低谷区；蒙自、元江高原盆地峡谷区；丘北，广南岩溶山原区；文山岩溶山原区；临沧中山山原区。本区土地面积为 $63.9\times10^3\,km^2$，占云南省土地面积的 16.21%，其中，坝区面积为 $10.8\times10^3\,km^2$；半山半坝区面积为 $20.2\times10^3\,km^2$；山区面积为 $32.9\times10^3\,km^2$。本区生产总值为 824.20 亿元，占云南省生产总值的 7.99%；人均生产总值为 14752 元，比云南省人均生产总值低 7443 元；地均生产总值为 128.983 万元/km^2，比云南省的地均生产总值低 132.612 万元/km^2。本区第三产业产值为 311.56 亿元，占云南省第三产业产值的 7.36%；第三产业产值占本区生产总值的比重为 37.80%。勐广义务教育大区的年末总人口数为 568.24 万人，占云南省年末总人口的 12.20%；人口密度为 89 人/km^2，比云南省人口密度低 29 人/km^2。

第一节　勐广义务教育大区总体特征

一、区域的背景特征

勐广义务教育大区所辖县（市、区）各级指标指数——地形起伏度、资源环境承载能力、经济发展综合水平、发展潜力综合水平、区域发展综合水平、人口受教育程度、民族构成系数的背景见表 9-1，结果表明：

（一）自然地理背景

在地形起伏度层面上，勐广义务教育大区所辖各县（市、区）之间存在较大差距，最高的金平县与最低的景洪市之间极差达到 0.346 18。景洪市、富宁县、勐腊县、河口县、西畴县 5 县（市）指数在 0.618 79～0.691 14 之间，类别为第 I 类，位序范围为第 3～10 位；砚山县、江城县、广南县、勐海县、丘北县、麻

表 9-1　勐广义务教育大区所辖县（市、区）背景表

义务教育大区	县（市、区）	地形起伏度			资源环境承载能力			经济发展综合水平			发展潜力综合水平			区域发展综合水平			人口受教育程度			民族构成系数		
		指数	类别	位序	指数	类别	位序	指数	类别	位序	指数	类别	位序	指数	类别	位序	指数	类别	位序	指数	类别	位序
勐广义务教育大区	江城县	0.727 80	II	14	0.979 23	VI	90	0.994 57	VI	66	1.168 06	II	3	0.997 57	VII	79	0.324 71	VIII	120	1.832 18	II	24
	绿春县	0.900 75	II	56	0.968 24	VI	99	0.875 99	VIII	125	1.038 78	V	48	0.928 95	VIII	125	0.520 44	VIII	100	2.385 57	I	1
	金平县	0.964 97	III	74	1.037 58	V	51	0.918 37	VII	117	1.102 25	III	16	0.985 28	VII	96	0.719 39	VII	79	2.091 56	II	11
	屏边县	0.905 79	II	58	1.040 99	V	49	0.892 27	VIII	123	1.102 50	III	15	0.974 57	VII	105	0.401 40	VIII	119	1.548 19	III	35
	河口县	0.625 27	I	6	0.886 85	VIII	126	1.016 47	IV	50	1.122 87	III	9	0.961 78	VIII	114	0.280 26	VIII	125	1.505 53	III	38
	文山县	0.906 71	II	59	1.047 98	V	45	1.093 73	IV	20	0.998 01	VI	80	1.066 57	V	22	1.406 43	V	21	1.265 64	IV	48
	砚山县	0.707 49	II	11	1.109 71	IV	12	1.031 26	VI	44	1.065 89	IV	33	1.070 21	V	19	1.252 33	VI	27	1.613 85	III	30
	西畴县	0.691 14	I	10	0.917 25	VIII	123	0.931 87	VII	114	0.951 80	VII	111	0.926 16	VIII	126	0.718 63	VII	80	0.475 37	VII	86
	麻栗坡县	0.868 94	III	43	0.994 81	VI	82	0.994 38	VI	67	1.095 23	III	21	1.000 51	VI	76	0.757 96	VII	73	1.026 74	V	61
	马关县	0.900 91	II	57	1.148 54	III	4	1.034 13	VI	42	1.118 92	III	10	1.092 94	III	13	1.005 40	VI	48	1.240 04	IV	50
	广南县	0.734 02	II	15	1.055 54	V	38	0.917 64	VII	118	1.003 81	VI	75	0.987 57	VII	93	1.962 02	III	12	1.521 72	III	36
	富宁县	0.621 88	I	4	1.021 06	IV	63	0.987 34	VII	73	1.074 39	III	27	1.008 32	VI	67	1.017 56	VI	46	1.839 17	II	22
	丘北县	0.826 12	II	29	1.090 00	V	21	0.922 51	VII	116	1.022 75	V	58	1.007 18	VI	69	1.200 45	V	35	1.596 82	III	33
	景洪市	0.618 79	I	3	1.027 81	V	56	1.129 48	IV	13	1.147 17	II	5	1.082 69	V	17	1.435 00	V	20	1.500 24	III	39
	勐海县	0.768 34	II	17	1.052 49	V	41	1.048 34	V	34	1.080 67	IV	24	1.052 18	V	32	0.817 57	VI	68	2.034 62	II	13
	勐腊县	0.623 29	I	5	1.031 99	V	53	1.061 75	IV	28	1.158 56	II	4	1.053 46	V	29	0.709 12	VII	81	1.717 04	III	25
	极差	0.346 18			0.261 69			0.253 49			0.216 26			0.166 78			1.681 76			1.910 20		

栗坡县、绿春县、马关县、屏边县、文山县 10 县指数在 0.707 49～0.906 71 之间，类别为第Ⅱ类，位序范围为第 11～59 位；金平县指数为 0.964 97，类别为第Ⅲ类，位序为第 74 位。

（二）经济地理背景

（1）在资源环境承载能力层面上，勐广义务教育大区所辖各县（市、区）之间存在较大差距，最高的马关县与最低的河口县之间极差达到 0.261 69。马关县指数为 1.148 54，类别为第Ⅲ类，位序为第 4 位；砚山县、丘北县 2 县指数分别为 1.109 71、1.090 00，类别为第Ⅳ类，位序分别为第 12、21 位；广南县、勐海县、文山县、屏边县、金平县、勐腊县、景洪市、富宁县 8 县（市）指数在 1.055 54～1.021 06 之间，类别为第Ⅴ类，位序范围为第 38～63 位；麻栗坡县、江城县、绿春县 3 县指数在 0.994 81～0.968 24 之间，类别为第Ⅵ类，位序范围为第 82～99 位；西畴县、河口县 2 县指数分别为 0.917 25～0.886 85，类别为第Ⅷ类，位序分别为第 123、126 位。

（2）在经济发展综合水平层面上，勐广义务教育大区所辖各县（市、区）之间存在较大差距，最高的景洪市与最低的绿春县之间极差达到 0.253 49。景洪市、文山县 2 县（市）指数分别为 1.129 48、1.093 73，类别为第Ⅳ类，位序分别为第 13、20 位；勐腊县、勐海县、马关县、砚山县、河口县 5 县指数在 1.061 75～1.016 47 之间，类别为第Ⅴ类，位序范围为第 28～50 位；江城县、麻栗坡县、富宁县 3 县指数在 0.994 57～0.987 34 之间，类别为第Ⅵ类，位序范围为第 66～73 位；西畴县、丘北县、金平县、广南县 4 县指数在 0.931 87～0.917 64 之间，类别为第Ⅶ类，位序范围为第 114～118 位；屏边县、绿春县 2 县指数分别为 0.892 27～0.875 99 之间，类别为第Ⅷ类，位序分别为第 123、125 位。

（3）发展潜力综合水平层面上，勐广义务教育大区所辖各县（市、区）之间存在较大差距，最高的江城县与最低的西畴县之间极差达到 0.216 26。江城县、勐腊县、景洪市 3 县（市）指数在 1.168 06～1.147 17 之间，类别为第Ⅱ类，位序范围为第 3～5 位；河口县、马关县、屏边县、金平县、麻栗坡县 5 县指数在 1.122 87～1.095 23 之间，类别为第Ⅲ类，位序范围为第 9～21 位；勐海县、富宁县、砚山县 3 县指数在 1.080 67～1.065 89 之间，类别为第Ⅳ类，位序范围为第 24～33 位；绿春县、丘北县 2 县指数分别为 1.038 78、1.022 75，类别为第Ⅴ类，位序分别为第 48、58 位；广南县、文山县 2 县指数分别为 1.003 81、0.998 01，类别为第Ⅵ类，位序分别为第 75、80 位；西畴县指数为 0.951 80，类别为第Ⅶ类，位序为第 111 位。

（4）在区域发展综合水平层面上，勐广义务教育大区所辖各县（市、区）之间存在较大差距，最高的马关县与最低的西畴县之间的极差达到 0.166 78。马关县、景洪市、砚山县、文山县、勐腊县、勐海县 6 县（市）指数在 1.092 94～1.052 18 之间，类别为第Ⅴ类，位序范围为第 13～32 位；富宁县、丘北县、麻栗坡县、江城县、广南县、金平县、屏边县 7 县指数在 1.008 32～0.974 57 之间，类别为第Ⅶ类，位序范围为第 67～105 位；河口县、绿春县、西畴县 3 县指数在 0.961 78～0.926 16 之间，类别为第Ⅷ类，位序范围为第 114～126 位。

（三）人文地理背景

（1）在人口受教育程度层面上，勐广义务教育大区所辖各县（市、区）之间存在较大差距，最高的广南县与最低的河口县之间极差达到 1.681 76。广南县指数为 1.962 02，类别为第Ⅲ类，位序为第 12 位；景洪市、文山县、砚山县、丘北县 4 县（市）指数在 1.435 00～1.200 45 之间，类别为第Ⅴ类，位序范围为第 20～35 位；富宁县、马关县、勐海县 3 县指数在 1.017 56～0.817 57 之间，类别为第Ⅵ类，位序范围为第 46～68 位；麻栗坡县、金平县、西畴县、勐腊县 4 县指数在 0.757 96～0.709 12 之间，类别为第Ⅶ类，位序范围为第 73～81 位；绿春县、屏边县、江城县、河口县 4 县指数在 0.520 44～0.280 26 之间，类别为第Ⅷ类，位序范围为第 100～125 位。

（2）在民族构成系数层面上，勐广义务教育大区所辖各县（市、区）之间存在较大差距，最高的绿春县与最低的西畴县之间极差达到 1.910 20。绿春县指数为 2.385 57，类别为第Ⅰ类，位序为 1；金平县、勐海县、富宁县、江城县 4 县指数在 2.091 56～1.832 18 之间，类别为第Ⅱ类，位序范围为第 11～24 位；勐腊县、砚山县、丘北县、屏边县、广南县、河口县、景洪市 7 县（市）指数在 1.717 04～1.500 24 之间，类别为第Ⅲ类，位序范围为第 25～39 位；文山县、马关县 2 县指数分别为 1.265 64、1.240 04，类别为第Ⅳ类，位序分别为第 48、50 位；麻栗坡县指数为 1.026 74，类别为第Ⅴ类，位序为第 61 位；西畴县指数为 0.475 37，类别为第Ⅶ类，位序为 86 位。

二、区域的状态特征

勐广义务教育大区所辖县（市、区）的义务教育各项指标指数——教育机会、教育质量、办学条件、教育师资、教育多样性、义务教育发展总指数见表 9-2，结果表明：

1. 教育机会

在教育机会指标层面上，勐广义务教育大区的小学毛入学率为 106.93%，比云南省的小学毛入学率高 0.05%；初中毛入学率为 101.93%，比云南省的初中毛入学率低 1.19%。本区小学净入学率为 96.07%，比云南省小学净入学率低 2.22%；初中净入学率为 84.14%，比云南省初中净入学率低 3.46%。

在教育机会指数层面上，勐广义务教育大区所辖各县（市、区）之间存在较大差距，最高的勐海县与最低的丘北县之间极差达到 0.120 46。勐海县、马关县 2 县指数分别为 1.053 92、1.047 06，类别为第Ⅴ类，位序分别为第 19、21 位；

表 9-2　勐广义务教育大区所辖县（市、区）状态表

义务教育大区	县（市、区）	教育机会指数			教育质量指数			办学条件指数			师资指数			教育多样性指数			义务教育发展总指数		
		指数	类别	位序	指数	类别	位序	指数	类别	位序	指数	类别	位序	指数	类别	位序	指数	类别	位序
勐广义务教育大区	江城县	0.979 69	VI	90	0.232 01	II	102	0.274 87	VII	99	0.517 10	V	92	0.000 00	VIII	117	0.400 73	VIII	124
	绿春县	0.987 44	VI	77	0.385 61	II	54	0.493 46	VI	55	0.509 48	VI	116	1.500 00	V	19	0.775 20	V	27
	金平县	0.984 24	VI	82	0.474 36	II	34	0.449 24	VI	64	0.516 16	V	100	1.000 00	VI	28	0.684 80	VI	34
	屏边县	0.982 46	VI	87	0.448 97	II	42	0.251 34	VII	105	0.521 91	IV	62	1.000 00	VI	28	0.640 94	VI	50
	河口县	0.965 99	VI	104	0.580 77	II	13	0.204 64	VIII	118	0.530 40	III	11	1.000 00	VI	28	0.656 36	VI	41
	文山县	0.998 65	VI	59	0.531 58	II	25	0.594 10	VI	38	0.524 21	IV	43	2.000 00	IV	18	0.929 71	IV	18
	砚山县	0.983 16	VI	85	0.453 34	II	37	0.725 90	V	22	0.512 68	VI	108	1.500 00	V	19	0.835 02	V	21
	西畴县	0.976 41	VI	93	0.598 40	II	9	0.343 48	VII	87	0.519 86	VI	74	0.500 00	VII	66	0.587 63	VII	60
	麻栗坡县	0.957 69	V	108	0.330 77	II	69	0.307 08	VII	94	0.519 54	V	78	1.500 00	V	19	0.723 02	VI	29
	马关县	1.047 06	V	21	-0.205 25	VII	126	0.590 33	VI	40	0.517 71	V	88	1.500 00	V	19	0.689 97	VI	33
	广南县	0.948 01	VI	115	0.206 52	II	108	1.140 29	III	6	0.506 95	VII	123	0.500 00	VIII	66	0.660 35	VI	40
	富宁县	0.975 69	VI	94	0.352 17	II	64	0.580 63	VI	43	0.507 36	VII	122	1.500 00	V	19	0.783 17	V	25
	丘北县	0.933 46	VI	124	-0.142 95	VII	124	1.360 07	II	3	0.518 93	IV	82	1.500 00	V	19	0.833 90	V	22
	景洪市	0.994 62	VI	64	0.248 24	II	98	0.703 29	V	24	0.525 99	IV	27	0.917 06	VI	31	0.677 84	VI	38
	勐海县	1.053 92	V	19	0.169 54	II	111	0.575 74	VI	44	0.522 82	IV	53	0.917 06	VI	31	0.647 82	VI	47
	勐腊县	0.973 40	VI	96	-0.274 40	VII	128	0.512 39	VI	54	0.527 07	IV	23	0.917 06	VI	31	0.531 10	VII	84
	极差	0.120 46			0.872 80			1.155 43			0.023 45			2.000 00			0.528 97		

文山县、景洪市、绿春县、金平县、砚山县、屏边县、江城县、西畴县、富宁县、勐腊县、河口县、麻栗坡、广南县、丘北县14县（市）指数在0.998 65～0.933 46之间，类别为第Ⅵ类，位序范围为第59～124位。

2. 教育质量

在教育质量指标层面上，勐广义务教育大区的小学巩固率为99.33%，比云南省小学巩固率高0.01%；初中巩固率为97.61%，比云南省初中巩固率低0.48%。本区小学辍学率为0.94%，比云南省小学辍学率高0.18%；初中辍学率为2.64%，比云南省初中辍学率高0.67%。本区小学升学率为96.22%，比云南省小学升学率高0.78%；初中升学率为53.50%，比云南省初中升学率低19.24%。

在教育质量指数层面上，勐广义务教育大区所辖各县（市、区）之间存在较大差距，最高的西畴县与最低的勐腊县之间极差达到0.872 80。西畴县、河口县、文山县、金平县、砚山县、屏边县、绿春县、富宁县、麻栗坡县、景洪市、江城县、广南县、勐海县13县（市）指数在0.598 40～0.169 54之间，类别为第Ⅱ类，位序范围为第9～111位；丘北县指数为−0.142 95，类别为第Ⅵ类，位序为第124位；马关县、勐腊县2县指数分别为−0.205 25、−0.274 40，类别为第Ⅶ类，位序分别为第126、128位。

3. 办学条件

在办学条件指标层面上，勐广义务教育大区的学校藏书为5 283 789册，占云南省学校藏书的12.27%；学校占地面积为13 263 419 ㎡，占云南省学校占地面积的14.47%；校舍建筑面积为2 874 152 ㎡，占云南省校舍建筑面积的11.24%；危房面积为2 156 799 ㎡，占云南省危房面积的11.52%。

在办学条件指数层面上，勐广义务教育大区所辖各县（市、区）之间存在较大差距，最高的丘北县与最低的河口县之间极差达到1.155 43。丘北县指数为1.360 07，类别为第Ⅱ类，位序为第3位；广南县指数为1.140 29，类别为第Ⅲ类，位序为第6位；砚山县、景洪市2县（市）指数分别为0.725 90、0.703 29，类别为第Ⅴ类，位序分别为第22、24位；文山县、马关县、富宁县、勐海县、勐腊县、绿春县、金平县7县指数在0.594 10～0.449 24之间，类别为第Ⅵ类，位序范围为第38～64位；西畴县、麻栗坡县、江城县、屏边县4县指数在0.343 48～0.251 34之间，类别为第Ⅶ类，位序范围为第87～105位；河口县指数为0.204 64，类别为第Ⅷ类，位序为第118位。

4. 教育师资

在教育师资指标层面上，勐广义务教育大区的小学任课教师数为32 151人，占云南省小学任课教师数的13.75%；初中任课教师数为14 866人，占云南省初中任课教师数的12.87%。小学学历达标率为97.90%，比云南省小学学历达标率低0.17 %；初中学历达标率为96.78%，比云南省初中学历达标率低1.47%。

在师资指数层面上，勐广义务教育大区所辖各县（市、区）之间存在较大差距，最高的河口县与最低的广南县之间极差达到 0.023 45。河口县指数为 0.530 40，类别为第Ⅲ类，位序为第 11 位；勐腊县、景洪市、文山县、勐海县、屏边县 5 县（市）指数在 0.527 07～0.521 91 之间，类别为第Ⅳ类，位序范围为第 23～62 位；西畴县、麻栗坡县、丘北县、马关县、江城县、金平县 6 县指数在 0.519 86～0.516 16 之间，类别为第Ⅴ类，位序范围为第 74～100 位；砚山县、绿春县 2 县指数分别为 0.512 68、0.509 48，类别为第Ⅵ类，位序分别为第 108、116 位；富宁县、广南县 2 县指数分别为 0.507 36、0.506 95，类别为第Ⅶ类，位序分别为第 122、123 位。

5. 教育多样性

在教育多样性指标层面上，勐广义务教育大区的民族学校数为 15 个，占云南省民族学校数的 15.15%；特殊教育学校数为 1 个，占云南省特殊教育学校数的 4.00%。

在教育多样性指数层面上，勐广义务教育大区所辖各县（市、区）之间存在较大差距，最高的文山县与最低的江城县之间的极差达到 2.000 00。文山县指数为 2.000 00，类别为第Ⅳ类，位序为第 18 位；绿春县、砚山县、麻栗坡县、马关县、富宁县、丘北县 6 县指数为 1.500 00，类别均为第Ⅴ类，位序均为第 19 位；金平县、屏边县、河口县、景洪市、勐海县、勐腊县 6 县（市）指数在 1.000 00～0.917 06 之间，类别为第Ⅵ类，位序范围为第 28～31 位；西畴县、广南县 2 县指数均为 0.500 00，类别为第Ⅶ类，位序均为第 66 位；江城县指数为 0.000 00，类别为第Ⅷ类，位序为第 117 位。

6. 教育总指数

在义务教育发展总指数层面上，勐广义务教育大区所辖各县（市、区）之间存在较大差距，最高的文山县与最低的江城县之间极差达到 0.528 98。文山县指数为 0.929 71，类别为第Ⅳ类，位序为第 18 位；砚山县、丘北县、富宁县、绿春县 4 县指数在 0.835 02～0.775 20 之间，类别为第Ⅴ类，位序范围为第 21～27 位；麻栗坡县、马关县、金平县、景洪市、广南县、河口县、勐海县、屏边县 8 县（市）指数在 0.723 02～0.640 94 之间，类别为第Ⅵ类，位序范围为第 29～50 位；西畴县、勐腊县 2 县指数分别为 0.587 63、0.531 10，类别为第Ⅶ类，位序分别为第 60、84 位；江城县指数为 0.400 73，类别为第Ⅷ类，位序为第 124 位。

第二节　勐广义务教育大区区域差异

勐广义务教育大区划分为 3 个义务教育区：红河义务教育区、文山义务教育区、版纳义务教育区。

一、红河义务教育区

红河义务教育区所辖县（市、区）为江城县、绿春县、金平县、屏边县、河口县5县，位于东经 $101°14'\sim104°16'$、北纬 $22°20'\sim23°23'$ 之间，属于西双版纳低中山盆谷区；河口中山低谷区；蒙自、元江高原盆地峡谷区。本区土地面积为 $13.4\times10^3\,km^2$，占勐广义务教育大区土地面积的 20.97%，其中，山区面积为 $13.4\times10^3\,km^2$。本区生产总值为 108.76 亿元，占勐广义务教育大区生产总值的 13.20%；人均生产总值为 13 522 元，比勐广义务教育大区人均生产总值高 109 元；地均生产总值为 81.164 万元/km²，比勐广义务教育大区地均生产总值低 47.819 万元/km²。本区第三产业产值为 35.74 亿元，占勐广义务教育大区第三产业产值的 11.47%；第三产业产值占本区生产总值的比重为 32.86%。红河义务教育区的年末总人口数为 97.22 万人，占勐广义务教育大区年末总人口的 17.11%；人口密度为 73 人/km²，比勐广义务教育大区人口密度低 16 人/km²。

（一）区域的背景差异

红河义务教育区所辖县（市、区）各级指标指数的背景见表 9-3，笔者分别对分指标指数地形起伏度、资源环境承载能力、经济发展综合水平、发展潜力综合水平、区域发展综合水平、教育背景基础、民族构成系数进行聚类（图 9-1 至图 9-7），结果表明：

（1）从自然地理背景差异来看，在地形起伏度指数层面上，最低的河口县指数为 0.625 27，类别为第Ⅰ类，位序为第 6 位；最高的金平县指数为 0.964 97，类别为第Ⅲ类，位序为第 74 位；各县（市、区）的均值为 0.824 92。

（2）从经济地理背景差异来看，在资源环境承载能力层面上，最高的屏边县指数为 1.040 99，类别为第Ⅴ类，位序为第 49 位；最低的河口县指数为 0.886 85，类别为第Ⅷ类，位序为第 126 位；各县（市、区）的均值为 0.982 58。在经济发展综合水平层面上，最高的河口县指数为 1.016 47，类别为第Ⅴ类，位序为第 50 位；最低的绿春县指数为 0.875 99，类别为第Ⅷ类，位序为第 125 位；各县（市、区）的均值为 0.939 53。在发展潜力综合水平层面上，最高的江城县指数为 1.168 06，类别为第Ⅱ类，位序为第 3 位；最低的绿春县指数为 1.038 78，类别为第Ⅴ类，位序为第 48 位；各县（市、区）的均值为 1.106 89。在区域发展综合水平层面上，最高的江城县指数为 0.997 57，类别为第Ⅶ类，位序为第 79 位；最低的绿春县指数为 0.928 95，类别为第Ⅷ类，位序为第 125 位；各县（市、区）的均值为 0.969 63。

表 9-3 红河、文山、版纳义务教育区所辖（市、区）县背景表

义务教育大区	义务教育区	县(市、区)	地形起伏度			资源环境承载能力			经济发展综合水平			发展潜力综合水平			区域发展综合水平			人口受教育程度			民族构成系数		
			指数	类别	位序	指数	类别	位序	指数	类别	位序	指数	类别	位序	指数	类别	位序	指数	类别	位序	指数	类别	位序
	红河义务教育区	江城县	0.727 80	II	14	0.979 23	VI	90	0.994 57	VI	66	1.168 06	II	3	0.997 57	VII	79	0.324 71	VIII	120	1.832 18	II	24
		绿春县	0.900 75	II	56	0.968 24	VI	99	0.875 99	VIII	125	1.038 78	V	48	0.928 95	VIII	125	0.520 44	VIII	100	2.385 57	I	1
		金平县	0.964 97	III	74	1.037 58	V	51	0.918 37	VII	117	1.102 25	III	16	0.985 28	VII	96	0.719 39	VII	79	2.091 56	II	11
		屏边县	0.905 79	II	58	1.040 99	V	49	0.892 27	VIII	123	1.102 50	III	15	0.974 57	VII	105	0.401 40	VIII	119	1.548 19	III	35
		河口县	0.625 27	I	6	0.886 85	VIII	126	1.016 47	V	50	1.122 87	III	9	0.961 78	VIII	114	0.280 26	VIII	125	1.505 53	III	38
		均 值	0.824 92			0.982 58			0.939 53			1.106 89			0.969 63			0.449 24			1.872 61		
	文山义务教育区	文山县	0.906 71	II	59	1.047 98	V	45	1.093 73	IV	20	0.998 01	VI	80	1.066 57	V	22	1.406 43	V	21	1.265 64	IV	48
		砚山县	0.707 49	II	11	1.109 71	IV	12	1.031 26	V	44	1.065 89	IV	33	1.070 21	V	19	1.252 33	V	27	1.613 85	III	30
		西畴县	0.691 14	I	10	0.917 25	VIII	123	0.931 87	VII	114	0.951 80	VIII	111	0.926 16	VIII	126	0.718 63	VII	80	0.475 37	VII	86
		麻栗坡县	0.868 94	II	43	0.994 81	VI	82	0.994 38	VI	67	1.095 23	III	21	1.000 51	VII	76	0.757 96	VII	73	1.026 74	IV	61
		马关县	0.900 91	II	57	1.148 54	III	4	1.034 13	V	42	1.118 92	III	10	1.092 94	V	13	1.005 40	VI	48	1.240 04	IV	50
		广南县	0.734 02	II	15	1.055 54	V	38	0.917 64	VII	118	1.003 81	VI	75	0.987 57	VII	93	1.962 02	III	12	1.521 72	III	36
		富宁县	0.621 88	I	4	1.021 06	V	63	0.987 34	VI	73	1.074 39	IV	27	1.008 32	VII	67	1.017 56	VI	46	1.839 17	II	22
		丘北县	0.826 12	II	29	1.090 00	V	21	0.922 51	VII	116	1.022 75	V	58	1.007 18	VII	69	1.200 45	V	35	1.596 82	III	33
		均 值	0.782 15			1.048 11			0.989 11			1.041 35			1.019 93			1.165 10			1.322 42		
勐广义务教育大区	版纳义务教育区	景洪市	0.618 79	I	3	1.027 81	V	56	1.129 48	IV	13	1.147 17	II	5	1.082 69	V	17	1.435 00	V	20	1.500 24	III	39
		勐海县	0.768 34	III	17	1.052 49	V	41	1.048 34	IV	34	1.080 67	IV	24	1.052 18	V	32	0.817 57	VI	68	2.034 62	II	13
		勐腊县	0.623 29	I	5	1.031 99	V	53	1.061 75	IV	28	1.158 56	II	4	1.053 46	V	29	0.709 12	VII	81	1.717 04	III	25
		均 值	0.670 14			1.037 43			1.079 86			1.128 80			1.062 78			0.987 23			1.750 63		

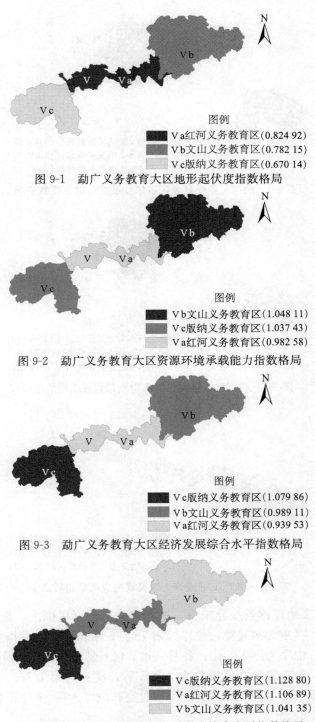

图例
■ Ⅴa红河义务教育区(0.824 92)
■ Ⅴb文山义务教育区(0.782 15)
□ Ⅴc版纳义务教育区(0.670 14)

图 9-1 勐广义务教育大区地形起伏度指数格局

图例
■ Ⅴb文山义务教育区(1.048 11)
■ Ⅴc版纳义务教育区(1.037 43)
□ Ⅴa红河义务教育区(0.982 58)

图 9-2 勐广义务教育大区资源环境承载能力指数格局

图例
■ Ⅴc版纳义务教育区(1.079 86)
■ Ⅴb文山义务教育区(0.989 11)
□ Ⅴa红河义务教育区(0.939 53)

图 9-3 勐广义务教育大区经济发展综合水平指数格局

图例
■ Ⅴc版纳义务教育区(1.128 80)
■ Ⅴa红河义务教育区(1.106 89)
□ Ⅴb文山义务教育区(1.041 35)

图 9-4 勐广义务教育大区发展潜力综合水平指数格局

图例
■ Ⅴc版纳义务教育区(1.062 78)
▦ Ⅴb文山义务教育区(1.019 93)
□ Ⅴa红河义务教育区(0.969 63)

图 9-5　勐广义务教育大区区域发展综合水平指数格局

图例
■ Ⅴb文山义务教育区(1.165 10)
▦ Ⅴc版纳义务教育区(0.987 23)
□ Ⅴa红河义务教育区(0.449 24)

图 9-6　勐广义务教育大区人口受教育程度指数格局

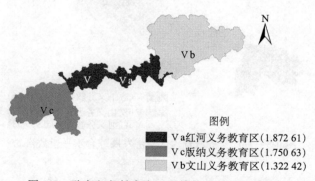

图例
■ Ⅴa红河义务教育区(1.872 61)
▦ Ⅴc版纳义务教育区(1.750 63)
□ Ⅴb文山义务教育区(1.322 42)

图 9-7　勐广义务教育大区民族构成系数指数格局

（3）从人文地理背景差异来看，在人口受教程度层面上，最高的金平县指数为 0.719 39，类别为第Ⅶ类，位序为第 79 位；最低的河口县指数为 0.280 26，类别为第Ⅷ类，位序为第 125 位；各县（市、区）的均值为 0.449 24。在民族构成系数层面上，最高的绿春县指数为 2.385 57，类别为第Ⅰ类，位序为第 1 位；最低的河口县指数为 1.505 53，类别为第Ⅲ类，位序为第 38 位；各县（市、区）的均值为 1.872 61。

（二）区域的状态差异

红河义务教育区所辖县（市、区）各级指标指数的义务教育各项指数见表9-4，笔者分别对5个分指标指数和1个总指标指数进行聚类（图9-8至图9-13），结果表明：

1. 教育机会

在教育机会指标层面上，红河义务教育区的小学毛入学率为104.08％，比勐广义务教育大区的小学毛入学率低2.85％；初中毛入学率为99.07％，比勐广义务教育大区的初中毛入学率低2.86％。本区小学净入学率为97.78％，比勐广义务教育大区小学净入学率高1.71％；初中净入学率为88.69％，比勐广义务教育大区初中净入学率高4.55％。

在教育机会指数层面上，最高的绿春县指数为0.987 44，类别为第Ⅵ类，位序为第77位；最低的河口县指数为0.965 99，类别为第Ⅵ类，位序为第104位；各县（市、区）的均值为0.979 96。

2. 教育质量

在教育质量指标层面上，红河义务教育区的小学巩固率为99.81％，比勐广义务教育大区小学巩固率高0.48％；初中巩固率为98.70％，比勐广义务教育大区初中巩固率高1.09％。本区小学辍学率为0.30％，比勐广义务教育大区小学辍学率低0.64％；初中辍学率为1.23％，比勐广义务教育大区初中辍学率低1.41％。本区小学升学率为96.64％，比勐广义务教育大区小学升学率高0.42％；初中升学率为30.51％，比勐广义务教育大区初中升学率低22.99％。

在教育质量指数层面上，最高的河口县指数为0.580 77，类别为第Ⅱ类，位序为第13位；最低的江城县指数为0.232 01，类别为第Ⅱ类，位序为第102位；各县（市、区）的均值为0.424 34。

3. 办学条件

在办学条件指标层面上，红河义务教育区的学校藏书为1 059 564册，占勐广义务教育大区学校藏书的20.05％；学校占地面积为2 316 791㎡，占勐广义务教育大区学校占地面积的17.47％；校舍建筑面积为534 081㎡，占勐广义务教育大区校舍建筑面积的18.58％；危房面积为353 352㎡，占勐广义务教育大区危房面积的16.38％。

在办学条件指数层面上，最高的绿春县指数为0.493 46，类别为第Ⅵ类，位序为第55位；最低的河口县指数为0.204 64，类别为第Ⅷ类，位序为第118位；各县（市、区）的均值为0.334 71。

4. 教育师资

在教育师资指标层面上，红河义务教育区的小学任课教师数为4862人，占勐广义务教育大区小学任课教师数的15.12％；初中任课教师数为2519人，占勐广义务教育大区初中任课教师数的16.94％。小学学历达标率为96.61％，比勐广义务教育大区小学学历达标率低1.29％；初中学历达标率为98.93％，比勐广义务教育大区初中学历达标率高2.15％。

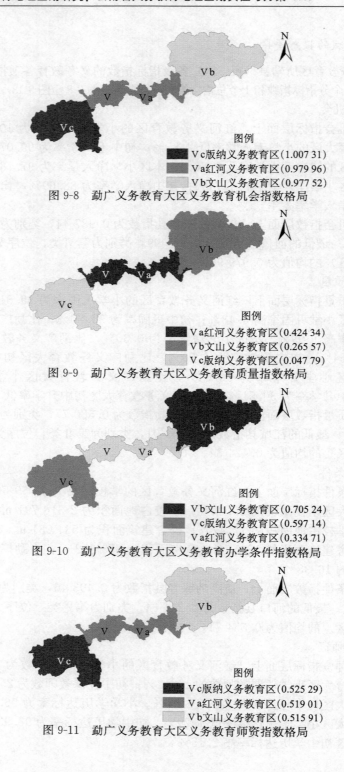

图 9-8   勐广义务教育大区义务教育机会指数格局

图 9-9   勐广义务教育大区义务教育质量指数格局

图 9-10   勐广义务教育大区义务教育办学条件指数格局

图 9-11   勐广义务教育大区义务教育师资指数格局

图9-12　勐广义务教育大区义务教育多样性指数格局

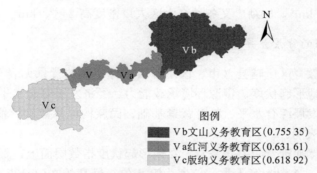

图9-13　勐广义务教育大区义务教育发展总指数格局

在教育师资指数层面上，最高的河口县指数为0.530 40，类别为第Ⅲ类，位序为第11位；最低的绿春县指数为0.509 48，类别为第Ⅵ，位序为第116位；各县（市、区）的均值为0.519 01。

5. 教育多样性

在教育多样性指标层面上，红河义务教育区的民族学校数为4个，占勐广义务教育大区民族学校数的26.67%；特殊教育学校数为0。

在教育多样性指数层面上，最高的绿春县指数为1.500 00，类别为第Ⅴ类，位序为第19位；最低的江城县指数为0.000 00，类别为第Ⅷ类，位序为第117位；各县（市、区）的均值为0.900 00。

6. 教育总指数

在义务教育发展总指数层面上，最高的绿春县指数为0.775 20，类别为第Ⅴ类，位序为第27位；最低的江城县指数为0.400 73，类别为Ⅷ类，位序为第124位；各县（市、区）的均值为0.631 61。

二、文山义务教育区

文山义务教育区所辖县（市、区）为文山县、砚山县、西畴县、麻栗坡县、马关县、广南县、富宁县、丘北县 8 县，位于东经 $103°34'\sim106°12'$、北纬 $22°42'\sim24°28'$ 之间，属于丘北，广南岩溶山原区；文山岩溶山原区。本区土地面积为 $31.5×10^3\,km^2$，占勐广义务教育大区土地面积的 49.30%，其中，坝区面积为 $3.9×10^3\,km^2$；半山半坝区面积为 $8.1×10^3\,km^2$；山区面积为 $19.5×10^3\,km^2$。本区生产总值为 476.74 亿元，占勐广义务教育大区生产总值的 57.84%；人均生产总值为 13475 元，比勐广义务教育大区人均生产总值低 1277 元；地均生产总值为 151.346 万元/km^2，比勐广义务教育大区地均生产总值高 22.363 万元/km^2。本区第三产业产值为 175.27 亿元，占勐广义务教育大区第三产业产值的 56.26%；第三产业产值占本区生产总值的比重为 36.76%。文山义务教育区的年末总人口数为 356.12 万人，占勐广义务教育大区年末总人口的 62.67%；人口密度为 113 人/km^2，比勐广义务教育大区人口密度高 24 人/km^2。

（一）区域的背景差异

文山义务教育区所辖县（市、区）各级指标指数的背景见表 9-3，笔者分别对分指标指数地形起伏度、资源环境承载能力、经济发展综合水平、发展潜力综合水平、区域发展综合水平、教育背景基础、民族构成系数进行聚类（图 9-1 至图 9-7），结果表明：

（1）从自然地理背景差异来看，在地形起伏度指数层面上，最低的富宁县指数为 0.621 88，类别为第 I 类，位序为第 4 位；最高的文山县指数为 0.906 71，类别为第 II 类，位序为第 59 位；各县（市、区）的均值为 0.782 15。

（2）从经济地理背景差异来看，在资源环境承载能力层面上，最高的马关县指数为 1.148 54，类别为第 III 类，位序为第 4 位；最低的西畴县指数为 0.917 25，类别为第 VIII 类，位序为第 123 位；各县（市、区）的均值为 1.048 11。在经济发展综合水平层面上，最高的文山县指数为 1.093 73，类别为第 IV 类，位序为第 20 位；最低的广南县指数为 0.917 64，类别为第 VII 类，位序为第 118 位；各县（市、区）的均值为 0.989 11。在发展潜力综合水平层面上，最高的马关县指数为 1.118 92，类别为第 III 类，位序为第 10 位；最低的西畴县指数为 0.951 80，类别为第 VII 类，位序为第 111 位；各县（市、区）的均值为 1.041 35。在区域发展综合水平层面上，最高的马关县指数为 1.092 94，类别为第 V 类，位序为第 13 位；最低的西畴县指数为 0.926 16，类别为第 VIII 类，位序为第 126 位；各县（市、区）的均值为 1.019 93。

（3）从人文地理背景差异来看，在人口受教程度层面上，最高的广南县指数为 1.962 02，类别为第 III 类，位序为第 12 位；最低的西畴县县指数为 0.718 63，类别为第 VII 类，位序为第 80 位；各县（市、区）的均值为 1.165 10。在民族构成系数层面上，最高的富宁县县指数为 1.839 17，类别为第 II 类，位序为第 22 位；最低的西畴县指数为 0.475 37，类别为第 VII 类，位序为第 86 位；各县（市、区）的均值为 1.322 42。

(二) 区域的状态差异

文山义务教育区所辖县区各级指标指数的义务教育各项指数见表 9-4，笔者分别对 5 个分指标指数和 1 个总指标指数进行聚类（图 9-8 至图 9-13），结果表明：

1. 教育机会

在教育机会指标层面上，文山义务教育区的小学毛入学率为 105.95%，比勐广义务教育大区的小学毛入学率低 0.98%；初中毛入学率为 101.38%，比勐广义务教育大区的初中毛入学率低 0.55%。本区小学净入学率为 94.88%，比勐广义务教育大区小学净入学率低 1.19%；初中净入学率为 83.70%，比勐广义务教育大区初中净入学率低 0.44%。

在教育机会指数层面上，最高的马关县指数为 1.047 06，类别为第 V 类，位序为第 21 位；最低的丘北县指数为 0.933 46，类别为第 Ⅵ 类，位序为第 124 位；各县（市、区）的均值为 0.977 52。

2. 教育质量

在教育质量指标层面上，文山义务教育区的小学巩固率为 99.41%，比勐广义务教育大区小学巩固率高 0.08%；初中巩固率为 97.05%，比勐广义务教育大区初中巩固率低 0.55%。本区小学辍学率为 0.94%，与勐广义务教育大区小学辍学率持平；初中辍学率为比勐广义务教育大区初中辍学率高 3.03%，比勐广义务教育大区初中辍学率高 0.39%。本区小学升学率为 96.56%，比勐广义务教育大区小学升学率高 0.34%；初中升学率为 62.89%，比勐广义务教育大区初中升学率高 9.39%。

在教育质量指数层面上，最高的西畴县指数为 0.598 40，类别为第 Ⅱ 类，位序为第 9 位；最低的马关县指数为 -0.205 25，类别为第 Ⅶ 类，位序为第 126 位；各县（市、区）的均值为 0.265 57。

3. 办学条件

在办学条件指标层面上，文山义务教育区的学校藏书为 3 449 378 册，占勐广义务教育大区学校藏书的 65.28%；学校占地面积为 7 503 695 ㎡，占勐广义务教育大区学校占地面积的 56.57%；校舍建筑面积为 1 850 368 ㎡，占勐广义务教育大区校舍建筑面积的 64.38%；危房面积为 1 444 768 ㎡，占勐广义务教育大区危房面积的 66.99%。

在办学条件指数层面上，最高的丘北县指数为 1.360 07，类别为第 Ⅱ 类，位序为第 3 位；最低的麻栗坡县指数为 0.307 08，类别为第 Ⅶ 类，位序为第 94 位；各县（市、区）的均值为 0.705 24。

4. 教育师资

在教育师资指标层面上，文山义务教育区的小学任课教师数为 21 962，占勐

表9-4　红河、文山、版纳义务教育区所辖县（市、区）状态表

义务教育大区	义务教育区	县(市区)	教育机会指数			教育质量指数			办学条件指数			师资指数			教育多样性指数			义务教育发展总指数		
		指标	指数	类别	位序	指数	类别	位序	指数	类别	位序	指数	类别	位序	指数	类别	位序	指数	类别	位序
勐广义务教育大区	红河义务教育区	江城县	0.979 69	VI	90	0.232 01	II	102	0.274 87	VII	99	0.517 10	V	92	0.000 00	VIII	117	0.400 73	VIII	124
		绿春县	0.987 44	VI	77	0.385 61	II	54	0.493 46	VI	55	0.509 48	VI	116	1.500 00	V	19	0.775 20	V	27
		金平县	0.984 24	VI	82	0.474 36	II	34	0.449 24	VI	64	0.516 16	V	100	1.000 00	VI	28	0.684 80	VI	34
		屏边县	0.982 46	VI	87	0.448 97	II	42	0.251 34	VII	105	0.521 91	IV	62	1.000 00	VI	28	0.640 94	VI	50
		河口县	0.965 99	VI	104	0.580 77	II	13	0.204 64	VIII	118	0.530 40	III	11	1.000 00	VI	28	0.656 36	VI	41
		均　值	0.979 96			0.424 34			0.334 71			0.519 01			0.900 00			0.631 61		
	文山义务教育区	文山县	0.998 65	VI	59	0.531 58	II	25	0.594 10	VI	38	0.524 21	IV	43	2.000 00	IV	18	0.929 71	IV	18
		砚山县	0.983 16	VI	85	0.453 34	II	37	0.725 90	V	22	0.512 68	VI	108	1.500 00	V	19	0.835 02	V	21
		西畴县	0.976 41	VI	93	0.598 40	II	9	0.343 48	VII	87	0.519 86	V	74	0.500 00	VII	66	0.587 63	VII	60
		麻栗坡县	0.957 69	VI	108	0.330 77	II	69	0.307 08	VII	94	0.519 54	V	78	1.500 00	V	19	0.723 02	VI	29
		马关县	1.047 06	V	21	-0.205 25	VII	126	0.590 33	VI	40	0.517 71	V	88	1.500 00	V	19	0.689 97	VI	33
		广南县	0.948 01	VI	115	0.206 52	II	108	1.140 29	III	6	0.506 95	VII	123	0.500 00	VII	66	0.660 35	VI	40
		富宁县	0.975 69	VI	94	0.352 17	II	64	0.580 63	VI	43	0.507 36	VII	122	1.500 00	V	19	0.783 17	V	25
		丘北县	0.933 46	VI	124	-0.142 95	VI	124	1.360 07	II	3	0.518 93	V	82	1.500 00	V	19	0.833 90	V	22
		均　值	0.977 52			0.265 57			0.705 24			0.515 91			1.312 50			0.755 35		
	版纳义务教育区	景洪市	0.994 62	VI	64	0.248 24	II	98	0.703 29	V	24	0.525 99	IV	27	0.917 06	VI	31	0.677 84	VI	38
		勐海县	1.053 92	V	19	0.169 54	II	111	0.575 74	VI	44	0.522 82	IV	53	0.917 06	VI	31	0.647 82	VI	47
		勐腊县	0.973 40	VI	96	-0.274 40	VII	128	0.512 39	VI	54	0.527 07	IV	23	0.917 06	VI	31	0.531 10	VII	84
		均　值	1.007 31			0.047 79			0.597 14			0.525 29			0.917 06			0.618 92		

广义务教育大区小学任课教师数的 68.31％；初中任课教师数为10 103人，占勐广义务教育大区初中任课教师数的 67.96％。小学学历达标率为 97.88％，比勐广义务教育大区小学学历达标率低 0.02％；初中学历达标率为 95.63％，比勐广义务教育大区初中学历达标率低 1.15％。

在教育师资指数层面上，最高的文山县指数为 0.524 21，类别为第Ⅳ类，位序为第 43 位；最低的广南县指数为 0.506 95，类别为第Ⅶ类，位序为第 123 位；各县（市、区）的均值为 0.515 91。

5. 教育多样性

在教育多样性指标层面上，文山义务教育区的民族学校数为 7 个，占勐广义务教育大区民族学校数的 46.67％；特殊教育学校数为 1 个，占勐广义务教育大区特殊教育学校数的 100.00％。

在教育多样性指数层面上，最高的文山县指数为 2.000 00，类别为第Ⅳ类，位序为第 18 位；最低的广南县、西畴县指数均为 0.500 00，类别为第Ⅶ类，位序为第 66 位；各县（市、区）的均值为 1.312 50。

6. 教育总指数

在义务教育发展总指数层面上，最高的文山县指数为 0.929 71，类别为第Ⅳ类，位序为第 18 位；最低的西畴县指数为 0.587 63，类别为第Ⅶ类，位序为第 60 位；各县区的均值为 0.755 35。

三、版纳义务教育区

版纳义务教育区所辖县（市、区）为景洪市、勐海县、勐腊县 3 县（市），位于东经 99°56′～101°50′、北纬 21°08′～22°36′之间，属于临沧中山山原区；西双版纳低中山盆谷区。本区土地面积为 $19.0×10^3 km^2$，占勐广义务教育大区土地面积的 29.73％，其中，坝区面积为 $6.9×10^3 km^2$；半山半坝区面积为 $12.1×10^3 km^2$。本区生产总值为 238.70 亿元，占勐广义务教育大区生产总值的 28.96％；人均生产总值为20 208元，比勐广义务教育大区人均生产总值高 5455；地均生产总值为 $125.632km^2$，比勐广义务教育大区地均生产总值低 3.351 元/km^2。本区第三产业产值为 100.55 亿元，占勐广义务教育大区第三产业产值的 32.27％；第三产业产值占本区生产总值的比重为 42.12％。版纳义务教育区的年末总人口数为 114.90 万人，占勐广义务教育大区年末总人口的 20.22％；人口密度为 60 人/km^2，比勐广义务教育大区人口密度低 28 人/km^2。

（一）区域的背景差异

版纳义务教育区所辖县（市、区）各级指标指数的背景见表 9-3，笔者分别对分指标指数地形起伏度、资源环境承载能力、经济发展综合水平、发展潜力综合水平、区域发展综合水平、教育背景基础、民族构成系数进行聚类（图 9-1 至图 9-7），结果表明：

（1）从自然地理背景差异来看，在地形起伏度指数层面上，最低的景洪市县指数为 0.618 79，类别为第 Ⅰ 类，位序为第 3 位；最高的勐海县指数为 0.768 34，类别为第 Ⅱ 类，位序为第 17 位；各县（市、区）的均值为 0.670 14。

（2）从经济地理背景差异来看，在资源环境承载能力层面上，最高的勐海县指数为 1.052 49，类别为第 Ⅴ 类，位序为第 41 位；最低的景洪市指数为 1.027 81，类别为第 Ⅴ 类，位序为第 56 位；各县（市、区）的均值为 1.037 43。在经济发展综合水平层面上，最高的景洪市指数为 1.129 48，类别为第 Ⅳ 类，位序为第 13 位；最低的勐海县指数为 1.048 34，类别为第 Ⅴ 类，位序为第 34 位；各县（市、区）的均值为 1.079 86。在发展潜力综合水平层面上，最高的勐腊县指数为 1.158 56，类别为第 Ⅱ 类，位序为第 4 位；最低的勐海县指数为 1.080 67，类别为第 Ⅳ 类，位序为第 24 位；各县（市、区）的均值为 1.128 80。在区域发展综合水平层面上，最高的景洪市指数为 1.082 69，类别为第 Ⅴ 类，位序为第 17 位；最低的勐海县指数为 1.052 18，类别为第 Ⅴ 类，位序为第 32 位；各县（市、区）的均值为 1.062 78。

（3）从人文地理背景差异来看，在人口受教程度层面上，最高的景洪市指数为 1.435 00，类别为第 Ⅴ 类，位序为第 20 位；最低的勐腊县指数为 0.709 12，类别为第 Ⅶ 类，位序为第 81 位；各县（市、区）的均值为 0.987 23。在民族构成系数层面上，最高的勐海县指数为 2.034 62，类别为第 Ⅱ 类，位序为第 13 位；最低的景洪市指数为 1.500 24，类别为第 Ⅲ 类，位序为第 39 位；各县（市、区）的均值为 1.750 63。

（二）区域的状态差异

版纳义务教育区所辖县（市、区）各级指标指数的义务教育各项指数见表 9-4，笔者分别对 5 个分指标指数和 1 个总指标指数进行聚类（图 9-8 至图 9-13），结果表明：

1. 教育机会

在教育机会指标层面上，版纳义务教育区的小学毛入学率为 114.41%，比勐广义务教育大区的小学毛入学率高 7.48%；初中毛入学率为 107.47%，比勐广义务教育大区的初中毛入学率高 5.54%。本区小学净入学率为 99.43%，比勐广义务教育大区小学净入学率高 3.36%；初中净入学率为 80.86%，比勐广义务教育大区初中净入学率低 3.28%。

在教育机会指数层面上，最高的勐海县指数为 1.053 92，类别为第 Ⅴ 类，位序为第 19 位；最低的勐腊县指数为 0.973 40，类别为第 Ⅵ 类，位序为第 96 位；各县（市、区）的均值为 1.007 31。

2. 教育质量

在教育质量指标层面上，版纳义务教育区的小学巩固率为 98.31%，比勐广义务教育大区小学巩固率低 1.02%；初中巩固率为 97.27%，比勐广义务教育大区初中巩固率低 0.34%。本区小学辍学率为 1.60%，比勐广义务教育大区小学辍学率高 0.66%；初中辍学率为 2.63%，比勐广义务教育大区初中辍学率低 0.01%。本区小学升学率为 94.44%，比勐广义务教育大区小学升学率低 1.78%；初中升学率为 42.97%，比勐广义务教育大区初中升学率低 10.71%。

在教育质量指数层面上，最高的景洪市指数为 0.248 24，类别为第 Ⅱ 类，位序为第 98 位；最低的勐腊县指数为 -0.274 40，类别为第 Ⅶ 类，位序为第 128 位；各县（市、区）的均值为 0.047 79。

3. 办学条件

在办学条件指标层面上，版纳义务教育区的学校藏书为 774 847 册，占勐广义务教育大区学校藏书的 14.66%；学校占地面积为 3 442 933 ㎡，占勐广义务教育大区学校占地面积的 25.96%；校舍建筑面积为 489 703 ㎡，占勐广义务教育大区校舍建筑面积的 17.04%；危房面积为 358 679 ㎡，占勐广义务教育大区危房面积的 16.63%。

在办学条件指数层面上，最高的景洪市指数为 0.703 29，类别为第 Ⅴ 类，位序为第 24 位；最低的勐腊县指数为 0.512 39，类别为第 Ⅵ 类，位序为第 54 位；各县（市、区）的均值为 0.597 14。

4. 教育师资

在教育师资指标层面上，版纳义务教育区的小学任课教师数为 5327 人，占勐广义务教育大区小学任课教师数的 16.57%；初中任课教师数为 2244 人，占勐广义务教育大区初中任课教师数的 15.09%。小学学历达标率为 99.16%，比勐广义务教育大区小学学历达标率高 1.26%；初中学历达标率为 99.55%，比勐广义务教育大区初中学历达标率高 2.78%。

在教育师资指数层面上，最高的勐腊县指数为 0.527 07，类别为第 Ⅳ 类，位序为第 23 位；最低的勐海县指数为 0.522 82，类别为第 Ⅳ 类，位序为第 54 位；各县（市、区）的均值为 0.525 29。

5. 教育多样性

在教育多样性指标层面上，版纳义务教育区的民族学校数为 4 个，占勐广义务教育大区民族学校数的 26.67%；特殊教育学校数为 0。

在教育多样性指数层面上，景洪市、勐海县、勐腊县指数均为 0.917 06，类别为第 Ⅵ 类，位序均为第 31 位；各县（市、区）的均值为 0.917 06。

6. 教育总指数

在义务教育发展总指数层面上，最高的景洪市指数为 0.677 84，类别为第 Ⅵ 类，位序为第 38 位；最低的勐腊县指数为 0.531 10，类别为第 Ⅶ 类，位序为第 84 位；各县（市、区）的均值为 0.618 92。

第三节　勐广义务教育大区评价及对策

勐广义务教育大区在云南省总体发展态势较为落后，本区在办学条件指数上位居八大区第三，而教育机会指数、教育质量指数、师资指数则相对靠后，在支撑义务教育发展的地域背景上有如下特点：

（1）所辖范围主要为大部分滇南、滇东南地区，东西跨度大，呈长条形。土地面积较大，约为云南省的16%，人口约为云南省的1/10，地广人稀。本区发展潜力较好，开发现状较差。

（2）地带性多样，由西往东中山盆谷、中山低谷、高原盆地峡谷、岩溶山原、中山山原交错分布，地形起伏较小。

（3）生产总值不足云南省的10%，人均GDP低于全省平均水平，经济发展水平相对落后。

结合勐广义务教育大区教育发展的总体特征（表9-1，表9-2），以及红河义务教育区、文山义务教育区、版纳义务教育区教育发展的现状（表9-3），我们可以推断出该大区所存在的主要问题。此外，直观反映勐广义务教育大区义务教育发展状况的原始数据（图9-14，图9-15）也纳入评价体系，进而得出可能的对策建议。

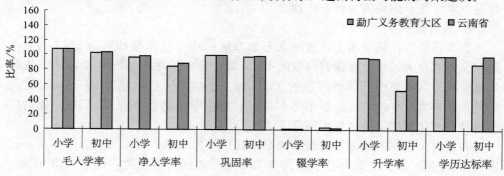

图 9-14　勐广义务教育大区原始数据格局一

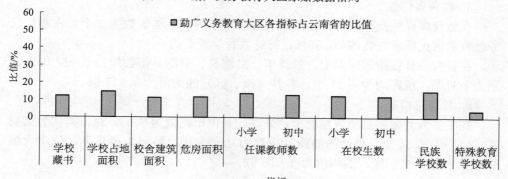

图 9-15　勐广义务教育大区原始数据格局二

一、主要问题

1. 学龄人口教育机会偏低

从教育机会指数层面看，最高的勐海县指数为 1.053 92，类别为第 V 类，位序为第 19 位；最低的丘北县指数为 0.933 46，类别为第 Ⅵ 类，位序为第 124 位。去除最高最低两个极值，本区其余 16 个县（市、区）类别为第 V 类的有 1 个，第 Ⅵ 类的有 13 个，位序范围为第 21～124 位。其中，低于全省中值的县（市、区）有 13 个，占本区县（市、区）总数的 81%。结合原始数据分析，本区教育机会指数低主要是由于区内初中毛入学率，小学、初中净入学率在较大程度上低于全省平均水平。造成这一问题的直接原因是本区初中在校学生数与 12～14 岁年龄组人口的比值偏小，小学及初中的学龄人口入学较少，未能及时按学龄入学补充在校生数。

2. 师资力量较为不足

从师资指数层面看，最高的河口县指数为 0.530 40，类别为第 Ⅲ 类，位序为第 11 位；最低的广南县指数为 0.506 95，类别为第 Ⅶ 类，位序为第 123 位。去除最高最低两个极值，本区其余 16 个县区类别为第 Ⅳ 类的有 5 个，第 V 类的有 6 个，第 Ⅵ 类的有 2 个，第 Ⅶ 类的有 1 个，位序范围为第 23～122 位。其中，低于全省中值的县（市、区）有 16 个，占本区县（市、区）总数的 100%。结合原始数据分析，本区师资指数低主要是由于区内专任教师数与在校学生数的比例不合理，生均教师数的配置不足造成的。

二、对策建议

1. 充分认识义务教育发展的重要性，继续推进义务教育的发展

各级政府要全面贯彻党的教育方针，全面实施素质教育，遵循教育规律和人才成长规律，积极推进义务教育学校标准化建设，努力提高办学水平和教育质量。充分认识继续推进义务教育发展的重要性、长期性和艰巨性，增强责任感、使命感和紧迫感，全面落实责任，切实加大投入，完善政策措施，深入推进义务教育发展。

2. 深入推进义务教育均衡发展

各级党政要明确指导思想和基本目标，继续重视支持教育事业优先发展，推动优质资源共享，扩大优质教育资源覆盖面。推进素质教育，把提升质量作为根本。大力加强对农村地区的义务教育发展，在财政拨款、学校建设和教师配置等方面向农村倾斜。从硬件、软件等各方面促进教育资源均衡配置。创新教育管理运营机制，强化督导评估，建立义务教育均衡发展评估和激励机制。

第十章
楚大义务教育大区

楚大义务教育大区所辖县（市、区）为云龙县、洱源县、剑川县、鹤庆县、宾川县、漾濞县、弥渡县、南涧县、巍山县、永平县、禄劝县、牟定县、南华县、姚安县、大姚县、永仁县、元谋县、武定县、凤庆县、永德县、大理市、祥云县，位于东经 $98°52'\sim102°56'$、北纬 $25°45'\sim26°42'$ 之间，属于云龙，兰坪高中山原区；大理，丽江盆地中高山区；金沙红河谷区；临沧中山山原区；保山，凤庆中山盆地盆谷区；楚雄红岩高原区；曲靖岩溶高原区。本区土地面积为 $55.4\times10^3\,km^2$，占云南省土地面积的 14.06%，其中坝区面积为 $8.5\times10^3\,km^2$；半山半坝区面积为 $16.2\times10^3\,km^2$；山区面积为 $30.7\times10^3\,km^2$。本区生产总值为 1078.33 亿元，占云南省生产总值的 10.46%；人均生产总值为 15 655 元，比云南省人均生产总值低 6540 元；地均生产总值为 194.644 万元/km^2，比云南省的地均生产总值低 66.951 万元/km^2。本区第三产业产值为 343.68 亿元，占云南省第三产业产值的 8.11%；第三产业产值占本区生产总值的比重为 31.87%。楚大义务教育大区的年末总人口数为 626.78 万人，占云南省年末总人口的 13.45%；人口密度为 113 人/km^2，比云南省人口密度低 5 人/km^2。

第一节　楚大义务教育大区总体特征

一、区域的背景特征

楚大义务教育大区所辖县（市、区）各级指标指数——地形起伏度、资源环境承载能力、经济发展综合水平、发展潜力综合水平、区域发展综合水平、人口受教育程度、民族构成系数的背景见表 10-1，结果表明：

（一）自然地理背景

在地形起伏度层面上，楚大义务教育大区所辖各县（市、区）之间存在较大差距，最高的禄劝县与最低的元谋县之间极差达到 0.666 97。元谋县、牟定县 2

表 10-1　楚大义务教育大区所辖县（市、区）背景表

义务教育大区	指标 县（市、区）	地形起伏度			资源环境承载能力			经济发展综合水平			发展潜力综合水平			区域发展综合水平			人口受教育程度			民族构成系数		
		指数	类别	位序	指数	类别	位序	指数	类别	位序	指数	类别	位序	指数	类别	位序	指数	类别	位序	指数	类别	位序
楚大义务教育大区	云龙县	1.385 63	Ⅴ	118	0.958 61	Ⅶ	107	0.965 12	Ⅵ	93	1.032 06	Ⅴ	52	0.965 99	Ⅶ	111	0.579 97	Ⅷ	95	2.069 69	Ⅱ	12
	洱源县	1.284 04	Ⅳ	112	0.934 83	Ⅷ	117	0.977 32	Ⅵ	84	1.107 53	Ⅲ	13	0.965 01	Ⅷ	113	0.782 81	Ⅷ	71	1.687 63	Ⅲ	26
	剑川县	1.338 06	Ⅴ	116	0.945 31	Ⅶ	113	1.009 37	Ⅴ	58	1.009 58	Ⅵ	70	0.979 25	Ⅶ	102	0.510 09	Ⅷ	101	2.309 43	Ⅰ	4
	鹤庆县	1.210 00	Ⅳ	109	0.938 93	Ⅶ	115	1.011 70	Ⅴ	54	0.980 02	Ⅵ	94	0.975 61	Ⅶ	104	0.705 44	Ⅵ	83	1.602 12	Ⅲ	32
	宾川县	1.058 30	Ⅲ	94	0.993 29	Ⅵ	83	0.943 93	Ⅶ	107	1.053 46	Ⅳ	41	0.973 59	Ⅶ	107	1.023 80	Ⅵ	44	0.541 94	Ⅶ	80
	漾濞县	1.306 27	Ⅳ	115	0.923 66	Ⅷ	122	0.985 47	Ⅵ	74	0.934 21	Ⅶ	118	0.953 39	Ⅷ	118	0.291 72	Ⅷ	124	1.676 59	Ⅲ	27
	弥渡县	0.986 86	Ⅲ	81	1.007 06	Ⅵ	76	0.978 06	Ⅵ	83	1.050 55	Ⅳ	43	0.995 98	Ⅶ	85	0.886 46	Ⅵ	59	0.245 29	Ⅶ	107
	南涧县	1.077 97	Ⅲ	100	0.924 69	Ⅷ	121	0.944 73	Ⅷ	105	0.991 95	Ⅵ	85	0.938 09	Ⅷ	123	0.591 58	Ⅷ	92	1.255 64	Ⅳ	49
	巍山县	1.064 39	Ⅲ	96	1.010 20	Ⅴ	73	0.961 70	Ⅵ	95	1.059 27	Ⅳ	37	0.990 26	Ⅶ	90	0.884 21	Ⅵ	60	1.087 67	Ⅴ	57
	永平县	1.059 04	Ⅲ	95	0.935 45	Ⅷ	116	0.958 38	Ⅵ	99	1.030 40	Ⅳ	53	0.951 82	Ⅷ	119	0.493 86	Ⅷ	104	1.027 62	Ⅴ	60
	禄劝县	1.485 97	Ⅴ	121	0.949 69	Ⅶ	111	0.987 85	Ⅵ	71	0.978 69	Ⅴ	96	0.969 37	Ⅵ	108	1.067 19	Ⅴ	41	0.733 45	Ⅵ	74
	牟定县	0.927 08	Ⅱ	64	1.025 31	Ⅴ	58	0.973 19	Ⅵ	88	1.065 89	Ⅳ	32	1.003 16	Ⅵ	73	0.626 40	Ⅵ	88	0.504 45	Ⅴ	84
	南华县	1.053 08	Ⅲ	93	0.979 00	Ⅵ	91	0.980 25	Ⅴ	81	1.033 91	Ⅳ	50	0.982 82	Ⅵ	99	0.669 19	Ⅶ	85	1.015 57	Ⅴ	63
	姚安县	0.995 62	Ⅲ	83	0.970 05	Ⅵ	97	0.990 94	Ⅵ	69	1.069 39	Ⅳ	28	0.985 73	Ⅵ	95	0.583 07	Ⅶ	94	0.654 86	Ⅵ	77
	大姚县	1.218 99	Ⅳ	110	0.958 77	Ⅶ	106	1.017 99	Ⅵ	49	1.053 54	Ⅳ	40	0.992 22	Ⅵ	88	0.820 78	Ⅵ	66	0.849 92	Ⅵ	68
	永仁县	0.961 00	Ⅱ	71	0.934 71	Ⅶ	118	0.954 86	Ⅵ	85	1.050 86	Ⅳ	42	0.951 03	Ⅷ	120	0.322 41	Ⅷ	121	1.508 74	Ⅲ	37
	元谋县	0.819 00	Ⅱ	26	1.015 02	Ⅴ	68	0.976 71	Ⅵ	90	1.075 41	Ⅳ	26	1.000 53	Ⅶ	75	0.630 85	Ⅴ	87	0.917 58	Ⅵ	66
	武定县	1.088 30	Ⅲ	101	1.029 00	Ⅳ	55	0.971 06	Ⅵ	109	1.017 61	Ⅵ	66	0.965 83	Ⅷ	112	0.788 44	Ⅵ	68	1.290 05	Ⅳ	46
	凤庆县	1.038 95	Ⅲ	92	0.954 12	Ⅵ	101	0.962 62	Ⅵ	94	1.011 24	Ⅵ	69	1.002 07	Ⅵ	74	1.255 97	Ⅲ	26	0.715 52	Ⅶ	75
	永德县	1.071 84	Ⅲ	99	1.084 03	Ⅳ	22	0.974 03	Ⅵ	87	1.000 68	Ⅳ	77	1.021 96	Ⅵ	57	0.919 96	Ⅶ	55	0.482 89	Ⅶ	85
	大理市	1.160 82	Ⅲ	107	1.071 22	Ⅳ	28	1.213 39	Ⅲ	6	0.928 81	Ⅶ	120	1.129 79	Ⅲ	5	2.117 97	Ⅴ	10	1.663 82	Ⅲ	29
	祥云县	1.030 02	Ⅲ	90	0.954 65	Ⅶ	108	1.024 44	Ⅴ	47	0.943 20	Ⅴ	116	0.986 84	Ⅶ	94	1.209 60	Ⅴ	31	0.439 21	Ⅶ	88
	极差	0.666 97			0.160 37			0.269 46			0.178 72			0.191 70			1.826 25			2.064 14		

县指数分别为 0.819 00、0.927 08，类别为第Ⅱ类，位序分别为第 26、64 位；永仁县、弥渡县、姚安县、祥云县、凤庆县、南华县、宾川县、永平县、巍山县、永德县、南涧县、武定县、大理市 13 县（市）指数在 0.961 00～1.160 82 之间，类别为第Ⅲ类，位序范围为第 71～107 位；鹤庆县、大姚县、洱源县、漾濞县 4 县指数在 1.210 00～1.306 27 之间，类别为第Ⅳ类，位序范围为第 109～115 位；剑川县、云龙县、禄劝县 3 县指数在 1.338 06～1.485 97 之间，类别为第Ⅴ类，位序范围为第 116～121 位。

（二）经济地理背景

（1）在资源环境承载能力层面上，楚大义务教育大区所辖各县（市、区）之间存在较大差距，最高的永德县与最低的漾濞县之间极差达到 0.160 37。永德县、大理市 2 县（市）指数分别为 1.084 03、1.071 22，类别为第Ⅳ类，位序分别为第 22、28 位；凤庆县、牟定县 2 县指数分别为 1.029 00、1.025 31，类别为第Ⅴ类，位序分别为第 55、58 位；元谋县、巍山县、弥渡县、宾川县、南华县、姚安县 6 县指数在 1.015 02～0.970 05 之间，类别为第Ⅵ类，位序范围为第 68～97 位；大姚县、云龙县、祥云县、武定县、禄劝县、剑川县、鹤庆县 7 县指数在 0.958 77～0.938 93 之间，类别为第Ⅶ类，位序范围为第 106～115 位；永平县、洱源县、永仁县、南涧县、漾濞县 5 县指数在 0.935 45～0.923 66 之间，类别为第Ⅷ类，位序范围为第 116～122 位。

（2）在经济发展综合水平层面上，楚大义务教育大区所辖各县（市、区）之间存在较大差距，最高的大理市与最低的宾川县之间极差达到 0.269 46。大理市指数为 1.213 39，类别为第Ⅲ类，位序为第 6 位；祥云县、大姚县、鹤庆县、剑川县 4 县指数在 1.024 44～1.009 37 之间，类别为第Ⅴ类，位序范围为第 47～58 位；姚安县、禄劝县、漾濞县、南华县、弥渡县、洱源县、元谋县、凤庆县、牟定县、武定县、云龙县、永德县、巍山县、永平县、永仁县 15 县指数在 0.990 94～0.954 86 之间，类别为第Ⅵ类，位序范围为第 69～101 位；南涧县、宾川县 2 县指数分别为 0.944 73～0.943 93 之间，类别为第Ⅶ类，位序分别为第 105、107 位。

（3）发展潜力综合水平层面上，楚大义务教育大区所辖各县（市、区）之间存在较大差距，最高的洱源县与最低的大理市之间极差达到 0.178 72。洱源县指数为 1.107 53，类别为第Ⅲ类，位序为第 13 位；元谋县、姚安县、牟定县、巍山县、大姚县、宾川县、永仁县、弥渡县 8 县指数在 1.075 41～1.050 55 之间，类别为第Ⅳ类，位序范围为第 26～43 位；南华县、云龙县、永平县、武定县 4 县指数在 1.033 91～1.017 61 之间，类别为第Ⅴ类，位序范围为第 50～66 位；凤庆县、剑川县、永德县、南涧县、鹤庆县、禄劝县 6 县指数在 1.011 24～0.978 69 之间，类别为第Ⅵ类，位序范围为第 69～96 位；祥云县、漾濞县、大理市 3 县（市）指数在 0.943 20～0.928 81 之间，类别为第Ⅶ类，位序范围为第 116～120 位。

（4）在区域发展综合水平层面上，楚大义务教育大区所辖各县（市、区）之间存在较大差距，最高的大理市与最低的南涧县之间的极差达到 0.191 70。大理市指数为 1.129 79，类别为第Ⅲ类，位序为第 5 位；永德县指数为 1.021 96，类别为第Ⅵ类，位序为第 57 位；牟定县、凤庆县、元谋县、弥渡县、大姚县、巍山县、祥云县、姚安县、南华县、剑川县、鹤庆县、宾川县 12 县指数在 1.003 16～0.973 59 之间，类别为第Ⅶ类，位序范围为第 73～107 位；禄劝县、云龙县、武定县、洱源县、漾濞县、永平县、永仁县、南涧县 8 县指数在 0.969 37～0.938 09 之间，类别为第Ⅷ类，位序范围为第 108～123 位。

（三）人文地理背景

（1）在人口受教育程度层面上，楚大义务教育大区所辖各县（市、区）之间存在较大差距，最高的大理市与最低的漾濞县之间极差达 1.826 25。大理市指数为 2.117 97，类别为第Ⅲ类，位序为第 10 位；凤庆县、祥云县 2 县指数分别为 1.255 97、1.209 60，类别为第Ⅴ类，位序分别为第 26、31 位；禄劝县、宾川县、永德县、弥渡县、巍山县、大姚县 6 县指数在 1.067 19～0.820 78 之间，类别为第Ⅵ类，位序范围为第 41～66 位；武定县、洱源县、鹤庆县、南华县、元谋县、牟定县 6 县指数在 0.788 44～0.626 40 之间，类别为第Ⅶ类，位序范围为第 70～88 位；南涧县、姚安县、云龙县、剑川县、永平县、永仁县、漾濞县 7 县指数在 0.591 58～0.291 72 之间，类别为第Ⅷ类，位序范围为第 92～124 位。

（2）在民族构成系数层面上，楚大义务教育大区所辖各县（市、区）之间存在较大差距，最高的剑川县与最低的弥渡县之间极差达到 2.064 14。剑川县指数为 2.309 43，类别为第Ⅰ类，位序为第 4 位；云龙县指数为 2.069 69，类别为第Ⅱ类，位序为第 12 位；洱源县、漾濞县、大理市、鹤庆县、永仁县 5 县（市）指数在 1.687 63～1.508 74 之间，类别为第Ⅲ类，位序范围为第 26～37 位；武定县、南涧县、巍山县 3 县指数在 1.290 05～1.087 67 之间，类别为第Ⅳ类，位序范围为第 46～57 位；永平县、南华县、元谋县 3 县指数在 1.027 62～0.917 58 之间，类别为第Ⅴ类，位序范围为第 60～66 位；大姚县、禄劝县、凤庆县、姚安县 4 县指数在 0.849 92～0.654 86 之间，类别为第Ⅵ类，位序范围为第 68～77 位；宾川县、牟定县、永德县、祥云县、弥渡县 5 县指数在 0.541 94～0.245 29 之间，类别为第Ⅶ类，位序范围为第 80～107 位。

二、区域的状态特征

楚大义务教育大区所辖县（市、区）的义务教育各项指标指数——教育机会、教育质量、办学条件、教育师资、教育多样性、教育发展总指数见表 10-2，结果表明：

表10-2　楚大义务教育大区所辖县（市、区）状态表

义务教育大区	县(市区)	教育机会指数			教育质量指数			办学条件指数			师资指数			教育多样性指数			义务教育发展总指数		
		指数	类别	位序	指数	类别	位序	指数	类别	位序	指数	类别	位序	指数	类别	位序	指数	类别	位序
楚大义务教育大区	云龙县	1.059 99	V	17	0.408 93	II	48	0.666 28	V	27	0.507 65	VII	121	0.917 06	VI	31	0.711 98	VI	31
	洱源县	1.002 82	VI	54	0.262 11	II	89	0.347 75	VII	86	0.512 56	VI	110	0.305 69	VII	72	0.486 19	VII	103
	剑川县	0.997 60	VI	60	0.249 17	II	96	0.243 60	VII	109	0.521 56	IV	64	0.305 69	VII	72	0.463 52	VIII	110
	鹤庆县	1.056 16	V	18	0.565 41	II	18	0.452 17	VI	62	0.516 35	V	99	0.305 69	VII	72	0.579 16	VII	62
	宾川县	0.998 88	VI	58	0.453 02	II	39	0.384 89	VII	81	0.517 41	V	91	0.305 69	VII	72	0.531 98	VII	83
	漾濞县	0.980 50	VI	89	0.453 03	II	38	0.158 97	VIII	123	0.533 91	II	4	0.000 00	VIII	117	0.425 28	VIII	121
	弥渡县	1.005 20	VI	51	0.579 54	II	14	0.448 23	VI	65	0.516 61	V	96	0.305 69	VII	72	0.571 05	VII	66
	南涧县	0.989 41	VI	73	0.321 56	II	72	0.233 14	VII	111	0.514 55	V	106	0.611 38	VII	52	0.534 01	VII	81
	巍山县	1.030 31	VI	31	0.296 71	II	77	0.408 23	VII	75	0.511 68	VI	113	0.000 00	VIII	117	0.449 39	VIII	114
	永平县	0.982 95	VI	86	0.210 84	II	107	0.244 41	VII	106	0.521 41	IV	65	0.305 69	VII	72	0.453 06	VIII	113
	禄劝县	1.035 96	V	28	0.480 91	II	33	0.750 77	II	20	0.511 58	VI	114	0.611 37	VII	54	0.678 12	VI	36
	牟定县	1.049 70	V	20	0.383 99	II	55	0.258 79	VII	104	0.528 51	III	17	0.305 69	VII	72	0.505 34	VII	98
	南华县	1.039 91	V	24	0.514 28	II	27	0.230 68	VIII	113	0.505 41	VII	126	0.305 69	VII	72	0.519 19	VII	89
	姚安县	1.037 51	V	25	0.288 24	II	82	0.240 72	VII	110	0.524 98	IV	37	0.305 69	VII	72	0.479 43	VIII	107
	大姚县	1.060 62	V	16	0.551 95	II	21	0.364 36	VII	82	0.525 11	IV	36	0.305 69	VII	72	0.561 55	VII	72
	永仁县	1.070 09	V	9	0.489 88	II	32	0.143 15	VIII	126	0.533 20	II	5	0.305 69	VII	72	0.508 40	VII	97
	元谋县	1.061 36	V	14	0.219 04	II	106	0.273 42	VII	100	0.530 55	III	10	0.305 69	VII	72	0.478 01	VIII	108
	武定县	1.014 96	VI	40	0.271 19	II	87	0.450 31	VI	63	0.523 11	IV	50	0.305 69	VII	72	0.513 05	VII	93
	凤庆县	1.017 11	VI	37	0.349 17	II	66	0.592 26	VI	39	0.522 08	IV	60	0.305 69	VII	72	0.557 26	VII	74
	永德县	0.966 61	VI	102	0.367 90	II	59	0.737 88	V	21	0.516 60	V	97	0.305 69	VII	72	0.578 94	VII	63
	大理市	1.063 53	V	12	0.633 67	II	6	0.772 63	V	17	0.519 42	V	79	0.917 06	VI	31	0.781 26	V	26
	祥云县	0.992 27	VI	69	0.423 86	II	46	0.353 19	VII	84	0.508 43	VII	118	0.305 69	VII	72	0.516 69	VII	91
	极差	0.103 48			0.422 83			0.629 48			0.028 50			0.917 06			0.355 98		

1. 教育机会

在教育机会指标层面上，楚大义务教育大区的小学毛入学率为 106.44%，比云南省的小学毛入学率低 0.44%；初中毛入学率为 106.61%，比云南省的初中毛入学率高 3.49%。本区小学净入学率为 99.46%，比云南省小学净入学率高 1.17%；初中净入学率为 92.89%，比云南省初中净入学率高 5.29%。

在教育机会指数层面上，楚大义务教育大区所辖各县（市、区）之间存在较大差距，最高的永仁县与最低的永德县之间极差达到 0.103 48。永仁县、大理市、元谋县、大姚县、云龙县、鹤庆县、牟定县、南华县、姚安县、禄劝县 10 县（市）指数在 1.070 09～1.035 96 之间，类别为第Ⅴ类，位序范围为第 9～28 位；巍山县、凤庆县、武定县、弥渡县、洱源县、宾川县、剑川县、祥云县、南涧县、永平县、漾濞县、永德县 12 县的指数在 1.030 31～0.966 61 之间，类别为第Ⅵ类，位序范围为第 31～102 位。

2. 教育质量

在教育质量指标层面上，楚大义务教育大区的小学巩固率为 99.45%，比云南省小学巩固率低 0.13%；初中巩固率为 98.34%，比云南省初中巩固率低 0.25%。本区小学辍学率为 0.62%，比云南省小学辍学率低 0.14%；初中辍学率为 1.60%，比云南省初中辍学率低 0.37%。本区小学升学率为 99.41%，比云南省小学升学率高 3.97%；初中升学率为 55.82%，比云南省初中升学率低 16.92%。

在教育质量指数层面上，楚大义务教育大区所辖各县（市、区）之间存在较小差距，最高的大理市与最低的永平县之间极差达到 0.422 83。大理市、弥渡县、鹤庆县、大姚县、南华县、永仁县、禄劝县、漾濞县、宾川县、祥云县、云龙县、牟定县、永德县、凤庆县、南涧县、巍山县、姚安县、武定县、洱源县、剑川县、元谋县、永平县 22 县（市）指数在 0.633 67～0.210 84 之间，类别为第Ⅱ类，位序范围为第 6～107 位。

3. 办学条件

在办学条件指标层面上，楚大义务教育大区的学校藏书为 5 589 907 册，占云南省学校藏书的 12.98%；学校占地面积为 12 785 920 ㎡，占云南省学校占地面积的 13.95%；校舍建筑面积为 3 434 733 ㎡，占云南省校舍建筑面积的 13.43%；危房面积为 2 701 516 ㎡，占云南省危房面积的 14.43%。

在办学条件指数层面上，楚大义务教育大区所辖各县（市、区）之间存在较大差距，最高的大理市与最低的永仁县之间极差达到 0.629 48。大理市、禄劝县、永德县、云龙县 4 县（市）指数在 0.772 63～0.666 28 之间，类别为第Ⅴ类，位序范围为第 17～27 位；凤庆县、鹤庆县、武定县、弥渡县 4 县指数在 0.592 26～0.448 23 之间，类别为第Ⅵ类，位序范围为第 39～65 位；巍山县、宾川县、大姚县、祥云县、洱源县、元谋县、牟定县、永平县、剑川县、姚安县、南涧县、南华县 12 县指数在 0.408 23～0.230 68 之间，类别为第Ⅶ类，位序范围为第 75～113 位；漾濞县、永仁县 2 县指数在 0.158 97～0.143 15 之间，类别为第Ⅷ类，位序范围为第 123～126 位。

4. 教育师资

在教育师资指标层面上，楚大义务教育大区的小学任课教师数为 27 896 人，占云南省小学任课教师数的 11.93%；初中任课教师数为 15 358 人，占云南省初中任课教师数的 13.30%。小学学历达标率为 96.99%，比云南省小学学历达标率低 1.08%；初中学历达标率为 98.48%，比云南省初中学历达标率高 0.23%。

在师资指数层面上，楚大义务教育大区所辖各县（市、区）之间存在较大差距，最高的漾濞县与最低的南华县之间极差达到 0.028 50。漾濞县、永仁县 2 县指数在 0.533 91～0.533 20 之间，类别为第Ⅱ类，位序范围为第 4～5 位；元谋县、牟定县 2 县指数在 0.530 55～0.528 51 之间，类别为第Ⅲ类，位序范围为第 10～17 位；大姚县、姚安县、武定县 3 县指数在 0.525 11～0.523 11 之间，类别为第Ⅳ类，位序范围为第 35～50 位；凤庆县、剑川县、永平县、大理市 4 县（市）指数在 0.522 08～0.519 42 之间，类别为第Ⅴ类，位序范围为第 60～79 位；宾川县、弥渡县、永德县、鹤庆县、南涧县、洱源县、巍山县、禄劝县 8 县指数在 0.517 41～0.511 58 之间，类别为第Ⅵ类，位序范围为第 91～114 位；祥云县、云龙县、南华县 3 县指数在 0.508 43～0.505 41 之间，类别为第Ⅶ类，位序范围为第 118～126 位。

5. 教育多样性

在教育多样性指标层面上，楚大义务教育大区的民族学校数为 7 个，占云南省民族学校数的 7.07%；特殊教育学校数为 1 个，占云南省特殊教育学校数的 4%。

在教育多样性指数层面上，楚大义务教育大区所辖各县（市、区）之间存在较大差距，最高的云龙县、大理市与最低的漾濞县、巍山县之间的极差达到 0.917 06。云龙县、大理市 2 县（市）指数为 0.917 06，类别为第Ⅵ类，位序为第 31 位；南涧县、禄劝县、洱源县、剑川县、鹤庆县、宾川县、弥渡县、永平县、牟定县、南华县、姚安县、大姚县、永仁县、元谋县、武定县、凤庆县、永德县、祥云县 18 县指数在 0.611 38～0.305 69 之间，类别为第Ⅶ类，位序范围为第 52～72 位；漾濞县、巍山县 2 县指数为 0.000 00，类别为第Ⅷ类，位序为第 117 位。

6. 教育总指数

在义务教育发展总指数层面上，楚大义务教育大区所辖各县（市、区）之间存在较大差距，最高的大理市与最低的漾濞县之间极差达到 0.355 98。大理市指数为 0.781 26，类别为第Ⅴ类，位序为第 26 位；云龙县、禄劝县 2 县指数在 0.711 98～0.678 12 之间，类别为第Ⅵ类，位序范围为第 31～36 位；鹤庆县、永德县、弥渡县、大姚县、凤庆县、南涧县、宾川县、南华县、祥云县、武定县、永仁县、牟定县、洱源县、姚安县、元谋县 15 县指数在 0.579 16～0.478 01 之间，类别为第Ⅶ类，位序范围为第 62～108 位；剑川县、永平县、巍山县、漾濞县 4 县指数在 0.463 52～0.425 28，类别为第Ⅷ类，位序范围为第 110～121 位。

第二节 楚大义务教育大区区域差异

楚大义务教育大区划分为 3 个义务教育区：洱川义务教育区、永禄义务教育区、大理义务教育区。

一、洱川义务教育区

洱川义务教育区所辖县（市、区）为云龙县、洱源县、剑川县、鹤庆县、宾川县 5 县，位于东经 98°52′～100°29′、北纬 25°28′～26°42′之间，属于云龙，兰坪高中山原区；大理，丽江盆地中高山区；金沙红河谷区。本区土地面积为 14.1×10³ 万 km²，占楚大义务教育大区土地面积的 25.45%，其中，坝区面积为 2.5×10³ km²；半山半坝区面积为 7.2×10³ km²；山区面积为 4.4×10³ km²。本区生产总值为 207.00 亿元，占楚大义务教育大区生产总值的 19.20%；人均生产总值为 16 016 元，比楚大义务教育大区人均生产总值高 361 元；地均生产总值为 146.809 万元/km²，比楚大义务教育大区地均生产总值低 47.836 万元/km²。本区第三产业产值为 52.46 亿元，占楚大义务教育大区第三产业产值的 15.26%；第三产业产值占本区生产总值的比重为 25.34%。洱川义务教育区的年末总人口数为 125.60 万人，占楚大义务教育大区年末总人口的 20.04%；人口密度为 89 人/km²，比楚大义务教育大区人口密度低 24 人/km²。

（一）区域的背景差异

洱川义务教育区所辖县（市、区）各级指标指数的背景见表 10-3，笔者分别对分指标指数地形起伏度、资源环境承载能力、经济发展综合水平、发展潜力综合水平、区域发展综合水平、教育背景基础、民族构成系数进行聚类（图 10-1 至图 10-7），结果表明：

（1）从自然地理背景差异来看，在地形起伏度指数层面上，最低的宾川县指数为 1.058 30，类别为第Ⅲ类，位序为第 94 位；最高的云龙县指数为 1.385 63，类别为第Ⅴ类，位序为第 118 位；各县（市、区）的均值为 1.255 21。

（2）从经济地理背景差异来看，在资源环境承载能力层面上，最高的宾川县指数为 0.993 29，类别为第Ⅵ类，位序为第 83 位；最低的洱源县指数为 0.934 83，类别为第Ⅷ类，位序为第 117 位；各县（市、区）的均值为 0.954 19。在经济发

表 10-3　洱川、永禄、大理义务教育区所辖县（市、区）背景表

义务教育大区	义务教育区	县(市,区)	地形起伏度 指数	类别	位序	资源环境承载能力 指数	类别	位序	经济发展综合水平 指数	类别	位序	发展潜力综合水平 指数	类别	位序	区域发展综合水平 指数	类别	位序	人口受教育程度 指数	类别	位序	民族构成系数 指数	类别	位序
勐广义务教育大区	洱川义务教育区	云龙县	1.385 63	V	118	0.958 61	VII	107	0.965 12	VI	93	1.032 06	V	52	0.965 99	VIII	111	0.579 97	VIII	95	2.069 69	II	12
		洱源县	1.284 04	IV	112	0.934 83	VIII	117	0.977 32	VI	84	1.107 53	III	13	0.965 01	VIII	113	0.782 81	VII	71	1.687 63	III	26
		剑川县	1.338 06	V	116	0.945 31	VII	113	1.009 37	V	58	1.009 58	VI	70	0.979 25	VII	102	0.510 09	VIII	101	2.309 43	I	4
		鹤庆县	1.210 00	IV	109	0.938 93	VII	115	1.011 70	VI	54	0.980 02	VI	94	0.975 61	VIII	104	0.705 44	VI	83	1.602 12	III	32
		宾川县	1.058 30	III	94	0.993 29	VI	83	0.943 93	VII	107	1.053 46	IV	41	0.973 59	VII	107	1.023 80	VI	44	0.541 94	VII	80
		均　值	1.255 21			0.954 19			0.981 49			1.036 53			0.971 89			0.720 42			1.642 16		
	永禄义务教育区	漾濞县	1.306 27	IV	115	0.923 66	VIII	122	0.985 47	VI	74	0.934 21	VII	118	0.953 39	VIII	118	0.291 72	VIII	124	1.676 59	III	27
		弥渡县	0.986 86	III	81	1.007 06	VIII	76	0.978 06	VI	83	1.050 55	IV	43	0.995 98	VI	85	0.886 46	VI	59	0.245 29	VII	107
		南涧县	1.077 97	III	100	0.924 69	VIII	121	0.944 73	VII	105	0.991 95	VII	85	0.938 09	VIII	123	0.591 58	VII	92	1.255 64	IV	49
		巍山县	1.064 39	III	96	1.010 20	VII	73	0.961 70	VI	95	1.059 27	IV	37	0.990 26	VII	90	0.884 21	VI	60	1.087 62	IV	57
		永平县	1.059 04	III	95	0.935 45	VIII	116	0.958 38	VI	99	1.030 40	V	53	0.951 82	VIII	119	0.493 86	VIII	104	1.027 62	V	60
		禄劝县	1.485 97	II	121	0.949 69	VII	111	0.987 85	VI	71	0.978 69	VI	96	0.969 37	VIII	108	1.067 19	V	41	0.733 45	VI	74
		牟定县	0.927 08	III	64	1.025 31	V	58	0.973 19	VI	88	1.065 89	IV	32	1.003 16	VI	73	0.626 40	VII	88	0.504 45	VII	84
		南华县	1.053 08	III	93	0.979 00	VI	91	0.980 25	VI	81	1.033 91	V	50	0.982 82	VII	99	0.669 19	VII	85	1.015 57	VI	63
		姚安县	0.995 62	III	83	0.970 05	VI	97	0.990 94	V	69	1.069 39	IV	28	0.985 73	VII	95	0.583 07	VIII	94	0.654 86	VI	77
		大姚县	1.218 99	IV	110	0.958 77	VIII	106	1.017 99	V	49	1.053 54	IV	40	0.992 22	VII	88	0.820 78	VI	66	0.849 92	VI	68
		永仁县	0.961 00	III	71	0.934 71	VIII	118	0.954 86	VI	101	1.050 86	IV	42	0.951 03	VIII	120	0.322 41	VIII	121	1.508 74	III	37
		元谋县	0.819 00	II	26	1.015 02	VI	68	0.976 71	VI	85	1.075 41	IV	26	1.000 53	VI	75	0.630 85	VII	87	0.917 58	V	66
		武定县	1.088 30	III	101	0.954 12	VII	109	0.971 06	VI	90	1.017 61	VI	66	0.965 83	VIII	112	0.788 44	VII	70	1.290 05	IV	46
		凤庆县	1.038 95	III	92	1.029 00	V	55	0.974 03	VI	87	1.011 24	VI	69	1.002 07	VI	74	1.255 97	V	26	0.715 52	VI	75
		永德县	1.071 84	III	99	1.084 03	IV	22	0.962 62	VI	94	1.000 68	VI	77	1.021 96	VI	57	0.919 96	VI	55	0.482 89	VII	85
		均　值	1.076 96			0.980 05			0.974 52			1.028 24			0.980 28			0.722 14			0.931 06		
	大理义务教育区	大理市	1.160 82	III	107	1.071 22	VII	28	1.213 39	III	6	0.928 81	VII	120	1.129 79	III	5	2.117 97	III	10	1.663 82	III	29
		祥云县	1.030 02	III	90	0.954 65	VIII	108	1.024 44	V	47	0.943 20	VII	116	0.986 84	VII	94	1.209 60	V	31	0.439 21	VII	88
		均　值	1.095 42			1.012 94			1.118 92			0.936 01			1.058 32			1.663 79			1.051 52		

展综合水平层面上，最高的鹤庆县指数为 1.011 70，类别为第 V 类，位序为第 54 位；最低的宾川县指数为 0.943 93，类别为第 Ⅶ 类，位序为第 107 位；各县（市、区）的均值为 0.981 49。在发展潜力综合水平层面上，最高的洱源县指数为 1.107 53，类别为第 Ⅲ 类，位序为第 13 位；最低的鹤庆县指数为 0.980 02，类别为第 Ⅵ 类，位序为第 94 位；各县（市、区）的均值为 1.036 53。在区域发展综合水平层面上，最高的剑川县指数为 0.979 25，类别为第 Ⅶ 类，位序为第 102 位；最低的洱源县指数为 0.965 01，类别为第 Ⅷ 类，位序为 113 位；各县（市、区）的均值为 0.971 89。

（3）从人文地理背景差异来看，在人口受教程度层面上，最高的宾川县指数为 1.023 80，类别为第 Ⅵ 类，位序为第 44 位；最低的剑川县指数为 0.510 09，类别为第 Ⅷ 类，位序为第 101 位；各县（市、区）的均值为 0.720 42。在民族构成系数层面上，最高的剑川县指数为 2.309 43，类别为第 Ⅰ 类，位序为第 4 位；最低的宾川县指数为 0.541 94，类别为第 Ⅶ 类，位序为第 80 位；各县（市、区）的均值为 1.642 16。

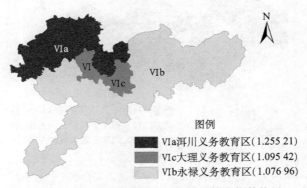

图 10-1　楚大义务教育大区地形起伏度指数格局

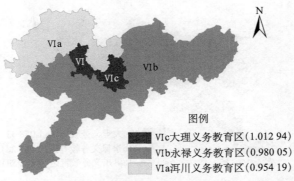

图 10-2　楚大义务教育大区资源环境承载能力指数格局

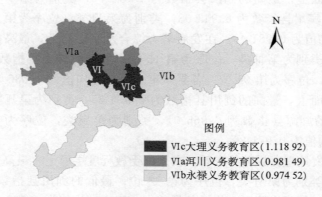

图 10-3　楚大义务教育大区经济发展综合水平指数格局

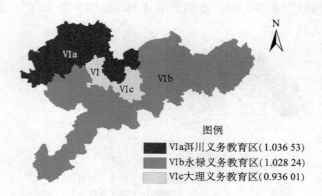

图 10-4　楚大义务教育大区发展潜力综合水平指数格局

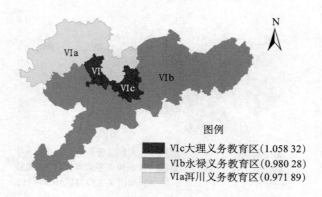

图 10-5　楚大义务教育大区区域发展综合水平指数格局

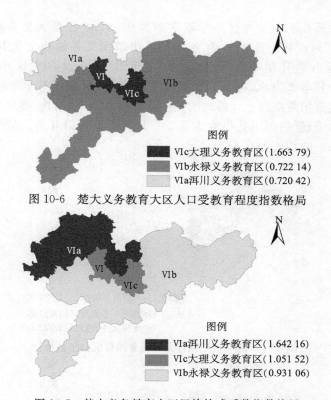

图 10-6　楚大义务教育大区人口受教育程度指数格局

图 10-7　楚大义务教育大区民族构成系数指数格局

（二）区域的状态差异

洱川义务教育区所辖县（市、区）各级指标指数的义务教育各项指数见表10-4，笔者分别对5个分指标指数和1个总指标指数进行聚类（图10-8至图10-13），结果表明：

1. 教育机会

在教育机会指标层面上，洱川义务教育区的小学毛入学率为105.06%，比楚大义务教育大区的小学毛入学率低1.38%；初中毛入学率为106.44%，比楚大义务教育大区的初中毛入学率低0.17%。本区小学净入学率为99.07%，比楚大义务教育大区小学净入学率低0.39%；初中净入学率为93.74%，比楚大义务教育大区初中净入学率高0.85%。

在教育机会指数层面上，最高的云龙县指数为1.05999，类别为第Ⅴ类，位序为第17位；最低的剑川县指数为0.99760，类别为第Ⅵ类，位序为第60位；各县（市、区）的均值为1.02309。

2. 教育质量

在教育质量指标层面上，洱川义务教育区的小学巩固率为99.68%，比楚大义务教育大区小学巩固率高0.23%；初中巩固率为98.87%，比楚大义务教育大区初中巩固率低 0.47%。本区小学辍学率为 0.55%，比楚大义务教育大区小学辍学率低 0.07%；初中辍学率为 2.32%，比楚大义务教育大区初中辍学率高 0.72%。本区小学升学率为 102.58%，比楚大义务教育大区小学升学率高 3.17%；初中升学率为 60.46%，比楚大义务教育大区初中升学率高 4.64%。

　　在教育质量指数层面上，最高的鹤庆县指数为 0.565 41，类别为第Ⅱ类，位序为第 18 位；最低的剑川县指数为 0.249 17，类别为第Ⅱ类，位序为第 96 位；各县（市、区）的均值为 0.387 73。

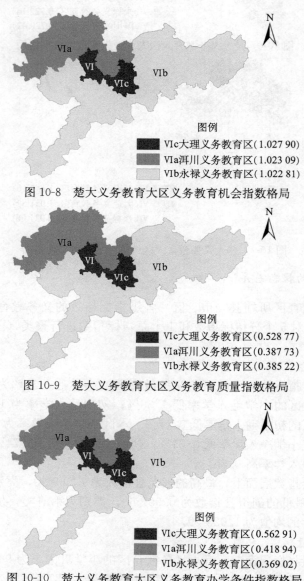

图 10-8　楚大义务教育大区义务教育机会指数格局

图 10-9　楚大义务教育大区义务教育质量指数格局

图 10-10　楚大义务教育大区义务教育办学条件指数格局

表10-4 洱川、永禄、大理义务教育所辖县（市、区）状态表

义务教育大区	义务教育区	县(市,区)	教育机会指数 指数	类别	位序	教育质量指数 指数	类别	位序	办学条件指数 指数	类别	位序	师资指数 指数	类别	位序	教育多样性指数 指数	类别	位序	义务教育发展总指数 指数	类别	位序
楚大义务教育大区	洱川义务教育区	云龙县	1.059 99	V	17	0.408 93	II	48	0.666 28	V	27	0.507 65	VII	121	0.917 06	VI	31	0.711 98	VI	31
		洱源县	1.002 82	VI	54	0.262 11	II	89	0.347 75	VII	86	0.512 56	VI	110	0.305 69	VII	72	0.486 19	VII	103
		剑川县	0.997 60	VI	60	0.249 17	II	96	0.243 60	VII	109	0.521 56	IV	64	0.305 69	VII	72	0.463 52	VIII	110
		鹤庆县	1.056 16	V	18	0.565 41	II	18	0.452 17	VI	62	0.516 35	V	99	0.305 69	VII	72	0.579 16	VII	62
		宾川县	0.998 88	VI	58	0.453 02	II	39	0.384 89	VII	81	0.517 41	V	91	0.305 69	VII	72	0.531 98	VII	83
		均　值	1.023 09			0.387 73			0.418 94			0.515 11			0.427 96			0.554 57		
	永禄义务教育区	漾濞县	0.980 50	VI	89	0.453 03	II	38	0.158 97	VIII	123	0.533 91	II	4	0.000 00	VIII	117	0.425 28	VIII	121
		弥渡县	1.005 20	VI	51	0.579 54	II	14	0.448 23	VI	65	0.516 61	V	96	0.305 69	VII	72	0.571 05	VII	66
		南涧县	0.989 41	VI	73	0.321 56	II	72	0.233 14	VII	111	0.514 55	V	106	0.611 38	VII	52	0.534 01	VII	81
		魏山县	1.030 31	V	31	0.296 91	II	77	0.408 23	VII	75	0.511 68	VI	113	0.000 00	VIII	117	0.449 39	VIII	114
		永平县	0.982 95	VI	86	0.210 84	II	107	0.244 41	VII	106	0.521 41	IV	65	0.305 69	VII	72	0.453 06	VIII	113
		禄劝县	1.035 96	V	28	0.480 91	II	33	0.750 77	III	20	0.511 58	VI	114	0.611 37	VII	54	0.678 12	VI	36
		牟定县	1.049 70	V	20	0.383 99	II	55	0.258 79	VII	104	0.528 51	III	17	0.305 69	VII	72	0.505 34	VII	98
		南华县	1.039 91	V	24	0.514 28	II	27	0.230 68	VII	113	0.505 41	VII	126	0.305 69	VII	72	0.519 19	VII	89
		姚安县	1.037 51	V	25	0.288 24	II	82	0.240 72	VII	110	0.524 98	IV	37	0.305 69	VII	72	0.479 43	VIII	107
		大姚县	1.060 62	V	16	0.551 95	II	21	0.364 36	VIII	82	0.525 11	IV	36	0.305 69	VII	72	0.561 55	VII	72
		永仁县	1.070 09	V	9	0.489 88	II	32	0.143 15	VIII	126	0.533 20	II	5	0.305 69	VII	72	0.508 40	VII	97
		元谋县	1.061 36	V	14	0.219 04	II	106	0.273 42	VII	100	0.530 55	III	10	0.305 69	VII	72	0.478 01	VII	108
		武定县	1.014 96	VI	40	0.271 19	II	87	0.450 31	VI	63	0.523 11	IV	50	0.305 69	VII	72	0.513 05	VII	93
		凤庆县	1.017 11	VI	37	0.349 17	II	66	0.592 26	VI	39	0.522 08	IV	60	0.305 69	VII	72	0.557 26	VII	74
		永德县	0.966 61		102	0.367 90	II	59	0.737 88	V	21	0.516 60	V	97	0.305 69	VII	72	0.578 94	VII	63
		均　值	1.022 81			0.385 22			0.369 02			0.521 29			0.305 69			0.520 81		
	大理义务教育区	大理市	1.063 53	V	12	0.633 67	II	6	0.772 63	V	17	0.519 42	V	79	0.917 06	VI	31	0.781 26	V	26
		祥云县	0.992 27	VI	69	0.423 86	II	46	0.353 19	VII	84	0.508 43	VII	118	0.305 69	VII	72	0.516 69	VII	91
		均　值	1.027 90			0.528 77			0.562 91			0.513 93			0.611 38			0.648 98		

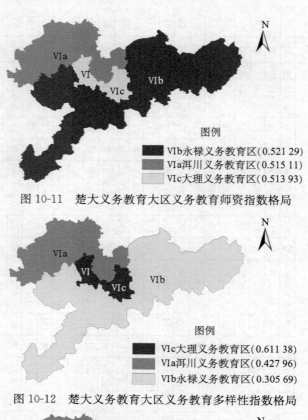

图 10-11　楚大义务教育大区义务教育师资指数格局

图例
- ■ VIb永禄义务教育区(0.521 29)
- ■ VIa洱川义务教育区(0.515 11)
- ■ VIc大理义务教育区(0.513 93)

图 10-12　楚大义务教育大区义务教育多样性指数格局

图例
- ■ VIc大理义务教育区(0.611 38)
- ■ VIa洱川义务教育区(0.427 96)
- ■ VIb永禄义务教育区(0.305 69)

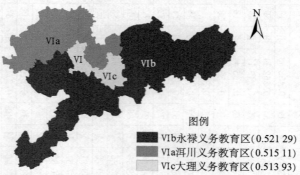

图 10-13　楚大义务教育大区义务教育发展总指数格局

图例
- ■ VIb永禄义务教育区(0.521 29)
- ■ VIa洱川义务教育区(0.515 11)
- ■ VIc大理义务教育区(0.513 93)

3. 办学条件

在办学条件指标层面上，洱川义务教育区的学校藏书为 1 329 648 册，占楚大义务教育大区学校藏书的 23.79%；学校占地面积为 2 641 872 ㎡，占楚大义务教育大区学校占地面积的 20.66%；校舍建筑面积为 735 159 ㎡，占楚大义务教育大区校舍建筑面积的 21.40%；危房面积为 653 086 ㎡，占楚大义务教育大区危房面积的 24.17%。

在办学条件指数层面上，最高的云龙县指数为 0.666 28，类别为第Ⅴ类，位序为第 27 位；最低的剑川县指数为 0.243 60，类别为第Ⅶ类，位序为第 109 位；各县（市、区）的均值为 0.418 94。

4.教育师资

在教育师资指标层面上，洱川义务教育区的小学任课教师数为 5538 人，占楚大义务教育大区小学任课教师数的 19.85%；初中任课教师数为 3286 人，占楚大义务教育大区初中任课教师数的 21.40%。小学学历达标率为 95.92%，比楚大义务教育大区小学学历达标率低 1.07%；初中学历达标率为 97.69%，比楚大义务教育大区初中学历达标率低 0.79%。

在教育师资指数层面上，最高的剑川县指数为 0.521 56，类别为第Ⅳ类，位序为第 64 位；最低的云龙县指数为 0.507 65，类别为第Ⅶ类，位序为第 121 位；各县（市、区）的均值为 0.515 11。

5.教育多样性

在教育多样性指标层面上，洱川义务教育区的民族学校数为 2 个，占楚大义务教育大区民族学校数的 28.57%；特殊教育学校数为 0 个。

在教育多样性指数层面上，最高的云龙县指数为 0.917 06，类别为第Ⅵ类，位序为第 31 位；最低的洱源县、剑川县、鹤庆县、宾川县指数均为 0.305 69，类别为第Ⅶ类，位序为第 72 位；各县（市、区）的均值为 0.427 96。

6.教育总指数

在义务教育发展总指数层面上，最高的云龙县指数为 0.711 98，类别为第Ⅵ类，位序为第 31 位；最低的剑川县指数为 0.463 52，类别为第Ⅷ类，位序为第 110 位；各县（市、区）的均值为 0.554 57。

二、永禄义务教育区

永禄义务教育区所辖县（市、区）为漾濞县、弥渡县、南涧县、巍山县、永平县、禄劝县、牟定县、南华县、姚安县、大姚县、永仁县、元谋县、武定县、凤庆县、永德县 15 县，位于东经 $99°05'\sim102°56'$、北纬 $23°45'\sim26°30'$ 之间，属于临沧中山山原区；保山，凤庆中山盆地盆谷区；楚雄红岩高原区；金沙红河谷区；曲靖岩溶高原区。本区土地面积为 $37.3\times10^3\ km^2$，占楚大义务教育大区土地面积的 67.33%，其中，坝区面积为 $2.9\times10^3\ km^2$；半山半坝区面积为 $9.0\times10^3\ km^2$；山区面积为 $26.3\times10^3\ km^2$。本区生产总值为 523.01 亿元，占楚大义务教育大区生产总值的 48.50%；人均生产总值为 13 686 元，比楚大义务教育大区人均生产总值低 1969 元；地均生产总值为 140.217 万元/km^2，比楚大义务教育大区地均生产总值低 54.427 万元/km^2。本区第三产业产值为 164.77 亿元，占楚大义务教育大区第三产业产值的 47.94%；第三产业产值占本区生产总值的比重为 31.50%。

永禄义务教育区的年末总人口数为 389.18 万人，占楚大义务教育大区年末总人口的 62.09%；人口密度为 104 人/km²，比楚大义务教育大区人口密度低 9 人/km²。

（一）区域的背景差异

永禄义务教育区所辖县（市、区）各级指标指数的背景见表 10-3，笔者分别对分指标指数地形起伏度、资源环境承载能力、经济发展综合水平、发展潜力综合水平、区域发展综合水平、教育背景基础、民族构成系数进行聚类（图 10-1 至图 10-7），结果表明：

（1）从自然地理背景差异来看，在地形起伏度指数层面上，最低的元谋县指数为 0.819 00，类别为第Ⅱ类，位序为第 26 位；最高的禄劝县指数为 1.485 97，类别为第Ⅴ类，位序为第 121 位；各县（市、区）的均值为 1.076 96。

（2）从经济地理背景差异来看，在资源环境承载能力层面上，最高的永德县指数为 1.084 03，类别为第Ⅳ类，位序为第 22 位；最低的漾濞县指数为 0.923 66，类别为第Ⅷ类，位序为第 122 位；各县（市、区）的均值为 0.980 05。在经济发展综合水平层面上，最高的大姚县指数为 1.017 99，类别为第Ⅴ类，位序为第 49 位；最低的南涧县指数为 0.944 73，类别为第Ⅶ类，位序为第 105 位；各县（市、区）的均值为 0.974 52。在发展潜力综合水平层面上，最高的元谋县指数为 1.075 41，类别为第Ⅳ类，位序为第 26 位；最低的漾濞县指数为 0.934 21，类别为第Ⅶ类，位序为第 118 位；各县（市、区）的均值为 1.028 24。在区域发展综合水平层面上，最高的永德县指数为 1.021 96，类别为第Ⅵ类，位序为第 57 位；最低的南涧县指数为 0.938 09，类别为第Ⅷ类，位序为第 123 位；各县（市、区）的均值为 0.980 28。

（3）从人文地理背景差异来看，在人口受教程度层面上，最高的凤庆县指数为 1.255 97，类别为第Ⅴ类，位序为第 26 位；最低的漾濞县指数为 0.291 72，类别为第Ⅷ类，位序为第 124 位；各县（市、区）的均值为 0.722 14。在民族构成系数层面上，最高的漾濞县指数为 1.676 59，类别为第Ⅲ类，位序为第 27 位；最低的弥渡指数为 0.245 29，类别为第Ⅶ类，位序为第 107 位；各县（市、区）的均值为 0.931 06。

（二）区域的状态差异

永禄义务教育区所辖县（市、区）各级指标指数的义务教育各项指数见表 10-4，笔者分别对 5 个分指标指数和 1 个总指标指数进行聚类（图 10-8 至图 10-13），结果表明：

1. 教育机会

在教育机会指标层面上，永禄义务教育区的小学毛入学率为 107.07%，比楚大义务教育大区的小学毛入学率高 0.63%；初中毛入学率为 105.75%，比楚大义务教育大区的初中毛入学率低 0.86%。本区小学净入学率为 99.45%，比楚大义务教育大区小学净入学率低 0.01%；初中净入学率为 92.79%，比楚大义务教育大区初中净入学率低 0.10%。

在教育机会指数层面上，最高的永仁县指数为 1.070 09，类别为第 Ⅴ 类，位序为第 9 位；最低的永德县指数为 0.966 61，类别为第 Ⅵ 类，位序为第 102 位；各县（市、区）的均值为 1.022 81。

2. 教育质量

在教育质量指标层面上，永禄义务教育区的小学巩固率为 99.34%，比楚大义务教育大区小学巩固率低 0.10%；初中巩固率为 98.40%，比楚大义务教育大区初中巩固率高 0.06%。本区小学辍学率为 0.72%，比楚大义务教育大区小学辍学率高 0.10%；初中辍学率为 1.54%，比楚大义务教育大区初中辍学率低 0.06%。本区小学升学率为 98.23%，比楚大义务教育大区小学升学率低 1.18%；初中升学率为 51.84%，比楚大义务教育大区初中升学率低 3.98%。

在教育质量指数层面上，最高的弥渡县指数为 0.579 54，类别为第 Ⅱ 类，位序为第 14 位；最低的永平县指数为 0.210 84，类别为第 Ⅱ 类，位序为第 107 位；各县（市、区）的均值为 0.385 22。

3. 办学条件

在办学条件指标层面上，永禄义务教育区的学校藏书为 3 477 067 册，占楚大义务教育大区学校藏书的 62.20%；学校占地面积为 8 648 752m²，占楚大义务教育大区学校占地面积的 67.64%；校舍建筑面积为 2 140 084m²，占楚大义务教育大区校舍建筑面积的 62.31%；危房面积为 1 646 490m²，占楚大义务教育大区危房面积的 60.95%。

在办学条件指数层面上，最高的禄劝县指数为 0.750 77，类别为第 Ⅴ 类，位序为第 20 位；最低的永仁县指数为 0.143 15，类别为第 Ⅷ 类，位序为第 126 位；各县（市、区）的均值为 0.369 02。

4. 教育师资

在教育师资指标层面上，永禄义务教育区的小学任课教师数为 18 627 人，占楚大义务教育大区小学任课教师数的 66.77%；初中任课教师数为 9771 人，占楚大义务教育大区初中任课教师数的 63.62%。小学学历达标率为 97.26%，比楚大义务教育大区小学学历达标率高 0.27%；初中学历达标率为 98.56%，比楚大义务教育大区初中学历达标率高 0.08%。

在师资指数层面上，最高漾濞县指数为 0.533 91，类别为第 Ⅱ 类，位序为第 4 位；最低的南华县指数为 0.505 41，类别为第 Ⅶ 类，位序为第 126 位；各县（市、区）的均值为 0.521 29。

5. 教育多样性

在教育多样性指标层面上，永禄义务教育区的民族学校数为 2 个，占楚大义务教育大区民族学校数的 28.57%；特殊教育学校数为 0 个。

在教育多样性指数层面上，最高的南涧县指数为 0.611 38，类别为第Ⅶ类，位序为第 52 位；最低的漾濞县、巍山县指数均为 0.000 00，类别为第Ⅷ类，位序为第 117 位；各县（市、区）的均值为 0.305 69。

6. 教育总指数

在义务教育发展总指数层面上，最高的禄劝县指数为 0.678 12，类别为第Ⅵ类，位序为第 36 位；最低的漾濞县指数为 0.425 28，类别为第Ⅷ类，位序为第 121 位；各县（市、区）的均值为 0.520 81。

三、大理义务教育区

大理义务教育区所辖县（市、区）为大理市、祥云县 2 县（市），位于东经 99°58′～101°02′、北纬 25°12′～25°58′之间，属于大理，丽江盆地中高山区；楚雄红岩高原区。本区土地面积为 $4.0×10^3 km^2$，占楚大义务教育大区土地面积的 7.22%，其中，坝区面积为 $4.0×10^3 km^2$。本区生产总值为 348.32 亿元，占楚大义务教育大区生产总值的 32.30%；人均生产总值为 29 523 元，比楚大义务教育大区人均生产总值高 13 868 元；地均生产总值为 870.800 万元/km^2，比楚大义务教育大区地均生产总值高 676.156 万元/km^2。本区第三产业产值为 126.45 亿元，占楚大义务教育大区第三产业产值的 36.79%；第三产业产值占本区生产总值的比重为 36.30%。大理义务教育区的年末总人口数为 112.00 万人，占楚大义务教育大区年末总人口的 17.87%；人口密度为 280 人/km^2，比楚大义务教育大区人口密度高 167 人/km^2。

（一）区域的背景差异

大理义务教育区所辖县（市、区）各级指标指数的背景见表 10-3，笔者分别对分指标指数地形起伏度、资源环境承载能力、经济发展综合水平、发展潜力综合水平、区域发展综合水平、教育背景基础、民族构成系数进行聚类（图 10-1 至图 10-7），结果表明：

（1）从自然地理背景差异来看，在地形起伏度指数层面上，祥云县指数为 1.030 02，类别为第Ⅲ类，位序为第 90 位；大理市指数为 1.160 82，类别为第Ⅲ类，位序为第 107 位；各县（市、区）的均值为 1.095 42。

（2）从经济地理背景差异来看，在资源环境承载能力层面上，大理市指数为 1.071 22，类别为第Ⅳ类，位序为第 28 位；祥云县指数为 0.954 65，类别为第Ⅶ类，位序为第 108 位；各县（市、区）的均值为 1.012 94。在经济发展综合水平层面上，大理市指数为 1.213 39，类别为第Ⅲ类，位序为第 6 位；祥云县指数为 1.024 44，类别为第Ⅴ类，位序为第 47 位；各县（市、区）的均值为 1.118

92。在发展潜力综合水平层面上，祥云县指数为 0.943 20，类别为第Ⅶ类，位序为第 116 位；大理市指数为 0.928 81，类别为第Ⅶ类，位序为第 120 位；各县（市、区）的均值为 0.936 01。在区域发展综合水平层面上，大理市指数为 1.129 79，类别为第Ⅲ类，位序为第 5 位；祥云县指数为 0.986 84，类别为第Ⅶ类，位序为第 94 位；各县（市、区）的均值为 1.058 32。

（3）从人文地理背景差异来看，在人口受教程度层面上，大理市指数为 2.117 97，类别为第Ⅲ类，位序为第 10 位；祥云县指数为 1.209 60，类别为第Ⅴ类，位序为第 31 位；各县（市、区）的均值为 1.663 79。在民族构成系数层面上，大理市指数为 1.663 82，类别为第Ⅲ类，位序为第 29 位；祥云县指数为 0.439 21，类别为第Ⅶ类，位序为第 88 位；各县（市、区）的均值为 1.051 52。

（二）区域的状态差异

大理义务教育区所辖县（市、区）各级指标指数的义务教育各项指数见表 10-4，笔者分别对 5 个分指标指数和 1 个总指标指数进行聚类（图 10-8 至图 10-13），结果表明：

1. 教育机会

在教育机会指标层面上，大理义务教育区的小学毛入学率为 105.91％，比楚大义务教育大区的小学毛入学率低 0.53％；初中毛入学率为 110.06％，比楚大义务教育大区的初中毛入学率高 3.45％。本区小学净入学率为 99.96％，比楚大义务教育大区小学净入学率高 0.50％；初中净入学率为 92.34％，比楚大义务教育大区初中净入学率低 0.55％。

在教育机会指数层面上，大理市指数为 1.063 53，类别为第Ⅴ类，位序为第 12 位；祥云县指数为 0.992 27，类别为第Ⅵ类，位序为第 69 位；各县（市、区）的均值为 1.027 90。

2. 教育质量

在教育质量指标层面上，大理义务教育区的小学巩固率为 99.65％，比楚大义务教育大区小学巩固率高 0.20％；初中巩固率为 99.08％，比楚大义务教育大区初中巩固率高 0.74％。本区小学辍学率为 0.38％，比楚大义务教育大区小学辍学率低 0.24％；初中辍学率为 0.96％，比楚大义务教育大区初中辍学率低 0.64％。本区小学升学率为 100.40％，比楚大义务教育大区小学升学率高 0.99％；初中升学率为 64.57％，比楚大义务教育大区初中升学率高 8.75％。

在教育质量指数层面上，大理市指数为 0.633 67，类别为第Ⅱ类，位序为第 6 位；祥云县指数为 0.423 86，类别为第Ⅱ类，位序为第 46 位；各县（市、区）的均值为 0.528 77。

3. 办学条件

在办学条件指标层面上，大理义务教育区的学校藏书为 783 192 册，占楚大义务教育大区学校藏书的 14.01％；学校占地面积为 1 495 296m²，占楚大义务教育大区学校占地面积的 11.69％；校舍建筑面积为 559 490m²，占楚大义务教育大区校舍建筑面积的 16.29％；危房面积为 401 940m²，占楚大义务教育大区危房面积的 14.88％。

在办学条件指数层面上，大理市指数为 0.772 63，类别为第Ⅴ类，位序为第 17 位；祥云县指数为 0.353 19，类别为第Ⅶ类，位序为第 84 位；各县（市、区）的均值为 0.562 91。

4. 教育师资

在教育师资指标层面上，大理义务教育区的小学任课教师数为 3731 人，占楚大义务教育大区小学任课教师数的 13.37％；初中任课教师数为 2301 人，占楚大义务教育大区初中任课教师数的 14.98％。小学学历达标率为 97.27％，比楚大义务教育大区小学学历达标率高 0.28％；初中学历达标率为 99.30％，比楚大义务教育大区初中学历达标率高 0.82％。

在师资指数层面上，大理市指数为 0.519 42，类别为第Ⅴ类，位序为第 79 位；祥云县指数为 0.508 43，类别为第Ⅶ类，位序为第 118 位；各县（市、区）的均值为 0.513 92。

5. 教育多样性

在教育多样性指标层面上，大理义务教育区的民族学校数为 3 个，占楚大义务教育大区民族学校数的 42.86％；特殊教育学校数为 1 个，占楚大义务教育大区特殊教育学校数的 100％。

在教育多样性指数层面上，大理市指数为 0.917 06，类别为第Ⅵ类，位序为第 31 位；祥云县指数为 0.305 69，类别为第Ⅶ类，位序为第 72 位；各县（市、区）的均值为 0.611 38。

6. 教育总指数

在义务教育发展总指数层面上，大理市指数为 0.781 26，类别为第Ⅴ类，位序为第 26 位；祥云县指数为 0.516 69，类别为第Ⅶ类，位序为第 91 位。各县（市、区）的均值为 0.648 97。

第三节　楚大义务教育大区评价及对策

楚大义务教育大区在云南省总体发展态势较为落后，本区在教育机会、教育质量指数上位居八大区第二，而办学条件指数、教育质量指数、师资指数则相对靠后，在支撑义务教育发展的地域背景上有如下特点：

（1）所辖范围主要为滇西北偏东南、滇北中间地区，土地面积将近云南省的 15％，人口约为云南省的 13％。本区发展潜力较好，开发现状较差。

（2）地带分异性显著，高原、高中山、中高山、中山、河谷、盆谷交错分布，地形起伏大。

（3）生产总值为云南省的一成，人均 GDP 较低，经济发展水平相对落后。

结合楚大义务教育大区教育发展的总体特征（表 10-1，表 10-2），以及洱川义务教育区、永禄义务教育区、大理义务教育区教育发展的现状（表 10-4），我们可以推断出该大区所存在的主要问题。此外，直观反映楚大义务教育大区义务教育发展状况的原始数据（图 10-14、图 10-15）也纳入评价体系，进而得出可能的对策建议。

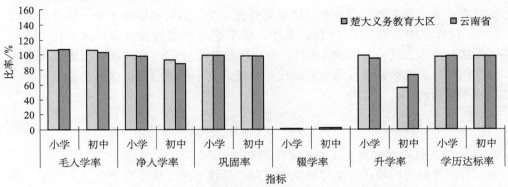

图 10-14　楚大义务教育大区原始数据格局一

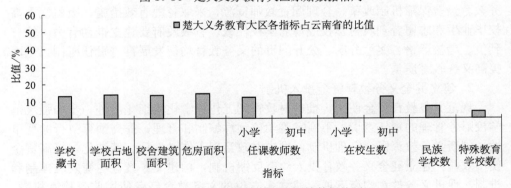

图 10-15　楚大义务教育大区原始数据格局二

一、主要问题

1. 办学条件较差

从办学条件指数层面看，最高的大理市指数为 0.772 63，类别为第Ⅴ类，位序为第 17 位；最低的永仁县指数为 0.143 15，类别为第Ⅷ类，位序为第 126 位。去除最高最低两个极值，本区其余 20 个县（市、区）类别为第Ⅴ类的有 3 个，第Ⅵ类的有 4 个，第Ⅶ类的有 12 个，第Ⅷ类的有 1 个，位序范围为第 20～123 位。其中，低于全省中值的县（市、区）有 10 个，占本区县（市、区）总数的 45%。结合原始数据分析，本区办学条件指数低主要是由区内学校占地面积、学校建筑面积等硬件不足造成的。

2. 师资力量不足

从师资指数层面看，最高的漾濞县指数为 0.533 91，类别为第Ⅱ类，位序为第 4 位；最低的南华县指数为 0.505 41，类别为第Ⅶ类，位序为第 126 位。去除最高最低两个极值，本区其余 20 个县（市、区）类别为第Ⅱ类的有 5 个，第Ⅲ类的有 2 个，第Ⅳ类的有 6 个，第Ⅴ类的有 6 个，第Ⅵ类的有 3 个，第Ⅶ类的有 2 个，位序范围为第 5～121 位。其中，低于全省中值的县（市、区）有 22 个，占本区县（市、区）总数的 100%。结合原始数据分析，本区师资指数低主要是由区内专任教师数与在校学生数的比值较低，且小学教师学历达标率低于全省平均水平导致的。

二、对策建议

1. 深入推进贯彻落实义务教育均衡发展

各级党政要明确指导思想和基本目标，继续重视支持教育事业优先发展，推动优质资源共享，扩大优质教育资源覆盖面。均衡配置办学资源，进一步深化义务教育经费保障机制改革。合理配置教师资源，采取各种有效措施，吸引优秀高校毕业生和志愿者到农村学校或薄弱学校任教。省级政府要建立推动有力、检查到位、考核严格、奖惩分明、公开问责的义务教育均衡发展推进责任机制，全面提高义务教育质量。

2. 建立健全义务教育资金投入机制

规范义务教育资金使用，推进财政管理工作科学化精细化。进一步加强规范学校财务管理的责任意识，不断完善学校预算编制和管理，提高预算执行的严肃性。创新义务教育资金管理机制，推进财政管理工作科学化、精细化，提高资金使用效益，建立健全义务教育投入约束反馈机制，构建义务教育均衡发展体制和机制，促进义务教育均衡发展。建立多方位的义务教育经费使用监督检查机制，确保资金使用的规范性、透明性和安全性。建立和完善义务教育财政支出绩效评价机制，提高义务教育财政支出的经济性、效率性和有效性。

第十一章
昭通义务教育大区

昭通义务教育大区所辖县（市、区）为大关县、镇雄县、彝良县、威信县、鲁甸县、巧家县盐津县、永善县、绥江县、水富县、昭阳区，位于东经103°08′～105°19′、北纬26°32′～28°41′之间，属于滇东北边沿中山河谷区；镇雄高原中山区；金沙江河谷区；昭通，宣威山地高原区。本区土地面积为 $22.4 \times 10^3 \mathrm{km}^2$，占云南省土地面积的 5.68%，其中，半山半坝区面积为 $2.2 \times 10^3 \mathrm{km}^2$；山区面积为 $20.2 \times 10^3 \mathrm{km}^2$。本区生产总值为 552.67 亿元，占云南省生产总值的5.36%；人均生产总值为 12 202 元，比云南省人均生产总值低 9993 元；地均生产总值为 246.728 万元/km^2，比云南省的地均生产总值低 14.868 万元/km^2。本区第三产业产值为 173.58 亿元，占云南省第三产业产值的 4.10%；第三产业产值占本区生产总值的比重为 31.41%。昭通义务教育大区的年末总人口数为529.60 万人，占云南省年末总人口的 11.37%；人口密度为 236 人/km^2，比云南省人口密度高 118 人/km^2。

第一节　昭通义务教育大区总体特征

一、区域的背景特征

昭通义务教育大区所辖县区各级指标指数——地形起伏度、资源环境承载能力、经济发展综合水平、发展潜力综合水平、区域发展综合水平、人口受教育程度、民族构成系数的背景见表 11-1，结果表明：

（一）自然地理背景

在地形起伏度层面上，昭通义务教育大区所辖各县（市、区）之间存在较大差距，最高的巧家县与最低的水富县之间极差达到 0.748 74。水富县、绥江县、威信县、盐津县 4 县指数在 0.616 02～0.690 75 之间，类别为第Ⅰ类，位序范围为第 2～9 位；镇雄县指数为 0.847 14，类别为第Ⅱ类，位序为第 38 位；彝良

表11-1　昭通义务教育大区所辖（市、区）背景表

义务教育大区	县（市、区）	地形起伏度			资源环境承载能力			经济发展综合水平			发展潜力综合水平			区域发展综合水平			人口受教育程度			民族构成系数		
	指标	指数	类别	位序	指数	类别	位序	指数	类别	位序	指数	类别	位序	指数	类别	位序	指数	类别	位序	指数	类别	位序
昭通义务教育大区	大关县	0.967 97	III	75	0.975 01	VI	94	0.960 33	VI	96	0.987 45	VI	87	0.968 81	VIII	109	0.699 53	VII	84	0.201 60	VIII	111
	镇雄县	0.847 14	II	38	1.142 30	III	6	0.910 29	VIII	119	0.958 07	VII	107	1.022 22	VI	56	3.527 34	I	2	0.201 20	VIII	112
	彝良县	0.961 39	III	72	1.046 28	V	46	0.944 44	VII	106	0.963 43	VI	106	0.993 45	VII	87	1.357 98	V	23	0.334 27	VII	96
	威信县	0.679 01	I	8	1.023 65	V	59	0.953 80	VI	102	0.973 67	VI	100	0.987 81	VII	92	1.032 09	VI	43	0.274 24	VII	102
	鲁甸县	1.161 55	III	108	1.022 60	V	61	0.997 35	VI	64	0.963 80	VI	105	1.007 26	VII	68	0.977 25	VI	51	0.509 01	VII	83
	巧家县	1.364 76	V	117	1.011 70	VI	71	0.905 47	VIII	121	0.987 16	VI	88	0.960 23	VIII	116	1.331 40	V	25	0.108 13	VIII	124
	盐津县	0.690 75	I	9	1.015 18	VI	67	1.015 96	V	51	0.981 10	VI	91	1.013 55	VI	64	0.984 03	VI	50	0.092 47	VIII	127
	永善县	1.146 44	III	106	0.984 78	VI	86	0.981 67	VI	80	0.999 30	VI	79	0.984 17	VII	97	1.022 97	VI	45	0.184 69	VIII	116
	绥江县	0.656 07	I	7	0.912 35	VIII	124	0.985 39	VI	75	0.977 85	VI	97	0.950 59	VIII	121	0.426 05	VIII	115	0.016 16	VIII	129
	水富县	0.616 02	I	2	1.055 25	V	39	1.181 78	III	9	0.927 37	VII	121	1.107 30	IV	11	0.298 40	VIII	123	0.099 56	VIII	126
	昭阳区	1.138 58	III	104	1.226 75	I	2	1.083 47	IV	22	1.032 25	V	51	1.147 84	III	4	2.000 82	III	11	0.407 53	VII	90
	极差	0.748 74			0.314 40			0.276 31			0.104 88			0.197 25			3.228 94			0.492 85		

县、大关县、昭阳区、永善县、鲁甸县 5 县（区）指数在 0.961 39~1.161 55 之间，类别为第Ⅲ类，位序范围为第 72~108 位；巧家县指数为 1.364 76，类别为第Ⅴ类，位序为第 117 位。

（二）经济地理背景

（1）在资源环境承载能力层面上，昭通义务教育大区所辖各县（市、区）之间存在较大差距，最高的昭阳区与最低的绥江县之间极差达到 0.314 40。昭阳区指数为 1.226 75，类别为第Ⅰ类，位序为第 2 位；镇雄县指数为 1.142 30，类别为第Ⅲ类，位序为第 6 位；水富县、彝良县、威信县、鲁甸县 4 县指数在 1.055 25~1.022 60 之间，类别为第Ⅴ类，位序范围为第 39~61 位；盐津县、巧家县、永善县、大关县 4 县指数在 1.015 18~0.975 01 之间，类别为第Ⅵ类，位序范围为第 67~94 位；绥江县指数为 0.912 35，类别为第Ⅷ类，位序为第 124 位。

（2）在经济发展综合水平层面上，昭通义务教育大区所辖各县（市、区）之间存在较大差距，最高的水富县与最低的巧家县之间极差达到 0.276 31。水富县指数为 1.181 78，类别为第Ⅲ类，位序为第 9 位；昭阳区指数为 1.083 47，类别为第Ⅳ类，位序为第 22 位；盐津县指数为 1.015 96，类别为第Ⅴ类，位序为第 51 位；鲁甸县、绥江县、永善县、大关县、威信县 5 县指数在 0.997 35~0.953 80 之间，类别为第Ⅵ类，位序范围为第 64~102 位；彝良县指数为 0.944 44，类别为第Ⅶ类，位序为第 106 位；镇雄县、巧家县 2 县指数分别为 0.910 29、0.905 47，类别为第Ⅷ类，位序分别为第 119、121 位。

（3）发展潜力综合水平层面上，昭通义务教育大区所辖各县（市、区）之间存在较大差距，最高的昭阳区与最低的水富县之间极差达到 0.104 88。昭阳区指数为 1.032 25，类别为第Ⅴ类，位序为第 51 位；永善县、大关县、巧家县、盐津县、绥江县、威信县、鲁甸县、彝良县 8 县指数在 0.999 30~0.963 43 之间，类别为第Ⅵ类，位序范围为第 79~106 位；镇雄县、水富县 2 县指数分别为 0.958 07、0.927 37，类别为第Ⅶ类，位序分别为第 107、121 位。

（4）在区域发展综合水平层面上，昭通义务教育大区所辖各县（市、区）之间存在较大差距，最高的昭阳区与最低的绥江县之间的极差达到 0.197 25。昭阳区指数为 1.147 84，类别为第Ⅲ类，位序为第 4 位；水富县指数为 1.107 30，类别为第Ⅳ类，位序为第 11 位；镇雄县、盐津县 2 县指数分别为 1.022 22、1.013 55,类别为第Ⅵ类，位序分别为第 56、64 位；鲁甸县、彝良县、威信县、永善县 4 县指数在 1.007 26~0.984 17 之间，类别为第Ⅶ类，位序范围为第 68~97 位；大关县、巧家县、绥江县 3 县指数在 0.968 81~0.950 59 之间，类别为第Ⅷ类，位序范围为第 109~121 位。

（三）人文地理背景

（1）在教育背景基础层面上，昭通义务教育大区所辖各县（市、区）之间存在较大差距，最高的镇雄县与最低的水富县之间极差达 3.228 94。镇雄县指数为 3.527 34，类别为第Ⅰ类，位序为第 2 位；昭阳区指数为 2.000 82，类别为第Ⅲ类，位序为第 11 位；彝良县、巧家县 2 县指数分别为 1.357 98、1.331 40，类别为第Ⅴ类，位序分别为第 23、25 位；威信县、永善县、盐津县、鲁甸县 4 县指数在 1.032 09～0.977 25 之间，类别为第Ⅵ类，位序范围为第 43～51 位；大关县指数为 0.699 53，类别为第Ⅶ类，位序为第 84 位；绥江县、水富县 2 县指数分别为 0.426 05、0.298 40，类别为第Ⅷ类，位序分别为第 115、123 位。

（2）在民族构成系数层面上，昭通义务教育大区所辖各县（市、区）之间存在较大差距，最高的鲁甸县与最低的绥江县之间极差达到 0.492 85。鲁甸县、昭阳区、彝良县、威信县 4 县（区）指数在 0.509 01～0.274 24 之间，类别为第Ⅶ类，位序范围为第 83～102 位；大关县、镇雄县、永善县、巧家县、水富县、盐津县、绥江县 7 县指数在 0.201 60～0.016 16 之间，类别为第Ⅷ类，位序范围为第 111～129 位。

二、区域的状态特征

昭通义务教育大区所辖县（市、区）各级指标指数的义务教育各项指数见表 11-2，笔者分别对 5 个分指标指数和 1 个总指标指数进行聚类（图 11-8 至图 11-13），结果表明：

1. 教育机会

在教育机会指标层面上，昭通义务教育大区的小学毛入学率为 111.77%，比云南省的小学毛入学率高 4.89%；初中毛入学率为 97.48%，比云南省的初中毛入学率低 5.64%。本区小学净入学率为 99.12%，比云南省小学净入学率高 0.83%；初中净入学率为 79.16%，比云南省初中净入学率低 8.44%。

在教育机会指数层面上，昭通义务教育大区所辖各县（市、区）之间存在较大差距，最高的水富县与最低的鲁甸县之间极差达到 0.104 74。水富县指数为 1.035 55，类别为第Ⅴ类，位序为第 29 位；威信县、昭阳区、大关县、绥江县、彝良县、巧家县、镇雄县、盐津县、永善县、鲁甸县 10 县（区）指数在 1.016 85～0.930 81 之间，类别为第Ⅵ类，位序范围为第 38～125 位。

2. 教育质量

在教育质量指标层面上，昭通义务教育大区的小学巩固率为 99.25%，比云南省小学巩固率低 0.07%；初中巩固率为 97.66%，比云南省初中巩固率低 0.43%。本区小学辍学率为 0.85%，比云南省小学辍学率高 0.09%；初中辍学

表 11-2 昭通义务教育大区所辖县（市、区）状态表

义务教育大区	县（市、区）	教育机会指数			教育质量指数			办学条件指数			师资指数			教育多样性指数			义务教育发展总指数		
		指数	类别	位序	指数	类别	位序	指数	类别	位序	指数	类别	位序	指数	类别	位序	指数	类别	位序
昭通义务教育大区	大关县	0.985 31	VI	80	0.006 02	IV	120	0.310 36	VII	93	0.512 62	VI	109	0.305 69	VII	72	0.424 00	VIII	122
	镇雄县	0.962 30	VI	106	0.255 35	II	92	1.499 35	II	2	0.500 58	VIII	129	4.311 80	I	2	1.505 88	I	5
	彝良县	0.970 49	VI	99	0.160 66	II	112	0.678 66	V	26	0.513 95	V	107	0.917 06	VI	31	0.648 16	VI	46
	威信县	1.016 85	VI	38	0.234 90	II	100	0.443 87	VI	68	0.508 13	VII	120	0.917 06	VI	31	0.624 16	VI	52
	鲁甸县	0.930 81	VI	125	0.035 34	IV	116	0.411 20	VII	74	0.516 77	V	95	0.305 69	VII	72	0.439 96	VIII	119
	巧家县	0.963 17	VI	105	0.253 94	II	94	0.655 97	V	31	0.510 04	VI	115	0.305 69	VII	72	0.537 76	VII	80
	盐津县	0.958 38	VI	107	0.324 21	II	70	0.488 41	VI	56	0.517 47	V	90	0.305 69	VII	72	0.518 83	VII	90
	永善县	0.934 96	VI	122	0.255 09	II	93	0.540 34	VI	48	0.517 81	V	87	0.305 69	VII	72	0.510 78	VII	94
	绥江县	0.985 00	VI	81	0.246 60	II	99	0.168 01	VIII	122	0.515 64	V	102	0.305 69	VII	72	0.444 19	VIII	118
	水富县	1.035 55	V	29	0.533 59	II	23	0.150 09	VIII	125	0.525 79	IV	29	0.305 69	VII	72	0.510 14	VII	95
	昭阳区	1.003 40	VI	53	0.298 89	II	53	0.752 48	V	19	0.511 86	VI	112	4.311 80	I	2	1.375 69	II	8
	极差	0.104 74			0.527 57			1.349 26			0.025 21			4.006 11			1.081 88		

率为 2.54％，比云南省初中辍学率高 0.57％。本区小学升学率为 88.05％，比云南省小学升学率低 7.39％；初中升学率为 40.81％，比云南省初中升学率低 31.93％。

在教育质量指数层面上，昭通义务教育大区所辖各县（市、区）之间存在较大差距，最高的水富县与最低的大关县之间极差达到 0.527 57。水富县、盐津县、昭阳区、镇雄县、永善县、巧家县、绥江县、威信县、彝良县 9 县（区）指数在 0.533 59～0.160 66 之间，类别为第Ⅱ类，位序范围为第 23～112 位；鲁甸县、大关县 2 县指数分别为 0.035 34、0.006 02，类别为第Ⅳ类，位序分别为第 116、120 位。

3. 办学条件

在办学条件指标层面上，昭通义务教育大区的学校藏书为 4 798 292 册，占云南省学校藏书的 11.14％；学校占地面积为 7 544 217m²，占云南省学校占地面积的 8.23％；校舍建筑面积为 2 405 215m²，占云南省校舍建筑面积的 9.41％；危房面积为 1 847 413m²，占云南省危房面积的 9.87％。

在办学条件指数层面上，昭通义务教育大区所辖各县（市、区）之间存在较大差距，最高的镇雄县与最低的水富县之间极差达到 1.349 26。镇雄县指数为 1.499 35，类别为第Ⅱ类，位序为第 2 位；昭阳区、彝良县、巧家县 3 县（区）指数在 0.752 48～0.655 97 之间，类别为第Ⅴ类，位序范围为第 19～31 位；永善县、盐津县、威信县 3 县指数在 0.540 34～0.443 87 之间，类别为第Ⅵ类，位序范围为第 48～68 位；鲁甸县、大关县 2 县指数分别为 0.411 20、0.310 36，类别为第Ⅶ类，位序分别为第 74、93 位；绥江县、水富县 2 县指数分别为 0.168 01～0.150 09，类别为第Ⅷ类，位序分别为第 122～125 位。

4. 教育师资

在教育师资指标层面上，昭通义务教育大区的小学任课教师数为 302 73 人，占云南省小学任课教师数的 12.95％；初中任课教师数为 140 33 人，占云南省初中任课教师数的 12.15％。小学学历达标率为 97.52％，比云南省小学学历达标率低 0.55％；初中学历达标率为 97.68％，比云南省初中学历达标率低 0.57％。

在师资指数层面上，昭通义务教育大区所辖各县（市、区）之间存在较大差距，最高的水富县与最低的镇雄县之间极差达到 0.025 21。水富县指数为 0.525 79,类别为第Ⅳ类，位序为第 29 位；永善县、盐津县、鲁甸县、绥江县、彝良县 5 县指数在 0.517 81～0.513 95 之间，类别为第Ⅴ类，位序范围为第 87～107 位；大关县、昭阳区、巧家县 3 县（区）指数在 0.512 62～0.510 04之间，类别为第Ⅵ类，位序范围为第 109～115 位；威信县指数为 0.50 813，类别为第Ⅶ类，位序为第 120 位；镇雄县指数为 0.500 58，类别为第Ⅷ类，位序为第 129 位。

5. 教育多样性

在教育多样性指标层面上，昭通义务教育大区的民族学校数为 4 个，占云南省民族学校数的 4.04%；特殊教育学校数为 2 个，占云南省特殊教育学校数的 8.00%。

在教育多样性指数层面上，昭通义务教育大区所辖各县（市、区）之间存在较大差距，最高的镇雄县、昭阳区与最低的鲁甸县、巧家县、盐津县、永善县、绥江县、水富县、大关县之间的极差达到 4.006 11。镇雄县、昭阳区 2 县（区）指数均为 4.311 80，类别为第 I 类，位序为第 2 位；彝良县、威信县 2 县指数均为 0.917 06，类别为第 VI 类，位序为第 31 位；大关县、鲁甸县、巧家县、盐津县、永善县、绥江县、水富县 7 县指数均为 0.305 69，类别为第 VII 类，位序为第 72 位。

6. 教育总指数

在义务教育发展总指数层面上，昭通义务教育大区所辖各县（市、区）之间存在较大差距，最高的镇雄县与最低的大关县之间极差达到 1.081 88。镇雄县指数为 1.505 88，类别为第 I 类，位序为第 5 位；昭阳区指数为 1.375 69，类别为第 II 类，位序为第 8 位；彝良县、威信县 2 县指数分别为 0.648 16、0.624 16，类别为第 VI 类，位序分别为第 46、52 位；巧家县、盐津县、永善县、水富县 4 县指数在 0.537 76~0.510 14 之间，类别为第 VII 类，位序范围为第 80~95 位；绥江县、鲁甸县、大关县 3 县指数在 0.444 19~0.424 00 之间，类别为第 VIII 类，位序范围为第 118~122 位。

第二节　昭通义务教育大区区域差异

昭通义务教育大区划分为 4 个义务教育区：镇彝义务教育区、鲁巧义务教育区、安永水义务教育区、昭阳义务教育区。

一、镇彝义务教育区

镇彝义务教育区所辖县（市、区）为大关县、镇雄县、彝良县、威信县 4 县，位于东经 103°43′~105°19′、北纬 27°16′~28°15′之间，属于滇东北边沿中山河谷区；镇雄高原中山区。本区土地面积为 $9.6 \times 10^3 km^2$，占昭通义务教育大区土地面积的 42.86%，其中，山区面积为 $9.6 \times 10^3 km^2$。本区生产总值为 176.14 亿元，占昭通义务教育大区生产总值的 31.87%；人均生产总值为 7305 元，比昭通义务教育大区人均生产总值低 4897 元；地均生产总值为 183.479 万元/km^2，比昭通义务教育大区地均生产总值低 63.249 万元/km^2。本区第三产业产值为

51.45 亿元，占昭通义务教育大区第三产业产值的 29.64％；第三产业产值占本区生产总值的比重为 29.21％。镇彝义务教育区的年末总人口数为 253.85 万人，占昭通义务教育大区年末总人口的 47.93％；人口密度为 264 人/km²，比昭通义务教育大区人口密度高 28 人/km²。

（一）区域的背景差异

镇彝义务教育区所辖县（市、区）各级指标指数的背景见表 11-3，笔者分别对分指标指数地形起伏度、资源环境承载能力、经济发展综合水平、发展潜力综合水平、区域发展综合水平、教育背景基础、民族构成系数进行聚类（图 11-1 至图 11-7），结果表明：

（1）从自然地理背景差异来看，在地形起伏度指数层面上，最低的威信县指数为 0.679 01，类别为第 I 类，位序为第 8 位；最高的大关县指数为 0.967 97，类别为第 III 类，位序为第 75 位；各县（市、区）的均值为 0.863 88。

（2）从经济地理背景差异来看，在资源环境承载能力层面上，最高的镇雄县指数为 1.142 30，类别为第 III 类，位序为第 6 位；最低的大关县指数为 0.975 01，类别为第 VI 类，位序为第 94 位；各县（市、区）的均值为 1.046 81。在经济发展综合水平层面上，最高的大关县指数为 0.960 33，类别为第 VI 类，位序为第 96 位；最低的镇雄县指数为 0.910 29，类别为第 VIII 类，位序为第 119 位；各县（市、区）的均值为 0.942 22。在发展潜力综合水平层面上，最高的大关县指数为 0.987 45，类别为第 VI 类，位序为第 87 位；最低的镇雄县指数为 0.958 07，类别为第 VII 类，位序为第 107 位；各县（市、区）的均值为 0.970 66。在区域发展综合水平层面上，最高的镇雄县指数为 1.022 22，类别为第 VI 类，位序为第 56 位；最低的大关县指数为 0.968 81，类别为第 VIII 类，位序为第 109 位；各县（市、区）的均值为 0.993 07。

（3）从人文地理背景差异来看，在人口受教程度层面上，最高的镇雄县指数为 3.527 34，类别为第 I 类，位序为第 2 位；最低的大关县指数为 0.699 53，类别为第 VII 类，位序为第 84 位；各县（市、区）的均值为 1.654 24。在民族构成系数层面上，最高的彝良县指数为 0.334 27，类别为第 VII 类，位序为第 96 位；最低的镇雄县指数为 0.201 20，类别为第 VIII 类，位序为第 112 位；各县（市、区）的均值为 0.252 83。

（二）区域的状态差异

镇彝义务教育区所辖县（市、区）各级指标指数的义务教育各项指数见表 11-4，笔者分别对 5 个分指标指数和 1 个总指标指数进行聚类（图 11-8 至图 11-13），结果表明：

表11-3　镇彝、鲁巧、永水、昭阳义务教育区所辖县（市、区）背景表

义务教育大区	义务教育区	县(市、区)	地形起伏度 指数	类别	位序	资源环境承载能力 指数	类别	位序	经济发展综合水平 指数	类别	位序	发展潜力综合水平 指数	类别	位序	区域发展综合水平 指数	类别	位序	人口受教育程度 指数	类别	位序	民族构成系数 指数	类别	位序
昭通义务教育大区	镇彝义务教育区	大关县	0.967 97	Ⅲ	75	0.975 01	Ⅵ	94	0.960 33	Ⅵ	96	0.987 45	Ⅵ	87	0.968 81	Ⅷ	109	0.699 53	Ⅶ	84	0.201 60	Ⅷ	111
		镇雄县	0.847 14	Ⅱ	38	1.142 30	Ⅲ	6	0.910 29	Ⅷ	119	0.958 07	Ⅶ	107	1.022 22	Ⅵ	56	3.527 34	Ⅰ	2	0.201 20	Ⅷ	112
		彝良县	0.961 39	Ⅲ	72	1.046 28	Ⅴ	46	0.944 44	Ⅶ	106	0.963 43	Ⅵ	106	0.993 45	Ⅶ	87	1.357 98	Ⅴ	23	0.334 27	Ⅶ	96
		威信县	0.679 01	Ⅰ	8	1.023 65	Ⅴ	59	0.953 80	Ⅵ	102	0.973 67	Ⅵ	100	0.987 81	Ⅶ	92	1.032 09	Ⅵ	43	0.274 24	Ⅶ	102
		均值	0.863 88			1.046 81			0.942 22			0.970 66			0.993 07			1.654 24			0.252 83		
	鲁巧义务教育区	鲁甸县	1.161 55	Ⅲ	108	1.022 60	Ⅴ	61	0.997 35	Ⅵ	64	0.963 80	Ⅵ	105	1.007 26	Ⅶ	68	0.977 25	Ⅵ	51	0.509 01	Ⅶ	83
		巧家县	1.364 76	Ⅴ	117	1.011 70	Ⅵ	71	0.905 47	Ⅷ	121	0.987 16	Ⅵ	88	0.960 23	Ⅷ	116	1.331 40	Ⅴ	25	0.108 13	Ⅷ	124
		均值	1.263 16			1.017 15			0.951 41			0.975 48			0.983 75			1.154 33			0.308 57		
	永水义务教育区	盐津县	0.690 75	Ⅰ	9	1.015 18	Ⅵ	67	1.015 96	Ⅴ	51	0.981 10	Ⅵ	91	1.013 55	Ⅵ	64	0.984 03	Ⅵ	50	0.092 47	Ⅷ	127
		永善县	1.146 44	Ⅲ	106	0.984 78	Ⅵ	86	0.981 67	Ⅵ	80	0.999 30	Ⅵ	79	0.984 17	Ⅵ	97	1.022 97	Ⅵ	45	0.184 69	Ⅷ	116
		绥江县	0.656 07	Ⅰ	7	0.912 35	Ⅷ	124	0.985 39	Ⅵ	75	0.977 85	Ⅵ	97	0.950 59	Ⅷ	121	0.426 05	Ⅷ	115	0.016 16	Ⅷ	129
		水富县	0.616 02	Ⅰ	2	1.055 25	Ⅴ	39	1.181 78	Ⅲ	9	0.927 37	Ⅷ	121	1.107 30	Ⅳ	11	0.298 40	Ⅷ	123	0.099 56	Ⅷ	126
		均值	0.777 32			0.991 89			1.041 20			0.971 41			1.013 90			0.682 86			0.098 22		
	昭阳义务教育区	昭阳区	1.138 58	Ⅲ	104	1.226 75	Ⅰ	2	1.083 47	Ⅳ	22	1.032 25	Ⅴ	51	1.147 84	Ⅲ	4	2.000 82	Ⅲ	11	0.407 53	Ⅶ	90
		均值	1.138 58			1.226 75			1.083 47			1.032 25			1.147 84			2.000 82			0.407 53		

表 11-4　镇彝、鲁巧、永水、昭阳义务教育区所辖县（市、区）状态表

义务教育大区	义务教育区	县（市区）	教育机会指数			教育质量指数			办学条件指数			师资指数			教育多样性指数			义务教育发展总指数		
			指数	类别	位序	指数	类别	位序	指数	类别	位序	指数	类别	位序	指数	类别	位序	指数	类别	位序
昭通义务教育大区	镇彝义务教育区	大关县	0.985 31	VI	80	0.006 02	IV	120	0.310 36	VII	93	0.512 62	VI	109	0.305 69	VII	72	0.424 00	VIII	122
		镇雄县	0.962 30	VI	106	0.255 35	II	92	1.499 35	II	2	0.500 58	VIII	129	4.311 80	I	2	1.505 88	I	5
		彝良县	0.970 49	VI	99	0.160 66	II	112	0.678 66	V	26	0.513 95	V	107	0.917 06	VI	31	0.648 16	VI	46
		威信县	1.016 85	VI	38	0.234 90	II	100	0.443 87	VI	68	0.508 13	VII	120	0.917 06	VI	31	0.624 16	VI	52
		均　值	0.983 74			0.164 23			0.733 06			0.508 82			1.612 90			0.800 55		
	鲁巧义务教育区	鲁甸县	0.930 81	VI	125	0.035 34	IV	116	0.411 20	VII	74	0.516 77	V	95	0.305 69	VII	72	0.439 96	VIII	119
		巧家县	0.963 17	VI	105	0.253 94	II	94	0.655 97	V	31	0.510 04	VI	115	0.305 69	VII	72	0.537 76	VII	80
		均　值	0.946 99			0.144 64			0.533 59			0.513 41			0.305 69			0.488 86		
	永水义务教育区	盐津县	0.958 38	VI	107	0.324 21	II	70	0.488 41	VI	56	0.517 47	V	90	0.305 69	VII	72	0.518 83	VII	90
		永善县	0.934 96	VI	122	0.255 09	II	93	0.540 34	VI	48	0.517 81	V	87	0.305 69	VII	72	0.510 78	VII	94
		绥江县	0.985 00	VI	81	0.246 60	II	99	0.168 01	VIII	122	0.515 64	V	102	0.305 69	VII	72	0.444 19	VIII	118
		水富县	1.035 55	V	29	0.533 59	II	23	0.150 09	VIII	125	0.525 79	IV	29	0.305 69	VII	72	0.510 14	VII	95
		均　值	0.978 47			0.339 87			0.336 71			0.519 18			0.305 69			0.495 99		
	昭阳义务教育区	昭阳区	1.003 40	VI	53	0.298 89	II	76	0.752 48	V	19	0.511 86	VI	112	4.311 80	I	2	1.375 69	II	8
		均　值	1.003 40			0.298 89			0.752 48			0.511 86			4.311 80			1.375 69		

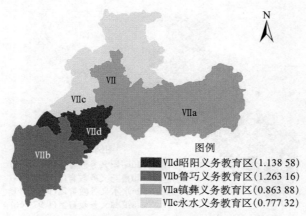

图 11-1 昭通义务教育大区地形起伏度指数格局

图 11-2 昭通义务教育大区资源环境承载能力指数格局

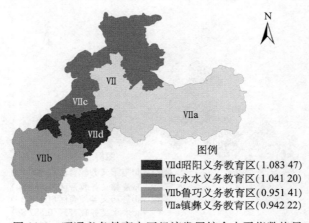

图 11-3 昭通义务教育大区经济发展综合水平指数格局

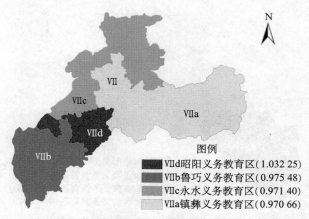

图 11-4　昭通义务教育大区发展潜力综合水平指数格局

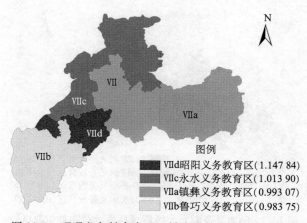

图 11-5　昭通义务教育大区区域发展综合水平指数格局

图 11-6　昭通义务教育大区人口受教育程度指数格局

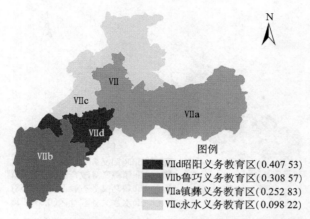

图 11-7 昭通义务教育大区民族构成系数指数格局

图 11-8 昭通义务教育大区义务教育机会指数格局

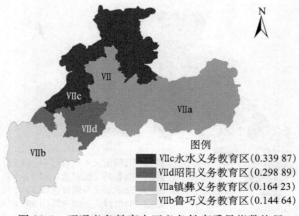

图 11-9 昭通义务教育大区义务教育质量指数格局

图 11-10　昭通义务教育大区义务教育办学条件指数格局

图 11-11　昭通义务教育大区义务教育师资指数格局

图 11-12　昭通义务教育大区义务教育多样性指数格局

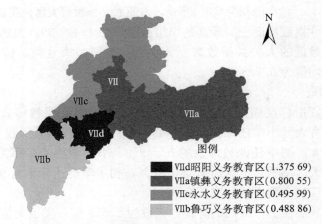

图 11-13 昭通义务教育大区义务教育发展总指数格局

1. 教育机会

在教育机会指标层面上，镇彝义务教育区的小学毛入学率为 111.21%，比昭通义务教育大区的小学毛入学率低 0.56%；初中毛入学率为 97.40%，比昭通义务教育大区的初中毛入学率低 0.08%。本区小学净入学率为 98.99%，比昭通义务教育大区小学净入学率低 0.13%；初中净入学率为 80.69%，比昭通义务教育大区初中净入学率高 1.53%。

在教育机会指数层面上，最高的威信县指数为 1.016 85，类别为第 Ⅵ 类，位序为第 38 位；最低的镇雄县指数为 0.962 30，类别为第 Ⅵ 类，位序为第 106 位；各县（市、区）的均值为 0.983 74。

2. 教育质量

在教育质量指标层面上，镇彝义务教育区的小学巩固率为 99.16%，比昭通义务教育大区小学巩固率低 0.09%；初中巩固率为 96.93%，比昭通义务教育大区初中巩固率低 0.73%。本区小学辍学率为 0.74%，比昭通义务教育大区小学辍学率低 0.11%；初中辍学率为 2.78%，比昭通义务教育大区初中辍学率高 0.24%。本区小学升学率为 88.45%，比昭通义务教育大区小学升学率高 0.40%；初中升学率为 33.53%，比昭通义务教育大区初中升学率低 7.28%。

在教育质量指数层面上，最高的镇雄县指数为 0.255 35，类别为第 Ⅱ 类，位序为第 92 位；最低的大关县指数为 0.006 02，类别为第 Ⅳ 类，位序为第 120 位；各县（市、区）的均值为 0.164 23。

3. 办学条件

在办学条件指标层面上，镇彝义务教育区的学校藏书为 2 350 563 册，占昭通义务教育大区学校藏书的 48.99%；学校占地面积为 3 775 763m²，占昭通义务教育大区学校占地面积的 50.05%；校舍建筑面积为 1 153 547m²，占昭通义务教育大区校舍建筑面积的 47.96％；危房面积为 935 408m²，占昭通义务教育大区危房面积的 50.63％。

在办学条件指数层面上，最高的镇雄县指数为 1.499 35，类别为第Ⅱ类，位序为第 2 位；最低的大关县指数为 0.310 36，类别为第Ⅷ类，位序为第 93 位；各县市、区的均值为 0.733 06。

4. 教育师资

在教育师资指标层面上，镇彝义务教育区的小学任课教师数为 14 888 人，占昭通义务教育大区小学任课教师数的 49.18％；初中任课教师数为 7366 人，占昭通义务教育大区初中任课教师数的 52.49％。小学学历达标率为 97.15％，比昭通义务教育大区小学学历达标率低 0.37％；初中学历达标率为 96.69％，比昭通义务教育大区初中学历达标率低 0.99％。

在师资指数层面上，最高的彝良县指数为 0.513 95，类别为第Ⅴ类，位序为第 107 位；最低的镇雄县指数为 0.500 58，类别为第Ⅷ类，位序为第 129 位；各县（市、区）的均值为 0.508 82。

5. 教育多样性

在教育多样性指标层面上，镇彝义务教育区的民族学校数为 3 个，占昭通义务教育大区民族学校数的 75.00％；特殊教育学校数为 1 个，占昭通义务教育大区特殊教育学校数的 50.00％。

在教育多样性指数层面上，最高的镇雄县指数为 4.311 80，类别为第Ⅰ类，位序为第 2 位；最低的大关县指数为 0.305 69，类别为第Ⅶ类，位序为第 72 位；各县（市、区）的均值为 1.612 90。

6. 教育总指数

在义务教育发展总指数层面上，最高的镇雄县指数为 1.505 88，类别为第Ⅰ类，位序为第 5 位；最低的大关县指数为 0.424 00，类别为第Ⅷ类，位序为第 122 位；各县（市、区）的均值为 0.800 55。

二、鲁巧义务教育区

鲁巧义务教育区所辖县（市、区）为鲁甸县、巧家县 2 县，位于东经102°52′～103°40′、北纬 26°32′～27°32′之间，属于金沙江河谷区；昭通，宣威山地高原区。本区土地面积为 4.7×10³ km²，占昭通义务教育大区土地面积的 20.98％，其中，山区面积为 4.7×10³ km²。本区生产总值为 79.16 亿元，占昭通义务教育大区生产总值的 14.32％；人均生产总值为 8744 元，比昭通义务教育大区人均生产总值低 3458 元；地均生产总值为 168.426 万元/km²，比昭通义务教育大区地均生产总值低 78.302 万元/km²。本区第三产业产值为 21.38 亿元，占昭通义务教育大区第三产业产值的 12.32％；第三产业产值占本区生产总值的比重为 27.01％。鲁巧义务教育区的年末总人口数为 91.97 万人，占昭通义务教育大区年末总人口的 17.37％；

人口密度为 196 人/km²，比昭通义务教育大区人口密度低 41 人/km²。

（一）区域的背景差异

鲁巧义务教育区所辖县（市、区）各级指标指数的背景见表 11-3，笔者分别对分指标 S 指数地形起伏度、资源环境承载能力、经济发展综合水平、发展潜力综合水平、区域发展综合水平、教育背景基础、民族构成系数进行聚类（图 11-1 至图 11-7），结果表明：

（1）从自然地理背景差异来看，在地形起伏度指数层面上，鲁甸县指数为 1.161 55，类别为第Ⅲ类，位序为第 108 位；巧家县指数为 1.364 76，类别为第Ⅴ类，位序为第 117 位；各县（市、区）的均值为 1.263 16。

（2）从经济地理背景差异来看，在资源环境承载能力层面上，鲁甸县指数为 1.022 60，类别为第Ⅴ类，位序为第 61 位；巧家县指数为 1.011 70，类别为第Ⅵ类，位序为第 71 位；各县（市、区）的均值为 1.017 15。在经济发展综合水平层面上，鲁甸县指数为 0.997 35，类别为第Ⅵ类，位序为第 64 位；巧家县指数为 0.905 47，类别为第Ⅷ类，位序为第 121 位；各县（市、区）的均值为 0.951 41。在发展潜力综合水平层面上，巧家县指数为 0.987 16，类别为第Ⅵ类，位序为第 88 位；鲁甸县指数为 0.963 80，类别为第Ⅵ类，位序为第 105 位；各县区的均值为 0.975 48。在区域发展综合水平层面上，鲁甸县指数为 1.007 26，类别为第Ⅶ类，位序为第 68 位；巧家县指数为 0.960 23，类别为第Ⅷ类，位序为第 116 位；各县（市、区）的均值为 0.983 75。

（3）从人文地理背景差异来看，在人口受教育程度层面上，巧家县指数为 1.331 40，类别为第Ⅴ类，位序为第 25 位；鲁甸县指数为 0.977 25，类别为第Ⅵ类，位序为第 51 位；各县（市、区）的均值为 1.154 33。在民族构成系数层面上，鲁甸县指数为 0.509 01，类别为第Ⅶ类，位序为第 83 位；巧家县指数为 0.108 13，类别为第Ⅷ类，位序为第 124 位；各县（市、区）的均值为 0.308 57。

（二）区域的状态差异

鲁巧义务教育区所辖县区各级指标指数的义务教育各项指数见表 11-4，笔者分别对 5 个分指标指数和 1 个总指标指数进行聚类（图 11-8 至图 11-13），结果表明：

1. 教育机会

在教育机会指标层面上，鲁巧义务教育区的小学毛入学率为 112.32%，比昭通义务教育大区的小学毛入学率高 0.55%；初中毛入学率为 95.90%，比昭通义务教育大区的初中毛入学率低 1.58%。本区小学净入学率为 99.04%，比昭通义务教育大区小学净入学率低 0.08%；初中净入学率为 71.20%，比昭通义务教育大区初中净入学率低 7.96%。

在教育机会指数层面上，巧家县指数为 0.963 17，类别为第Ⅵ类，位序为第 105 位；鲁甸县指数为 0.930 81，类别为第Ⅵ类，位序为第 125 位；各县（市、区）的均值为 0.946 99。

2. 教育质量

在教育质量指标层面上，鲁巧义务教育区的小学巩固率为 98.74%，比昭通义务教育大区小学巩固率低 0.51%；初中巩固率为 98.43%，比昭通义务教育大区初中巩固率高 0.77%。本区小学辍学率为 1.38%，比昭通义务教育大区小学辍学率高 0.53%；初中辍学率为 2.13%，比昭通义务教育大区初中辍学率低 0.41%。本区小学升学率为 83.70%，比昭通义务教育大区小学升学率低 4.35%；初中升学率为 37.77%，比昭通义务教育大区初中升学率低 3.04%。

在教育质量指数层面上，巧家县指数为 0.253 94，类别为第Ⅱ类，位序为第 94 位；鲁甸县指数为 0.035 34，类别为第Ⅳ类，位序为第 116 位；各县（市、区）的均值为 0.144 64。

3. 办学条件

在办学条件指标层面上，鲁巧义务教育区的学校藏书为 788 044 册，占昭通义务教育大区学校藏书的 16.42%；学校占地面积为 1 160 630m²，占昭通义务教育大区学校占地面积的 15.38%；校舍建筑面积为 389 506m²，占昭通义务教育大区校舍建筑面积的 16.19%；危房面积为 245 314m²，占昭通义务教育大区危房面积的 13.28%。

在办学条件指数层面上，巧家县指数为 0.655 97，类别为第Ⅴ类，位序为第 31 位；鲁甸县指数为 0.411 20，类别为第Ⅶ类，位序为第 74 位；各县（市、区）的均值为 0.533 59。

4. 教育师资

在教育师资指标层面上，鲁巧义务教育区的小学任课教师数为 4898 人，占昭通义务教育大区小学任课教师数的 16.18%；初中任课教师数为 2128 人，占昭通义务教育大区初中任课教师数的 15.16%。小学学历达标率为 97.63%，比昭通义务教育大区小学学历达标率高 0.11%；初中学历达标率为 98.83%，比昭通义务教育大区初中学历达标率高 1.15%。

在教育师资指数层面上，鲁甸县指数为 0.516 77，类别为第Ⅴ类，位序为第 95 位；巧家县指数为 0.510 04，类别为第Ⅵ类，位序为第 115 位；各县（市、区）的均值为 0.513 41。

5. 教育多样性

在教育多样性指标层面上，鲁巧义务教育区的民族学校数为 0 个；特殊教育学校数为 0 个。

在教育多样性指数层面上，鲁甸县、巧家县的指数均为 0.305 69，类别为第Ⅶ类，位序为第 72 位；各县（市、区）的均值为 0.305 69。

6. 教育总指数

在义务教育发展总指数层面上，巧家县指数为 0.537 76，类别为第Ⅶ类，位序为第 80 位，鲁甸县指数为 0.439 96，类别为第Ⅷ类，位序为第 119 位；各县（市、区）的均值为 0.488 86。

三、永水义务教育区

永水义务教育区所辖县区为盐津县、永善县、绥江县、水富县 4 县，位于东经 103°15′～104°28′、北纬 27°30′～28°41′之间，属于昭通，宣威山地高原区；滇东北边沿中山河谷区。本区土地面积为 $5.9×10^3 km^2$，占昭通义务教育大区土地面积的 26.34%，其中，山区面积为 $5.9×10^3 km^2$。本区生产总值为 126.93 亿元，占昭通义务教育大区生产总值的 22.97%；人均生产总值为 16 542 元，比昭通义务教育大区人均生产总值高 4340 元；地均生产总值为 215.136 万元/km^2，比昭通义务教育大区地均生产总值低 31.592 万元/km^2。本区第三产业产值为 38.58 亿元，占昭通义务教育大区第三产业产值的 22.23%；第三产业产值占本区生产总值的比重为 30.39%。永水义务教育区的年末总人口数为 103.61 万人，占昭通义务教育大区年末总人口的 19.56%；人口密度为 176 人/km^2，比昭通义务教育大区人口密度低 61 人/km^2。

（一）区域的背景差异

永水义务教育区所辖县（市、区）各级指标指数的背景见表 11-3，笔者分别对分指标指数地形起伏度、资源环境承载能力、经济发展综合水平、发展潜力综合水平、区域发展综合水平、教育背景基础、民族构成系数进行聚类（图 11-1 至图 11-7），结果表明：

（1）从自然地理背景差异来看，在地形起伏度指数层面上，最低的水富县指数为 0.616 02，类别为第Ⅰ类，位序为第 2 位；最高的永善县指数为 1.146 44，类别为第Ⅲ类，位序为第 106 位；各县（市、区）的均值为 0.777 32。

（2）从经济地理背景差异来看，在资源环境承载能力层面上，最高的水富县指数为 1.055 25，类别为第Ⅴ类，位序为第 39 位；最低的绥江县指数为 0.912 35,类别为第Ⅷ类，位序为第 124 位；各县（市、区）的均值为 0.991 89。在经济发展综合水平层面上，最高的水富县指数为 1.181 78，类别为第Ⅲ类，位序为第 9 位；最低的永善县指数为 0.981 67，类别为第Ⅵ类，位序为第 80 位；各县（市、区）的均值为 1.041 20。在发展潜力综合水平层面上，最高的永善县指数为 0.999 30，类别为第Ⅵ类，位序为第 79 位；最低的水富县指数为 0.927 37，类别为第Ⅶ类，位序为第 121 位；各县（市、区）的均值为 0.971 41。在区域发展综合水平层面上，最高的水富县指数为 1.107 30，类别为第Ⅳ

类，位序为第 11 位；最低的绥江县指数为 0.950 59，类别为第Ⅷ类，位序为第 121 位；各县（市、区）的均值为 1.013 90。

（3）从人文地理背景差异来看，在人口受教育程度层面上，最高的永善县指数为 1.022 97，类别为第Ⅵ类，位序为第 45 位；最低的水富县指数为 0.298 40，类别为第Ⅷ类，位序为第 123 位；各县（市、区）的均值为 0.682 86。在民族构成系数层面上，最高的永善县指数为 0.184 69，类别为第Ⅷ类，位序为第 116 位；最低的绥江县指数为 0.016 16，类别为第Ⅷ类，位序为第 129 位；各县（市、区）的均值为 0.098 22。

（二）区域的状态差异

永水义务教育区所辖县区各级指标指数的义务教育各项指数见表 11-4，笔者分别对 5 个分指标指数和 1 个总指标指数进行聚类（图 11-8 至图 11-13），结果表明：

1. 教育机会

在教育机会指标层面上，永水义务教育区的小学毛入学率为 114.97%，比昭通义务教育大区的小学毛入学率高 3.20%；初中毛入学率为 98.63%，比昭通义务教育大区的初中毛入学率高 1.15%。本区小学净入学率为 99.28%，比昭通义务教育大区小学净入学率高 0.16%；初中净入学率为 71.54%，比昭通义务教育大区初中净入学率低 7.62%。

在教育机会指数层面上，最高的水富县指数为 1.035 55，类别为第Ⅴ类，位序为第 29 位；最低的永善县指数为 0.934 96，类别为第Ⅵ类，位序为第 122 位；各县（市、区）的均值为 0.978 47。

2. 教育质量

在教育质量指标层面上，永水义务教育区的小学巩固率为 99.62%，比昭通义务教育大区小学巩固率高 0.37%；初中巩固率为 98.00%，比昭通义务教育大区初中巩固率高 0.34%。本区小学辍学率为 0.60%，比昭通义务教育大区小学辍学率低 0.25%；初中辍学率为 2.29%，比昭通义务教育大区初中辍学率低 0.25%。本区小学升学率为 83.58%，比昭通义务教育大区小学升学率低 4.47%；初中升学率为 43.98%，比昭通义务教育大区初中升学率高 3.16%。

在教育质量指数层面上，最高的水富县指数为 0.533 59，类别为第Ⅱ类，位序为第 23 位；最低的绥江县指数为 0.246 60，类别为第Ⅱ类，位序为第 99 位；各县（市、区）的均值为 0.339 87。

3. 办学条件

在办学条件指标层面上，永水义务教育区的学校藏书为 1 055 197 册，占昭通义务教育大区学校藏书的 21.99%；学校占地面积为 1 453 458m²，占昭通义务教育大区学校占地面积的 19.27%；校舍建筑面积为 529 217m²，占昭通义务教育大区校舍建筑面积的 22.00%；危房面积为 361 192m²，占昭通义务教育大区危房面积的 19.55%。

在办学条件指数层面上，最高的永善县指数为 0.540 34，类别为第 Ⅵ 类，位序为第 48 位；最低的水富县指数为 0.150 09，类别为第 Ⅷ 类，位序为第 125 位；各县（市、区）的均值为 0.336 71。

4. 教育师资

在教育师资指标层面上，永水义务教育区的小学任课教师数为 6182 人，占昭通义务教育大区小学任课教师数的 20.42%；初中任课教师数为 2833 人，占昭通义务教育大区初中任课教师数的 20.19%。小学学历达标率为 97.72%，比昭通义务教育大区小学学历达标率高 0.20%；初中学历达标率为 99.26%，比昭通义务教育大区初中学历达标率高 1.58%。

在师资指数层面上，最高的水富县指数为 0.525 79，类别为第 Ⅳ 类，位序为第 29 位；最低的绥江县指数为 0.515 64，类别为第 Ⅴ 类，位序为第 102 位；各县（市、区）的均值为 0.519 18。

5. 教育多样性

在教育多样性指标层面上，永水义务教育区的民族学校数为 0 个；特殊教育学校数为 0 个。

在教育多样性指数层面上，盐津县、永善县、绥江县、水富县 4 县的指数均为 0.305 69，类别为第 Ⅶ 类，位序为第 72 位；各县（市、区）的均值为 0.305 69。

6. 教育总指数

在义务教育发展总指数层面上，最高的盐津县指数为 0.518 83，类别为第 Ⅶ 类，位序为第 90 位；最低的绥江县指数为 0.444 19，类别为第 Ⅷ 类，位序为第 118 位；各县（市、区）的均值为 0.495 99。

四、昭阳义务教育区

昭阳义务教育区所辖县（市、区）为昭阳区，位于东经 103°08′～103°56′、北纬 27°07′～27°39′之间，属于昭通，宣威山地高原区。本区土地面积为 2.2×10³km²，占昭通义务教育大区土地面积的 9.82%，其中，半山半坝区面积为 2.2×10³km²。本区生产总值为 170.44 亿元，占昭通义务教育大区生产总值的 30.84%；人均生产总值为 21 348 元，比昭通义务教育大区人均生产总值高 9146 元；地均生产总值为 774.727 万元/km²，比昭通义务教育大区地均生产总值高 528.000 万元/km²。本区第三产业产值为 62.17 亿元，占昭通义务教育大区第三产业产值的 35.82%；第三产业产值占本区生产总值的比重为 36.48%。昭阳义务教育区的年末总人口数为 80.17 万人，占昭通义务教育大区年末总人口的 15.14％；人口密度为 364 人/km²，比昭通义务教育大区人口密度高 128 人/km²。

（一）区域的背景差异

昭阳辖县（市、区）各级指标指数的背景见表 11-3，笔者分别对分指标指数地形起伏度、资源环境承载能力、经济发展综合水平、发展潜力综合水平、区域发展综合水平、教育背景基础、民族构成系数进行聚类（图 11-1 至图 11-7），结果表明：

（1）从自然地理背景差异来看，在地形起伏度指数层面上，昭阳区指数为 1.138 58，类别为第Ⅲ类，位序为第 104 位。

（2）从经济地理背景差异来看，在资源环境承载能力层面上，昭阳区指数为 1.226 75，类别为第Ⅰ类，位序为第 2 位。在经济发展综合水平层面上，昭阳区指数为 1.083 47，类别为第Ⅳ类，位序为第 22 位。在发展潜力综合水平层面上，昭阳区指数为 1.032 25，类别为第Ⅴ类，位序为第 51 位。在区域发展综合水平层面上，昭阳区指数为 1.147 84，类别为第Ⅲ类，位序为第 4 位。

（3）从人文地理背景差异来看，在人口受教育程度层面上，昭阳区指数为 2.000 82，类别为第Ⅲ类，位序为第 11 位。在民族构成系数层面上，昭阳区指数为 0.407 53，类别为第Ⅶ类，位序为第 90 位。

（二）区域的状态差异

昭阳义务教育区所辖县（市、区）各级指标指数的义务教育各项指数见表 11-4，笔者分别对 5 个分指标指数和 1 个总指标指数进行聚类（如图 11-8 至图 11-13 所示），结果表明：

1. 教育机会

在教育机会指标层面上，昭阳义务教育区的小学毛入学率为 109.42％，比昭通义务教育大区的小学毛入学率低 2.35％；初中毛入学率为 98.05％，比昭通义务教育大区的初中毛入学率高 0.57％。本区小学净入学率为 99.51％，比昭通义务教育大区小学净入学率高 0.39％；初中净入学率为 91.35％，比昭通义务教育大区初中净入学率高 12.19％。

在教育机会指数层面上，昭阳区指数为 1.003 40，类别为第Ⅵ类，位序为第 53 位。

2. 教育质量

在教育质量指标层面上，昭阳义务教育区的小学巩固率为 99.12％，比昭通义务教育大区小学巩固率低 0.13％；初中巩固率为 97.70％，比昭通义务教育大区初中巩固率高 0.04％。本区小学辍学率为 0.94％，比昭通义务教育大区小学辍学率高 0.09％；初中辍学率为 2.41％，比昭通义务教育大区初中辍学率低

0.13%。本区小学升学率为 97.80%，比昭通义务教育大区小学升学率高 9.75%；初中升学率为 63.52%，比昭通义务教育大区初中升学率高 22.71%。

在教育质量指数层面上，昭阳区指数为 0.298 89，类别为第Ⅱ类，位序为第 76 位。

3. 办学条件

在办学条件指标层面上，昭阳义务教育区的学校藏书为 604 488 册，占昭通义务教育大区学校藏书的 12.60%；学校占地面积为 1 154 366m²，占昭通义务教育大区学校占地面积的 15.30%；校舍建筑面积为 332 945m²，占昭通义务教育大区校舍建筑面积的 13.84%；危房面积为 30 5499m²，占昭通义务教育大区危房面积的 16.54%。

在办学条件指数层面上，昭阳区指数为 0.752 48，类别为第Ⅴ类，位序为第 19 位。

4. 教育师资

在教育师资指标层面上，昭阳义务教育区的小学任课教师数为 4305 人，占昭通义务教育大区小学任课教师数的 14.22%；初中任课教师数为 1706 人，占昭通义务教育大区初中任课教师数的 12.16%。小学学历达标率为 98.40%，比昭通义务教育大区小学学历达标率高 0.88%；初中学历达标率为 97.89%，比昭通义务教育大区初中学历达标率高 0.21%。

在师资指数层面上，昭阳区指数为 0.511 86，类别为第Ⅵ类，位序为第 112 位。

5. 教育多样性

在教育多样性指标层面上，昭阳义务教育区的民族学校数为 1 个，占昭通义务教育大区民族学校数的 25.00%；特殊教育学校数为 1 个，占昭通义务教育大区特殊教育学校数的 50.00%。

在教育多样性指数层面上，昭阳区指数为 4.311 80，类别为第Ⅰ类，位序为第 2 位。

6. 教育总指数

在义务教育发展总指数层面上，昭阳区指数为 1.375 69，类别为第Ⅱ类，位序为第 8 位。

第三节　昭通义务教育大区评价及对策

昭通义务教育大区在云南省总体发展态势较为落后，本区在教育多样性指数上位居八大区第四，而教育机会指数、教育质量指数靠后，师资指数垫底，在支撑义务教育发展的地域背景上有如下特点：

（1）所辖范围主要为滇东北地区，土地面积为云南省的 1/20 左右，人口为云南省的 1/10 左右。本区资源环境较好，开发现状较差。

（2）主要为高原、中山、河谷地带，地形起伏度较大。

（3）生产总值约为云南省的 1/20，人均 GDP 较低，经济发展水平落后。

结合昭通义务教育大区教育发展的总体特征（表 11-1，表 11-2），以及镇彝义务教育区、鲁巧义务教育区、安永水义务教育区、昭阳义务教育区教育发展的现状（表 11-4），我们可以推断出该大区所存在的主要问题。此外，直观反映昭通义务教育大区义务教育发展状况的原始数据（图 11-14，图 11-15）也纳入评价体系，进而得出可能的对策建议。

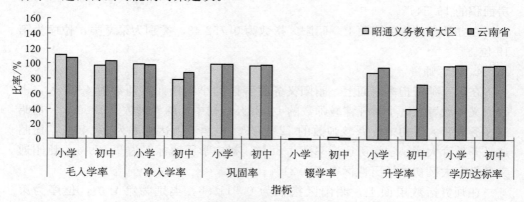

图 11-14　昭通义务教育大区原始数据格局一

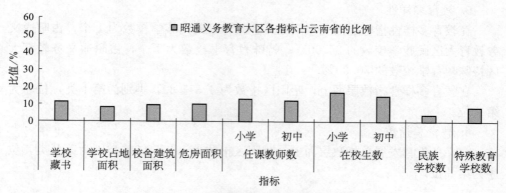

图 11-15　昭通义务教育大区原始数据格局二

一、主要问题

1. 教育质量较低

从教育质量指数层面看，最高的水富县指数为 0.533 59，类别为第Ⅱ类，位序为第 23 位；最低的大关县指数为 0.006 02，类别为第Ⅳ类，位序为第 120 位。去除最高最低两个极值，本区其余 9 个县（市、区）类别为第Ⅱ类的有 8 个，第Ⅳ类的有 1 个，位序范围为第 70～126 位。其中，低于全省中值的县（市、区）有 10 个，占本区县（市、区）总数的 91%。结合原始数据分析，本区教育质量指数低主要是由于区内初中巩固率，小学、初中升学率在较大程度上低于全省平均水平，而初中辍学率则高于云南省平均水平。造成这一问题的直接原因是本区小学毕业生升入初中的上线率以及初中毕业生升入高中的上线率均较低，初中学年内辍学学生数较高。

2. 师资力量落后

从师资指数层面看，最高的水富县指数为 0.525 79，类别为第Ⅳ类，位序为第 29 位；最低的镇雄县指数为 0.500 58，类别为第Ⅷ类，位序为第 129 位。去除最高最低两个极值，本区其余 9 个县（市、区）类别为第Ⅴ类的有 5 个，第Ⅵ类的有 3 个，第Ⅶ类的有 1 个，位序范围为第 87～120 位。其中，低于全省中值的县（市、区）有 11 个，占本区县（市、区）总数的 100%。结合原始数据分析，本区师资指数低主要是由于区内专任教师数与在校学生数的比例不合理，生均教师数偏低，以及小学、初中教师学历达标率低于全省平均水平造成的。

二、对策建议

1. 全面提高农村中小学教育质量

调整教育投入结构，落实"优先发展"战略，加大对昭通市农村地区教育的投入力度，做好"两基"巩固提高工作。更新教育观念，改革农村基础教育办学模式，将普通教育与职业教育有机结合起来，完善教育体制，加大"控辍保学"的力度。

2. 强化教师队伍，提高师资水平

加强教师队伍建设，不断充实贫困地区农村中小学教师数量，解决教师缺口的问题，采取切实措施改善教师待遇，稳定教师队伍，努力建设一支高素质的教师队伍。加大培训力度，不断提升农村中小学校教师的整体素质和业务能力，提高农村学校教育教学质量和水平。对贫困地区实行政策倾斜，建立和推进城镇教师支持农村教育的帮教制度，进行"教育扶贫"，促进农村教师资源的合理配置。

第十二章
迪怒义务教育大区

迪怒义务教育大区所辖县（市、区）为德钦县、维西县、泸水县、福贡县、贡山县、永胜县、华坪县、宁蒗县、古城区、玉龙县、香格里拉县、兰坪县，位于东经 $98°08'\sim101°31'$、北纬 $25°33'\sim29°16'$ 之间，属于怒江高山峡谷区；中甸，德钦高山高原区；云龙，兰坪高中山原区；大理，丽江盆地中高山区；金沙红河谷区。本区土地面积为 $58.6\times10^3\,km^2$，占云南省土地面积的 14.87%，其中，半山半坝区面积为 $23.9\times10^3\,km^2$；山区面积为 $34.7\times10^3\,km^2$。本区生产总值为 395.98 亿元，占云南省生产总值的 3.84%；人均生产总值为 18 616 元，比云南省人均生产总值低 3579 元；地均生产总值为 67.573 万元/km²，比云南省地均生产总值低 194.022 万元/km²。本区第三产业产值为 173.00 亿元，占云南省第三产业产值的 4.08%；第三产业产值占本区生产总值的比重为 43.69%。迪怒义务教育大区的年末总人口数为 220.50 万人，占云南省年末总人口的 4.73%；人口密度为 38 人/km²，比云南省人口密度低 81 人/km²。

第一节　迪怒义务教育大区总体特征

一、区域的背景特征

迪怒义务教育大区所辖县（市、区）各级指标指数——地形起伏度、资源环境承载能力、经济发展综合水平、发展潜力综合水平、区域发展综合水平、人口受教育程度、民族构成系数的背景见表 12-1，结果表明：

（一）自然地理背景

在地形起伏度层面上，迪怒义务教育大区所辖各县（市、区）之间存在较大差距，最高的贡山县与最低的华坪县之间极差达到 1.231 79。华坪县指数为 0.989 18，类别为第Ⅲ类，位序为第 82 位；永胜县、古城区 2 县（区）指数分别为 1.247 78、1.299 49，类别为第Ⅳ类，位序分别为第 111、113 位；泸水县

表 12-1 迪怒义务教育大区所辖县（市、区）背景表

义务教育大区	县（市、区）	地形起伏度			资源环境承载能力			经济发展综合水平			发展潜力综合水平			区域发展综合水平			人口受教育程度			民族构成系数		
		指数	类别	位序	指数	类别	位序	指数	类别	位序	指数	类别	位序	指数	类别	位序	指数	类别	位序	指数	类别	位序
迪怒义务教育大区	德钦县	2.211 32	Ⅷ	128	1.078 07	Ⅳ	25	1.174 08	Ⅲ	10	0.949 92	Ⅶ	113	1.115 73	Ⅳ	7	0.162 29	Ⅷ	128	2.216 13	Ⅰ	6
	维西县	1.661 12	Ⅵ	125	0.975 52	Ⅵ	93	1.060 17	Ⅴ	29	0.954 09	Ⅶ	110	1.014 12	Ⅵ	62	0.403 35	Ⅷ	117	2.007 98	Ⅱ	15
	泸水县	1.461 97	Ⅴ	120	0.961 48	Ⅶ	101	1.024 58	Ⅴ	46	1.068 65	Ⅳ	30	0.997 49	Ⅶ	80	0.448 57	Ⅷ	112	1.989 69	Ⅱ	16
	福贡县	1.637 39	Ⅵ	124	0.972 12	Ⅶ	96	1.014 61	Ⅴ	53	1.022 17	Ⅴ	61	0.995 06	Ⅶ	86	0.221 47	Ⅷ	127	2.372 78	Ⅰ	2
	贡山县	2.220 97	Ⅷ	129	1.107 66	Ⅳ	13	1.005 25	Ⅴ	62	1.065 15	Ⅳ	34	1.056 93	Ⅴ	26	0.097 16	Ⅷ	129	2.209 83	Ⅰ	7
	永胜县	1.247 78	Ⅳ	111	0.988 60	Ⅵ	85	0.941 31	Ⅶ	109	1.024 73	Ⅴ	57	0.968 45	Ⅷ	110	1.120 47	Ⅵ	37	0.815 32	Ⅵ	70
	华坪县	0.989 18	Ⅲ	82	0.967 24	Ⅵ	100	1.009 72	Ⅴ	57	0.839 64	Ⅷ	126	0.979 73	Ⅷ	101	0.483 09	Ⅷ	108	0.795 99	Ⅵ	72
	宁蒗县	1.585 82	Ⅵ	123	1.064 07	Ⅳ	34	0.904 18	Ⅷ	122	0.967 67	Ⅵ	103	0.983 13	Ⅶ	98	0.609 44	Ⅷ	91	1.963 20	Ⅱ	17
	古城区	1.299 49	Ⅳ	113	0.929 58	Ⅷ	120	1.126 31	Ⅳ	14	0.934 15	Ⅶ	119	1.022 46	Ⅵ	55	0.730 21	Ⅶ	77	1.571 67	Ⅲ	34
	玉龙县	1.735 27	Ⅶ	126	1.017 89	Ⅴ	66	0.974 66	Ⅵ	86	1.001 51	Ⅵ	76	0.996 58	Ⅶ	82	0.623 87	Ⅶ	89	2.025 57	Ⅱ	14
	香格里拉县	1.940 08	Ⅶ	127	1.110 70	Ⅳ	10	1.121 84	Ⅲ	15	1.098 69	Ⅲ	18	1.115 25	Ⅲ	8	0.492 48	Ⅷ	105	1.901 52	Ⅱ	20
	兰坪县	1.566 62	Ⅵ	122	1.012 84	Ⅵ	70	1.207 56	Ⅲ	7	1.086 98	Ⅳ	23	1.108 89	Ⅳ	10	0.508 34	Ⅷ	102	2.158 24	Ⅰ	9
	极 差	1.231 79			0.181 12			0.303 38			0.259 05			0.147 28			1.023 31			1.576 79		

指数为 1.461 97，类别为第Ⅴ类，位序为第 120 位；兰坪县、宁蒗县、福贡县、维西县、玉龙县 5 县指数在 1.566 62～1.735 27 之间，类别为第Ⅵ类，位序范围为第 122～126 位；香格里拉县指数为 1.940 08，类别为第Ⅶ类，位序为第 127 位；德钦县、贡山县 2 县指数分别为 2.211 32、2.220 97，类别为第Ⅷ类，位序分别为第 128、129 位。

（二）经济地理背景

（1）在资源环境承载能力层面上，迪怒义务教育大区所辖各县（市、区）之间存在较大差距，最高的香格里拉县与最低的古城区之间极差达到 0.181 12。香格里拉县、贡山县、德钦县、宁蒗县 4 县指数在 1.110 70～1.064 07 之间，类别为第Ⅳ类，位序范围为第 10～34 位；玉龙县指数为 1.017 89，类别为第Ⅴ类，位序为第 66 位；兰坪县、永胜县、维西县、福贡县、华坪县 5 县指数在 1.012 84～0.967 24 之间，类别为第Ⅵ类，位序范围为第 70～100 位；泸水县指数为 0.961 48，类别为第Ⅶ类，位序为第 101 位；古城区指数为 0.929 58，类别为第Ⅷ类，位序为第 120 位。

（2）在经济发展综合水平层面上，迪怒义务教育大区所辖各县（市、区）之间存在较大差距，最高的兰坪县与最低的宁蒗县之间极差达到 0.303 38。兰坪县、德钦县 2 县指数分别为 1.207 56、1.174 08，类别为第Ⅲ类，位序分别为第 7、10 位；古城区、香格里拉县 2 县（区）指数分别为 1.126 31、1.121 84，类别为第Ⅳ类，位序分别为第 14、15 位；维西县、泸水县、福贡县、华坪县、贡山县 5 县指数在 1.060 17～1.005 25 之间，类别为第Ⅴ类，位序范围为第 29～62 位；玉龙县指数为 0.974 66，类别为第Ⅵ类，位序为第 86 位；永胜县指数为 0.941 31，类别为第Ⅶ类，位序为第 109 位；宁蒗县指数为 0.904 18，类别为第Ⅷ类，位序为第 122 位。

（3）在发展潜力综合水平层面上，迪怒义务教育大区所辖各县（市、区）之间存在较大差距，最高的香格里拉县与最低的华坪县之间极差达到 0.259 05。香格里拉县指数为 1.098 69，类别为第Ⅲ类，位序为第 18 位；兰坪县、泸水县、贡山县 3 县指数在 1.086 98～1.065 15 之间，类别为第Ⅳ类，位序范围为第 23～34 位；永胜县、福贡县 2 县指数分别为 1.024 73、1.022 17，类别为第Ⅴ类，位序分别为第 57、61 位；玉龙县、宁蒗县 2 县指数分别为 1.001 51、0.967 67，类别为第Ⅵ类，位序分别为第 76、103 位；维西县、德钦县、古城区 3 县（区）指数在 0.954 09～0.934 15 之间，类别为第Ⅶ类，位序范围为第 110～119 位；华坪县指数为 0.839 64，类别为第Ⅷ类，位序为第 126 位。

（4）在区域发展综合水平层面上，迪怒义务教育大区所辖各县（市、区）之间存在较大差距，最高的德钦县与最低的永胜县之间的极差达到 0.147 28。德钦县、香格里拉县、兰坪县 3 县指数为 1.115 73～1.108 89，类别为第Ⅳ类，位序范围为第 7～10 位；贡山县指数为 1.056 93，类别为第Ⅴ类，位序为第 26 位；古城区、维西县 2 县（区）指数分别为 1.022 46、1.014 12，类别为第Ⅵ类，位序范围为第 55～62 位；泸水县、玉龙县、福贡县、宁蒗县、华坪县 5 县指数在 0.997 49～0.979 73 之间，类别为第Ⅶ类，位序范围为第 80～101 位；永胜县指数为 0.968 45，类别为第Ⅷ类，位序为第 110 位。

（三）人文地理背景

（1）在教育背景基础层面上，迪怒义务教育大区所辖各县（市、区）之间存在较大差距，最高的永胜县与最低的贡山县之间极差达 1.023 31。永胜县指数为 1.120 47，类别为第Ⅵ类，位序为第 37 位；古城区、玉龙县、宁蒗县 3 县（区）指数在 0.730 21～0.609 44 之间，类别为第Ⅶ类，位序范围为第 77～91 位；兰坪县、香格里拉县、华坪县、泸水县、维西县、福贡县、德钦县、贡山县 8 县指数在 0.508 34～0.097 16 之间，类别为第Ⅷ类，位序范围为第 102～129 位。

（2）在民族构成系数层面上，迪怒义务教育大区所辖各县（市、区）之间存在较大差距，最高的福贡县与最低的华坪县之间极差达到 1.576 79。福贡县、德钦县、贡山县、兰坪县 4 县指数在 2.372 78～2.158 24 之间，类别为第Ⅰ类，位序范围为第 2～9 位；玉龙县、维西县、泸水县、宁蒗县、香格里拉县 5 县指数在 2.025 57～1.901 52 之间，类别为第Ⅱ类，位序范围为第 14～20 位；古城区指数为 1.571 67，类别为第Ⅲ类，位序为第 34 位；永胜县、华坪县 2 县指数分别为 0.815 32～0.795 99 之间，类别为第Ⅵ类，位序分别为第 70、72 位。

二、区域的状态特征

迪怒义务教育大区所辖县（市、区）的义务教育各项指标指数——教育机会、教育质量、办学条件、教育师资、教育多样性、教育发展总指数见表 12-2，结果表明：

1. 教育机会

在教育机会指标层面上，迪怒义务教育大区的小学毛入学率为 111.35%，比云南省的小学毛入学率高 4.47%；初中毛入学率为 101.21%，比云南省的初中毛入学率低 1.91%。本区小学净入学率为 99.06%，比云南省小学净入学率高 0.77%；初中净入学率为 75.68%，比云南省初中净入学率低 11.92%。

在教育机会指数层面上，迪怒义务教育大区所辖各县（市、区）之间存在较大差距，最高的古城区与最低的香格里拉县之间极差达到 0.196 54。古城区指数为 1.086 84，类别为第Ⅲ类，位序为第 5 位；玉龙县、华坪县、永胜县、维西县、兰坪县、宁蒗县、泸水县、福贡县、德钦县 9 县指数在 1.026 79～0.934 06

表 12-2 迪怒义务教育大区所辖县（市、区）状态表

义务教育大区	县（市、区）	教育机会指数			教育质量指数			办学条件指数			师资指数			教育多样性指数			义务教育发展总指数		
		指数	类别	位序	指数	类别	位序	指数	类别	位序	指数	类别	位序	指数	类别	位序	指数	类别	位序
迪怒义务教育大区	德钦县	0.934 06	VI	123	0.063 38	IV	115	0.139 03	VIII	127	0.521 57	IV	63	0.917 06	VI	31	0.515 02	VII	92
	维西县	0.966 11	VI	103	−0.019 91	IV	121	0.264 94	VII	101	0.515 24	V	104	0.000 00	VIII	117	0.345 28	VIII	128
	泸水县	0.945 75	VI	116	0.224 67	II	105	0.324 92	VII	91	0.526 64	IV	24	4.311 81	I	1	1.266 76	II	14
	福贡县	0.943 94	VI	117	0.261 02	II	90	0.186 46	VIII	120	0.506 04	VII	125	0.917 06	VI	31	0.562 90	VII	70
	贡山县	0.924 31	VII	127	0.194 93	II	109	0.059 87	VIII	129	0.532 57	II	6	0.000 00	VIII	117	0.342 34	VIII	129
	永胜县	0.982 10	VI	88	0.033 93	IV	117	0.644 04	V	34	0.524 12	IV	44	0.917 06	VI	31	0.620 25	VI	53
	华坪县	0.993 53	VI	67	0.029 46	IV	119	0.155 02	VIII	124	0.531 77	II	8	0.917 06	VI	31	0.525 37	VII	86
	宁蒗县	0.950 55	VI	114	0.249 99	II	95	0.431 15	VI	70	0.506 27	VII	124	0.611 38	VII	52	0.549 87	VII	78
	古城区	1.086 84	III	5	0.493 88	II	30	0.293 25	VII	96	0.530 40	III	12	4.311 80	I	2	1.343 23	II	10
	玉龙县	1.026 79	VI	33	−0.088 20	V	122	0.400 17	VII	78	0.532 00	II	7	0.000 00	VIII	117	0.374 15	VIII	127
	香格里拉县	0.890 30	VIII	129	0.401 51	II	50	0.584 44	VI	41	0.525 42	IV	33	0.917 06	VI	31	0.663 75	VI	39
	兰坪县	0.950 69	VI	113	0.307 20	II	74	0.303 73	VII	95	0.521 28	IV	67	0.000 00	VIII	117	0.416 58	VIII	123
	极差	0.196 54			0.582 08			0.584 17			0.026 53			4.311 81			1.000 90		

之间，类别为第Ⅵ类，位序范围为第 33～123 位；贡山县指数为 0.924 31，类别为第Ⅶ类，位序为第 127 位；香格里拉县指数为 0.890 30，类别为第Ⅷ类，位序为第 129 位。

2. 教育质量

在教育质量指标层面上，迪怒义务教育大区的小学巩固率为 98.97%，比云南省小学巩固率低 0.35%；初中巩固率为 98.66%，比云南省初中巩固率高 0.57%。本区小学辍学率为 1.52%，比云南省小学辍学率高 0.76%；初中辍学率为 2.16%，比云南省初中辍学率高 0.19%。本区小学升学率为 97.37%，比云南省小学升学率高 1.93%；初中升学率为 48.37%，比云南省初中升学率低 24.37%。

在教育质量指数层面上，迪怒义务教育大区所辖各县（市、区）之间存在较大差距，最高的古城区与最低的玉龙县之间极差达到 0.582 08。古城区、香格里拉县、兰坪县、福贡县、宁蒗县、泸水县、贡山县 7 县（区）指数在 0.493 88～0.194 93 之间，类别为第Ⅱ类，位序范围为第 30～109 位；德钦县、永胜县、华坪县、维西县 4 县指数在 0.063 38～－0.019 91 之间，类别为第Ⅳ类，位序范围为第 115～121 位；玉龙县指数为－0.088 20，类别为第Ⅴ类，位序为第 122 位。

3. 办学条件

在办学条件指标层面上，迪怒义务教育大区的学校藏书为 2 164 409 册，占云南省学校藏书的 5.03%；学校占地面积为 6 162 698m²，占云南省学校占地面积的 6.72%；校舍建筑面积为 1 562 938m²，占云南省校舍建筑面积的 6.11%；危房面积为 1 145 510m²，占云南省危房面积的 6.12%。

在办学条件指数层面上，迪怒义务教育大区所辖各县（市、区）之间存在较大差距，最高的永胜县与最低的贡山县之间极差达到 0.584 17。永胜县指数为 0.644 04，类别为第Ⅴ类，位序为第 34 位；香格里拉县、宁蒗县 2 县指数分别为 0.584 44、0.431 15，类别为第Ⅵ类，位序分别为第 41、70 位；玉龙县、泸水县、兰坪县、古城区、维西县 5 县（区）指数在 0.400 17～0.264 94 之间，类别为第Ⅶ类，位序范围为第 78～101 位；福贡县、华坪县、德钦县、贡山县 4 县指数在 0.186 46～0.059 87 之间，类别为第Ⅷ类，位序范围为第 120～129 位。

4. 教育师资

在教育师资指标层面上，迪怒义务教育大区的小学任课教师数为 13 068 人，占云南省小学任课教师数的 5.59%；初中任课教师数为 5696 人，占云南省初中任课教师数的 4.93%。小学学历达标率为 97.76%，比云南省小学学历达标率低 0.31%；初中学历达标率为 97.91%，比云南省初中学历达标率低 0.34%。

在师资指数层面上，迪怒义务教育大区所辖各县（市、区）之间存在较大差距，最高的贡山县与最低的福贡县之间极差达到 0.026 53。贡山县、玉龙县、华坪县 3 县指数在 0.532 57～0.53 177 之间，类别为第Ⅱ类，位序范围为第 6～8 位；古城区指数为 0.530 40，类别为第Ⅲ类，位序为第 12 位；泸水县、香格里拉县、永胜县、德钦县、兰坪县 5 县指数在 0.526 64～0.521 28 之间，类别为第

Ⅳ类，位序范围为第 24～67 位；维西县指数为 0.515 24，类别为第Ⅴ类，位序为第 104 位；宁蒗县、福贡县 2 县指数分别为 0.506 27～0.506 04 之间，类别为第Ⅶ类，位序分别为第 124、125 位。

5. 教育多样性

在教育多样性指标层面上，迪怒义务教育大区的民族学校数为 8 个，占云南省民族学校数的 8.08%；特殊教育学校数为 2 个，占云南省特殊教育学校数的 8.00%。

在教育多样性指数层面上，迪怒义务教育大区所辖各县（市、区）之间存在较大差距，最高的泸水县与最低的兰坪县之间的极差达到 4.311 81。泸水县、古城区 2 县（区）指数均为 4.311 81，类别为第Ⅰ类，位序范围为第 1 位；德钦县、福贡县、永胜县、华坪县、香格里拉县 5 县指数均为 0.917 06，类别为第Ⅵ类，位序为第 31 位；宁蒗县指数为 0.611 38，类别为第Ⅶ类，位序为第 52 位；维西县、贡山县、玉龙县、兰坪县 4 县指数均为 0.000 00，类别为第Ⅷ类，位序为第 117 位。

6. 教育总指数

在义务教育发展总指数层面上，迪怒义务教育大区所辖各县（市、区）之间存在较大差距，最高的古城区与最低的贡山县之间极差达到 1.000 89。古城区、泸水县 2 县（区）指数分别为 1.343 23、1.266 76，类别为第Ⅱ类，位序分别为第 10、14 位；香格里拉县、永胜县 2 县指数在分别为 0.663 75、0.620 25，类别为第Ⅵ类，位序分别为第 39、53 位；福贡县、宁蒗县、华坪县、德钦县 4 县指数在 0.562 90～0.515 02 之间，类别为第Ⅶ类，位序范围为第 70～92 位；兰坪县、玉龙县、维西县、贡山县 4 县指数在 0.416 58～0.342 34 之间，类别为第Ⅷ类，位序范围为第 123～129 位。

第二节　迪怒义务教育大区区域差异

迪怒义务教育大区划分为 3 个义务教育区：怒江义务教育区、永华义务教育区、古香义务教育区。

一、怒江义务教育区

怒江义务教育区所辖县（市、区）为德钦县、维西县、泸水县、福贡县、贡山县 5 县，位于东经 98°08′～99°34′、北纬 25°33′～29°16′之间，属于怒江高山峡谷区；中甸，德钦高山高原区；云龙，兰坪高中山原区。本区土地面积为 22.1×10^3km²，占迪怒义务教育大区土地面积的 37.71%，其中，山区面积为 22.1×10^3km²。本区生产总值为 81.50 亿元，占迪怒义务教育大区生产总值的 20.58%；人均生产总值为 151 97 元，比迪怒义务教育大区人均生产总值低 3419

元；地均生产总值为 36.878 万元/km²，比迪怒义务教育大区地均生产总值低 30.696 万元/km²。本区第三产业产值为 39.29 亿元，占迪怒义务教育大区第三产业产值的 22.71%；第三产业产值占本区生产总值的比重为 48.21%。怒江义务教育区的年末总人口数为 55.20 万人，占迪怒义务教育大区年末总人口的 25.03%；人口密度为 25 人/km²，比迪怒义务教育大区人口密度低 13 人/km²。

（一）区域的背景差异

怒江义务教育区所辖县（市、区）各级指标指数的背景见表 12-3，笔者分别对分指标指数地形起伏度、资源环境承载能力、经济发展综合水平、发展潜力综合水平、区域发展综合水平、教育背景基础、民族构成系数进行聚类（图 12-1 至图 12-7），结果表明：

（1）从自然地理背景差异来看，在地形起伏度指数层面上，最低的泸水县指数为 1.461 97，类别为第 Ⅴ 类，位序为第 120 位；最高的贡山县指数为 2.220 97，类别为第 Ⅷ 类，位序为第 129 位；各县（市、区）的均值为 1.838 55。

（2）从经济地理背景差异来看，在资源环境承载能力层面上，最高的贡山县指数为 1.107 66，类别为第 Ⅳ 类，位序为第 13 位；最低的泸水县指数为 0.961 48，类别为第 Ⅶ 类，位序为第 101 位；各县（市、区）的均值为 1.018 97。在经济发展综合水平层面上，最高的德钦县指数为 1.174 08，类别为第 Ⅲ 类，位序为第 10 位；最低的贡山县指数为 1.005 25，类别为第 Ⅴ 类，位序为第 62 位；各县（市、区）的均值为 1.055 74。在发展潜力综合水平层面上，最高的泸水县指数为 1.068 65，类别为第 Ⅳ 类，位序为第 30 位；最低的德钦县指数为 0.949 92，类别为第 Ⅶ 类，位序为第 113 位；各县（市、区）的均值为 1.012 00。在区域发展综合水平层面上，最高的德钦县指数为 1.115 73，类别为第 Ⅳ 类，位序为第 7 位；最低的福贡县指数为 0.995 06，类别为第 Ⅶ 类，位序为第 86 位；各县（市、区）的均值为 1.035 87。

（3）从人文地理背景差异来看，在人口受教育程度层面上，最高的泸水县指数为 0.448 57，类别为第 Ⅷ 类，位序为第 112 位；最低的贡山县指数为 0.097 16，类别为第 Ⅷ 类，位序为第 129 位；各县（市、区）的均值为 0.266 57。在民族构成系数层面上，最高的福贡县指数为 2.372 78，类别为第 Ⅰ 类，位序为第 2 位；最低的泸水县指数为 1.989 69，类别为第 Ⅱ 类，位序为第 16 位；各县（市、区）的均值为 2.159 28。

（二）区域的状态差异

怒江义务教育区所辖县（市、区）各级指标指数的义务教育各项指数见表 12-4，笔者分别对 5 个分指标指数和 1 个总指标指数进行聚类（图 12-8 至图 12-13），结果表明：

表12-3　怒江、永华、古香义务教育区所辖县（市、区）背景表

义务教育大区	义务教育区	县（市、区）	地形起伏度 指数	类别	位序	资源环境承载能力 指数	类别	位序	经济社会发展综合水平 指数	类别	位序	发展潜力综合水平 指数	类别	位序	区域发展综合水平 指数	类别	位序	人口受教育程度 指数	类别	位序	民族构成系数 指数	类别	位序
迪怒义务教育大区	怒江义务教育区	德钦县	2.211 32	VIII	128	1.078 07	IV	25	1.174 08	III	10	0.949 92	VII	113	1.115 73	IV	7	0.162 29	VIII	128	2.216 13	I	6
		维西县	1.661 12	VI	125	0.975 52	VI	93	1.060 17	V	29	0.954 09	VII	110	1.014 12	VI	62	0.403 35	VIII	117	2.007 98	II	15
		泸水县	1.461 97	V	120	0.961 48	VIII	101	1.024 58	V	46	1.068 65	IV	30	0.997 49	VII	80	0.448 57	VIII	112	1.989 69	II	16
		福贡县	1.637 39	VI	124	0.972 12	VI	96	1.014 61	V	53	1.022 17	V	61	0.995 06	VII	86	0.221 47	VIII	127	2.372 78	I	2
		贡山县	2.220 97	VIII	129	1.107 66	IV	13	1.005 25	V	62	1.065 15	IV	34	1.056 93	V	26	0.097 16	VIII	129	2.209 83	I	7
		均　值	1.838 55			1.018 97			1.055 74			1.012 00			1.035 87			0.266 57			2.159 28		
	永华义务教育区	永胜县	1.247 78	IV	111	0.988 60	VI	85	0.941 31	VII	109	1.024 73	V	57	0.968 45	VIII	110	1.120 47	VI	37	0.815 32	VI	70
		华坪县	0.989 18	III	82	0.967 24	VI	100	1.009 72	V	57	0.839 64	VIII	126	0.979 73	VII	101	0.483 09	VIII	108	0.795 99	VI	72
		宁蒗县	1.585 82	VI	123	1.064 07	IV	34	0.904 18	VIII	122	0.967 67	VI	103	0.983 13	VII	98	0.609 44	VII	91	1.963 20	II	17
		均　值	1.274 26			1.006 64			0.951 74			0.944 01			0.977 10			0.737 67			1.191 50		
	古香义务教育区	古城区	1.299 49	IV	113	0.929 58	VIII	120	1.126 31	IV	14	0.934 15	VII	119	1.022 46	VI	55	0.730 21	VII	77	1.571 67	III	34
		玉龙县	1.735 27	VI	126	1.017 89	V	66	0.974 66	VI	86	1.001 51	VI	76	0.996 58	VII	82	0.623 87	VII	89	2.025 57	II	14
		香格里拉县	1.940 08	VII	127	1.110 70	IV	10	1.121 84	IV	15	1.098 69	III	18	1.115 25	IV	8	0.492 48	VIII	105	1.901 52	II	20
		兰坪县	1.566 62	VI	122	1.012 84	VI	70	1.207 56	III	7	1.086 98	IV	23	1.108 89	IV	10	0.508 34	VIII	102	2.158 24	I	9
		均　值	1.635 37			1.017 75			1.107 59			1.030 33			1.060 80			0.588 73			1.914 25		

表12-4 怒江、永华、古香义务教育区所辖县（市、区）状态表

义务教育大区	义务教育区	县(市、区)	教育机会指数			教育质量指数			办学条件指数			师资指数			教育多样性指数			义务教育发展总指数		
		指标	指数	类别	位序	指数	类别	位序	指数	类别	位序	指数	类别	位序	指数	类别	位序	指数	类别	位序
怒江义务教育大区	怒江义务教育区	德钦县	0.934 06	VI	123	0.063 38	IV	115	0.139 03	VIII	127	0.521 57	IV	63	0.917 06	VI	31	0.515 02	VII	92
		维西县	0.966 11	VI	103	−0.019 91	IV	121	0.264 94	VII	101	0.515 24	V	104	0.000 00	VIII	117	0.345 28	VIII	128
		泸水县	0.945 75	VI	116	0.224 67	II	105	0.324 92	VII	91	0.526 64	IV	24	4.311 81	I	1	1.266 76	II	14
		福贡县	0.943 94	VI	117	0.261 02	II	90	0.186 46	VIII	120	0.506 04	VII	125	0.917 06	VI	31	0.562 90	VII	70
		贡山县	0.924 31	VII	127	0.194 93	II	109	0.059 87	VIII	129	0.532 57	II	6	0.000 00	VIII	117	0.342 34	VIII	129
		均值	0.942 83			0.144 82			0.195 04			0.520 41			1.229 19			0.606 46		
	永华义务教育区	永胜县	0.982 10	VI	88	0.033 93	IV	117	0.644 04	V	34	0.524 12	IV	44	0.917 06	VI	31	0.620 25	VI	53
		华坪县	0.993 53	VI	67	0.029 46	IV	119	0.155 02	VIII	124	0.531 77	II	8	0.917 06	VI	31	0.525 37	VII	86
		宁蒗县	0.950 55	VI	114	0.249 99	II	95	0.431 15	VI	70	0.506 27	VII	124	0.611 38	VII	52	0.549 87	VII	78
		均值	0.975 39			0.104 46			0.410 07			0.520 72			0.815 17			0.565 16		
	古香义务教育区	古城区	1.086 84	III	5	0.493 88	II	30	0.293 25	VII	96	0.530 40	III	12	4.311 80	I	2	1.343 23	II	10
		玉龙县	1.026 79	VI	33	−0.088 20	V	122	0.400 17	VII	78	0.532 00	II	7	0.000 00	VIII	117	0.374 15	VIII	127
		香格里拉县	0.890 30	VIII	129	0.401 51	II	50	0.584 44	VI	41	0.525 42	IV	33	0.917 06	VI	31	0.663 75	VI	39
		兰坪县	0.950 69	VI	113	0.307 20	II	74	0.303 73	VII	95	0.521 28	IV	67	0.000 00	VIII	117	0.416 58	VIII	123
		均值	0.988 66			0.278 60			0.395 40			0.527 28			1.307 22			0.699 43		

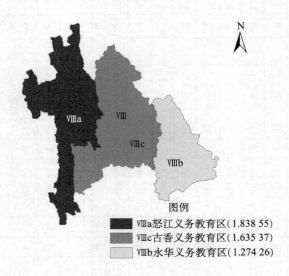

图 12-1   迪怒义务教育大区地形起伏度指数格局

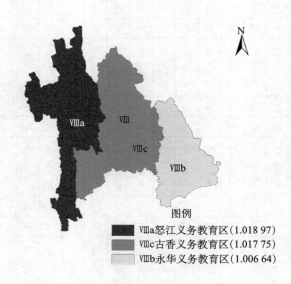

图 12-2   迪怒义务教育大区资源环境承载能力指数格局

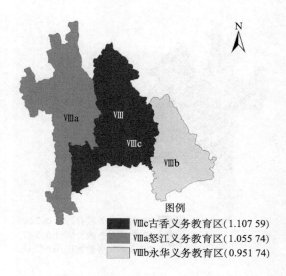

图 12-3　迪怒义务教育大区经济发展综合水平指数格局

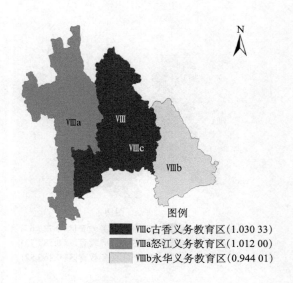

图 12-4　迪怒义务教育大区发展潜力综合水平指数格局

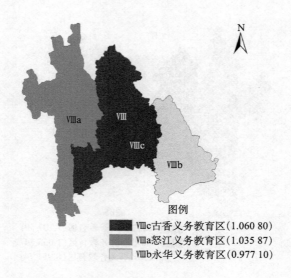

图 12-5　迪怒义务教育大区区域发展综合水平指数格局

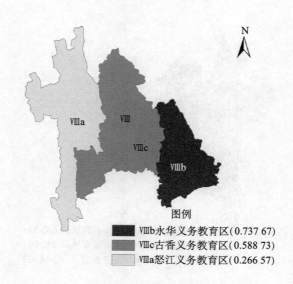

图 12-6　迪怒义务教育大区人口受教育程度指数格局

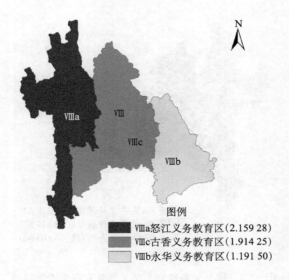

图 12-7　迪怒义务教育大区民族构成系数指数格局

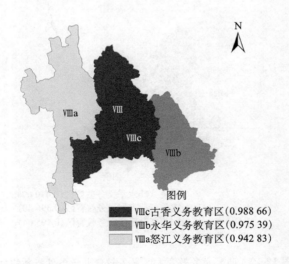

图 12-8　迪怒义务教育大区义务教育机会指数格局

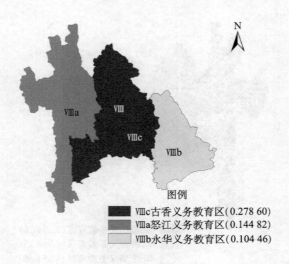

图 12-9　迪怒义务教育大区义务教育质量指数格局

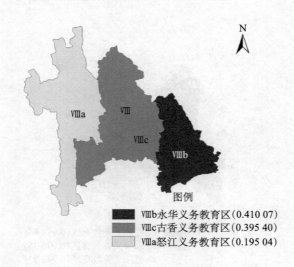

图 12-10　迪怒义务教育大区义务教育办学条件指数格局

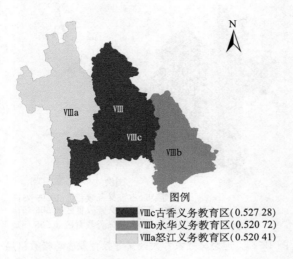

图例

■ Ⅷc古香义务教育区(0.527 28)
■ Ⅷb永华义务教育区(0.520 72)
□ Ⅷa怒江义务教育区(0.520 41)

图 12-11　迪怒义务教育大区义务教育师资指数格局

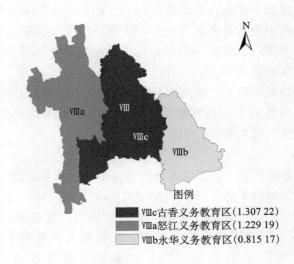

图例

■ Ⅷc古香义务教育区(1.307 22)
■ Ⅷa怒江义务教育区(1.229 19)
□ Ⅷb永华义务教育区(0.815 17)

图 12-12　迪怒义务教育大区义务多样性指数格局

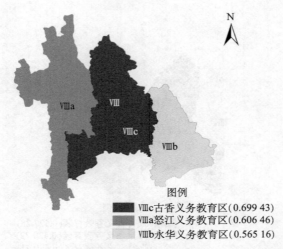

图例

■ Ⅷc古香义务教育区（0.699 43）
■ Ⅷa怒江义务教育区（0.606 46）
□ Ⅷb永华义务教育区（0.565 16）

图 12-13　迪怒义务教育大区义务教育发展总指数格局

1. 教育机会

在教育机会指标层面上，怒江义务教育区的小学毛入学率为 116.27％，比迪怒义务教育大区的小学毛入学率高 4.92％；初中毛入学率为 99.60％，比迪怒义务教育大区的初中毛入学率低 1.61％。本区小学净入学率为 98.07％，比迪怒义务教育大区小学净入学率低 0.99％；初中净入学率为 66.79％，比迪怒义务教育大区初中净入学率低 8.89％。

在教育机会指数层面上，最高的维西县指数为 0.966 11，类别为第Ⅵ类，位序为第 103 位；最低的贡山县指数为 0.924 31，类别为第Ⅶ类，位序为第 127 位；各县（市、区）的均值为 0.942 83。

2. 教育质量

在教育质量指标层面上，怒江义务教育区的小学巩固率为 98.61％，比迪怒义务教育大区小学巩固率低 0.36％；初中巩固率为 98.77％，比迪怒义务教育大区初中巩固率高 0.12％。本区小学辍学率为 2.04％，比迪怒义务教育大区小学辍学率高 0.52％；初中辍学率为 1.09％，比迪怒义务教育大区初中辍学率低 1.07％。本区小学升学率为 96.63％，比迪怒义务教育大区小学升学率低 0.74％；初中升学率为 46.27％，比迪怒义务教育大区初中升学率低 2.10％。

在教育质量指数层面上，最高的福贡县指数为 0.26102，类别为第Ⅱ类，位序为第 90 位；最低的维西县指数为 -0.01991，类别为第Ⅳ类，位序为第 121 位；各县（市、区）的均值为 0.14482。

3. 办学条件

在办学条件指标层面上，怒江义务教育区的学校藏书为 525 346 册，占迪怒义务教育大区学校藏书的 24.27％；学校占地面积为 1 676 810m²，占迪怒义务教育大区学校占地面积的 27.21%；校舍建筑面积为 450 753m²，占迪怒义务教育大区校舍建筑面积的 28.84%；危房面积为 334 744m²，占迪怒义务教育大区危房面积的 29.22%。

在办学条件指数层面上，最高的泸水县指数为 0.32 492，类别为第Ⅶ类，位序为第 91 位；最低的贡山县指数为 0.05 987，类别为第Ⅷ类，位序为第 129 位；各县（市、区）的均值为 0.19 504。

4. 教育师资

在教育师资指标层面上，怒江义务教育区的小学任课教师数为 3446 人，占迪怒义务教育大区小学任课教师数的 26.37%；初中任课教师数为 1340 人，占迪怒义务教育大区初中任课教师数的 23.53%。小学学历达标率为 97.94%，比迪怒义务教育大区小学学历达标率低 0.18%；初中学历达标率为 96.64%，比迪怒义务教育大区初中学历达标率低 1.27%。

在教育师资指数层面上，最高的贡山县指数为 0.53 257，类别为第Ⅱ类，位序为第 6 位；最低的福贡县指数为 0.50 604，类别为第Ⅶ类，位序为第 125 位；各县（市、区）的均值为 0.520 41。

5. 教育多样性

在教育多样性指标层面上，怒江义务教育区的民族学校数为 3 个，占迪怒义务教育大区民族学校数的 37.50%；特殊教育学校数为 1 个，占迪怒义务教育大区特殊教育学校数的 50%。

在教育多样性指数层面上，最高的泸水县指数为 4.311 81，类别为第Ⅰ类，位序为第 1 位；最低的贡山县、维西县指数均为 0.000 00，类别为第Ⅷ类，位序为第 117 位；各县（市、区）的均值为 1.229 19。

6. 教育总指数

在义务教育发展总指数层面上，最高的泸水县指数为 1.266 76，类别为第Ⅱ类，位序为第 14 位；最低的贡山县指数为 0.342 34，类别为第Ⅷ类，位序为第 129 位；各县（市、区）的均值为 0.606 46。

二、永华义务教育区

永华义务教育区所辖县（市、区）为永胜县、华坪县、宁蒗县 3 县，位于东经 100°21′～101°31′、北纬 25°59′～27°56′之间，属于大理，丽江盆地中高山区；金沙红河谷区。本区土地面积为 13.1×10³km²，占迪怒义务教育大区土地面积的 22.35%，其中，半山半坝区面积为 4.9×10³km²；山区面积为 8.2×10³km²。本区生产总值为 105.60 亿元，占迪怒义务教育大区生产总值的 26.67%；人均生产总值为 14 151 元，比迪怒义务教育大区人均生产总值低 4465 元；地均生产总值为 80.611 万元/km²，比迪怒义务教育大区地均生产总值高 13.037 万元/km²。本区第三产业产值为 31.11 亿元，占迪怒义务教育大区第三产业产值的 17.98％；第三产业产值占本区生产总值的比重为 29.46％。永华义务教育区的年末总人口数为 83.01 万人，占迪怒义务教育大区年末总人口的 37.65％；人口密度为 63 人/km²，比迪怒义务教育大区人口密度高 26 人/km²。

（一）区域的背景差异

永华义务教育区所辖县（市、区）各级指标指数的背景见表 12-3，笔者分别对分指标指数地形起伏度、资源环境承载能力、经济发展综合水平、发展潜力综合水平、区域发展综合水平、教育背景基础、民族构成系数进行聚类（图 12-1 至图 12-7），结果表明：

（1）从自然地理背景差异来看，在地形起伏度指数层面上，最低的华坪县指数为 0.989 18，类别为第Ⅲ类，位序为第 82 位；最高的宁蒗县指数为 1.585 82，类别为第Ⅵ类，位序为第 123 位；各县（市、区）的均值为 1.274 26。

（2）从经济地理背景差异来看，在资源环境承载能力层面上，最高的宁蒗县指数为 1.064 07，类别为第Ⅳ类，位序为第 34 位；最低的华坪县指数为 0.967 24，类别为第Ⅵ类，位序为第 100 位；各县（市、区）的均值为 1.006 64。在经济发展综合水平层面上，最高的华坪县指数为 1.009 72，类别为第Ⅴ类，位序为第 57 位；最低的宁蒗县指数为 0.904 18，类别为第Ⅷ类，位序为第 122 位；各县（市、区）的均值为 0.951 74。在发展潜力综合水平层面上，最高的永胜县指数为 1.024 73，类别为第Ⅴ类，位序为第 57 位；最低的华坪县指数为 0.839 64，类别为第Ⅷ类，位序为第 126 位；各县（市、区）的均值为 0.944 01。在区域发展综合水平层面上，最高的宁蒗县指数为 0.983 13，类别为第Ⅶ类，位序为第 98 位；最低的永胜县指数为 0.968 45，类别为第Ⅷ类，位序为第 110 位；各县（市、区）的均值为 0.977 10。

（3）从人文地理背景差异来看，在人口受教程度层面上，最高的永胜县指数为 1.120 47，类别为第Ⅵ类，位序为第 37 位；最低的华坪县指数为 0.483 09，类别为第Ⅷ类，位序为第 108 位；各县（市、区）的均值为 0.737 67。在民族构成系数层面上，最高的宁蒗县指数为 1.963 20，类别为第Ⅱ类，位序为第 17 位；最低的华坪县指数为 0.795 99，类别为第Ⅵ类，位序为第 72 位；各县（市、区）的均值为 1.191 50。

（二）区域的状态差异

永华义务教育区所辖县（市、区）各级指标指数的义务教育各项指数见表 12-4，笔者分别对 5 个分指标指数和 1 个总指标指数进行聚类（图 12-8 至图 12-13），结果表明：

1. 教育机会

在教育机会指标层面上，永华义务教育区的小学毛入学率为 108.91%，比迪怒义务教育大区的小学毛入学率低 2.44%；初中毛入学率为 100.82%，比迪怒义务教育大区的初中毛入学率低 0.39%。本区小学净入学率为 99.49%，比迪怒义务教育大区小学净入学率高 0.43%；初中净入学率为 78.51%，比迪怒义务教育大区初中净入学率高 2.83%。

在教育机会指数层面上，最高的华坪县指数为 0.993 53，类别为第Ⅵ类，位序为第 67 位；最低的宁蒗县指数为 0.950 55，类别为第Ⅵ类，位序为第 114 位；各县（市、区）的均值为 0.975 39。

2. 教育质量

在教育质量指标层面上，永华义务教育区的小学巩固率为 98.38%，比迪怒义务教育大区小学巩固率低 0.59%；初中巩固率为 97.82%，比迪怒义务教育大区初中巩固率低 0.83%。本区小学辍学率为 1.61%，比迪怒义务教育大区小学辍学率高 0.09%；初中辍学率为 2.31%，比迪怒义务教育大区初中辍学率高 0.15%。本区小学升学率为 95.30%，比迪怒义务教育大区小学升学率低 2.07%；初中升学率为 41.76%，比迪怒义务教育大区初中升学率低 6.61%。

在教育质量指数层面上，最高的宁蒗县指数为 0.249 99，类别为第Ⅱ类，位序为第 95 位；最低的华坪县指数为 0.029 46，类别为第Ⅳ类，位序为第 119 位；各县（市、区）的均值为 0.104 46。

3. 办学条件

在办学条件指标层面上，永华义务教育区的学校藏书为 785 267 册，占迪怒义务教育大区学校藏书的 36.28%；学校占地面积为 1 988 568m²，占迪怒义务教育大区学校占地面积的 32.27%；校舍建筑面积为 509 566m²，占迪怒义务教育大区校舍建筑面积的 32.60%；危房面积为 406 257m²，占迪怒义务教育大区危房面积的 35.48%。

在办学条件指数层面上，最高的永胜县指数为 0.644 04，类别为第Ⅴ类，位序为第 34 位；最低的华坪县指数为 0.155 02，类别为第Ⅷ类，位序为第 124 位；各县（市、区）的均值为 0.410 07。

4. 教育师资

在教育师资指标层面上，永华义务教育区的小学任课教师数为 4616 人，占迪怒义务教育大区小学任课教师数的 35.32%；初中任课教师数为 2134 人，占迪怒义务教育大区初中任课教师数的 37.46%。小学学历达标率为 96.75%，比迪怒义务教育大区小学学历达标率低 1.01%；初中学历达标率为 98.97%，比迪怒义务教育大区初中学历达标率高 1.06%。

在师资指数层面上，最高的华坪县指数为 0.531 77，类别为第Ⅱ类，位序为第 8 位；最低的宁蒗县指数为 0.506 27，类别为第Ⅷ类，位序为第 124 位；各县（市、区）的均值为 0.520 72。

5. 教育多样性

在教育多样性指标层面上，永华义务教育区的民族学校数为 3 个，占迪怒义务教育大区民族学校数的 37.5%；特殊教育学校数为 0 个。

在教育多样性指数层面上，最高的永胜县、华坪县指数均为 0.917 06，类别为第Ⅵ类，位序为第 31 位；最低的宁蒗县指数为 0.611 38，类别为第Ⅷ类，位序为第 52 位；各县（市、区）的均值为 0.815 17。

6. 教育总指数

在义务教育发展总指数层面上，最高的永胜县指数为 0.620 25，类别为第Ⅵ类，位序为第 53 位；最低的华坪县指数为 0.525 37，类别为第Ⅷ类，位序为第 86 位；各县（市、区）的均值为 0.565 16。

三、古香义务教育区

古香义务教育区所辖县（市、区）为古城区、玉龙县、香格里拉县、兰坪县 4 县（区），位于东经 98°58′～100°32′、北纬 26°06′～28°52′之间，属于云龙，兰坪高中山原区；大理，丽江盆地中高山区；中甸，德钦高山高原区。本区土地面积为 23.4×10³ km²，占迪怒义务教育大区土地面积的 39.93%，其中，半山半坝区面积为 19.0×10³ km²；山区面积为 4.4×10³ km²。本区生产总值为 208.88 亿元，占迪怒义务教育大区生产总值的 52.75%；人均生产总值为 26 239 元，比迪怒义务教育大区人均生产总值高 7622 元；地均生产总值为 89.265 万元/km²，比迪怒义务教育大区地均生产总值高 21.692 万元/km²。本区第三产业产值为 102.60 亿元，占迪怒义务教育大区第三产业产值的 59.31%；第三产业产值占本区生产总值的比重为 49.12%。古香义务教育区的年末总人口数为 82.29 万人，占迪怒义务教育大区年末总人口的 37.32%；人口密度为 35 人/km²，比迪怒义务教育大区人口密度低 2 人/km²。

（一）区域的背景差异

古香义务教育区所辖县（市、区）各级指标指数的背景见表 12-3，笔者分别对分指标指数地形起伏度、资源环境承载能力、经济发展综合水平、发展潜力综合水平、区域发展综合水平、教育背景基础、民族构成系数进行聚类（图 12-1 至图 12-7），结果表明：

（1）从自然地理背景差异来看，在地形起伏度指数层面上，最低的古城区指数为 1.299 49，类别为第Ⅳ类，位序为第 113 位；最高的香格里拉县指数为 1.940 08，类别为第Ⅷ类，位序为第 127 位；各县（市、区）的均值为 1.635 37。

（2）从经济地理背景差异来看，在资源环境承载能力层面上，最高的香格里拉县指数为 1.110 70，类别为第 Ⅳ 类，位序为第 10 位；最低的古城区指数为 0.929 58，类别为第 Ⅷ 类，位序为第 120 位；各县（市、区）的均值为 1.017 75。在经济发展综合水平层面上，最高的兰坪县指数为 1.207 56，类别为第 Ⅲ 类，位序为第 7 位；最低的玉龙县指数为 0.974 66，类别为第 Ⅵ 类，位序为第 86 位；各县（市、区）的均值为 1.107 59。在发展潜力综合水平层面上，最高的香格里拉县指数为 1.098 69，类别为第 Ⅲ 类，位序为第 18 位；最低的古城区指数为 0.934 15，类别为第 Ⅶ 类，位序为第 119 位；各县（市、区）的均值为 1.030 33。在区域发展综合水平层面上，最高的香格里拉县指数为 1.115 25，类别为第 Ⅳ 类，位序为第 8 位；最低的玉龙县指数为 0.996 58，类别为第 Ⅶ 类，位序为第 82 位；各县（市、区）的均值为 1.060 80。

（3）从人文地理背景差异来看，在人口受教程度层面上，最高的古城区指数为 0.730 21，类别为第 Ⅶ 类，位序为第 77 位；最低的香格里拉县指数为 0.492 48，类别为第 Ⅷ 类，位序为第 105 位；各县（市、区）的均值为 0.588 73。在民族构成系数层面上，最高的兰坪县指数为 2.158 24，类别为第 Ⅰ 类，位序为第 9 位；最低的古城区指数为 1.571 67，类别为第 Ⅲ 类，位序为第 34 位；各县（市、区）的均值为 1.914 25。

（二）区域的状态差异

古香义务教育区所辖县（市、区）各级指标指数的义务教育各项指数见表 12-4，笔者分别对 5 个分指标指数和 1 个总指标指数进行聚类（图 12-8 至图 12-13），结果表明：

1. 教育机会

在教育机会指标层面上，古香义务教育区的小学毛入学率为 110.81%，比迪怒义务教育大区的小学毛入学率低 0.54%；初中毛入学率为 102.80%，比迪怒义务教育大区的初中毛入学率高 1.59%。本区小学净入学率为 99.26%，比迪怒义务教育大区小学净入学率高 0.20%；初中净入学率为 78.74%，比迪怒义务教育大区初中净入学率高 3.06%。

在教育机会指数层面上，最高的古城区指数为 1.086 84，类别为第 Ⅲ 类，位序为第 5 位；最低的香格里拉县指数为 0.890 30，类别为第 Ⅷ 类，位序为第 129 位；各县（市、区）的均值为 0.988 66。

2. 教育质量

在教育质量指标层面上，古香义务教育区的小学巩固率为 99.86%，比迪怒义务教育大区小学巩固率高 0.89%；初中巩固率为 99.13%，比迪怒义务教育大区初中巩固率高 0.48%。本区小学辍学率为 1.01%，比迪怒义务教育大区小学辍学率低 0.51%；初中辍学率为 2.72%，比迪怒义务教育大区初中辍学率高

0.56％。本区小学升学率为 100.21％，比迪怒义务教育大区小学升学率高 2.84％；初中升学率为 57.15％，比迪怒义务教育大区初中升学率高 8.78％。

在教育质量指数层面上，最高的古城区指数为 0.493 88，类别为第 II 类，位序为第 30 位；最低的玉龙县指数为－0.088 20，类别为第 V 类，位序为第 122 位；各县（市、区）的均值为 0.278 60。

3. 办学条件

在办学条件指标层面上，古香义务教育区的学校藏书为 853 796 册，占迪怒义务教育大区学校藏书的 39.45％；学校占地面积为 2 497 320m²，占迪怒义务教育大区学校占地面积的 40.52％；校舍建筑面积为 602 619m²，占迪怒义务教育大区校舍建筑面积的 38.56％；危房面积为 404 309m²，占迪怒义务教育大区危房面积的 35.30％。

在办学条件指数层面上，最高的香格里拉县指数为 0.584 44，类别为第 VI 类，位序为第 41 位；最低的古城区指数为 0.293 25，类别为第 VII 类，位序为第 96 位；各县（市、区）的均值为 0.395 40。

4. 教育师资

在教育师资指标层面上，古香义务教育区的小学任课教师数为 5006 人，占迪怒义务教育大区小学任课教师数的 38.31％；初中任课教师数为 2222 人，占迪怒义务教育大区初中任课教师数的 39.01％。小学学历达标率为 98.56％，比迪怒义务教育大区小学学历达标率高 0.80％；初中学历达标率为 97.66％，比迪怒义务教育大区初中学历达标率低 0.25％。

在教育师资指数层面上，最高的玉龙县指数为 0.532 00，类别为第 II 类，位序为第 7 位；最低的兰坪县指数为 0.521 28，类别为第 IV 类，位序为第 67 位；各县（市、区）的均值为 0.527 27。

5. 教育多样性

在教育多样性指标层面上，古香义务教育区的民族学校数为 2 个，占迪怒义务教育大区民族学校数的 25.00％；特殊教育学校数为 1 个，占迪怒义务教育大区特殊教育学校数的 50.00％。

在教育多样性指数层面上，最高的古城区指数为 4.311 80，类别为第 I 类，位序为第 2 位；最低的玉龙县、兰坪县指数均为 0.000 00，类别为第 VIII 类，位序为第 117 位；各县（市、区）的均值为 1.307 22。

6. 教育总指数

在义务教育发展总指数层面上，最高的古城区指数为 1.343 23，类别为第 II 类，位序为第 10 位；最低的玉龙县指数为 0.374 15，类别为第 VIII 类，位序为第 127 位；各县（市、区）的均值为 0.699 43。

第三节　迪怒义务教育大区评价及对策

迪怒义务教育大区在云南省总体发展态势较为落后，本区在师资指数、教育多样性指数上位居八大区第三，而教育机会指数、教育质量指数、办学条件指数垫底，在支撑义务教育发展的地域背景上有如下特点：

（1）所辖范围主要为滇西北地区，土地面积为云南省的 15% 左右，人口为云南省的 5% 左右。本区资源环境极差、发展潜力较差。

（2）主要为高山峡谷区，高山高原区，高中山原区，地形起伏度较大。

（3）生产总值约为云南省的 4%，人均 GDP 较低，经济发展水平落后。

结合迪怒义务教育大区教育发展的总体特征（表 12-1，表 12-2），以及怒江义务教育区、永华义务教育区、古香义务教育区教育发展的现状（表 12-4），我们可以推断出该大区所存在的主要问题。此外，直观反映迪怒义务教育大区义务教育发展状况的原始数据（图 12-14，图 12-15）也纳入评价体系，进而得出可能的对策建议。

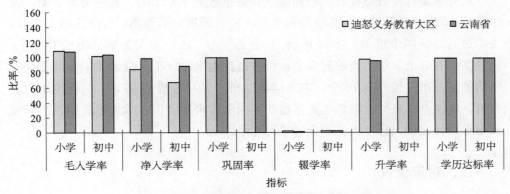

图 12-14　迪怒义务教育大区原始数据格局一

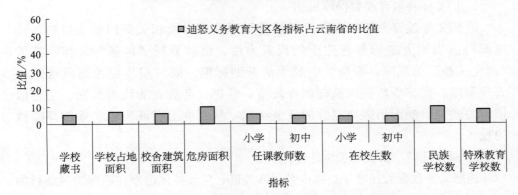

图 12-15　迪怒义务教育大区原始数据格局二

一、主要问题

1. 教育机会较低

从教育机会指数层面看，最高的古城区指数为 1.086 84，类别为第Ⅲ类，位序为第 5 位；最低的香格里拉县指数为 0.890 30，类别为第Ⅷ类，位序为第 129 位。去除最高最低两个极值，本区其余 10 个县（市、区）类别为第Ⅵ类的有 9 个，第Ⅶ类的有 1 个，位序范围为第 33～127 位。其中，低于全省中值的县（市、区）有 10 个，占本区县（市、区）总数的 83%。结合原始数据分析，本区教育机会指数低主要是由于区内初中毛入学率，小学、初中净入学率在较大程度上低于全省平均水平。造成这一问题的直接原因是本区初中在校学生数与 12～14 岁年龄组人口的比值偏小，小学及初中的学龄人口入学较少，学龄人口中的入学人数存在较大缺口。

2. 办学条件较差

从办学条件指数层面看，最高的永胜县指数为 0.644 04，类别为第Ⅴ类，位序为第 34 位；最低的贡山县指数为 0.059 87，类别为第Ⅷ类，位序为第 129 位。去除最高最低两个极值，本区其余 10 个县（市、区）类别为第Ⅵ类的有 2 个，第Ⅶ类的有 5 个，第Ⅷ类的有 3 个，位序范围为第 41～127 位。其中，低于全省中值的县（市、区）有 10 个，占本区县（市、区）总数的 83%。结合原始数据分析，本区办学条件指数低主要是由于区内学校占地面积、学校建筑面积、学校藏书等硬件在较大程度上低于全省平均水平。

二、对策建议

1. 切实完善教育经费保障机制

迪怒义务教育大区教育和发展是离不开政府以及相关部门的支持的，政府部门应当加大基础教育建设的投资力度，继续紧抓"两基"工作，扩大"两免一补"的范围，提高学生的生活补助标准。同时应当完善财政政策和管理制度，完善少数民族基础教育政策，促进义务教育的均衡发展。结合国家相关政策，制定出因地制宜的政策法规，从制度上保证当地义务教育经费的投入。

2. 抓住机遇，积极寻求对外合作机会

迪怒义务教育大区属于边疆少数民族地区，应该抓住国家在西部地区施行的"大学生志愿服务计划"和"农村义务教育阶段学校教师特岗计划"等有利条件，

不断完善教师队伍，鼓励他们扎根西部，为祖国的边疆建设出力。事实证明，对口援建是促进民族地区教育发展的有效途径。边疆民族地区应当积极加强与东部发达地区的教育部门的联系，全方位地接受东部地区的教育支援，包括师资、教学方法、教育观念，等等。

参 考 文 献

鲍传友. 中国城乡义务教育差距的政策审视. 北京师范大学学报（社会科学版），2005，42（3）：16-24.

鲍传友. 义务教育均衡发展：内涵和原则. 国家教育行政学院学报，2007，14（1）：62-65.

彼得·P·罗杰斯，卡济·F. 贾拉勒，约翰. A. 博伊德. 可持续发展导论. 郝吉明，邢佳，陈莹译. 北京：化学工业出版社，2008.

蔡运龙. 自然资源学原理（2 版）. 北京：科学出版社，2013.

蔡运龙，傅泽强，戴尔阜. 区域最小人均耕地面积与耕地资源调控. 地理学报，2002，57（2）：127-134.

陈风琴. 人的全面发展是马克思教育哲学的实质. 四川师范大学政治教育学院硕士论文，2009：1-53.

陈峰. 均衡发展取向下的义务教育教师资源配置问题. 教育导刊，2007，25（2）：6.

陈秋玲. 社会风险预警研究. 北京：经济管理出版社，2009：53.

褚宏启，高莉. 义务教育均衡发展评估指标与标准的制订. 教育发展研究，2010，30（6）：25-29.

崔红菊. 义务教育均衡发展政策研究. 厦门大学硕士论文，2009：1-48.

丁郭. 义务教育均衡发展的研究——以长沙市为例. 湖南师范大学硕士论文，2011：1-57.

杜育红. 义务教育的均衡发展：过程、原因与对策. 中国民族教育，2005，12（4）：8-9，23.

段学军，虞孝感，陆大道. 克鲁格曼的新经济地理研究及其意义. 地理学报，2010，65（2）：131-138.

高洪. 均衡发展是义务教育重中之重的任务. 中国农村教育，2010，6（1）：6-7.

顾海兵. 宏观经济预警研究：理论·方法·历史. 经济理论与经济管理，1997，17（4）：1-6.

国家教育督导报告 2005——义务教育均衡发展：公共教育资源配置状况. 教育发展研究，2006，26（9）：1-8.

国家教育督导报告 2008（摘要）——关注义务教育教师. 教育发展研究，2009，29（1）：1-5.

国家教育发展研究中心. 2001 年中国教育绿皮书——中国教育政策年度分析报告. 北京：教育科学出版社，2001.

国家教育发展研究中心专题组. 中国贫困地区教育发展研究报告. 南宁：广西教育出版社，1998.

国务院关于深入推进义务教育均衡发展的意见. 江西省人民政府公报. 2012，63（2）：8-11.

国务院人口普查办公室·国家统计局人口和社会科技统计司. 2000 人口普查分县资料. 北京：中国统计出版社，2003.

郝文武. 平等与效率相互促进的教育公平论. 教育研究，2007，14（11）：25-29.

黄济. 教育哲学. 北京：北京师范大学出版社，1985.

黄继鸿，雷战波，凌超. 经济预警方法研究综述. 系统工程，2003，21（2）：64-70.

黄家泉，邵国良，吴开俊，等. 教育区域化发展研究——地区经济发展不平衡对教育的影响.

太原：山西人民出版社，2002.

江西省教育科学研究所课题组，蒋有慧，程方生．农村义务教育经费保障机制改革中若干问题的思考．江西教育科研，2006，23（10）：20-24.

教育部财务司．中国教育经费统计年鉴．北京：中国统计出版社，历年.

教育部发展规划司．中国教育统计年鉴．北京：人民教育出版社，历年.

孔祥娜．县域义务教育均衡发展政策执行研究——以北京市丰台区为例．北京：首都师范大学硕士论文，2009：1-64.

雷万鹏．寻求义务教育均衡发展的新机制——基于湖北省的实证研究．教育研究与实验，2006，25（2）：11-16.

李灿光，潘玉君．区域发展研究：发展条件与空间结构．北京：科学出版社，2007.

李锋亮．政府有义务对义务教育资源进行均衡化．教育科学研究，2005，16（12）：9-13.

李华生，徐瑞祥，高中贵．南京城市人居环境质量预警研究．经济地理，2005，25（5）：658-661.

李慧勤，刘虹．县域间义务教育均衡发展的影响因素及对策思考——以云南省为例．教育研究，2012，19（6）：86-90.

李少元．教育结构学．沈阳：辽宁教育出版社，1988.

李文利，曾满超．美国基础教育"新"财政．教育研究，2002，9（5）：84-89.

李小建．经济地理学．北京：高等教育出版社，2006.

联合国教科文组织．全球教育发展的历史轨迹——国际教育大会60年建议书．北京：教育科学出版社，1999.

联合国教科文组织国际教育发展委员会报告．学会生存——教育世界的今天和明天．赵中建译．北京：教育科学出版社，1996.

梁文艳，杜育红．省际间义务教育不均衡问题的实证研究——基于生均经费的分析指标．教育科学，2008，24（4）：11-16.

刘涛，邵东国，顾文权．基于层次分析法的供水风险综合评价模型．武汉大学学报，2006，39（4）：25-28.

刘新成，苏尚锋．义务教育均衡发展的三重意蕴及其超越性．教育研究，2010，17（5）：28-33.

柳海民，林丹．本体论域的义务教育均衡发展．东北师大学报（哲学社会科学版），2005，40（5）：11-18.

卢晓旭．基于空间视角的县域义务教育发展均衡性测评研究——以江苏省常熟市为例．南京：南京师范大学博士论文，2011：1-252.

陆大道．中国区域发展的理论与实践．北京：科学出版社，2003.

罗明东．现代教学论．昆明：云南科技出版社，1999.

罗明东．中国教育发展地域性不平衡的地理学分析．云南师范大学学报，1999，19（4）：47-53.

罗明东．教育地理学．昆明：云南大学出版社，2003.

罗明东，潘玉君，华红莲，等．区域教育发展及其差距实证研究．北京：北京大学出版社，2007.

马佳宏，彭慧．偏差与平衡：城乡义务教育财力资源配置问题研究．教育与经济，2006，22（4）：39-42.

马克思．资本论．第1卷．北京：人民出版社，2000.

马素君，张礼达，杜发兴．水资源承载能力的模糊综合评价研究．云南地理环境研究，2006，18（3）：7-9.

美国国家科学院国家研究理事会．理解正在变化的星球：地理科学的战略方向．刘毅，刘卫东译．北京：科学出版社，2011：101-109.

潘玉君．地理科学．哈尔滨：哈尔滨地图出版社，1995.

潘玉君．可持续发展原理．北京：中国社会科学出版社，2005.

潘玉君．地理学基础．北京：科学出版社，2007.

潘玉君，武友德，邹平．可持续发展原理．北京：中国社会科学出版社，2005.

潘玉君，武友德．通过加强基础教育实施区域和谐．光明日报，2005.

潘玉君，武友德．地理科学导论．北京：科学出版社，2009.

潘玉君，武友德，华红莲．区域现代化实证研究．北京：科学出版社，2007.

潘玉君，武友德，张谦舵，等．省域主体功能区区划研究．北京：科学出版社，2011.

潘玉君，李灿光．区域发展研究：发展阶段与约束条件．北京：科学出版社，2007.

潘玉君，罗明东，方杏村，等．义务教育发展区域均衡系统研究．北京：北京大学出版社，2007.

曲铁华，马艳芬．义务教育师资均衡发展的对策研究．东北师大学报（哲学社会科学版），2005，42（5）：24-29.

瞿瑛，方荣权．义务教育均衡发展的对策——实现区域性教育公平的举措．基础教育研究，2006，13（1）：6-7.

饶应祥，陆红生，徐勋光．如何测算人均耕地警界值．中国土地科学，1999，6（6）：30-32.

任仕君．县域义务教育资源配置现状分析与对策研究．当代教育科学，2005，18（23）：24-26.

史静寰，郑新蓉，王蓉．西部贫困地区基础教育发展路径探索——"中英甘肃基础教育合作项目"的启示．教育研究，2003，10（8）：27-35.

司晓宏．优化教育资源配置，促进西部农村义务教育优质发展．教育研究，2009，16（6）：17-21.

司晓宏，王华．教育财政转移支付与义务教育均衡发展．陕西师范大学学报（哲学社会科学版），2006，35（2）：109-116.

司晓宏，杨令平．当前我国西部地区农村义务教育形势分析．教育研究，2010，17（8）：13-19.

谭娟晖．我国地方课程开发的困境与对策．桂林：广西师范大学硕士论文．2005：1-44.

汪明．义务教育均衡发展与若干保障机制——部分地区的政策及实践分析．教育发展研究，2005，25（19）：40-44.

王艾青，安立仁．中国人力资本存量分析．学术研究，2004，35（9）：26-32.

王善迈．教育投入与产出研究．石家庄：河北教育出版社，1996.

王善迈．教育经济学简明教程．北京：高等教育出版社，2000.

王善迈，袁连生．中国地区教育发展报告．北京：北京师范大学出版社．2011：1.

王寿．我国义务教育均衡发展及其政策研究：南京师范大学硕士论文．2011：1-52.

王宇，焦建玲．人力资本与经济增长之间关系研究．管理科学，2005，17（1）：31-39.

邬志辉．农村义务教育质量至关重要．教育研究，2008，15（3）：31-33.

吴德刚．中国教育发展地区差距研究——教育发展不平衡性问题研究．教育研究，1999，6
（7）：22-26.

吴德刚．关于构建教育公平机制的思考．教育研究，2006，13（1）：38-41.

吴宏超，叶忠．校际落差与义务教育公平．河北师范大学学报（教育科学版），2003，5（2）：
31-35.

吴开俊，黄家泉．教育均衡化发展：理想与现实的抉择．西北师大学报（社会科学版），2003，
40（4）：7-11.

肖远军．关于基础教育均衡发展的政策构想．教育理论与实践，2003，23（5）：28-31.

徐建华．现代地理学中的数学方法．北京：高等教育出版社，1996.

薛海平，胡咏梅．我国基础教育区域非均衡发展研究．教育理论与实践，2004，24（1）：
8-10.

薛海平，王蓉．教育生产函数与义务教育公平．教育研究，2010，17（1）：9-17.

闫淑敏，秦江萍．人力资本对西部经济增长的贡献分析．数量经济技术经济研究，2002，19
（11）：17-20.

杨启亮．底线均衡：义务教育优质均衡发展的解释．教育理论与实践，2010，30（1）：3-7.

杨银付，韩民，王蕊，等．以教师资源的均衡配置促进义务教育均衡发展——城乡义务教育
教师资源均衡配置的政策与制度创新．中小学管理，2008，22（2）：4-7.

杨颖秀．基础教育生均预算内公用经费支出的基尼系数考查．教育研究，2005，12（9）：
53-58.

杨兆山，金金．建设"标准化学校"搭建义务教育均衡发展的操作平台．东北师大学报（哲学
社会科学版），2005，42（5）：36-41.

杨兆山，张海波．标准化学校：教育均衡发展视角下农村义务教育的发展路径．东北师大学
报（哲学社会科学版），2008，43（1）：24-29.

叶丽娜．义务教育区划及其实践研究．华东师范大学硕士学论文，2008：1-65.

叶平，沈百福，程新麟．湖北农村教育区划初探．决策与统计，1992，（6）：25-27.

叶平，王蕊．中国教育现代化区域聚类与特征分析．教育研究，2003，（7）：47-57.

叶玉华．教育均衡化的国际比较与政策研究．教育研究，2003，10（11）：34-38.

于发友．公平：义务教育均衡发展的价值旨归．当代教育科学，2005，18（7）：23-25.

于发友．县域义务教育均衡发展研究．山东师范大学博士论文．2005：1-121.

于月萍．义务教育区域内均衡发展的对策研究．中国教育学刊，2003，18（3）：12-15.

约翰·罗尔斯著．作为公平的正义——正义新论．姚大志译．上海：三联书店出版社，
2002：70.

云南省人口普查办公室，云南省统计局．云南省2010年人口普查资料．北京：中国统计出版
社，2010.

云南省统计局．云南统计年鉴．北京：中国统计出版社，历年.

云南省中长期教育改革和发展规划纲要（2010—2020 年）．中国教育报．2011.

曾天山．促进义务教育均衡发展的基本思路．教育研究，2002，9（2）：16-18.

曾天山，邓友超，杨润勇 等．义务教育均衡发展是实现教育公平的基石．当代教育论坛：学科教育研究，2007，1（1）：5-16.

翟博．深化改革：促进义务教育均衡发展．教育研究，2002，9（2）：8-10.

翟博．教育均衡发展：理论、指标及测算方法．教育研究，2006，13（3）：16-27.

翟博．教育均衡论：中国基础教育均衡发展实证分析．北京：人民教育出版社，2007.

翟博．中国基础教育均衡发展实证分析．教育研究，2007，14（7）：22-30.

张闯．马克思的教育哲学思想及其当代意义．湖北：武汉大学博士论文，2011，1-151.

张德祥．关于义务教育区域内均衡发展的思考．教育评论，2002，18（4）：13-15.

张东娇．义务教育均衡发展的社会资本障碍及其政府治理．北京师范大学学报（社会科学版），2008，45（2）：24-32.

张鸿辉，刘友兆，曾永年．耕地质量预警系统设计与实证．农业工程学报，2008，24（8）：74—79.

赵晓梅，盖美．基于熵权模糊物元的水资源与社会经济持续发展的警度研究．水利发展研究，2010，10（4）：43-47.

郑功成．从福利教育走向混合型的多元教育体系——中国的教育福利与人力资本投资．清华大学教育研究，2004，25（5）：1-8.

郑荣宝，刘毅华，董玉祥．广州市土地资源安全预警及耕地安全警度判定．资源科学，2009，31（8）：1362-1368.

中国教科院"义务教育均衡发展标准研究"课题组．义务教育均衡发展国家标准研究．教育研究，2013，20（5）：36-45.

中国教育与人力资源问题报告课题组．从人口大国迈向人力资源强国．北京：高等教育出版社，2003.

中国统计年鉴编辑部．中国统计年鉴．北京：中国统计出版社，历年．

中国现代化报告课题组．中国现代化报告·2001．北京：北京大学出版社，2001.

中华人民共和国教育部．共和国教育 50 年．北京：北京师范大学出版社，1999.

中华人民共和国教育部．深化教育改革，全面推进素质教育——第三次全国教育工作会议文件汇编．北京：高等教育出版社，1999.

中央教育科学研究所（朱小蔓）．中国基础教育发展研究报告．北京：教育科学出版社，2005.

中央教育科学研究所教育督导评估研究中心．义务教育均衡发展报告．2010．北京：教育科学出版社，2010.

中央教育科学研究所政策分析中心．义务教育均衡发展是实现教育公平的基石．教育研究，2007，14（2）：3-10.

周亚，甘勇，李克强，等．中国人力资本的分布差异研究．教育与经济，2004，20（2）：17-20.

周一星，胡志勇．从航空运输看中国城市体系的空间网络结构．地理研究，2002，21（3）：276-286.

周莹，程和琴，塔娜．海平面上升背景下上海市水源地供水安全预警系统研究．资源科学，2012，34（7）：1312-1317.

朱家存．教育均衡发展政策研究．北京：中国社会科学出版社，2003.

朱家存，阮成武，刘宝根．区域义务教育均衡发展监测指标体系研究——基于安徽省义务教育政策实践．教育研究，2010，17（11）：12-17，59.

转型期中国重大教育政策案例研究课题组．缩小差距——教育政策的重大命题．北京：人民教育出版社，2005.

Apple M. 2001. Comparing neoliberal projects and inequality in education. *Comparative Education*，37（4）：409-423.

Barro R J., Lee J-W. 2001. *International Data on Educational Attainment Updates and Implications*. Oxford Economic Papers，53（3）：541-563.

Bondi L., Matthews M. H. (eds.). 1988. *Education and society: studies in the politics, sociology and geography of education*. London: Routledge.

Brock C. 1992. *The Case for a Geography of Education*. The University of Hull.

Brock C. 2010. Spatial Dimensions of Christianity and Education in Western European History with Legacies for the Present. *Comparative Education*，46（3）：289-306.

Brock C. 2013. The geography of education and comparative education. *Comparative Education*，49（3）：275-289.

Elden S., Crampton J. W. (eds.). 2007. *Space, Knowledge and Power: Foucault and Geography*. London: Ashgate.

Form World Bank. 1993. *World Development Report* 1993. Oxford: Oxford University Press.

Frumkin P. 2002. *On Being Nonprofit*. Cambridge: Harvard University Press.

Gaul G., Borowski N., Ride F. 1993. *The Tax-Exempt Economy*. Kansas: Andrew McMeel Publishing.

Hamnett C. 2011. Concentration or Diffusion? The Changing Geography of Ethnic Minority Pupils in English Secondary Schools, 1999—2009. *Urban Studies*，14（5）：1-25.

Hartshorne R. 1950. The Functional Approach in Political Geography. *Annals of the Association of American Geographers*，40（2）：95-130.

Krugman P. 1995. *Development, Geography, and Economic Theory*. Cambridge: MIT Press.

Levin H. 1983. *Opportunities of and Challenges to Educational Privatization in Cross-National Perspective*. Berkeley: University of California Press.

Lopez R., Thomas V., Wang Y. 1988. *Addressing the Education Puzzle: The Distribution of Education and Economic Reforms*. Washington: World Bank.

Martin J. 1997. *Skill development for international competitiveness*. Cheltenham: Edward Elgar Publishing Limited.

Odden A., Bush C. 1998. *Financing Schools for High Performance*. San Francisco: Jossey-Bass.

Odden A., Picus L. 2000. *School Finance: A Policy Perspective*. 2nd ed. New York: McGraw-Hill Humanities.

OECD. 2001. *Education at a Glance*：*OECD Indicators* 2001. Paris：OECD.

Rodrik D. 2004. *Industrial Policy for the Twenty-First Century*. Centre for Economic Policy Research.

Thomas V.，Wang Y.，Fan X. 2001. *Measuring Education Inequality*：*Gini Coefficients of Education*. World Bank Policy Research Working Paper No. 2525：1-37.

附录一　云南省 129 个县（市、区）经济地理基础表

地区	指标	资源环境承载能力			经济发展综合水平			发展潜力综合水平			区域发展综合水平		
		指数	类别	位序	指数	类别	位序	指数	类别	位序	指数	类别	位序
昆明市	五华区	1.031 95	V	54	1.701 73	I	1	1.225 25	I	2	1.358 67	I	1
	盘龙区												
	官渡区												
	西山区												
	东川区	0.968 78	VI	98	1.262 43	II	4	0.950 68	VII	112	1.105 97	IV	12
	呈贡区	0.911 53	VIII	125	1.144 29	IV	12	0.946 35	VII	114	1.023 16	VI	54
	晋宁县	0.958 83	VII	104	1.095 66	IV	19	0.976 47	VI	98	1.024 30	VI	52
	富民县	1.070 34	IV	29	1.072 76	IV	25	1.022 62	V	59	1.068 67	V	20
	宜良县	1.020 76	VI	64	1.054 64	V	31	0.954 97	VII	108	1.032 83	VI	44
	石林县	1.072 29	IV	27	1.038 75	V	39	1.012 35	VI	67	1.052 98	V	31
	嵩明县	0.978 25	VI	92	1.072 48	IV	26	0.939 27	VII	117	1.020 32	VI	60
	禄劝县	0.949 69	VII	111	0.987 85	VI	71	0.978 69	VI	96	0.969 37	VIII	108
	寻甸县	1.097 29	IV	17	1.018 13	VI	48	0.984 05	VI	89	1.053 36	V	30
	安宁市	0.984 64	VI	87	1.268 58	II	3	0.989 39	VI	86	1.118 60	IV	6
曲靖市	麒麟区	1.144 78	III	5	1.226 72	III	5	0.944 16	VII	115	1.171 55	III	3
	马龙县	0.960 74	VII	102	0.997 06	VI	65	0.997 46	VI	81	0.980 00	VII	100
	陆良县	1.065 62	IV	33	1.011 11	VI	55	0.954 14	VII	109	1.033 38	VI	43
	师宗县	1.062 26	IV	35	0.983 28	VI	77	1.008 35	VI	73	1.021 91	VI	58
	罗平县	1.049 84	V	42	1.007 06	VI	60	1.055 38	IV	38	1.030 03	VI	49
	富源县	1.171 92	II	3	1.048 36	V	33	1.097 30	III	19	1.109 35	IV	9
	会泽县	1.119 63	III	9	1.015 82	VI	52	1.064 76	IV	35	1.067 53	V	21
	沾益县	1.026 02	V	57	1.038 47	V	40	1.022 32	V	60	1.031 67	VI	47
	宣威市	1.109 84	IV	11	1.009 72	VI	56	0.978 79	VI	95	1.055 00	V	28
玉溪市	红塔区	0.951 91	VII	110	1.630 06	I	2	0.897 75	VII	123	1.268 01	II	2
	江川县	1.006 00	VI	78	1.046 98	V	35	0.980 36	VI	93	1.023 79	VI	53
	澄江县	0.947 34	VII	112	1.064 16	V	27	0.964 80	VI	104	1.003 38	VII	72
	通海县	1.005 55	VI	79	1.076 39	IV	24	0.916 38	VII	122	1.033 65	VI	42
	华宁县	0.995 91	VI	81	1.031 67	V	43	0.995 07	VI	84	1.012 70	VI	65

续表

地区	指标	资源环境承载能力			经济发展综合水平			发展潜力综合水平			区域发展综合水平		
		指数	类别	位序	指数	类别	位序	指数	类别	位序	指数	类别	位序
玉溪市	易门县	0.931 31	Ⅷ	119	1.059 99	Ⅴ	30	1.007 12	Ⅵ	74	0.996 36	Ⅶ	83
	峨山县	0.959 39	Ⅶ	103	1.080 67	Ⅳ	23	1.009 54	Ⅵ	71	1.019 43	Ⅵ	61
	新平县	1.022 89	Ⅴ	60	1.034 58	Ⅴ	41	1.019 35	Ⅴ	65	1.028 18	Ⅵ	50
	元江县	0.972 98	Ⅵ	95	0.982 57	Ⅵ	78	0.975 80	Ⅵ	99	0.977 66	Ⅶ	103
保山市	隆阳区	1.058 41	Ⅴ	36	1.040 21	Ⅴ	37	0.981 55	Ⅵ	90	1.045 31	Ⅴ	36
	施甸县	0.983 70	Ⅵ	88	0.933 06	Ⅶ	113	1.229 69	Ⅰ	1	0.974 33	Ⅶ	106
	腾冲县	1.092 72	Ⅳ	18	1.008 61	Ⅴ	59	1.144 70	Ⅱ	6	1.056 18	Ⅴ	27
	龙陵县	1.009 18	Ⅵ	74	0.978 47	Ⅵ	82	1.077 40	Ⅳ	25	0.998 72	Ⅶ	78
	昌宁县	1.043 16	Ⅴ	48	0.965 30	Ⅵ	92	1.030 18	Ⅴ	54	1.005 74	Ⅵ	70
昭通市	昭阳区	1.226 75	Ⅰ	2	1.083 47	Ⅳ	22	1.032 25	Ⅴ	51	1.147 84	Ⅲ	4
	鲁甸县	1.022 60	Ⅴ	61	0.997 35	Ⅵ	64	0.963 80	Ⅵ	105	1.007 26	Ⅵ	68
	巧家县	1.011 70	Ⅵ	71	0.905 47	Ⅷ	121	0.987 16	Ⅵ	88	0.960 23	Ⅷ	116
	盐津县	1.015 18	Ⅵ	67	1.015 96	Ⅴ	51	0.981 10	Ⅵ	91	1.013 55	Ⅵ	64
	大关县	0.975 01	Ⅵ	94	0.960 33	Ⅵ	96	0.987 45	Ⅵ	87	0.968 81	Ⅷ	109
	永善县	0.984 78	Ⅵ	86	0.981 67	Ⅵ	80	0.999 30	Ⅵ	79	0.984 17	Ⅶ	97
	绥江县	0.912 35	Ⅷ	124	0.985 39	Ⅵ	75	0.977 85	Ⅵ	97	0.950 59	Ⅷ	121
	镇雄县	1.142 30	Ⅲ	6	0.910 29	Ⅷ	119	0.958 07	Ⅵ	107	1.022 22	Ⅵ	56
	彝良县	1.046 28	Ⅴ	46	0.944 44	Ⅶ	106	0.963 43	Ⅵ	106	0.993 45	Ⅶ	87
	威信县	1.023 65	Ⅴ	59	0.953 80	Ⅶ	102	0.973 67	Ⅵ	100	0.987 81	Ⅶ	92
	水富县	1.055 25	Ⅴ	39	1.181 78	Ⅲ	9	0.927 37	Ⅶ	121	1.107 30	Ⅳ	11
丽江市	古城区	0.929 58	Ⅷ	120	1.126 31	Ⅳ	14	0.934 15	Ⅶ	119	1.022 46	Ⅵ	55
	玉龙县	1.017 89	Ⅴ	66	0.974 66	Ⅵ	86	1.001 51	Ⅵ	76	0.996 58	Ⅶ	82
	永胜县	0.988 60	Ⅵ	85	0.941 31	Ⅶ	109	1.024 73	Ⅴ	57	0.968 45	Ⅷ	110
	华坪县	0.967 24	Ⅵ	100	1.009 72	Ⅴ	57	0.839 64	Ⅷ	126	0.979 73	Ⅶ	101
	宁蒗县	1.064 07	Ⅳ	34	0.904 18	Ⅷ	122	0.967 67	Ⅵ	103	0.983 13	Ⅶ	98
普洱市	思茅区	1.011 29	Ⅵ	72	1.107 53	Ⅳ	17	1.100 96	Ⅲ	17	1.061 87	Ⅴ	23
	宁洱县	0.991 71	Ⅵ	84	0.998 91	Ⅵ	63	1.027 37	Ⅴ	56	0.997 18	Ⅶ	81
	墨江县	1.120 78	Ⅲ	8	0.936 68	Ⅶ	112	1.093 43	Ⅲ	22	1.032 49	Ⅵ	45
	景东县	1.097 93	Ⅳ	16	0.957 65	Ⅵ	100	1.029 16	Ⅴ	55	1.027 84	Ⅵ	51
	景谷县	1.090 79	Ⅳ	20	1.005 32	Ⅴ	61	1.044 80	Ⅴ	46	1.047 84	Ⅴ	34
	镇沅县	1.067 18	Ⅳ	32	0.951 14	Ⅵ	103	1.042 16	Ⅴ	47	1.011 09	Ⅵ	66
	江城县	0.979 23	Ⅵ	90	0.994 56	Ⅵ	66	1.168 06	Ⅱ	3	0.997 57	Ⅶ	79
	孟连县	1.040 70	Ⅴ	50	0.938 05	Ⅶ	111	1.102 56	Ⅲ	14	0.996 02	Ⅶ	84
	澜沧县	1.237 00	Ⅰ	1	0.941 88	Ⅶ	108	1.141 91	Ⅱ	7	1.092 45	Ⅴ	14

续表

指标 地区		资源环境承载能力			经济发展综合水平			发展潜力综合水平			区域发展综合水平		
		指数	类别	位序	指数	类别	位序	指数	类别	位序	指数	类别	位序
普洱市	西盟县	1.092 31	Ⅳ	19	0.909 34	Ⅷ	120	1.066 67	Ⅳ	31	1.004 65	Ⅶ	71
临沧市	临翔区	1.048 39	Ⅴ	44	1.040 21	Ⅴ	38	1.035 30	Ⅴ	49	1.043 77	Ⅴ	38
	凤庆县	1.029 00	Ⅴ	55	0.974 03	Ⅵ	87	1.011 24	Ⅵ	69	1.002 07	Ⅶ	74
	云县	1.045 41	Ⅴ	47	1.046 62	Ⅴ	36	1.020 45	Ⅵ	63	1.044 52	Ⅴ	37
	永德县	1.084 03	Ⅳ	22	0.962 62	Ⅵ	94	1.000 68	Ⅵ	77	1.021 96	Ⅵ	57
	镇康县	1.083 27	Ⅳ	23	0.987 79	Ⅵ	72	1.064 25	Ⅳ	36	1.037 19	Ⅵ	41
	双江县	1.021 21	Ⅴ	62	0.960 06	Ⅵ	97	1.012 08	Ⅵ	68	0.991 88	Ⅶ	89
	耿马县	1.103 56	Ⅳ	14	0.972 66	Ⅵ	89	1.128 68	Ⅲ	8	1.043 41	Ⅴ	39
	沧源县	1.101 43	Ⅳ	15	0.966 80	Ⅵ	91	1.096 93	Ⅲ	20	1.037 79	Ⅵ	40
楚雄州	楚雄市	0.980 46	Ⅵ	89	1.145 17	Ⅳ	11	0.995 95	Ⅵ	83	1.058 93	Ⅴ	25
	双柏县	0.942 95	Ⅶ	114	0.930 88	Ⅶ	115	1.020 99	Ⅴ	62	0.941 87	Ⅷ	122
	牟定县	1.025 31	Ⅴ	58	0.973 19	Ⅵ	88	1.065 89	Ⅳ	32	1.003 16	Ⅶ	73
	南华县	0.979 00	Ⅵ	91	0.980 25	Ⅵ	81	1.033 91	Ⅴ	50	0.982 82	Ⅶ	99
	姚安县	0.970 05	Ⅵ	97	0.990 94	Ⅵ	69	1.069 39	Ⅳ	28	0.985 73	Ⅶ	95
	大姚县	0.958 77	Ⅶ	106	1.017 99	Ⅴ	49	1.053 54	Ⅳ	40	0.992 22	Ⅶ	88
	永仁县	0.934 71	Ⅷ	118	0.954 86	Ⅵ	101	1.050 86	Ⅴ	42	0.951 03	Ⅷ	120
	元谋县	1.015 02	Ⅴ	68	0.976 71	Ⅵ	85	1.075 41	Ⅳ	25	1.000 53	Ⅶ	75
	武定县	0.954 12	Ⅶ	109	0.971 06	Ⅵ	90	1.017 61	Ⅵ	66	0.965 83	Ⅷ	112
	禄丰县	1.019 22	Ⅴ	65	1.109 11	Ⅳ	16	0.996 15	Ⅵ	82	1.060 18	Ⅴ	24
红河州	个旧市	1.008 93	Ⅵ	75	1.187 25	Ⅲ	8	0.999 55	Ⅵ	78	1.092 33	Ⅴ	15
	开远市	1.014 81	Ⅵ	69	1.097 09	Ⅳ	18	0.980 83	Ⅵ	92	1.051 55	Ⅴ	33
	蒙自县	1.131 69	Ⅲ	7	1.051 94	Ⅴ	32	1.068 67	Ⅳ	29	1.090 43	Ⅴ	16
	屏边县	1.040 99	Ⅴ	49	0.892 27	Ⅷ	123	1.102 50	Ⅲ	15	0.974 57	Ⅶ	105
	建水县	1.006 67	Ⅵ	77	0.985 39	Ⅵ	76	1.045 68	Ⅴ	45	0.998 97	Ⅶ	77
	石屏县	0.958 81	Ⅶ	105	0.940 41	Ⅶ	110	1.020 31	Ⅵ	64	0.953 78	Ⅷ	117
	弥勒县	1.073 84	Ⅳ	26	1.087 28	Ⅳ	21	1.009 23	Ⅵ	72	1.076 38	Ⅴ	18
	泸西县	1.082 27	Ⅳ	24	0.950 36	Ⅵ	104	0.973 22	Ⅵ	101	1.013 74	Ⅵ	63
	元阳县	1.053 04	Ⅴ	40	0.868 15	Ⅷ	126	0.968 84	Ⅵ	102	0.961 03	Ⅷ	115
	红河县	1.000 59	Ⅵ	80	0.877 71	Ⅷ	124	0.869 35	Ⅷ	125	0.935 00	Ⅷ	124
	金平县	1.037 58	Ⅴ	51	0.918 37	Ⅶ	117	1.102 25	Ⅲ	16	0.985 28	Ⅶ	96
	绿春县	0.968 24	Ⅵ	99	0.875 99	Ⅷ	125	1.038 78	Ⅴ	48	0.928 95	Ⅷ	125
	河口县	0.886 85	Ⅷ	126	1.016 47	Ⅴ	50	1.122 87	Ⅲ	9	0.961 78	Ⅷ	114
文山州	文山县	1.047 98	Ⅴ	45	1.093 73	Ⅳ	20	0.998 01	Ⅵ	80	1.066 57	Ⅴ	22
	砚山县	1.109 71	Ⅳ	12	1.031 26	Ⅴ	44	1.065 89	Ⅳ	33	1.070 21	Ⅴ	19

续表

地区	指标	资源环境承载能力			经济发展综合水平			发展潜力综合水平			区域发展综合水平		
		指数	类别	位序	指数	类别	位序	指数	类别	位序	指数	类别	位序
文山州	西畴县	0.917 25	Ⅷ	123	0.931 87	Ⅶ	114	0.951 80	Ⅶ	111	0.926 16	Ⅷ	126
	麻栗坡县	0.994 81	Ⅵ	82	0.994 38	Ⅵ	67	1.095 23	Ⅲ	21	1.000 51	Ⅶ	76
	马关县	1.148 54	Ⅲ	4	1.034 13	Ⅴ	42	1.118 92	Ⅲ	10	1.092 94	Ⅴ	13
	丘北县	1.090 00	Ⅳ	21	0.922 51	Ⅶ	116	1.022 75	Ⅴ	58	1.007 18	Ⅶ	69
	广南县	1.055 54	Ⅴ	38	0.917 64	Ⅶ	118	1.003 81	Ⅵ	75	0.987 57	Ⅶ	93
	富宁县	1.021 06	Ⅴ	63	0.987 34	Ⅵ	73	1.074 39	Ⅳ	27	1.008 32	Ⅶ	67
西双版纳州	景洪市	1.027 81	Ⅴ	56	1.129 48	Ⅳ	13	1.147 17	Ⅱ	5	1.082 69	Ⅴ	17
	勐海县	1.052 49	Ⅴ	41	1.048 34	Ⅴ	34	1.080 67	Ⅳ	24	1.052 18	Ⅴ	32
	勐腊县	1.031 99	Ⅴ	53	1.061 75	Ⅴ	28	1.158 56	Ⅱ	4	1.053 46	Ⅴ	29
大理州	大理市	1.071 22	Ⅳ	28	1.213 39	Ⅲ	6	0.928 81	Ⅶ	120	1.129 79	Ⅲ	5
	漾濞县	0.923 66	Ⅷ	122	0.985 47	Ⅵ	74	0.934 21	Ⅶ	118	0.953 39	Ⅷ	118
	祥云县	0.954 65	Ⅶ	108	1.024 44	Ⅴ	47	0.943 20	Ⅶ	116	0.986 84	Ⅶ	94
	宾川县	0.993 29	Ⅵ	83	0.943 93	Ⅶ	107	1.053 46	Ⅳ	41	0.973 59	Ⅶ	107
	弥渡县	1.007 06	Ⅵ	76	0.978 06	Ⅵ	83	1.050 55	Ⅳ	43	0.995 98	Ⅶ	85
	南涧县	0.924 69	Ⅷ	121	0.944 73	Ⅶ	105	0.991 95	Ⅵ	85	0.938 09	Ⅷ	123
	巍山县	1.010 20	Ⅵ	73	0.961 70	Ⅵ	95	1.059 27	Ⅳ	37	0.990 26	Ⅶ	90
	永平县	0.935 45	Ⅷ	116	0.958 38	Ⅵ	99	1.030 40	Ⅴ	53	0.951 82	Ⅷ	119
	云龙县	0.958 61	Ⅶ	107	0.965 12	Ⅵ	93	1.032 06	Ⅴ	52	0.965 99	Ⅷ	111
	洱源县	0.934 83	Ⅷ	117	0.977 32	Ⅵ	84	1.107 53	Ⅲ	13	0.965 01	Ⅷ	113
	剑川县	0.945 31	Ⅶ	113	1.009 37	Ⅴ	58	1.009 58	Ⅵ	70	0.979 25	Ⅶ	102
	鹤庆县	0.938 93	Ⅶ	115	1.011 70	Ⅴ	54	0.980 02	Ⅵ	94	0.975 61	Ⅶ	104
德宏州	瑞丽市	1.056 09	Ⅴ	37	1.029 78	Ⅴ	45	1.108 23	Ⅲ	12	1.046 76	Ⅴ	35
	芒市	1.068 82	Ⅳ	31	0.993 05	Ⅵ	68	1.055 00	Ⅳ	39	1.032 35	Ⅵ	46
	梁河县	1.035 19	Ⅴ	52	0.958 59	Ⅵ	98	0.872 62	Ⅷ	124	0.989 54	Ⅶ	91
	盈江县	1.069 19	Ⅳ	30	0.981 81	Ⅵ	79	1.110 11	Ⅲ	11	1.030 47	Ⅵ	48
	陇川县	1.049 47	Ⅴ	43	0.988 24	Ⅵ	70	1.050 08	Ⅳ	44	1.020 68	Ⅵ	59
怒江州	泸水县	0.961 48	Ⅶ	101	1.024 58	Ⅴ	46	1.068 65	Ⅳ	30	0.997 49	Ⅶ	80
	福贡县	0.972 12	Ⅵ	96	1.014 61	Ⅴ	53	1.022 17	Ⅴ	61	0.995 06	Ⅶ	86
	贡山县	1.107 66	Ⅳ	13	1.005 25	Ⅴ	62	1.065 15	Ⅳ	34	1.056 93	Ⅴ	26
	兰坪县	1.012 84	Ⅵ	70	1.207 56	Ⅲ	7	1.086 98	Ⅳ	23	1.108 89	Ⅳ	10
迪庆州	香格里拉县	1.110 70	Ⅳ	10	1.121 84	Ⅳ	15	1.098 69	Ⅲ	18	1.115 25	Ⅳ	8
	德钦县	1.078 07	Ⅳ	25	1.174 08	Ⅲ	10	0.949 92	Ⅶ	113	1.115 73	Ⅳ	7
	维西县	0.975 52	Ⅵ	93	1.060 17	Ⅴ	29	0.954 09	Ⅶ	110	1.014 12	Ⅵ	62

附录二　云南省 129 个县（市、区）少数民族数据表（2010 年）

地区	指标	少数民族人口总数/人	主要少数民族个数/个	主要少数民族人口数/人	少数民族人口数占总人口数的比例/%
昆明市	五华区	108 547	12	105 402	12.64
	盘龙区	81 754	11	78 754	9.99
	官渡区	86 404	10	82 547	9.98
	西山区	96 244	10	92 954	12.52
	东川区	17 659	4	16 223	6.42
	呈贡区	31 059	7	27 296	9.65
	晋宁县	28 807	3	25 245	9.90
	富民县	20 720	2	18 459	13.91
	宜良县	35 935	3	32 758	8.44
	石林县	82 602	1	79 636	32.91
	嵩明县	24 285	3	21 262	8.35
	禄劝县	118 884	7	118 004	29.57
	寻甸县	99 683	3	98 961	21.53
	安宁市	46 207	7	42 733	13.16
曲靖市	麒麟区	36 819	6	32 991	4.89
	马龙县	14 170	3	13 550	7.51
	陆良县	10 429	2	9508	1.66
	师宗县	67 481	5	66 840	16.96
	罗平县	73 366	4	71 726	13.18
	富源县	60 893	6	59 294	8.32
	会泽县	39 121	4	38 005	4.25
	沾益县	25 782	3	23 869	5.85
	宣威市	84 435	4	82 031	6.40
玉溪市	红塔区	79 654	5	74 923	15.90
	江川县	18 262	2	17 018	6.45
	澄江县	10 496	2	8994	6.10
	通海县	49 798	5	48 087	16.22
	华宁县	58 408	3	57 218	26.92
	易门县	54 684	4	53 633	30.72
	峨山县	106 894	3	105 301	65.18
	新平县	194 547	5	192 995	67.55
	元江县	169 989	6	168 994	77.27

地区 指标	少数民族人口总数 /人	主要少数民族个数 /个	主要少数民族人口数 /人	少数民族人口数占 总人口数的比例/%
保山市 隆阳区	129 671	8	126 162	13.68
施甸县	23 660	3	19 955	7.65
腾冲县	48 652	8	47 486	7.45
龙陵县	16 490	3	13 433	5.87
昌宁县	38 976	4	35 935	11.19
昭通市 昭阳区	131 185	3	129 370	16.36
鲁甸县	81 328	3	80 358	20.44
巧家县	22 834	4	22 045	4.38
盐津县	13 977	1	13 381	3.72
大关县	21 699	3	21 479	8.11
永善县	29 769	3	29 110	7.43
绥江县	1011	2	751	0.65
镇雄县	109 303	3	108 591	8.11
彝良县	71 323	2	70 217	13.44
威信县	43 277	2	43 055	11.05
水富县	4155	1	3277	4.02
丽江市 古城区	41 570	8	133 093	19.46
玉龙县	62 077	7	177 095	28.44
永胜县	120 712	8	128 611	30.42
华坪县	53 735	5	52 148	31.46
宁蒗县	188 203	5	204 718	71.70
普洱市 思茅区	108 380	10	105 746	35.37
宁洱县	97 602	6	95 507	51.64
墨江县	271 112	5	268 756	74.56
景东县	171 603	6	168 979	47.40
景谷县	134 401	6	132 170	45.70
镇沅县	111 948	6	110 686	53.28
江城县	91 043	6	89 808	73.42
孟连县	107 079	5	105 420	77.59
澜沧县	373 839	8	372 799	75.43
西盟县	83 929	4	82 422	91.03

续表

地区\指标	少数民族人口总数/人	主要少数民族个数/个	主要少数民族人口数/人	少数民族人口数占总人口数的比例/%
临沧市 临翔区	60 525	7	58 068	18.45
凤庆县	134 028	6	130 382	28.89
云县	208 037	9	205 911	45.72
永德县	72 980	7	70 615	19.51
镇康县	46 945	9	45 518	26.23
双江县	74 409	5	72 420	41.57
耿马县	150 087	8	146 206	49.86
沧源县	158 322	4	156 639	86.51
楚雄州 楚雄市	128 611	4	123 393	21.66
双柏县	77 491	2	75 746	48.07
牟定县	43 049	1	41 823	20.34
南华县	98 056	3	97 419	40.87
姚安县	52 928	1	51 291	26.24
大姚县	94 976	3	93 587	34.36
永仁县	67 437	2	66 366	60.97
元谋县	80 926	4	79 862	37.17
武定县	143 451	5	142 255	51.81
禄丰县	99 636	5	98 027	23.21
红河州 个旧市	188 028	7	186 290	40.49
开远市	177 734	5	174 010	54.40
蒙自县	229 627	7	227 293	54.34
屏边县	97 471	3	95 861	62.88
建水县	205 404	5	202 895	38.16
石屏县	177 029	3	175 016	58.43
弥勒县	226 132	5	224 610	41.36
泸西县	53 126	5	52 333	13.07
元阳县	347 683	6	347 424	86.21
红河县	283 464	4	283 187	94.11
金平县	304 694	7	303 653	84.17
绿春县	216 749	5	216 228	96.08
河口县	64 395	7	63 532	60.98

续表

地区	指标	少数民族人口总数/人	主要少数民族个数/个	主要少数民族人口数/人	少数民族人口数占总人口数的比例/%
文山州	文山县	249 136	5	245 726	50.93
	砚山县	305 753	5	304 171	65.19
	西畴县	49 629	3	47 533	19.24
	麻栗坡县	116 695	7	116 258	41.53
	马关县	186 362	7	184 873	50.10
	丘北县	311 792	6	311 256	64.51
	广南县	490 031	5	488 188	61.55
	富宁县	306 526	4	395 843	74.29
西双版纳州	景洪市	318 880	12	317 081	60.49
	勐海县	276 091	7	273 281	82.10
	勐腊县	197 813	11	196 136	69.29
大理州	大理市	442 207	7	438 908	67.10
	漾濞县	69 986	4	69 361	67.95
	祥云县	81 759	3	79 206	17.74
	宾川县	77 147	3	74 048	21.92
	弥渡县	31 327	3	30 057	9.91
	南涧县	108 515	4	107 207	50.71
	巍山县	135 331	4	134 418	44.08
	永平县	73 515	5	72 752	41.53
	云龙县	169 123	6	168 181	83.72
	洱源县	184 744	4	184 007	67.92
	剑川县	159 425	5	160 125	92.69
	鹤庆县	166 659	4	164 744	64.60
德宏州	瑞丽市	76 376	5	72 810	41.06
	芒市	185 546	7	182 356	46.97
	梁河县	50 937	4	48 156	32.65
	盈江县	170 668	5	168 131	55.23
	陇川县	98 177	6	96 682	53.65
怒江州	泸水县	149 550	4	147 450	80.40
	福贡县	95 424	3	94 905	96.39
	贡山县	33 901	5	33 477	89.21
	兰坪县	187 709	5	186 963	87.31
迪庆州	香格里拉县	107 506	7	133 523	61.08
	德钦县	59 427	3	58 631	88.70
	维西县	113 454	6	130 964	70.03

附录三　云南省129个县（市、区）义务教育状态表

指标 地区	云南省义务教育分指数																义务教育 发展总指数		
	教育机会指数			教育质量指数			小学办学条件指数			师资指数			教育多样性指数			发展总指数		
	指数	类别	位序	指数	类别	位序	指数	类别	位序	指数	类别	位序	指数	类别	位序	指数	类别	位序
五华区	1.079 31	IV	7	0.033 12	IV	118	0.962 25	IV	11	0.523 08	IV	51	3.700 42	II	14	1.259 64	II	15
盘龙区	1.086 46	III	6	0.286 17	II	83	0.763 91	V	18	0.523 39	IV	47	3.700 42	II	14	1.272 07	II	13
官渡区	1.088 96	III	3	0.718 70	I	3	0.994 06	IV	9	0.522 78	IV	55	0.917 06	VI	31	0.848 31	V	20
西山区	1.012 97	VI	42	−0.237 99	VII	127	0.639 16	V	35	0.523 88	IV	46	3.700 42	II	14	1.127 69	III	17
东川区	1.005 19	VI	52	0.248 54	II	97	0.361 38	VII	83	0.518 77	V	84	0.305 69	VII	72	0.487 91	VII	102
呈贡县	1.097 57	II	2	−0.184 78	VII	125	0.201 26	VIII	119	0.527 19	IV	20	0.305 69	VII	72	0.389 39	VIII	126
晋宁县	1.005 83	VI	50	0.365 57	II	61	0.402 19	VII	76	0.526 47	IV	25	0.305 69	VII	72	0.521 15	VII	88
富民县	1.012 46	VI	43	0.295 68	II	78	0.125 07	VIII	128	0.507 36	VII	122	0.305 69	VII	72	0.449 25	VIII	115
宜良县	0.988 77	VI	75	0.501 24	II	28	0.649 44	V	32	0.521 01	IV	68	0.917 06	VI	31	0.715 50	V	30
石林县	1.063 16	V	13	−0.140 24	VI	123	0.445 67	VI	67	0.527 17	IV	21	0.611 37	VII	54	0.501 43	VII	99
嵩明县	1.016 71	VI	39	0.256 15	II	91	0.553 51	VI	47	0.522 49	IV	58	0.305 69	VII	72	0.530 91	VII	85
禄劝县	1.035 96	V	28	0.480 91	II	33	0.750 77	IV	20	0.511 58	VI	114	0.611 37	VII	54	0.678 12	VI	36
寻甸县	1.021 87	VI	35	0.145 25	II	113	0.944 94	IV	13	0.514 70	V	105	0.611 37	VII	54	0.647 63	VI	48
安宁市	1.029 16	VI	32	0.229 41	II	103	0.324 57	VII	92	0.527 94	III	18	0.305 69	VII	72	0.483 35	VII	105

昆明市

续表

云南省义务教育分指数

地区		教育机会指数			教育质量指数			小学办学条件指数			师资指数			教育多样性指数			义务教育发展总指数		
	指标	指数	类别	位序	指数	类别	位序	指数	类别	位序	指数	类别	位序	指数	类别	位序	指数	类别	位序
曲靖市	麒麟区	1.012 40	VI	44	0.739 94	I	1	1.295 38	II	5	0.518 79	V	83	4.311 80	I	2	1.575 66	I	2
	马龙县	1.013 55	VI	41	0.587 84	II	12	0.329 99	VII	89	0.520 28	IV	73	0.305 69	VII	72	0.551 47	VII	76
	陆良县	0.966 97	VI	101	0.359 31	II	63	0.967 82	IV	10	0.522 01	IV	61	0.305 69	VII	72	0.624 36	VI	51
	师宗县	1.001 64	VI	56	0.427 69	II	45	0.694 93	V	25	0.520 62	IV	71	0.305 69	VII	72	0.590 11	VII	59
	罗平县	1.017 87	VI	36	0.391 51	II	53	0.583 38	VI	42	0.519 72	IV	77	0.305 69	VII	72	0.563 63	VII	69
	富源县	0.992 69	VI	68	0.335 41	II	68	0.942 85	IV	14	0.515 59	V	103	0.305 69	VII	72	0.618 45	VI	55
	会泽县	1.010 97	VI	47	0.471 63	II	35	0.959 29	IV	12	0.520 77	IV	70	0.305 69	VII	72	0.653 67	VI	44
	沾益县	1.036 41	V	27	0.557 26	II	19	0.664 00	V	28	0.523 34	IV	48	0.305 69	VII	72	0.617 34	VI	56
	宣威市	0.994 87	VI	63	0.577 74	II	16	1.794 57	I	2	0.516 81	V	94	4.311 80	I	2	1.639 16	II	1
玉溪市	红塔区	1.061 24	V	15	0.725 60	I	2	0.534 25	VI	50	0.524 83	IV	38	4.311 80	I	2	1.431 54	II	6
	江川县	1.045 66	V	22	0.397 01	II	51	0.243 98	VII	108	0.512 10	IV	111	0.305 69	VII	72	0.500 89	VII	100
	澄江县	1.036 63	V	26	0.499 11	II	29	0.186 17	VIII	121	0.521 31	IV	66	0.305 69	VII	72	0.509 78	VII	96
	通海县	1.024 85	VI	34	0.350 65	II	65	0.280 12	VII	98	0.517 55	V	89	0.305 69	VII	72	0.495 77	VII	101
	华宁县	0.994 18	VI	65	0.293 95	II	79	0.217 23	VIII	115	0.525 53	IV	32	0.305 69	VII	72	0.467 32	VIII	109
	易门县	0.993 98	VI	66	0.557 25	II	20	0.218 73	VIII	114	0.523 08	IV	52	0.917 06	VI	31	0.642 02	VI	49
	峨山县	1.065 86	V	11	0.579 15	II	15	0.258 81	VII	103	0.522 30	IV	59	0.611 37	VII	54	0.607 50	VI	57
	新平县	0.991 64	VI	70	0.270 98	II	88	0.470 96	VI	59	0.525 71	IV	30	0.611 37	VII	54	0.574 13	VII	65
	元江县	0.988 97	VI	74	0.368 24	II	58	0.261 29	VII	102	0.525 71	IV	31	0.611 37	VII	54	0.551 12	VII	77

续表

云南省义务教育分指数

地区		教育机会指数			教育质量指数			小学办学条件指数			师资指数			教育多样性指数			义务教育发展总指数		
指标		指数	类别	位序	指数	类别	位序	指数	类别	位序	指数	类别	位序	指数	类别	位序	指数	类别	位序
保山市	隆阳区	0.985 41	VI	79	0.463 38	II	36	1.300 65	II	4	0.516 97	V	93	4.311 80	I	2	1.515 64	I	3
	施甸县	0.950 73	VI	112	0.322 72	II	71	0.518 28	VI	52	0.524 40	IV	41	0.305 69	VII	72	0.524 36	VII	87
	腾冲县	1.009 56	VI	48	0.610 34	II	7	1.027 61	IV	7	0.523 23	IV	49	0.917 06	VI	31	0.817 56	V	23
	龙陵县	0.938 59	VI	121	0.551 58	II	22	0.455 32	VI	61	0.522 61	IV	57	0.305 69	VII	72	0.554 76	VII	75
	昌宁县	0.957 45	VI	109	0.532 96	II	24	0.537 52	VI	49	0.520 55	IV	72	0.305 69	VII	72	0.570 83	VII	67
昭通市	昭阳区	1.003 40	VI	53	0.298 89	II	76	0.752 48	V	19	0.511 86	VI	112	4.311 80	I	2	1.375 69	II	8
	鲁甸县	0.930 81	VI	125	0.035 34	IV	116	0.411 20	VII	74	0.516 77	V	95	0.305 69	VII	72	0.439 96	VIII	119
	巧家县	0.963 17	VI	105	0.253 94	II	94	0.655 97	V	31	0.510 04	VI	115	0.305 69	VII	72	0.537 76	VII	80
	盐津县	0.958 38	VI	107	0.324 21	II	70	0.488 41	VI	56	0.517 47	V	90	0.305 69	VII	72	0.518 83	VII	90
	大关县	0.985 31	VI	80	0.006 02	IV	120	0.310 36	VII	93	0.512 62	VI	109	0.305 69	VII	72	0.424 00	VIII	122
	永善县	0.934 96	VI	122	0.255 09	II	93	0.540 34	VI	48	0.517 81	V	87	0.305 69	VII	72	0.510 78	VII	94
	绥江县	0.985 00	VI	81	0.246 60	II	99	0.168 01	VIII	122	0.515 64	V	102	0.305 69	VII	72	0.444 19	VIII	118
	镇雄县	0.962 30	VI	106	0.255 35	II	92	1.499 35	II	2	0.500 58	VIII	129	4.311 80	I	2	1.505 88	I	5
	彝良县	0.970 49	VI	99	0.160 66	II	112	0.678 66	V	26	0.513 95	V	107	0.917 06	VI	31	0.648 16	VI	46
	威信县	1.016 85	VI	38	0.234 90	II	100	0.443 87	VI	68	0.508 13	VII	120	0.917 06	VI	31	0.624 16	VI	52
	水富县	1.035 55	V	29	0.533 59	II	23	0.150 09	VIII	125	0.525 79	IV	29	0.305 69	VII	72	0.510 14	VII	95

续表

云南省义务教育分指数

地区	指标	教育机会指数 指数	类别	位序	教育质量指数 指数	类别	位序	小学办学条件指数 指数	类别	位序	师资指数 指数	类别	位序	教育多样性指数 指数	类别	位序	义务教育发展总指数 指数	类别	位序
丽江市	古城区	1.086 84	III	5	0.493 88	II	30	0.293 25	VII	96	0.530 40	III	12	4.311 80	I	2	1.343 23	II	10
	玉龙县	1.026 79	VI	33	−0.088 20	V	122	0.400 17	VII	78	0.532 00	II	7	0.000 00	VIII	117	0.374 15	VIII	127
	永胜县	0.982 10	VI	88	0.033 93	IV	117	0.644 04	V	34	0.524 12	IV	44	0.917 06	VI	31	0.620 25	VI	53
	华坪县	0.993 53	VI	67	0.029 46	IV	119	0.155 02	VIII	124	0.531 77	II	8	0.917 06	VI	31	0.525 37	VII	86
	宁蒗县	0.950 55	VI	114	0.249 99	II	95	0.431 15	VI	70	0.506 27	VII	124	0.611 38	VII	52	0.549 87	VII	78
普洱市	思茅区	0.988 49	VI	76	0.405 19	II	49	0.517 99	VI	53	0.526 09	IV	26	4.311 80	I	2	1.349 91	II	9
	宁洱县	0.989 85	VI	72	0.309 43	II	73	0.389 84	VII	80	0.541 12	I	1	0.000 00	VIII	117	0.446 05	VIII	117
	墨江县	0.979 39	VI	91	0.105 67	III	114	0.561 07	VI	45	0.518 95	V	81	0.000 00	VIII	117	0.433 02	VIII	120
	景东县	0.926 14	VII	126	0.189 71	II	110	0.559 13	VI	46	0.524 30	IV	42	0.611 37	VII	54	0.562 13	VII	71
	景谷县	0.920 92	VII	128	0.373 12	II	57	0.447 43	VI	66	0.529 44	III	15	0.611 37	VII	54	0.576 46	VII	64
	镇沅县	0.969 99	VI	100	0.442 14	II	44	0.287 91	VII	97	0.533 99	II	3	0.000 00	VIII	117	0.446 81	VIII	116
	江城县	0.979 69	VI	90	0.232 01	II	102	0.274 87	VII	99	0.517 10	V	92	0.000 00	VIII	117	0.400 73	VIII	124
	孟连县	0.941 19	VI	119	0.343 86	II	67	0.244 03	VII	107	0.519 74	V	76	0.611 37	VII	54	0.532 04	VII	82
	澜沧县	0.943 20	VI	118	0.291 46	II	81	0.605 52	VI	37	0.517 99	V	86	0.611 37	VII	54	0.593 91	VII	58
	西盟县	0.940 16	VI	120	0.293 88	II	80	0.232 10	VII	112	0.528 72	III	16	0.000 00	VIII	117	0.398 97	VIII	125

续表

云南省义务教育分指数

指标 地区	教育机会指数			教育质量指数			小学办学条件指数			师资指数			教育多样性指数			义务教育发展总指数		
	指数	类别	位序	指数	类别	位序	指数	类别	位序	指数	类别	位序	指数	类别	位序	指数	类别	位序
临沧市 临翔区	1.002 76	VI	55	0.608 22	II	8	0.438 11	VI	69	0.529 61	III	14	4.311 80	I	2	1.378 10	II	7
凤庆县	1.017 11	VI	37	0.349 17	II	66	0.592 26	VI	39	0.522 08	IV	60	0.305 69	VII	72	0.557 26	VII	74
云县	0.972 04	VI	97	0.449 87	II	41	0.647 82	V	33	0.520 96	IV	69	0.917 06	VI	31	0.701 55	VI	32
永德县	0.966 61	VI	102	0.367 90	II	59	0.737 88	V	21	0.516 60	V	97	0.305 69	VII	72	0.578 94	VII	63
镇康县	0.971 01	VI	98	0.232 41	II	101	0.398 89	VII	79	0.509 02	VI	117	0.305 69	VII	72	0.483 40	VII	104
双江县	0.978 39	VI	92	0.450 20	II	40	0.348 23	VII	85	0.518 48	V	85	0.000 00	VIII	117	0.459 06	VIII	111
耿马县	0.983 93	VI	83	0.282 00	II	86	0.882 79	IV	16	0.515 72	V	101	0.611 37	VII	54	0.655 16	VI	42
沧源县	0.952 43	VI	111	0.284 17	II	84	0.459 30	VI	60	0.522 81	IV	54	0.611 37	VII	54	0.566 02	VII	68
楚雄州 楚雄市	1.073 89	V	8	0.650 53	II	4	1.011 61	IV	8	0.525 26	IV	34	4.311 80	I	2	1.514 62	I	4
双柏县	1.044 32	V	23	0.302 69	II	75	0.211 37	VIII	116	0.535 06	II	2	0.305 69	VII	72	0.479 83	VII	106
牟定县	1.049 70	V	20	0.383 99	II	55	0.258 79	VII	104	0.528 51	III	17	0.305 69	VII	72	0.505 34	VII	98
南华县	1.039 91	V	24	0.514 28	II	27	0.230 68	VII	113	0.505 41	VI	126	0.305 69	VII	72	0.519 19	VII	89
姚安县	1.037 51	V	25	0.288 24	II	82	0.240 72	VII	110	0.524 98	IV	37	0.305 69	VII	72	0.479 43	VII	107
大姚县	1.060 62	V	16	0.551 95	II	21	0.364 36	VII	82	0.525 11	IV	36	0.305 69	VII	72	0.561 55	VII	72
永仁县	1.070 09	V	9	0.489 88	II	32	0.143 15	VIII	126	0.533 20	II	5	0.305 69	VII	72	0.508 40	VII	97
元谋县	1.061 36	V	14	0.219 04	II	106	0.273 42	VI	100	0.530 55	III	10	0.305 69	VII	72	0.478 01	VII	108
武定县	1.014 96	VI	40	0.271 19	II	87	0.450 31	VI	63	0.523 11	IV	50	0.305 69	VII	72	0.513 05	VII	93
禄丰县	1.068 67	V	10	0.393 21	II	52	0.480 49	VI	58	0.530 04	III	13	0.917 06	VI	31	0.677 89	VI	37

续表

云南省义务教育分指数

地区	指标	教育机会指数			教育质量指数			小学办学条件指数			师资指数			教育多样性指数			义务教育发展总指数		
		指数	类别	位序	指数	类别	位序	指数	类别	位序	指数	类别	位序	指数	类别	位序	指数	类别	位序
红河州	个旧市	0.986 06	VI	78	0.589 57	II	11	0.634 66	V	36	0.527 11	IV	22	0.000 00	VIII	117	0.547 48	VII	79
	开远市	1.011 21	VI	46	0.640 56	II	5	0.421 28	VI	72	0.525 85	IV	28	0.500 00	VII	66	0.619 78	VI	54
	蒙自县	0.996 19	VI	61	0.597 47	II	10	0.656 94	V	30	0.522 64	IV	56	0.500 00	VII	66	0.654 65	VI	43
	屏边县	0.982 46	VI	87	0.448 97	II	42	0.251 34	VII	105	0.521 91	IV	62	1.000 00	VI	28	0.640 94	VI	50
	建水县	0.995 30	VI	62	0.445 75	II	43	0.707 47	V	23	0.524 64	IV	40	3.000 00	III	17	1.134 63	III	16
	石屏县	1.012 35	VI	45	0.517 86	II	26	0.400 76	VII	77	0.519 82	V	75	1.500 00	V	19	0.790 16	V	24
	弥勒县	0.990 26	VI	71	0.380 48	II	56	0.917 68	IV	15	0.516 51	V	98	1.500 00	V	19	0.860 99	V	19
	泸西县	1.001 12	V	57	0.575 93	II	17	0.659 58	V	29	0.508 26	VII	119	0.500 00	VII	66	0.648 98	VI	45
	元阳县	0.956 32	VI	110	0.365 67	II	60	0.420 36	VI	73	0.502 17	VIII	128	1.500 00	V	19	0.748 90	VI	28
	红河县	0.983 64	VI	84	0.490 50	II	31	0.325 49	VII	90	0.503 69	VIII	127	0.500 00	VII	66	0.560 66	VII	73
	金平县	0.984 24	VI	82	0.474 36	II	34	0.449 24	VI	64	0.516 16	V	100	1.000 00	VI	28	0.684 80	VI	34
	绿春县	0.987 44	VI	77	0.385 61	II	54	0.493 46	VI	55	0.509 48	VI	116	1.500 00	V	19	0.775 20	V	27
	河口县	0.965 99	VI	104	0.580 77	II	13	0.204 64	VIII	118	0.530 40	III	11	1.000 00	VII	28	0.656 36	VI	41
文山州	文山县	0.998 65	VI	59	0.531 58	II	25	0.594 10	VI	38	0.524 21	IV	43	2.000 00	IV	18	0.929 71	IV	18
	砚山县	0.983 16	VI	85	0.453 34	II	37	0.725 90	V	22	0.512 68	VI	108	1.500 00	V	19	0.835 02	V	21
	西畴县	0.976 41	VI	93	0.598 40	II	9	0.343 48	VII	87	0.519 86	V	74	0.500 00	VII	66	0.587 63	VII	60
	麻栗坡县	0.957 69	VI	108	0.330 77	II	69	0.307 08	VI	94	0.519 54	V	78	1.500 00	V	19	0.723 02	VI	29
	马关县	1.047 06	V	21	−0.205 25	VII	126	0.590 33	VI	40	0.517 71	V	88	1.500 00	V	19	0.689 97	VI	33
	丘北县	0.933 46	VI	124	−0.142 95	VI	124	1.360 07	II	3	0.518 93	V	82	1.500 00	V	19	0.833 90	V	22
	广南县	0.948 01	VI	115	0.206 52	II	108	1.140 29	III	6	0.506 95	VII	123	0.500 00	VII	66	0.660 35	VI	40
	富宁县	0.975 69	VI	94	0.352 17	II	64	0.580 63	VI	43	0.507 36	VII	122	1.500 00	V	19	0.783 17	V	25

续表

云南省义务教育分指数

地区	指标	教育机会指数 指数	类别	位序	教育质量指数 指数	类别	位序	小学办学条件指数 指数	类别	位序	师资指数 指数	类别	位序	教育多样性指数 指数	类别	位序	义务教育发展总指数 指数	类别	位序
西双版纳州	景洪市	0.994 62	VI	64	0.248 24	II	98	0.703 29	V	24	0.525 99	IV	27	0.917 06	VI	31	0.677 84	VI	38
	勐海县	1.053 92	V	19	0.169 54	II	111	0.575 74	VI	44	0.522 82	IV	53	0.917 06	VI	31	0.647 82	VI	47
	勐腊县	0.973 40	VI	96	−0.274 40	VII	128	0.512 39	VI	54	0.527 07	IV	23	0.917 06	VI	31	0.531 10	VII	84
大理州	大理市	1.063 53	V	12	0.633 67	II	6	0.772 63	V	17	0.519 42	V	79	0.917 06	VI	31	0.781 26	V	26
	漾濞县	0.980 50	VI	89	0.453 03	II	38	0.158 97	VIII	123	0.533 91	II	4	0.000 00	VIII	117	0.425 28	VIII	121
	祥云县	0.992 27	VI	69	0.423 86	II	46	0.353 19	VII	84	0.508 43	VII	118	0.305 69	VII	72	0.516 69	VII	91
	宾川县	0.998 88	VI	58	0.453 02	II	39	0.384 89	VII	81	0.517 41	V	91	0.305 69	VII	72	0.531 98	VII	83
	弥渡县	1.005 20	VI	51	0.579 54	II	14	0.448 23	VI	65	0.516 61	V	96	0.305 69	VII	72	0.571 05	VII	66
	南涧县	0.989 41	VI	73	0.321 56	II	72	0.233 14	VII	111	0.514 55	V	106	0.611 38	VII	52	0.534 01	VII	81
	巍山县	1.030 31	VI	31	0.296 71	II	77	0.408 23	VII	75	0.511 68	VI	113	0.000 00	VIII	117	0.449 39	VIII	114
	永平县	0.982 95	VI	86	0.210 84	II	107	0.244 41	VII	106	0.521 41	IV	65	0.305 69	VII	72	0.453 06	VIII	113
	云龙县	1.059 99	V	17	0.408 93	II	48	0.666 28	V	27	0.507 65	VII	121	0.917 06	VI	31	0.711 98	VI	31
	洱源县	1.002 82	VI	54	0.262 11	II	89	0.347 75	VII	86	0.512 56	IV	110	0.305 69	VII	72	0.486 19	VII	103
	剑川县	0.997 60	VI	60	0.249 17	II	96	0.243 60	VII	96	0.521 56	IV	64	0.305 69	VII	72	0.463 52	VIII	110
	鹤庆县	1.056 16	V	18	0.565 41	II	18	0.452 17	VI	62	0.516 35	V	62	0.305 69	VII	72	0.579 16	VII	62
德宏州	瑞丽市	1.119 83	I	1	0.410 87	II	47	0.426 72	VI	71	0.519 02	V	80	0.917 06	VI	31	0.678 70	VI	35
	潞西市	0.974 80	VI	95	0.359 69	II	62	0.487 97	VI	57	0.525 12	IV	35	4.311 80	I	2	1.331 88	II	11
	梁河县	1.035 04	V	30	0.225 71	II	104	0.205 67	VIII	117	0.527 94	III	19	0.917 06	VI	31	0.582 28	VII	61
	盈江县	1.006 19	VI	49	−0.699 33	VIII	129	0.527 90	VI	51	0.524 10	IV	45	0.917 06	VI	31	0.455 18	VIII	112
	陇川县	1.087 85	III	4	0.282 96	II	85	0.335 83	VII	88	0.524 75	IV	39	4.311 80	I	2	1.308 64	II	12

续表

云南省义务教育分指数

地区	指标	教育机会指数			教育质量指数			小学办学条件指数			师资指数			教育多样性指数			义务教育发展总指数		
		指数	类别	位序	指数	类别	位序	指数	类别	位序	指数	类别	位序	指数	类别	位序	指数	类别	位序
怒江州	泸水县	0.945 75	VI	116	0.224 67	II	105	0.324 92	VII	91	0.526 64	IV	24	4.311 81	I	1	1.266 76	II	14
	福贡县	0.943 94	VI	117	0.261 02	II	90	0.186 46	VIII	120	0.506 04	VII	125	0.917 06	VI	31	0.562 90	VII	70
	贡山县	0.924 31	VII	127	0.194 93	II	109	0.059 87	VIII	129	0.532 57	II	6	0.000 00	VIII	117	0.342 34	VIII	129
	兰坪县	0.950 69	VI	113	0.307 20	II	74	0.303 73	VII	95	0.521 28	IV	67	0.000 00	VIII	117	0.416 58	VIII	123
迪庆州	香格里拉县	0.890 30	VIII	129	0.401 51	II	50	0.584 44	VI	41	0.525 42	IV	33	0.917 06	VI	31	0.663 75	VI	39
	德钦县	0.934 06	VI	123	0.063 38	IV	115	0.139 03	VIII	127	0.521 57	IV	63	0.917 06	VI	31	0.515 02	VII	92
	维西县	0.966 11	VI	103	-0.019 91	IV	121	0.264 94	VII	101	0.515 24	V	104	0.000 00	VIII	117	0.345 28	VIII	128

附录四　云南省129个县（市、区）自然地理背景表

地区	指标	经纬度		海拔高度/米		地形起伏度指数
		经度	纬度	最高海拔	最低海拔	
昆明市	五华区	东经 102°10'~103°41'	北纬 24°24'~26°33'	2686	1661	0.869 59
	盘龙区			2686	1661	0.869 59
	官渡区			2686	1661	0.869 59
	西山区			2686	1661	0.869 59
	东川区	东经 102°51'~103°19'	北纬 25°47'~26°33'	4253	639	1.413 82
	呈贡区	东经 102°45'~102°59'	北纬 24°42'~24°59'	2785	1567	0.827 41
	晋宁县	东经 102°13'~102°52'	北纬 24°24'~24°47'	2635	1284	0.909 76
	富民县	东经 102°21'~102°47'	北纬 25°08'~26°36'	2769	1524	0.926 66
	宜良县	东经 102°58'~103°28'	北纬 24°30'~25°17'	2575	1226	0.837 12
	石林县	东经 103°10'~103°41'	北纬 24°30'~25°03'	2596	1521	0.773 59
	嵩明县	东经 102°40'~103°20'	北纬 25°05'~25°28'	2823	1795	0.876 35
	禄劝县	东经 102°14'~102°56'	北纬 25°25'~26°22'	4164	−78	1.485 97
	寻甸县	东经 102°41'~103°33'	北纬 25°20'~26°01'	3299	1324	1.068 51
	安宁市	东经 102°10'~102°37'	北纬 24°31'~25°06'	2713	1659	0.859 86

续表

地区	指标	经纬度		海拔高度/米		地形起伏度指数
		经度	纬度	最高海拔	最低海拔	
曲靖市	麒麟区	东经 102°39′～104°13′	北纬 25°08′～25°36′	2440	1715	0.795 94
	马龙县	东经 103°16′～103°45′	北纬 25°08′～25°37′	2477	1729	0.820 89
	陆良县	东经 103°22′～104°02′	北纬 24°44′～25°18′	2673	1619	0.796 65
	师宗县	东经 103°42′～104°34′	北纬 24°21′～25°02′	2381	731	0.81 79
	罗平县	东经 103°57′～104°43′	北纬 24°31′～25°25′	2446	654	0.830 25
	富源县	东经 102°58′～104°49′	北纬 25°02′～25°58′	2747	1173	0.928 66
	会泽县	东经 103°03′～103°55′	北纬 25°48′～27°04′	3881	707	1.302 85
	沾益县	东经 103°29′～104°14′	北纬 25°30′～26°06′	2480	1550	0.833 61
	宣威市	东经 103°35′～104°41′	北纬 25°53′～26°44′	2870	938	1.012 28
玉溪市	红塔区	东经 102°17′～102°41′	北纬 24°21′～25°02′	2593	1462	0.836 97
	江川县	东经 102°34′～102°55′	北纬 24°12′～24°32′	2641	1557	0.797 38
	澄江县	东经 102°47′～103°04′	北纬 24°29′～24°55′	2764	1279	0.858 9
	通海县	东经 102°30′～102°52′	北纬 23°55′～24°14′	2414	1200	0.830 39
	华宁县	东经 102°49′～103°09′	北纬 23°59′～24°34′	2586	1049	0.880 24
	易门县	东经 101°54′～102°18′	北纬 24°26′～24°57′	2585	1020	0.934 86
	峨山县	东经 101°52′～102°37′	北纬 24°01′～24°32′	2519	765	0.896 66
	新平县	东经 101°17′～102°16′	北纬 23°39′～24°27′	3081	301	1.008 83
	元江县	东经 101°39′～102°22′	北纬 23°18′～23°55′	2551	266	0.881 49

续表

地区	指标	经纬度		海拔高度/米		地形起伏度指数
		经度	纬度	最高海拔	最低海拔	
保山市	隆阳区	东经 98°43′～99°30′	北纬 24°46′～25°38′	3615	588	1.112 93
	施甸县	东经 98°54′～99°21′	北纬 24°16′～25°00′	2861	480	0.975 78
	腾冲县	东经 98°05′～98°46′	北纬 24°38′～25°52′	3720	929	1.143 55
	龙陵县	东经 98°25′～99°11′	北纬 24°07′～24°52′	3002	526	0.975 78
	昌宁县	东经 99°16′～100°02′	北纬 24°14′～25°12′	2881	621	0.971 81
昭通市	昭阳区	东经 103°08′～103°56′	北纬 27°07′～27°39′	3355	462	1.138 58
	鲁甸县	东经 103°09′～103°40′	北纬 26°59′～27°32′	3296	556	1.161 55
	巧家县	东经 102°52′～103°26′	北纬 26°32′～27°25′	4003	520	1.364 76
	盐津县	东经 103°59′～104°28′	北纬 27°49′～28°24′	2209	317	0.690 75
	大关县	东经 103°43′～104°07′	北纬 27°36′～28°15′	2770	495	0.967 97
	永善县	东经 103°15′～104°01′	北纬 27°30′～28°32′	3184	300	1.146 44
	绥江县	东经 103°47′～104°16′	北纬 28°21′～28°41′	1971	266	0.656 07
	镇雄县	东经 104°18′～105°19′	北纬 27°17′～27°50′	2367	631	0.847 14
	彝良县	东经 103°51′～104°45′	北纬 27°16′～27°57′	2751	516	0.961 39
	威信县	东经 104°41′～105°19′	北纬 27°42′～28°07′	1890	475	0.679 01
	水富县	东经 104°03′～104°25′	北纬 28°22′～28°39′	1807	259	0.616 02
丽江市	古城区	东经 99°23′～100°32′	北纬 26°34′～27°46′	3634	1071	1.299 49
	玉龙县			5459	1286	1.735 27
	永胜县	东经 100°23′～101°12′	北纬 25°59′～27°05′	3838	983	1.247 78
	华坪县	东经 100°59′～101°31′	北纬 26°21′～26°58′	2898	855	0.989 18
	宁蒗县	东经 100°21′～101°16′	北纬 26°35′～27°56′	4510	1274	1.585 82

续表

地区	指标	经纬度		海拔高度/米		地形起伏度指数
		经度	纬度	最高海拔	最低海拔	
普洱市	思茅区	东经100°19′~101°27′	北纬22°27′~23°06′	2135	493	0.714 34
	宁洱县	东经100°42′~101°37′	北纬22°40′~23°36′	2830	515	0.914 22
	墨江县	东经101°08′~102°04′	北纬22°51′~23°59′	2326	407	0.826 49
	景东县	东经100°22′~101°15′	北纬23°56′~24°49′	3340	759	1.070 73
	景谷县	东经100°02′~101°07′	北纬22°49′~23°53′	2912	509	0.880 48
	镇沅县	东经100°21′~101°31′	北纬23°24′~24°22′	3144	764	1.002 61
	江城县	东经101°14′~102°19′	北纬22°20′~22°56′	2126	221	0.727 8
	孟连县	东经99°09′~99°46′	北纬22°05′~22°32′	2582	413	0.794 87
	澜沧县	东经99°29′~100°35′	北纬22°01′~23°16′	2515	463	0.873 79
	西盟县	东经99°18′~99°43′	北纬22°27′~22°57′	2224	535	0.767 81
临沧市	临翔区	东经99°49′~100°26′	北纬23°29′~24°16′	3393	629	1.107 9
	凤庆县	东经99°31′~100°13′	北纬24°13′~25°02′	3089	924	1.038 95
	云县	东经99°43′~100°33′	北纬23°56′~24°46′	2897	718	0.984 24
	永德县	东经99°05′~99°50′	北纬23°45′~24°27′	3478	514	1.071 84
	镇康县	东经98°40′~99°22′	北纬23°37′~24°15′	2971	537	0.958 48
	双江县	东经99°35′~100°09′	北纬23°11′~23°48′	3224	645	1.024 34
	耿马县	东经98°48′~99°54′	北纬23°21′~24°02′	3121	442	0.930 18
	沧源县	东经98°52′~99°43′	北纬23°04′~23°30′	2640	496	0.887 71

续表

地区	指标	经纬度		海拔高度/米		地形起伏度指数
		经度	纬度	最高海拔	最低海拔	
楚雄州	楚雄市	东经100°53′~101°49′	北纬24°29′~25°14′	2891	684	1.033 25
	双柏县	东经101°03′~102°02′	北纬24°13′~24°55′	2988	534	1.012 67
	牟定县	东经101°19′~102°51′	北纬25°09′~25°41′	2725	1167	0.927 08
	南华县	东经100°43′~101°21′	北纬24°43′~25°22′	2848	943	1.053 08
	姚安县	东经100°56′~101°34′	北纬25°18′~25°45′	2867	1529	0.995 62
	大姚县	东经100°53′~101°42′	北纬25°33′~26°24′	3627	1044	1.218 99
	永仁县	东经101°16′~101°49′	北纬25°51′~26°30′	2882	937	0.961
	元谋县	东经101°35′~102°06′	北纬25°23′~26°07′	2818	759	0.819
	武定县	东经101°55′~102°29′	北纬25°19′~26°11′	2881	874	1.088 3
	禄丰县	东经101°38′~102°25′	北纬24°51′~25°30′	2772	1215	0.916 67
红河州	个旧市	东经102°54′~103°25′	北纬22°59′~23°36′	2745	124	0.932
	开远市	东经103°04′~103°43′	北纬23°30′~23°59′	2802	958	0.849
	蒙自县	东经103°13′~103°49′	北纬23°01′~23°34′	2398	351	0.863 32
	屏边县	东经103°24′~103°58′	北纬22°49′~23°23′	2534	169	0.905 79
	建水县	东经102°33′~103°11′	北纬23°12′~24°11′	2482	160	0.875 19
	石屏县	东经102°08′~102°43′	北纬23°19′~24°06′	2554	236	0.955 81
	弥勒县	东经103°04′~103°49′	北纬23°50′~24°39′	2332	732	0.777 81
	泸西县	东经103°30′~104°03′	北纬24°15′~24°46′	2447	768	0.842 46
	元阳县	东经102°27′~103°13′	北纬22°49′~23°19′	2936	163	0.972 46
	红河县	东经101°49′~102°37′	北纬23°05′~23°26′	2547	235	0.962 69
	金平县	东经102°31′~103°38′	北纬22°26′~23°04′	3042	57	0.964 97
	绿春县	东经101°48′~102°39′	北纬22°33′~23°08′	2626	341	0.900 75
	河口县	东经103°23′~104°16′	北纬22°30′~23°02′	2311	26	0.625 27

续表

| 地区 | 指标 | 经纬度 | | 海拔高度/米 | | 地形起伏度指数 |
	经度	纬度	最高海拔	最低海拔	
文山州	文山县	东经 103°43′~104°27′	北纬 23°06′~23°44′	2974	626	0.906 71
	砚山县	东经 103°35′~104°45′	北纬 23°18′~23°59′	2243	1088	0.707 49
	西畴县	东经 104°22′~104°58′	北纬 23°06′~23°37′	1941	734	0.691 14
	麻栗坡县	东经 104°32′~105°18′	北纬 22°48′~23°33′	2593	117	0.868 94
	马关县	东经 103°52′~104°39′	北纬 22°42′~23°15′	2720	110	0.900 91
	丘北县	东经 103°34′~104°32′	北纬 23°45′~24°28′	2504	770	0.826 12
	广南县	东经 104°31′~105°36′	北纬 23°29′~24°28′	2010	437	0.734 02
	富宁县	东经 105°13′~106°12′	北纬 23°11′~24°09′	1824	159	0.621 88
西双版纳州	景洪市	东经 100°25′~101°15′	北纬 21°27′~22°36′	2174	458	0.618 79
	勐海县	东经 99°56′~100°41′	北纬 21°28′~22°28′	2404	465	0.768 34
	勐腊县	东经 101°06′~101°50′	北纬 21°08′~22°25′	2020	369	0.623 29
大理州	大理市	东经 99°58′~100°27′	北纬 25°25′~25°58′	4027	1423	1.160 82
	漾濞县	东经 99°36′~100°07′	北纬 25°12′~25°54′	4108	1071	1.306 27
	祥云县	东经 100°25′~101°02′	北纬 25°12′~25°53′	3247	1436	1.030 02
	宾川县	东经 100°16′~100°59′	北纬 25°32′~26°12′	3263	1107	1.058 3
	弥渡县	东经 100°19′~100°47′	北纬 24°47′~25°32′	2995	1225	0.986 86
	南涧县	东经 100°06′~100°41′	北纬 24°39′~25°11′	3036	865	1.077 97
	巍山县	东经 99°55′~100°26′	北纬 24°56′~25°33′	2998	1011	1.064 39
	永平县	东经 99°17′~99°56′	北纬 25°03′~25°45′	2957	1063	1.059 04
	云龙县	东经 98°52′~99°46′	北纬 25°28′~26°23′	3652	745	1.385 63
	洱源县	东经 99°32′~100°20′	北纬 25°48′~26°26′	3961	1499	1.284 04
	剑川县	东经 99°28′~100°04′	北纬 26°12′~26°41′	4177	2015	1.338 06
	鹤庆县	东经 100°01′~100°29′	北纬 25°57′~26°42′	3806	991	1. 21

续表

地区	指标	经纬度		海拔高度/米		地形起伏度指数
		经度	纬度	最高海拔	最低海拔	
德宏州	瑞丽市	东经 97°31′～98°10′	北纬 23°50′～24°11′	1997	682	0.516 32
	潞西市	东经 98°01′～98°43′	北纬 24°04′～24°39′	2896	523	0.822 58
	梁河县	东经 98°06′～98°33′	北纬 24°31′～24°58′	2640	858	0.787 07
	盈江县	东经 97°31′～98°16′	北纬 24°24′～25°21′	3277	169	1.015 87
	陇川县	东经 97°39′～98°17′	北纬 24°08′～24°40′	2616	741	0.719 22
怒江州	泸水县	东经 98°34′～99°09′	北纬 25°33′～26°32′	4095	668	1.461 97
	福贡县	东经 98°41′～99°02′	北纬 26°28′～27°32′	4675	989	1.637 39
	贡山县	东经 98°08′～98°56′	北纬 27°29′～28°23′	5665	−454	2.220 97
	兰坪县	东经 98°58′～99°38′	北纬 26°06′～27°04′	4407	1275	1.566 62
迪庆州	香格里拉县	东经 99°20′～100°19′	北纬 26°52′～28°52′	5358	1416	1.940 08
	德钦县	东经 98°35′～99°32′	北纬 27°33′～29°16′	6661	1697	2.211 32
	维西县	东经 98°47′～99°34′	北纬 26°53′～28°02′	4705	1425	1.661 12